徳川期の銭貨流通

貨幣経済を生きた人々

藤井典子

慶應義塾大学出版会

まえがき

　2019年末から2023年5月頃まで世界的に猛威をふるった新型コロナウイルス感染症の流行によって、社会生活の中で大きく変わったことの一つは、店頭における現金の授受を削減するスマホやクレジットカードなどのキャッシュレス決済が進んだことといってよい。コロナが蔓延している間は、スーパーマーケットやコンビニエンスストア、飲食店などのレジで小銭を受け渡しする機会はめっきり少なくなった。対面で人と人が向き合うことが、感染症の伝播経路となるリスクと考えられたためである。このキャッシュレス決済手段に通じている世代の人々にとっては、硬貨のやりとりを伴う現金決済は、煩わしさ以外の何ものでもないのだろう。図らずもコロナ禍を機に、キャッシュレス社会への移行が進んだことは、彼らにとって福音といえるのではないだろうか。

　戦後の日本には、通貨（新円）切替政策によって定められた「円」の最小単位・一円硬貨と、五円硬貨が大量に流通していた。だが、経済成長に伴うインフレ進行などの影響で、一円玉や五円玉は日常で流通する機会が減り、十円硬貨があたかも最小単位通貨であるかのような錯覚を誰しもが抱いていた。

　国民が再び一円、五円などの小額硬貨を強く認識するようになったのは、平成元（1989）年に導入された消費税によって支払い時に一円単位の"端数"の授受が再び日常化したためである。以来今日に至るまで、人々の財布には小銭が常に鎮座している。

　このような対面による人と人の関わり合いでは、小額の硬貨が日常の支払決済を通じた流通ルートそのものであった。支払う人の手から受け取る人の手へ小さな硬貨が渡され、受け取った側はその個数を数え、端数処理のために必要に応じて釣り銭を返す。

　こうしたやりとりは、今も昔も変わらない。古代の皇朝銭以来、人々の経

済活動が広がるにつれ、銭貨（せんか）が授受される人や地域の範囲が広がっていった歴史がある。

　現代に生きる私たちは、全国どこでも硬貨や日本銀行券を支払決済に用いており、それを当たり前のことと思っているが、実のところ、日本において農村部の村人、都市で日銭を稼いで暮らした庶民に至るまで全国に銭貨が流通していったのは、18世紀半ば以降、将軍の代でいえば第八代将軍徳川吉宗の治世の頃からといわれている。上方よりも経済活動の発展が遅れていたといわれる東日本において、醤油醸造業などが勃興し、江戸近郊の村々が商品作物を作って江戸に輸送して販売を盛んに行うような「江戸地廻り経済」が進展した時期と軌を一にする。こうした経済活動のなかで、人々が銭貨などの貨幣を手にしたことはいうまでもない。

　銭貨が行き渡り、使いこなされるようになった時期は、「読み・書き・そろばん」を寺子屋で学ぶ子どもたちが増えるようになった時期と重なっている。これは、決して偶然のことではない。表示された商品の値段や年貢貢納の必要額を認識でき、その支払いのために貨幣の換算や釣り銭の計算を行いながら、見合った額の貨幣を授受し、その証跡を受取書や大福帳などに記録することができる人々の存在によって、銭貨は流通していった。その経験が明治維新後、近代的な貨幣・金融・租税制度などに、日本人が比較的短期間で馴染んでいけた土台となり、今の私たちの暮らしにつながっていると筆者は考えている。

　「二八そば」とは、そば粉（八割）と小麦粉などのつなぎ（二割）で打ったそばのことだが、おもしろいことに、徳川後期の江戸では、庶民が屋台で食べる一杯のかけそばは「2×8」の16文ほどであった。宵越しの金をもたない江戸っ子は稼いだ日銭でそば代を払った。日常的に購入する商品やサービスの価格は総じて「文建て」（もん）で表示され、「文」を額面単位とする銭貨で支払われた。「これ小判、ちょっと一晩いてくれろ」という狂歌が作られたように、徳川幕府の貨幣制度の代表格ともいわれる小判は高額の決済手段であり、庶民が手にする機会はほとんどなかった。人々が身近に接する貨幣は銭貨であった。本書が「徳川期の銭貨流通」と題して銭貨を分析対象としたのは、銭貨こそが一般庶民に貨幣経済が浸透していった様子を知ることがで

まえがき　*iii*

きる支払手段であったからである。

　今の私たちと似た経済感覚の人たちが徳川幕府の治世下で暮らしていたことがわかる例として、伊勢詣でのために日本の各地から人々が旅に出たことが挙げられる。十返舎一九の『東海道中膝栗毛』がベストセラーとして購読され、「一生に一度は伊勢詣で」することを夢見て、農村部の人たちも講を組んで資金を積み立てた。旅の途中で馬や駕籠に乗れば駄賃などを銭貨で支払い、宿に泊まり、名物料理を食べたり、土産物を買う際にも、文建ての額を銭貨で支払った。一枚 3g 程度の銭貨を旅の目的地までずっと持ち歩くのは嵩張るし重いので、旅人は両建ての貨幣を宿場で時価の金銭相場で銭貨に両替しながら移動していた。

　このような姿を現代の私たちが知ることができるのは、旅での支払いや両替など、銭貨のやりとりを記した旅日記が各地に伝存しているからである。貨幣の機能（価値尺度、支払手段、価値貯蔵手段）を暮らしの中で体感し、銭貨を支払手段として使いこなし、計算・経理することができる人々が日本の各地にいたことを、旅日記などの古文書が伝えてくれる。銭貨の流通実態を知ることは、その当時の人々の暮らしや経済感覚、その背景にある社会経済情勢を知ることでもある。本書のサブタイトル「貨幣経済を生きた人々」は、本書の分析の狙いの一面を表したものである。

　タイトルに「徳川幕府」「江戸時代」「近世」といった政治的な時代区分を想定した用語を用いなかったのは、銭貨の流通実態がそうした時代区分では把握しきれないためである。寛永通宝などの銭貨を徳川幕府は折々に鋳造し、発行した。幕府の終焉をもって、幕府正貨としての銭貨鋳造・発行の歴史は終わる。だが、銭貨の流通という観点でみると、明治維新政府は旧銭貨が流通し続けることを認めており、その支払機能は維新後も終焉とはならなかった。法令上、寛永通宝が通用停止となったのは、驚くべきことに昭和 28（1953）年の「小額通貨の整理及び支払金の端数計算に関する法律」の施行時である。だが銭貨の機能が終焉するまでの使われ方の実態はあまりわかっていない。研究が緒についたばかりといってもよい。

　「お金の一生」という言葉は、子供たちに「日本銀行券の一生」というかたちで、経済の循環を教える時に使うコンセプトであるが、そうした観点か

ら徳川幕府が発行した金貨（小判等）や銀貨（丁銀等）と銭貨の特徴を捉えてみると、「銭貨の一生」には小判などにない決定的なちがいがあった。銭貨は市中へ払い出されれば、回収されることが原則なかったのである。

　高額貨幣の小判の場合、発行後しばらくして経年劣化（切れ、疵<ruby>疵<rt>きず</rt></ruby>）が生じるようになると、幕府は流通している小判を回収し、それを素材に新たな小判につくり直す「改鋳」を実施した。金の含有量を減らせば、幕府は小判の発行・流通数量を増やし、出目を財政収入に組み込むこともできた。明治政府も小判などを回収し、これを素材に活用して円単位の金貨を製造・発行し、旧小判と引き換える措置をとった。明治政府によって新旧金貨の交換期限が明治21（1888）年末に満了することで、小判は通用貨幣としての歴史を閉じた。

　これに対し、寛永通宝などの銭貨は、幕府が製造・発行して市中に払い出した後、年貢納入のかたちでの還流や開港後の海外流出対策として政策的に回収した幕末期の銅銭を除けば、基本的には市中に存在し続け、幕府の御蔵に戻ることはなかった。明治政府も市中に残存する銭貨を回収して新銅貨に改鋳することはせず、厘単位の小額貨幣として流通させ続けた。小額貨幣であるがゆえに、銭貨を回収・改鋳することがコスト面で見合わなかったのである。

　本書第7章で紹介する明治初頭の史料を読んだ時には、黒田明伸（2021）が中国銭貨を事例にこの点を指摘していたことを、旧金座人が大蔵省へ意見具申していた事実に目を見張った。銭貨の小額貨幣としての特性が、その流通に影響したことは、国や時期を問わず共通すると感じた。徳川期銭貨の流通を知ることは、その時期に特有の特徴とともに小額貨幣としての普遍的な特性を把握することにつながる面がある。

　筆者が貨幣史を学び始めたのは30代半ば過ぎであったが、その頃から参照し続けているバイブルのような書物は、日本銀行調査局が1970年代に編纂・刊行した『図録日本の貨幣』シリーズ（東洋経済新報社）である。この書は、貨幣の製造・発行に主眼を置き、政治的な時代区分によって制度面の解説を含め、編年体で著述されている。筆者はその解説を読みがら、徳川期の銭貨は幕府の終焉とともにその役割を終え、明治維新後に西洋式の機械で

製造された円体系の貨幣とは断絶したものと考えてしまい、第二次世界大戦後まで寛永通宝が通用貨幣であり続けた事実をうまく理解できなかった。

　また、銭貨流通に焦点を当てて銭相場を分析する数量経済史の研究を読むと、徳川期に市場経済が発展していた事実に驚く一方で、市場の需給動向に伴う銭貨の数量変化だけでなく、財政支出のルートのように政治的判断がなされる場合を含む一連の流通プロセスが見えにくいと、漠たる思いを抱くこともあった。貨幣史の素人であるがゆえに感じた若干の違和感は、筆者自身が日本銀行員として十数年間働いたなかで得た肌感覚のようなものであったかもしれない。その肌感覚と素朴な疑問が、自身の研究上の問題意識につながった面がある。

　歴史学・経済史学の分析では、現在の事象にあてはめて過去の事実を誤用・解釈することは避けるべきである。史料やデータ、残存する実物資料の状態などの事実を客観的に分析し、対象とする年代の実情を可能な範囲で解き明かし、再現して描き出すことが基本である。そうした点で、筆者の実務的な経験での直感をあてはめて、徳川期銭貨に関する史料やデータを解釈することには、特に禁欲的な姿勢をとって分析を行った。

　丹念に史料を見れば見るほど、徳川期銭貨の一生について、製造から市中に払い出され、支払決済を通じて人々の間に普及していく一連の流通プロセスとして分析することが、これまでなされてこなかったように思われてならなかった。愚直な作業かもしれないが、銭貨が人から人へ手渡され、どのように使われたかという実務フローから流通実態を史料から探ることも必要と考えて史料やデータを分析するようになった。本書の各章での分析視点が他の研究と異なる特徴があるとすれば、こうした筆者自身の貨幣史との関わり方が少なからず影響していると思う。

　本書の分析視点を述べるにあたり、個人的なことであるが、筆者が貨幣史研究に取り組み、くずし字の古文書を繙くようになった経緯に触れさせていただく。筆者は大学で法律を専攻していた。中央銀行である日本銀行に縁あって就職できたが、その組織の独立性ということに魅力を感じていた。徳川幕府の勘定所は、貨幣・財政政策、産業・交通政策、貿易政策などを一手

に所管する行政機関であった。当時、中央銀行はもちろん存在していなかった。そうした時期に幕府によって意思決定・実施された貨幣政策が、銭貨流通過程にも色濃く反映されているのではないかと感じながら、当時の財政政策や経済振興策との関連性も分析の視野に入れたのは、自らが属していた組織の立ち位置ゆえと思う。

日本銀行に入行してからの十数年は、景気に関する調査や支店勤務、金融機関の実地考査、金融研究所での決済システムに関する調査研究、業務部門でシステム開発などさまざまな仕事を経験した。支払決済の仕組みを調査し、実務フローを業務のなかで考えながら仕事をした経験が、徳川期の貨幣に関する古文書を調べる際に、支払決済の実務フローを把握する視点の基礎となった。

30代半ばを過ぎて平成7（1995）年に金融研究所貨幣博物館に配属になったことが、貨幣史研究と出会うきっかけとなった。当時、金融研究所が運営する貨幣博物館が開館10周年を迎える節目にあたり、各種資料の保存・公開を進め、研究者に公開していくことで、博物館展示の充実や学術研究に寄与することを目指す方針が、当時の黒田巌金融研究所長をはじめとする幹部の方々によってとられていた。日本で最大の貨幣収集家・田中啓文が収集・保管していた貨幣や古文書などの「銭幣館コレクション」が昭和20（1945）年に渋澤敬三第十六代日本銀行総裁の判断のもと寄贈されており、実物貨紙幣の一部は昭和60（1985）年に開館した貨幣博物館において展示公開されるようになった。しかし、貨幣関係古文書は未整理・未公開のままであった。

筆者に与えられた職務は、専門家とともにその古文書を目録整理し公開することにあった。日本銀行内には古文書を解読できる人員は皆無であったため、慶應義塾大学文学部の田代和生教授（当時）のご協力を得て整理作業を進める傍ら、職務の一環として慶應義塾大学文学部へ通い、科目履修生のかたちで学部から聴講を始めて大学院の演習にも通わせていただくようになった。

30代半ば過ぎで始めた手習いは、若い学生のように習得スピードが速くはなかった。何とか解読できるようになるのに数年以上がかかったが、銭幣

館古文書目録を平成12（2000）年に公開することに漕ぎ着けた。目録公開を終えて、諸先生方による貨幣史のセミナーなどを聴講しているうちに、自分でも調べてみたくなったが、自らの解読技能で読める古文書は、御家流で書かれた「銭座」に関する公的な文書がせいぜいであった。

　一般的にいって、徳川幕府の貨幣といえば小判や銀貨、藩札が注目され、「小銭」の印象が強い銭貨が徳川社会に及ぼす影響は小さいように思われがちである。とはいえ、公開した新たな史料から、『図録日本の貨幣』のなかで言及されていない点が何らか明らかになるならば、情報をわずかでも補足できることもあるかもしれないというのが、徳川期銭貨に関する史料群に取り組んだ正直な理由であった。しかし、いざ解読してみると、庶民に最も密接な銭貨であるがゆえに、古文書に登場する人々の範囲は勘定所の役人や銭座の管理運営者だけでなく、農民、職人、日雇い、銭両替、銭貨を運んだ舟の漕ぎ手や江戸の商人など、ありとあらゆる身分、生業の人に及んでいた。現代の実務と見まがうような実務フローに気づくにつれて、銭貨の魅力にのめり込んでいった。

　貨幣史研究では、天下の台所といわれる大坂をはじめとする上方の史料をもとにした研究が盛んで、江戸や周辺農村の実情に関する研究は手薄であった。だが、江戸城において勝手方老中や勘定所役人が銭貨政策を検討・意思決定する際に、お膝元の江戸市中や銭貨流通状況を判断材料としていなかったとは考えにくい。江戸の亀戸や深川に開設された銭座から銭貨が払い出される際に、その仲介にあたる銭両替らが江戸日本橋周辺で活動していた歴史を無視し得ないと感じた。筆者が勤務していた日本銀行の所在地（東京都中央区日本橋本石町）は、江戸時代に金座があった場所である。そのすぐそばに三井両替商などがあり、銭両替らが金銭相場を形成していたのも日本橋周辺であった。江戸やその周辺の東日本についての銭貨流通やそれを担った人たちの活動を分析することが、近現代の貨幣・金融につながる社会経済的な背景を知ることに資するのではないかと考えた面もある。

　筆者の研究の歩みは遅かったが、お世話になった先生方のお力添えもあり、学会発表などを重ねながら、日本銀行を退職して数年を経た2022年11月に、30年弱の研究をまとめ、慶應義塾大学大学院文学研究科へ博士論文

『近世銭貨の研究』を提出した。主査・井奥成彦慶應義塾大学文学部教授（当時）、副査・鎮目雅人早稲田大学政治経済学術院教授、前田廉孝慶應義塾大学文学部准教授に審査していただき、2023年2月に学位（史学）を取得することができた。本書はその学位論文をもとにしたものである。

　依拠した主な史料群は、日本銀行金融研究所貨幣博物館所蔵の銭幣館古文書と慶應義塾大学文学部古文書室所蔵農村史料群である。より広い範囲の地域史料を調べることが必要なことはいうまでもないが、30年弱かけて、史料から教えてもらった銭貨流通の実態の一部をまとめることとした。

　本書の分析に、他の研究書とやや趣の異なる視点があるとすれば、以下の六点である。

　一つめは、銭貨を製造・発行する制度的な分析ではなく、人々の間で、どのように使われたかを支払決済の過程に着目して流通実態から分析を行うことである。

　二つめは、銭貨の製造や市中への払出などに携わった職人や銭両替、諸役人などの役割も視野に入れ、製造・払出・流通の実務フローを具体的に把握することである。

　三つめは、江戸地廻り経済が進展した18世紀半ば以降の東日本を主な分析対象とする点である。「銀遣い」の西日本と異なり、幕領の多い「金遣い」関東地域では藩札が発行・流通していなかったため、帳簿信用など何らかのかたちで銭貨授受の機会を節約する工夫などがなされていないかの実情把握にも努める。

　四つめは、銭相場などのデータ分析に際して、財政支出などのタイミングや政治的事情も勘案し、史料情報と突き合わせながら実証することである。

　五つめは、人々が授受した銭貨や小額貨幣の形態など実物に即し、その支払いにおける利便性の観点から、これらの併用状態も把握することである。両建て、文建ての小額貨幣の併用を史料から分析するにあたっては、貨幣の価値尺度としての記述と支払手段としての記述を峻別しながら分析を行うことに留意した。「永銭勘定」といわれる計算貨幣の使われ方も視野に入れる。

　六つめは、分析対象とする年代が明治時代に及ぶ点である。本書では明治

20（1888）年頃までを範囲とした。

　以上の点を踏まえ、本書では、関東農村部に銭貨が浸透したといわれる18世紀半ば頃からを起点に、大まかに年代を追うかたちで明治期に及ぶ順で構成した。各章は、銭貨の流通プロセスにおけるさまざまな論点をテーマとした事例分析となっている。以下の構成で論を進める。

　第1章では「徳川期の貨幣制度と銭貨」と題し、分析対象となる銭貨の特徴と貨幣制度での位置づけを概説する。

　1節では、銭貨がどのような形態であるかに触れ、徳川幕府が発行した実物銭貨の特徴を素材や形態、額面、銭銘や寸法・重量などに触れながら概説する。実物銭貨の寸法や重量に言及するが、銭貨を支払決済に用いる際の利便性に関連するポイントとなるためである。2節では、古代から発行されてきた銭貨の歴史を振り返りながら、小額貨幣と位置づけられ、農村部の人々にまで銭貨が流通したことが徳川期銭貨の特徴であることを確認する。3節では、徳川幕府の貨幣制度を概説する。①「三貨制度」の定義について、金・銀・銭貨といった素材・形態・製造機関のちがいだけでなく、「両建て」「匁建て」「文建て」の三種の貨幣単位が併存したことに触れる。これは、貨幣単位が本書の分析の核となる（たとえば、第5章）ためである。あわせて、「文建て」の銭貨が人々に最も身近な小額貨幣であったことを説明する。②銭貨も金銀貨と同様に、年代を追うごとに名目貨幣化が進み、素材は銅だけでなく鉄・真鍮と多様化し、額面も一文銭だけでなく、四文銭・百文銭も登場した点を確認する。③幕府発行貨幣だけでは需要を満たせないことから、西日本を中心に、藩札などの信用貨幣が発行されたことを含め、大まかであるが徳川期の貨幣制度を概観する。4節では、銭貨に関する研究史を、①18世紀半ば以降盛んになった「銭譜」編纂、②明治初年の『大日本貨幣史』や昭和40年代の『図録日本の貨幣』といった日本貨幣通史の編纂・刊行、③1970年代以降に進展した新保博による数量経済史的な分析や岩橋勝による「小額貨幣」研究の提唱など、現在も研究の基礎となっている分析手法、④1990年代以降の出土銭貨研究や日本銀行金融研究所による資料公開等を含む銭貨研究の活発化の経緯を振り返る。本書の分析は、これらの研究成果や手法のいずれをも学びながら進めたものである。

第2章では、「田沼期の銭貨流通と金銭相場」と題し、関東農村部に銭貨が浸透していったといわれる銭貨流通の転換期の特徴について、金銭相場をもとに考察する。

1節では、銭貨鋳造の判断基準としての公定金銭相場の意義を確認しながら、田沼期入り前に、これを目安とする政策判断が難しくなっていた事実を、法令と金銭相場を対比しながら検証する。2節では、これまで把握されていなかった江戸周辺農村部の金銭相場を慶應義塾大学文学部古文書室が所蔵する年貢関係史料から抽出し、江戸市中のそれと比較・観察する。この時期の銭貨発行について従来の研究では「小額貨幣不足」への対応といわれてきたが、実際には約20年にわたる銭貨鋳造期間中、その狙いも時期によって異なっていた様相を明らかにする。3節では、田沼期の銭貨増鋳過程が、公定金銭相場より銭安方向への推移を示すなかでも継続された背景について、①将軍日光社参に向けて必要とされる銭貨の準備、②財政支援の一環として水戸藩に許可された政治的事情の影響、③多発した洪水などからの復旧事業の労賃払いなど経済振興面での要請といった観点からも、事例分析を行う。

第3章では、「銭座運営体制変更にみる銭貨の鋳造・流通管理」と題し、田沼期に、銭座運営が従来の商人請負制から、幕府直轄機関である金座・銀座が独占的に請け負うことを原則とする体制に移行したことの特徴・意義を、日本銀行金融研究所貨幣博物館が公開した金座鋳銭座関係史料をもとに明らかにする。『図録日本の貨幣』に紹介されてこなかった内容である。

1節では、金座人が勘定所へ提出した請負証文をもとに、銭座運営を担った金座人の役割を明らかにする。鋳造益を幕府に上納するうえで、厳格化された鋳造管理体制をとったことを明らかにする。2節では、金座人が運営する銭座からの銭貨の払出に着目し、その実務フローを明らかにする。銭両替への払出と幕府御蔵への納銭による二つのルートでの流通経路について、金座人がその実施日ごとに数量や相場を逐次把握し、記帳するかたちで流通管理の強化が図られていたことを明らかにする。3節では、中国向けの銅輸出を貿易政策での最優先課題としていた田沼期にあって、寛永通宝銅一文銭の鋳造を可能とする銅地金の調達に際し、勘定所・金座人らが、御用地金問屋

の情報力・ノウハウを活用していた事実を史料から提示する。

　第4章では、「田沼期の水戸鋳銭座の経営～江戸市場との関係を中心に～」と題し、日本銀行金融研究所貨幣博物館が公開した水戸鋳銭座史料群をもとに、この鋳銭座の組織経営の特徴を分析する。幕府の特別許可を受けて開設され、金座の差配を条件に鋳銭を実施した点で、第3章で分析した金座鋳銭定座制のもとでの銭座運営の基本構造を知ることができる事例である。

　また、鋳銭座開設地（水戸藩久慈郡太田村）が江戸地廻り経済における商品流通での要衝であり、座主となった人物が大庄屋でありながら、江戸に駐在して藩の米穀を扱う御用商人として活動していたことに着目し、鋳銭座経営に江戸市場との関係が色濃く反映されていた点を明らかにする。

　1節では、鋳銭座の見積書をもとに、組織の概要と人員構成を把握し、経営層が江戸市場から鋳銭座の経営資源（ヒト・モノ・カネ）を調達し、帳簿の経理などを通じて経営判断をしていた特徴を明らかにする。2節では、鋳銭に携わる職人の労働工程を明らかにする。工程ごとにどのような内容、熟練度の技術職人が必要であったかを給与体系から明らかにする。さまざまな技術の熟練職人だけでなく、日雇いといった非熟労働者から構成される鋳銭座において、鋳造益を最大化するうえで、どのような労働工程管理手法がとられたかを明らかにする。3節では、鋳銭座で働く熟練職人や日雇いといった非熟練労働者の出自を過去帳をもとに調べ、広範な地域から、江戸を経由して雇用された点を明らかにする。非熟練労働者については、無宿人や野非人などが雇用されていた点を解明する。こうした雇用実態を明らかにできた初めての事例である。

　第5章では、「年貢貢納にみる銭貨の使われ方～武蔵国児玉郡傍示堂村の事例～」と題し、慶應義塾大学文学部古文書室が所蔵する当該村の年貢関係史料群をもとに、徳川吉宗の治世から地租改正の時期までの約150年にわたり、年貢金納で用いられた小額貨幣の種類の変化を分析する。

　1節では、年貢史料をもとにした分析手法について説明する。対象とした傍示堂村は、江戸日本橋あたりから約100kmの位置にあり、江戸地廻り経済が進展した地域である。幕府が発行した文建ての銭貨と両建ての計数金銀貨がこの村に流通した状況や使われ方の変化を、年貢金納関連史料に記載さ

れた貨幣の額面単位の記載件数をもとに分析する。

　2節では、徳川吉宗の治世の時期から開港前までの徳川後期を分析する。村の本百姓全員に年貢の負担額を割り当て、本百姓らが個々に名主へ納めた貨幣の単位をもとに、①文建ての銭貨が主であった時期（享保・元文期）、②両建ての二朱銀が新規発行され、これらが普及して銭貨と併用されるようになった田沼期（宝暦・天明期）、③二朱銀だけでなく一朱銀など計数金銀貨が続々と発行されるようになった時期（寛政・文化・文政期）に分けて分析を行う。

　年貢金納以外にも、村内でさまざまな小額決済が行われるようになるなかで、帳簿信用によって銭貨授受を節約していた実情についても明らかにする。こうした例を東日本において確認できた初めての事例である。

　3節では、開港から地租改正までの幕末維新期の年貢取立について合綴された帳面をもとに、そこに記載された貨幣単位の変化を分析する。この帳面が作成された期間には、幕府による天保通宝百文銭の大量発行期、幕府崩壊直後に明治政府が徳川期の貨幣の一部を継承して製造した時期、新貨条例によって円単位の貨幣が発行され始めた時期、地租改正の実施、といった制度面での節目が含まれる。明治維新後、いつ円単位の記帳に移行したかの把握に分析の重点を置く。

　第6章では、「幕末期の銭貨流通」と題し、開港後の銭貨流通実態を分析する。

　1節では、幕末期の銭貨流通について、制度的な事柄を整理し、開港前の銭貨とのちがいなど特徴点を整理する。2節では、開港から大政奉還までの金銀銭貨の各年での在高の推移を推計する。政治的・軍事的緊張下で大坂・京へ移動・滞在する人員が増えた時節であることから、かかる地域での物価表示に用いられる匁建てで推計し、各種銭貨の在高の推移の特徴を観察する。

　3節では、京・大坂への移動・滞在における各種貨幣の利用実態の事例として、①京における京都守護職屋敷の建設費として大坂御蔵から拠出された貨幣の払出状況を把握する、②東海道二川宿の本陣の宿帳をもとに公用旅行者による銭貨利用の件数や支払いに関する変化を分析する。4節では、寛永

通宝鉄一文銭を鋳造した小菅銭座に関する金座人の執務日誌をもとに、開港から大政奉還直前に鋳造停止となるまでの間の、鋳造量や払出の年別・地域別の変化を数量的に把握し、全国各地の銭貨需要に対応しきれていなかったことを明らかにする。

　第7章では、「明治期初等教育史料にみる「貨幣」の学び」と題して、明治4（1871）年の新貨条例の発布後、新旧貨幣が市中に混在している時期に、どのように貨幣に関する知識が教育普及されていたかを、明治6（1873）年に文部省が初版本を編纂刊行した『小學讀本』に掲載された貨幣の項目をもとに考察する。貨幣史研究において、教育史料を活用して人々の貨幣に関する意識醸成過程を考察するのは初めての試みである。

　1節では、『小學讀本』において、徳川期の旧銭貨が厘単位の貨幣として通用することなどが図版付きで教えられていた内容を紹介する。2節では、『小學讀本』における貨幣に関する項目がいつ頃まで教えられていたかについて、新貨幣の普及状況と関連づけながら考察する。旧銭貨を回収せずに流通させ続けた事情について旧金座人の意見書をもとに検討する。

　終章では、本書のサブタイトル「貨幣経済を生きた人々」の趣旨に沿い、分析に登場した人々に焦点を当てながら、各章で判明した事柄と今後の研究の展望を述べて、まとめとする。

xv

目　　次

第1章　徳川期の貨幣制度と銭貨　‥‥‥‥‥‥‥‥‥‥　1

1　徳川期銭貨の特徴 ── 2
　(1)　銭貨とは──円形方孔の鋳造貨幣「銭」　2
　(2)　徳川期銭貨の銭銘・法量　3
2　銭貨の歴史からみた徳川期の特徴 ── 8

〈コラム1　銭さし〉── 10

3　徳川幕府の「三貨制度」── 17
　(1)　三貨制度とは　17
　(2)　金銀銭貨の名目貨幣化　20
　(3)　信用貨幣──私札、藩札　26
4　銭貨研究の歩み ── 33
　(1)　古銭学研究家による「銭譜」の編纂　33
　(2)　貨幣通史編纂──『大日本貨幣史』から『図録日本の貨幣』
　　　まで　37
　(3)　経済史研究・歴史学の潮流と銭貨研究　41
　(4)　1990年代以降の銭貨研究──「出土銭貨」「小額貨幣」研究

45

第2章　田沼期の銭貨流通と金銭相場　……………　51

1　銭貨政策の転換期 —— 公定金銭相場との関係から —— 52
2　江戸および周辺農村部の金銭相場 —— 60
　　(1) 江戸および周辺農村部における金銭相場の抽出　60

〈コラム2　慶應義塾大学文学部古文書室所蔵　野村兼太郎収
　　　　　集史料〉 —— 68

　　(2) 金銭相場の比較・観察結果　69
3　田沼期の銭貨にみる政治的事情 —— 79
　　(1) 寛永通宝銅・鉄一文銭の用途にみる鋳銭の経緯　79
　　(2) 水戸藩鋳銭の実施と江戸の金銭相場下落　85
　　(3) 経済振興策との関係　87

第3章　銭座運営体制変更にみる銭貨の鋳造・流通管理
　　　　　　　　　　　　………………　97

1　金座鋳銭定座における金座人の役割 —— 98
2　金座鋳銭定座における銭貨流通管理 —— 108

〈コラム3　江戸の銭両替〉 —— 114

3　銅の確保における御用地金問屋の役割 —— 銅輸出政策と銅
　　銭鋳造 —— 117

目　次 *xvii*

第 4 章　田沼期水戸鋳銭座の経営
　　　〜江戸市場との関係を中心に〜 …………………　**127**

1　水戸鋳銭座の経営組織 ── 128
　(1)　鋳銭見積書からみた組織の概要　128
　(2)　鋳銭座経営層の役割　133

2　鋳銭座職人の製造工程 ── 138
　(1)　水戸鋳銭座における鉄一文銭の製造工程　138
　(2)　給与体系にみる熟練・非熟練職人の労働内容　141
　(3)　鋳銭座職人の労働管理　151

3　水戸藩鋳銭にみる職人の雇用事情 ── 156
　(1)　金座による差配との関係　156
　(2)　『鋳銭座過去帳』にみる職人の雇用事情　159
　(3)　熟練職人の雇用と深川「釜屋」の関わり　165

第 5 章　年貢貢納にみる銭貨の使われ方
　　　〜武蔵国児玉郡傍示堂村の事例〜 ………………　**173**

1　年貢貢納史料に記載される貨幣単位 ── 174

〈コラム 4　「永」と「鐚」〉── 178

2　徳川後期の年貢史料における貨幣単位の変化 ── 181
　(1)　享保・元文期──「文」単位の記帳が主であった時期　181
　(2)　宝暦・天明期──「弐朱」単位の普及・定着期　183
　(3)　寛政・文化・文政期──「壱朱」の金貨単位登場　187

〈コラム 5　天保通宝百文銭発行に関する一仮説〉── 190

3　幕末維新期の年貢史料にみる「両から円」への移行過程
　　　　　　　　　　　　　　　　　　　　　　　　　　── 192
　　(1)　開港から幕府崩壊まで──二分金・百文銭の使用　192
　　(2)　明治維新直後──徳川期の貨幣単位踏襲　195
　　(3)　新貨条例発布以後──円単位の記述への移行　196

第6章　幕末期の銭貨流通　………………………… 201

1　幕末期の銭貨をめぐる諸問題── 202

〈コラム6　幕末のインフレーションと貨幣に関する研究動向〉
　　　　　　　　　　　　　　　　　　　　　　　　　　── 207

2　幕末期貨幣在高の推計と観察── 210
　　(1)　推計の考え方　210
　　(2)　貨幣在高の観察　214
　　(3)　銭種別の特徴　219

3　幕府が払い出した金銀銭貨の使途── 220
　　(1)　江戸と上方間での金銀銭貨輸送　220
　　(2)　京における各種貨幣の使われ方　224
　　(3)　東海道宿場の宿帳にみる金銀銭貨の使われ方　229

4　小菅銭座における鉄一文銭の鋳造と払出── 234
　　(1)　小菅銭座からの年代別、地域別の払出状況　234
　　(2)　銭貨鋳造、回収、払出の時期的な変化　240

〈コラム7　幕末の銭貨鋳造と大砲鋳造〉── 246

第7章　明治期初等教育史料にみる「貨幣」の学び
‥‥‥‥‥‥‥‥ 249

　　1　文部省編纂『小學讀本』による貨幣教育 —— 250
　　　　(1)　新貨幣制度に関する教育普及と『小學讀本』　250
　　　　(2)　『小學讀本』における新旧貨幣に関する説明　256
　　2　『明治七年八月改正小學讀本』にみる貨幣政策上の課題
‥‥‥‥‥‥‥‥‥‥‥‥‥‥‥‥‥‥‥‥‥‥‥‥‥‥‥‥‥‥‥‥‥‥‥‥‥‥‥ —— 261
　　　　(1)　明治七年八月改正の内容　261
　　　　(2)　新旧金貨の交換と新銅貨の普及状況　262
　　　　(3)　新円体系において旧銅銭の流通を認めた背景　266

終章　徳川期銭貨とともに「貨幣経済を生きた人々」
‥‥‥‥‥‥‥‥ 275

　　あ と が き　291
　　初 出 一 覧　301
　　参 考 文 献　303
　　参照史料一覧　309
　　索　　　引　317

　装 丁・渡辺 弘之

【凡 例】

- 本書での表記において、字体は新字体を用い、常用漢字を使うことを原則とする。異体字・略字・古字・俗字は、可能な限り使わない。
- 史料翻刻・引用に際し、変体がなはひらがなに改める。
- 原史料の表記で文意の通じない箇所は（ママ）と注記する。
- 江戸時代に一般的に慣用された直段（値段）・下直（下値）などの表記は、史料表記のままとする。
- 史料翻刻に際し、読みやすくするために、読点「、」及び、並列点「・」を適宜施す。
- 原史料に虫食い・破損があり、判読できな箇所は、その判読できない字数に相当する字数に相当する□を記す。
- 明治5年12月2日（西暦1872年12月31日）までは太陰太陽暦での年代表記である。その翌日にあたる西暦1873年1月1日からは、太陽暦であるグレゴリオ暦を導入し明治6年1月1日としたことに沿った年代表記としている。

第1章

徳川期の
貨幣制度と銭貨

■第1章のポイント■

- この章では、具体的な史料・データの分析を行うに先立ち、「銭貨」とはどのような貨幣なのかを、実物に即して図版も交えながら説明する。

- 実物のイメージが湧くように説明を行うのは、本書において「銭貨の流通」を決済実務（使われ方）の観点から分析するに際し、その重量や授受の利便性が重要なポイントとなるためである。また、徳川期には材質や額面の異なる銭貨が折々に発行されており、どのような実物銭貨が分析対象となっているかを識別できることが必要となるためである。

- 徳川期の銭貨の特徴は庶民の日々の支払いに用いられる小額貨幣として広く流通した点にあるが、そうした位置づけになるまでの経緯について、古代銭から徳川幕府の貨幣制度成立期までを簡単に振り返る。

- 小額貨幣としての徳川期の銭貨を分析する前提として、幕府の貨幣制度「三貨制度」とその変容を概説する。その際、三種類の貨幣の額面単位（「両建て」「匁建て」「文建て」）が用いられ、地域によって価格表示などにちがいがあったことにも言及する。

- 幕府が発行する全国通用の金銀銭貨の不足を補ううえで、西日本を中心に紙媒体の信用貨幣（私札、藩札）が発行されていた点にも触れる。本書が分析対象とする江戸や幕領であった周辺農村部はこうした信用貨幣が発行されていなかった地域である。

- 銭貨の研究史を、江戸時代の「銭譜」編纂から1990年代以降の銭貨研究の活発化までの流れを振り返り、本書の分析はいずれの時期の手法や視点も参考にしてきた点を提示する。

1　徳川期銭貨の特徴

（1）　銭貨とは──円形方孔の鋳造貨幣「銭」

　本書のタイトルにある「銭貨」とは、鋳型に熔解した金属を流し込んで鋳造した円形方孔の「銭」のことである。寛政年間に福知山藩主朽木昌綱（生没年：1750〜1802年）が刊行した古銭の分類・解説書『和漢古今泉貨鑑』の書名では「銭貨」を総称して同音の「泉貨」という言葉を用いたタイトルをつけているが、個々の実物銭貨を指す際には「銭」「寛永銭」「銅銭」といった表現で、銭銘や素材による識別を行っている。「銭」の文字には「ぜに」とルビが付されている。当時の人々は銭貨のことを「ぜに」と呼んでいたことが窺い知れる。

　本書では、徳川幕府が発行した金・銀・銭貨の三種から構成される貨幣制度（後述「三貨制度」）を念頭に置いて「銭貨」という用語を「銭」の総称として用いる。一方で、「銭貨」と総称すると見逃してしまう実物「銭」の形や材質のちがいも認識しながら分析することに留意した。なぜなら、徳川期の「銭」は、その鋳造された時期によって、材質や大きさ、額面が異なり、人々による使われ方も異なっていたと目されるためである。

　銭貨の流通実態を知るうえでは、どの銭が使われたかが重要な面がある。このため、本書では個々の銭を表記するにあたり、章ごとの分析の狙いに即して、「寛永通宝」「天保通宝」「文久永宝」といった銭名、素材のちがいを示す「銅銭」「鉄銭」「真鍮銭」、授受した銭の額面のちがいに着目した「一文銭」「四文銭」「百文銭」といった用語を使い分ける。統一性に欠ける表記のようであるが、分析の視点を示すものである点をあらかじめお断りしておく。

　周知のように、わが国で円形方孔の銭が鋳造され始めたのは682年頃の富本銭が最初である。なぜ、丸い形で四角い孔が銭の中央にあるのか。古代中国では、円形が天を、方形が地を表し、その両方が合体した銭の形が皇帝の支配・権力を示すとの世界観を示すものであったといわれる。

　中国の制度を模した律令体制の導入がなされた古代の日本では、中国型の

第1章　徳川期の貨幣制度と銭貨　3

銭貨が鋳造されるようになった。古代中国銭にみられた世界観が、900年以上経過して開設された徳川幕府のもとで認識されていたかどうかは定かでないが、円形方孔の銭を作る技術や工程の基本的な枠組みは踏襲されてきた。

　「鋳造」という言葉のとおり、銭を「鋳る」のが製造技術の中核である。鋳物の技術を用いて銭貨は作られた。余談であるが、徳川期の貨幣について「小判を鋳造した」といった説明がなされることがあるが、正確にいえば、小判などの金貨は、金の薄い板状の判金を切って成形したものであるため、鋳造技術によって作られたものではない。

　さて、銭貨の中央に四角い孔があるのは、鋳造工程での実務を表している面もあった。最後の仕上げ工程において、まとまった数の銭を束ね、方孔の部分に角棒をさして、鋳あがった銭の外縁を研磨した。中国銭であれ朝鮮銭であれ、「鋳る」方法で銭を作った東アジア諸国の銭に四角い穴が開いているのは、同じ鋳造技術を用いたためである。この孔は、できあがった一定数の銭を束ねてわら縄などを通した緡とすることで、運搬や決済での授受に役立った。こうした銭さしを用いることも、中国や日本で共通した使われ方であった。

　明治2（1869）年に明治政府の機関である貨幣司で天保通宝の鋳造を終えるまで、古代以来の銭貨の形態は1200年近くの間、大きくは変わらなかったといってよい。もちろん、徳川期に市場経済が進展し、銭貨需要に対応すべく大量鋳造がなされるようになれば、大量生産を可能とする工程管理手法がとられたとみられる（本書第4章で実証分析）が、明治4（1871）年の新貨条例によって円単位の金銀銅貨が西洋式の機械で鍛造されるようになったことは大きな転換点であった。言い換えれば、徳川幕府は、古代以来続けられてきた古代中国型の銭を鋳造・発行した最後の統一政府であったといえる。

（2）　徳川期銭貨の銭銘・法量

　徳川幕府が発行した銭といえば、古銭研究者や貨幣史の専門家でなくとも「寛永通宝」の名を思い起こす人が多いであろう。銭の表面に鋳つけられた四文字（以下、銭銘と称す）に従った呼称である。漢字四文字を銭の表面に

鋳つけた銭貨のモデルは、唐代の 621 年に発行された開元通宝にさかのぼる。

　「通宝」というのは、古代中国で金属貨幣が用いられる以前に宝貝が貨幣として用いられていたことに由来するもので、通用貨幣という意味である。日本の皇朝銭では「万年通宝」や「延喜通宝」に、中世の渡来銭では「永楽通宝」や「洪武通宝」に「通宝」といった文字が鋳つけられている。なお、「永楽」「洪武」というのは、その銭を発行した当時の中国皇帝を示している。

　徳川幕府が発行した銭の表面に鋳つけられた銭銘は「寛永通宝」「宝永通宝」「天保通宝」「文久永宝」の四種類である。このうち、「通宝」以外の二文字は、その銭が鋳造され始めた時期の元号である。

　元号を銭銘に付した銭貨としては、古代の承和昌宝（承和 2［835］年）、寛平大宝（寛平 2［890］年）、延喜通宝（延喜 7［907］年）がある。寛永通宝は、第三代将軍徳川家光の治世下の寛永 13（1636）年に、約 700 年ぶりに日本の政権によって鋳造されたものである。

　『大猷院殿御実紀』付録には、「いにしへの和銅、延喜等にならびて、百世の後に至りても、広く四海に通行して、天下の人みな其利沢を蒙らざる者なき」と記されている。徳川将軍の事績に関する編纂物の表現であるとはいえ、全国に通用する統一的な銭貨を発行することが、幕府の政治的基盤の安定と永続につながるものと捉えられていた[1]一面が窺える。

　寛永通宝は、寛永期以降も折々に追加鋳造され、田沼期以降は鉄一文銭や真鍮四文銭、鉄四文銭と種類を増やしたが、幕末まで「寛永」の元号を付した銭銘が用いられ続けた。

　宝永通宝は、第五代将軍徳川綱吉の治世下で荻原重秀が勘定奉行を務めていた宝永 5（1708）年に銅十文銭として鋳造されたが、不評で短期間で鋳造停止となった。天保通宝は、第十一代将軍徳川家斉のもと、天保 6（1835）年に長円方孔の真鍮百文銭として鋳造され始め、幕末維新期に大量鋳造された。楕円形の銭の鋳造は古代以来初めてのものである。

1）　吉原健一郎（2003）25 ページ。

文久永宝は、第十四代将軍徳川家茂が京へ上洛した文久 3（1863）年に、回収した寛永通宝銅一文銭を素材として銅四文銭に鋳直したものである。銭銘の原筆は政治総裁職の松平春嶽（慶永）と老中の板倉勝静および小笠原長行によるもので、上洛を控えた時期の幕閣が記したものである。銭銘にみられる元号には、額面の新設などの画期やその銭貨を新規発行した当時の政治情勢などを反映している面がある。

　このように四文字の漢字が鋳つけられているが、額面は銭の表面に示されていない。前述のとおり、日本の銭貨は古代中国で 621 年に発行された開元通宝をモデルにしたといわれ、その重さ 1 匁（3.75 グラム）は和同開珎に踏襲された。一文銭の重さ「文目」が、日本では「匁」という漢字で表されるようになったといわれる。

　寛永 13 年に鋳造され始めた寛永通宝銅一文銭の重さは 1 匁（3.75g）であった。田沼期の史料をみると水戸藩が寛永通宝鉄一文銭の鋳造を見積もった際の重量は 1 匁と記される。実際に鋳造された寛永通宝の重量は、後述のとおり時期によって軽重にちがいがあったが、「銭一つで一文」の計数貨幣として授受された。

　なお、徳川後期には寛永通宝真鍮四文銭・同精鉄四文銭が鋳造された。「寛永通宝」の銭銘は同じでも裏面に青海波の文様を付すことで、四文銭であることが識別できるようにされた。一文銭の大きさは直径 2.5cm、重さ 3.75g、四文銭は直径 2.7cm、重さは 4.9g が基本であったため、人々は寸法や重量で額面のちがいを認識していたとみられる。伝存している寛永通宝銅一文銭・真鍮四文銭は経年によって同じような色合いにみえるが、鋳造されたばかりの真鍮銭は黄銅色で色彩の面でも銅銭とは見分けがついたはずである。

　また、真鍮（黄銅）製の天保通宝は小判の大きさより少し小さいが、重さは一文銭の約 5 倍、四文銭の約 4 倍であった。法量や銅の含有量に比して高額の 100 文通用とするに際し、天保通宝の裏面には「当百」の二文字で額面が鋳つけられた。額面が鋳つけられた銭は天保通宝が最初で最後である。

　なぜ、この項で個々の銭の重さに言及したかといえば、銭を授受して支払決済を行うには、金属の塊としての重量の問題が伴うためである。徳川後期

図 1-1　寛永通宝（銅一文銭：寛永 13 年）

（日本銀行金融研究所貨幣博物館所蔵）

図 1-2　寛永通宝（真鍮四文銭：明和 5 年）

（日本銀行金融研究所貨幣博物館所蔵）

図 1-3　天保通宝（真鍮百文銭：天保 6 年）

（日本銀行金融研究所貨幣博物館所蔵）

図 1-4　文久永宝（銅四文銭：文久 3 年）

裏

（日本銀行金融研究所貨幣博物館所蔵）

には『東海道中膝栗毛』がベストセラーになったように、伊勢参りなど旅に出る人が多くなった。『東海道中膝栗毛』の本文や挿絵には、銭がしばしば登場し、当時の旅人が銭貨を携帯したことが窺える。宿代が 200 文であったとして、寛永通宝一文銭（3.75g）200 枚で授受すれば 750g に相当する。握り飯の弁当が 100 文であったとして 375g ある。単純計算すれば、一文銭で支払ったならば一日に少なくとも 1kg 強の銭を持ち運び、授受しなければならなかったことになる。

　果たして、人々はそのように重い銭貨を抱えて東海道の旅をしたのであろうか。あまりに大きな銭荷は、盗難や強盗のリスクもある。軍事行動のために幕末期に街道を移動した人々に至っては、武器なども携えての急ぎの移動である。ひとやものの移動が増え、文建てでの支払決済の機会が増えた際に、授受する銭貨の重量を無視することはできない。一文銭だけで支払いの用途が充足できたのかどうか。一文銭だけでなく、四文銭・百文銭がなぜ発行され、どのように使われたのか。流通実態を把握するうえで、こうした問題も本書で実証すべき課題となる（本書の第 6 章で幕末期を事例に分析）。

　銭貨に関する分析では、金銭相場や帳簿上の数値や史料の記述の分析を行うことが基本とされる一方、実物銭貨の形態や大きさなどをイメージしなければ、現実離れした考察になりかねない。利便性といった観点から捉えてみると、市中での流通実態についてこれまで気づかなかった点が明らかとなってくる可能性がある。

2 銭貨の歴史からみた徳川期の特徴

　釣り銭などのために授受する硬貨のことを「小銭」と称するように、今日、「銭」というと小額決済を担う硬貨という認識が一般的なようである。しかし、銭貨が小額決済手段として位置づけられたのは、日本における約1200年の銭貨発行史のなかでは、最後の260年余のことである。

　徳川期の銭貨が小額の支払手段として人々の身近な存在となっていった経緯に的を絞るかたちで、日本での銭の歴史を簡単に振り返っておこう。その過程で、本書がなぜ徳川期銭貨に着目したか、その分析の狙いについても示すこととしたい[2]。

　古代に発行された皇朝銭は、都の造営などの経費の支払いや朝廷の官僚たちの俸給の支払いなど、財政面での需要に応じるものであった。平城京を造営した元明天皇が発行した和同開珎（和銅元［708］年発行）を例にとると、その使用を促すために朝廷が定めた法では「銭一文＝籾殻つきの米六升」と定められた。平城京建設の労働者の一日あたりの賃銭が1文であったことも勘案すると、和同開珎は現代の感覚でいう「小銭」にはあたらない。銭貨の流通地域も畿内周辺に限られており、農民などが日々の支払いなどに用いることはなかった。

　金属製の硬貨として朝廷が発行したのは銭貨のみであったが、この当時、麻布や米、絹布なども通貨として使われていた。朝廷は銭貨と米などの換算レートや物品の価格を定める法（沽価法）を定めたり、税の一種である調を納める際に銭貨の使用を強制したりしたが、11世紀頃には銭貨はあまり流通しなくなった。平安京への遷都により宮城の造営が一段落した後、乾元大宝の発行（天徳2［958］年）を最後に、朝廷による銭貨発行は停止した。

　皇朝銭の公鋳が途絶えた後、中世に宋銭などの渡来銭や私鋳銭が広く流通したことはよく知られる。前述のとおり、国の支払手段として銭貨が用いられたのと異なり、中世の銭貨は政府が流通促進などの統制策をとらずとも、

---

2)　古代・中世の銭貨の歴史に関しては、高木久史（2020）などを参照した。

広く流通した。民間での銭貨のニーズをもとに流通した点は古代銭とのちがいであった。

　渡来銭などの流通範囲が各地に広がったことは、北宋銭など大量の銭を入れた大きな甕・壺が各地から出土していることからも窺える。出土銭に含まれる銭種を調べた鈴木公雄（1999）や各地の埋蔵文化センターでの調査により、大量の銭を埋める行為が13世紀後期から16世紀後期まで継続的になされたことがわかっている。函館市志海苔町の館跡に近い場所からは銭が詰められた大甕三つが出土した。出土した銭の総重量は約1.6トン、総数は93種38万枚であった。北海道に至るまで大量出土銭がみられることは、全国に銭貨が流通し価値保蔵手段となっていたことの証左である。広域での決済に備えてストックされたとみられる。

　遠隔地取引も盛んになるなかで、輸送業を運営していた問丸などが発達した。14世紀から15世紀後半頃にかけて畿内の問丸などの商人が割符と呼ばれる紙媒体を支払いに用いるようになった。これは銭貨と交換できる証券で、現在の為替手形と似た書式を持つものであった。たとえば、割符を使って、京にいる荘園領主へ年貢を払ったり、領主がこれを商人に提示して銭貨を得ることができた。割符を使うことで重くてかさばる大量の銭を遠距離輸送せずに済んだわけだが、高額の支払いに銭貨が用いられていたがゆえに、紙媒体による支払手段が生み出されたといえる。

　禅宗寺院が寄進などで集めた銭（祠堂銭）を商人に預けた際に祠堂銭預状といわれる預かり証が発行されたが、その額面は5貫文（5000文）または10貫文（10000文）と高額であった。当時の商人たちは銭の孔にわら縄などを通して束にした銭さし（後述、コラム1「銭さし」参照）を5貫文単位でつなげて保管していた。銭一つの重量が仮に3.75g（1文目＝1匁）であったとして、銭5貫文の重さは19kg弱である。授受するには重い金属塊であり、相手との信用があるならば、紙媒体による支払いが便利である。上記の祠堂銭預状の額面には、銭さしの形態で高額の銭貨が保管・授受されていた実務が反映されている。

〈コラム1　銭さし〉

　銭さし（銭緡）とは、銭貨の孔にひもを通してまとめたものである。古代から中国では、銭貨の携帯に便利なように銭さしに100枚もしくは1000枚を通してひとつのまとまりとして用いてきた。銭貨100枚で1陌とされた。ちょうど100枚の場合を「調陌」、100枚未満の銭貨を100文とみなす慣習を省陌という。省陌は、中国だけでなく、ベトナムや日本など東アジアでみられた慣行であった。

　日本では8世紀から中世までは銭97枚を100文として数える慣行がみられたが、地域差もあり、伊勢神宮周辺では1470年代頃から支出時に72枚で100文としていた一方、15世紀後半の九州や東北では100枚で100文とした。16世紀には96枚になって九六銭と呼ばれるようになった（以上は、高木久史［2018］による）。

　銭さしをほどいて銭貨の数量を確認することなく、銭貨の束を信用して人々が決済に用いていたことは、14世紀の『一遍上人聖絵』にも描かれている。江戸時代後期の市中では、武家の中間などが副業で銭さしを内職で作って売っていたことが『守貞謾考』に記されており、市中の人々が銭さしを日常的に用いていたことを示している。

　九六銭の慣行は、幕府の管理のもとで行われた鋳銭における勘定経理や浅草御蔵への銭納の実務で採用されていたことが史料から確認できる。たとえば、幕府の特別許可を受け、金座の差配下で開設された水戸鋳銭座における寛永通宝鉄一文銭の鋳造見積を記した『銑鋳銭仕用一巻』（明和4年8月、日本銀行金融研究所貨幣博物館所蔵）では、鋳造量等について次のように記している（傍線は筆者）。

「出来銭調銭拾壱万弐千三百弐拾貫文

　　　　但、銭壱文目方壱匁積仕上九分

　　銭九拾六文ニて百文ニ直

　　　銭拾壱万七千貫文

　　　　代金弐万六千両

　　　　　但、金壱両ニ付鐚四貫五百文払積」

この見積によれば、実際に鉄一文銭を鋳造する数量（個数）は「調銭」で11万2320貫文（1億1232万個）と記されるが、財政経理上は96個で100文相当に計算し直して11万7000貫文とされ、「金1両＝銭4500文」の相場で換算して代金が2万6000両であると計算している。また、鋳銭座での実務として、鉄一文銭96個を銭さしとしたことをも意味している。このように九六銭の扱いは、幕府の財政経理や実務にも直結した慣行であった。

銭さしに含まれる銭貨の枚数は地域によってちがいがあった。また、一定枚数の銭貨を銀1匁とする銭さしの形態で実物銭貨が授受されたり（「匁銭」と呼ばれる）、匁銭が計算尺度となっていた地域があったことが、藤本隆二（2014）や岩橋勝（1980）（2019）の研究によって明らかにされている。

なお、明治維新後、大蔵省は徳川期銭貨の流通を認めたが、省陌などの慣行については、貨幣の計数貨幣化を進めるべく、明治5（1872）年に廃止した。

図1-5 銭さし（日本銀行金融研究所貨幣博物館所蔵）

渡来銭や私鋳銭が高額の支払いや備蓄に用いられていたのは、銭貨のほかに金属貨幣がなかったためであるが、こうした状況に変化が生じたのは、戦国大名らが領内の金銀山の開発を行うようになった16世紀半ば頃からである。石見や大森の銀山、甲州や駿河の金山などの開発が知られる。西日本に銀山が、東日本に金山が多い。戦国大名のなかには、産出された金銀をもとに領国内通用の金貨・銀貨を発行するものが現れた。

金銀貨の登場によって、古代以来、金属貨幣を数える唯一の貨幣単位が

「文」であった状況にも変化が生じた。当初の金貨は、金を鎔かして固め、板金（判金）状に打ち延ばしたものの重さを計って切って使う秤量貨幣であった。「両」という単位はもともと「1両＝約1.65g」の重量単位であった。豊臣秀吉が天正16（1588）年に京の金工・後藤徳上に作らせた天正大判の表面に「拾両」と墨書きされているのは、重量165gの金貨という意味である。江戸城に入り関八州を支配する戦国大名となった時期の徳川家康が、慶長元（1596）年頃に後藤庄三郎に作らせた武蔵墨書小判の表面には「壱両」と記されている。この墨書小判の重量は16.5gであった。

　この間、豊臣秀吉による朝鮮出兵に際して、国内での兵糧調達や鉛などの輸入や朝鮮半島での軍事費の支出に銀貨が用いられた。「博多御公用」と刻印のあるナマコ状の銀塊（丁銀）の秤量銀貨はその一つといわれる。刻印（極印）は、丁銀の重量を計ってどこを切って使っても、品位が一定であることを保証する（極める）ものであった。このように、当時の金銀貨は素材の質量と密接な重量単位で通用する貨幣であった。

　「両」という単位が計数貨幣の額面単位となった画期は、甲州の武田信玄が領内で「両・分・朱」の四進法の額面を持つ甲州金を発行したことにある。後に触れるが、徳川幕府のもとで金貨の貨幣単位として、この「両・分・朱」の四進法が踏襲された。

　戦国大名らが発行する金貨・銀貨と従来からの渡来銭・私鋳銭が流通するなかで、織田信長は天下統一を目指す政策の一つとして、金銀銭貨の比価を定めるようになった。永禄12（1569）年には「金1両＝銀7.5両＝銭1.5貫文」との法令を京をはじめとする畿内に布告した。徳川幕府の貨幣制度は「三貨制度」と呼ばれる（後述）が、その萌芽は織豊政権のもとにあった。

　銭貨についていえば、1580年頃には、信長方の軍が宿泊所に支払う費用を一人あたりビタ[3]5文として、ビタ単位で定める法を出した。ビタとは減価した悪銭のことである。

3）　一般に、「鐚銭」といった漢字表記がなされることがあるが、本書では、高木久史（2016）（2018）にならい、銭貨のカテゴリーを示す「ビタ」と表記した。中世の悪銭には、はたかけ（端が欠損）、ころ（加治木での模造洪武通宝）、ひらめ（仕上がりが粗末な銭）などがある。「鐚」という表記がみられる古い史料は天正10年の越前のものとされる。なお、草間直方が文化12年に記した『三貨図彙』では「鐚銭」と表記している。

ビタと対比され、その銭銘や形が整った精銭の一つとして永楽通宝が知ら
れる。東国の戦国大名では年貢の基準となる貫高を永楽通宝で見積・表示を
行う方法（永高制）を採用する者もいたが、信長はビタを基準銭として銭貨
の階層性を法的になくし、等価値で通用する方向性を提示した。徳川家康も
小田原征伐の前まで、領国の遠江において納税に用いる比価として「永楽通
宝1＝ビタ4」と定めていたが、実際の納税はビタで支払われた模様で、永
楽通宝の流通は領国内で希少となっていた。慶長13年（1608）年に永楽通
宝の流通を禁止し、寛永13（1636）年に寛永通宝が発行された際には、ビ
タと等価交換する策をとった。こうした経緯を踏まえ、高木久史は「寛永通
宝はビタの系譜上にある」「16世紀以前の銭の歴史を17世紀以降の日本社
会と政府は継承した」と評している[4]。

　ビタが流通し続けるなかで、寛永通宝が発行されたのは寛永13（1636）
年で、慶長6（1601）年に慶長金銀貨が発行されてから35年後である。「徳
川期の銭貨」の最初は、ビタであったといってもよい。また、寛永通宝が発
行されても、すぐにビタの通用は停止されてはおらず、幕府のビタと寛永通
宝の混用を禁止したのは寛文10（1670）年のことである。

　ビタは幕府開設から約70年を経ても使われていた。なぜ、寛永通宝が発
行されるようになった後もビタが使われ続けていたのだろうか。この点は小
額貨幣としての銭貨の用途にも深く関わっている。

　出土銭貨に含まれる銭貨の種類の分析を通じ、ビタから寛永通宝への転換
状況を発見した鈴木公雄は、寛永通宝の発行が銭貨流通の安定を通じて宿駅
制度の整備・維持を目指したものと指摘した。徳川幕府の治世下で、街道の
宿駅を多くの人員が移動し、銭貨が宿賃や駄賃として支払われた代表例とし
ては、将軍の上洛や日光社参が挙げられる。第三代将軍徳川家光までは、将
軍宣下を受けるために京に上洛した。その後、上洛は第十四代将軍徳川家茂
まで行われなかったが、徳川家康を祀る日光東照宮への社参は将軍の権威を
示す重要な政治的な行事であった。寛永通宝の発行を開始したのは徳川家光
の治世であるため、家光以降の上洛と日光社参の挙行時期と銭貨の発行状況

---

4)　高木久史（2016）99-103ページ、高木久史（2020）54-55ページ参照。

表 1-1 徳川将軍の上洛・日光社参と銭貨鋳造

年	徳川将軍（代）	移動目的	当時の幕府銭貨鋳造
元和 9（1623）	秀忠（二）・家光（三）	上洛	なし（ビタが流通）
寛永 2（1625）	秀忠	日光社参	なし（ビタが流通）
寛永 3（1626）	秀忠・家光	上洛	なし（ビタが流通）
寛永 5（1628）	秀忠（大御所）・家光	日光社参	なし（ビタが流通）
寛永 6（1629）	家光	日光社参	なし（ビタが流通）
寛永 11（1634）	家光	上洛	なし（ビタが流通）
寛永 13（1636）	家光	日光社参	寛永通宝銅一文銭公鋳開始（ビタも流通）
寛永 17（1640）	家光	日光社参	
寛永 19（1642）	家光	日光社参	
慶安元（1648）	家光	日光社参	
慶安 2（1649）	家綱（四）	日光社参	
寛文 3（1663）	家綱	日光社参	（この頃までビタが寛永通宝と混合流通、1670 年にビタの通用禁止）
享保 13（1728）	吉宗（八）	日光社参	寛永通宝銅一文銭鋳造
安永 5（1776）	家治（十）	日光社参	寛永通宝鉄一文銭・寛永通宝真鍮四文銭・寛永通宝銅一文銭鋳造（田沼期）
天保 14（1843）	家慶（十二）	日光社参	天保通宝百文銭の鋳造（天保期）
文久 3（1863）	家茂（十四）	上洛	文久永宝銅四文銭の鋳造開始。
文久 4（1864）	家茂	上洛	寛永通宝鉄一文銭、寛永通宝精鉄四文銭、天保通宝百文銭の鋳造
慶応元（1865）	家茂	上洛	

を対照しながら一覧にしたのが表 1-1 である。

　表 1-1 をみると、第三代将軍徳川家光による上洛がなされた寛永 11（1634）年まではビタを用いて人員の移動などが行われていた。寛永通宝が発行されるとともに、銭貨の私鋳が禁じられた寛永 13 年は家光による日光社参が盛んに行われるようになった年であり、また西国の大名に対して一斉に暇が出され、大名らがほぼ同時に東海道を国元へ向かうことになった年でもあった。寛永通宝の発行については、多くの人員・物資が街道筋を移動する際の円滑な銭貨使用を担保する措置がとられたものと解されている[5]。

　同表をみると、第八代将軍徳川吉宗や第十代将軍徳川家治による日光社参

や、第十四代将軍徳川家茂の上洛がなされた時期に銭貨の増発がなされたことがわかる。宿賃や駄賃などに銭貨が必要となることを見越し、幕府の権威を示す政治的行事を準備する一環として銭貨を鋳造した可能性が推測される。安国良一は、吉宗の日光社参の時期に大坂での寛永通宝銅一文銭の鋳造がなされた点を主張している[6]。

銭貨増発の意思決定に際して、幕府は市中での銭相場に反映される需給関係などさまざまな点を判断材料としていたとされる。しかし、金銭相場の動きを観察するだけでは増発の契機について説明がつかないことも徳川期銭貨の特徴である。本書では徳川家治の日光社参および徳川家茂の上洛時期の銭貨増発との関連性について第2章と第6章で考察する。

徳川家光の治世下で寛永通宝が発行された前後の経緯については安国良一による詳細な研究がある[7]ため、以下では、街道を移動する際の小額の支払手段としての銭貨の用途に着目し、金銀貨での支払いとのちがいに触れながら述べることとしたい。

寛永11（1634）年の徳川家光の上洛時には30万人もの人員を引き連れたといわれる。それだけの人員が街道の宿場で宿賃や駄賃を払うためには膨大な銭貨が必要であったことは想像に難くない。前述のとおり、従来から流通していたビタが用いられた。

幕府は天和2（1682）年に一人あたりの宿賃を4文[8]、馬一頭の駄賃を8文と定めた。この額を例にして、金銀銭貨で宿賃を払った場合を想像してみる。慶長期に定められた「金1両＝ビタ4貫文（ビタ4000文）」、「金1両＝銀50匁」という比価に基づけば、銀1匁はビタ80文にあたる。ナマコ状の丁銀は重量が43匁ぐらいのため小額の支払いにはなじまないが、小さな豆板銀なら宿賃や駄賃のような小額の支払いに対応できる面もあったようにみえる。

---

5) 藤井讓治（2014）229-232ページ。安国良一（2016）第9章223ページ。
6) 安国良一（2016）第11章参照。
7) 同前、第9章および第10章参照。
8) 徳川後期に伊勢詣で旅人でにぎわった垣内宿の史料では、宿賃が旅籠で148文・木賃宿で32文、幕末期の公用旅費では200文程度であった。18世紀にかけての物価上昇があったことを勘案したとしても、寛永年間の宿賃4文を支払ったビタ一文はそれなりに高額部分の決済を担っていた面が窺い知れる。

だが、豆板銀の重量を支払いのたびに計測し、4文・8文の支払いに適したものを抽出するのは手間がかかり、容易なことではない。小判で払ったとすると3990文を超える釣り銭が必要となり、その重量が15kg近くとなる点でも現実的ではない。一枚一文で授受できる小額貨幣として、銭貨が街道筋や宿場で円滑に流通し、その銭相場が安定することが、将軍や大名らが行列を組んで移動する上洛や日光社参、参勤交代を整斉と行う政治的な要請に対応するうえでも重要であったことは明らかである。

徳川幕府は、交通政策とセットで銭貨の流通の円滑化を図るべく寛永通宝を公鋳し、街道筋に供給していったとみられる。見逃してならないのは、その供給の重点とされた地域が宿駅や江戸・京・大坂などの都市部であった点である。開設当初の幕府は、人口の9割近くを占める農民らに対し、年貢納入に支障が生じないように、商品作物の栽培や商業には取り組まず、米などの耕作に励むことを第一とする支配方針をとっていた。このため、農民らは生活に必要なものを自給自足し、米を貨幣として用いて生活しており、銭貨を支払いに用いることはあまりなかった。農村部への銭貨流通は18世紀半ば頃でそのための大量鋳造がなされたのも、その頃であったと指摘されている[9]。

徳川期の銭貨が古代・中世のそれと一線を画す特徴として筆者が着目するのは、18世紀半ば以降、農村部の人々にまで銭貨が流通したことである。小判や丁銀などの高額貨幣は庶民の日々の小額面の決済に用いられることはなかった。耕作に励んでいた農民らが、貨幣経済と関わるようになった際に手にした貨幣は銭貨であったといってよい。小額貨幣としての銭貨流通に焦点を当て、本書の第2章以下で実証分析する対象時期として18世紀半ばの田沼期以降に重点を置いたのは、こうした理由である。

---

9) 岩橋勝（2015）6ページ。岩橋勝（2019）41ページ。

3 徳川幕府の「三貨制度」

（1） 三貨制度とは

　徳川幕府は統一政権として約700年ぶりに大きさ・重さ・品位を規格化した貨幣を発行した。渡来銭などが主な支払手段であった中世の貨幣システムから脱却していく過程では、ビタを基準銭として銭貨の統合を図り、戦国大名によって領国金貨・領国銀貨が発行されていた状況も踏まえつつ、徳川幕府が新たに金貨・銀貨・銭貨を標準化して独占的に製造・発行する体制が構築された。こうした徳川幕府の貨幣制度は「三貨制度」と呼ばれる。

　幕府は公認する「金座」「銀座」「銭座」という組織の管理下で貨幣を製造することで、その技術と質の標準化を確保しようとした。渡来銭や私鋳銭が支払手段であった時期と比べれば、徳川幕府の貨幣制度のもとでは「私鋳」を認めず、偽造を防ぐ厳格な製造体制がとられたことが特徴である。

　なお、田沼期以降の幕府直轄下での「銭座」において、どのようなかたちで製造工程管理がなされていたかの実情は、これまでの研究ではほとんどわかっていなかった。この点は本書の第3章・第4章において、江戸および水戸藩の銭座をもとに明らかにする。

　徳川幕府にとって貨幣制度は政治基盤の一つであった。このため中高校での歴史教科書を含め、さまざまな歴史関係の著作で「三貨制度」に関する説明がなされている。その説明では、金貨・銀貨やその改鋳に重点が置かれた感があるが、以下では、本書における分析課題にも触れながら、銭貨の位置づけに留意して述べることとする。

　「金座」では小判や一分金などの金貨を、「銀座」では丁銀などの銀貨を、「銭座」では寛永通宝などの銭貨を製造した。金貨・銀貨に対し、銭貨は日常的な小額の決済に用いられる面があったが、銭貨が金銀貨の補助貨幣であったわけではない。三貨の間には交換相場が立ち、幕府は「御定相場」といわれる公定金銀相場、公定金銭相場を設定した。この間、市中では両替商らが形成した相場が日々変動していた。江戸で金銀相場・金銭相場の立ち合いがなされていたのは、日本橋の駿河町周辺で、そこで活動する両替商らが

市中相場を書き上げて幕府へ報告する体制がとられていた。

　金貨・銀貨・銭貨から構成される点に着目した「三貨制度」の定義づけは、4節で触れる草間直方の『三貨図彙』や明治初年に大蔵省が刊行した『大日本貨幣史』などから踏襲されてきたものである。金貨は「金座」、銀貨は「銀座」、銭貨は「銭座」で製造された体制と関連づけた面もある。17世紀初頭に徳川幕府が品位や量目などを初めて標準化した当時の貨幣が、慶長小判・同一分金、慶長丁銀・同豆板銀、寛永通宝銅一文銭であった点では、金・銀・銅の素材価値に対応するかたちで三貨を特徴づける向きもある。

　もっとも、後に触れるように名目貨幣化が進んだ18世紀半ば以降、「銀座」では金貨の単位を有する明和南鐐二朱銀などの計数銀貨も製造されるようになったほか、「銭座」では鉄や真鍮を素材とする寛永通宝が鋳造されるようになった。幕末期の万延二分金は金の含有率はわずか2割で、素材からいえば銀貨といってもよい。

　素材価値や製造機関と関連づけたかたちで金貨・銀貨・銭貨を理解することは、名目貨幣化が進むにつれてすっきりしない面が生じてくる。上記の見方でいえば、「銀座」で発行した計数銀貨は「銀貨」に該当することになるが、幕府の触書や史料では「南鐐二朱判」と表記されており、小判・一分判と同じ「判」という文字を用いている点で、両建ての同種の貨幣として幕府関係者が認識していた感がある。

　近年では、三貨制度の定義に際し、貨幣単位のちがいに着目して、「両建ての金貨・匁建ての秤量銀貨・文建ての銭貨」から構成されるものと捉える見方が高木久史や鎮目雅人らによって提示されている[10]。筆者もこの立場に立って本書の分析を行う。「両建て」の貨幣は「両・分・朱」の四進法の貨幣単位、「匁建て」の秤量銀貨は「匁・分・厘・毛」の十進法による重量単位、「文建て」の銭貨は十進法の貨幣単位の貨幣で発行・流通した。この視点からいえば、田沼期に発行された明和南鐐二朱銀は「両建て」の貨幣に属することになる。

　三貨制度を貨幣単位に着目して捉える視点は、貨幣の機能に着目して分析

───────────

10)　鎮目雅人編（2020）における鎮目、高木らが行っている制度説明、分析は貨幣単位に着目した視点に立って記述されている。

第1章　徳川期の貨幣制度と銭貨　*19*

する姿勢につながる。価格表示がなされている貨幣単位（価値尺度）と、その額を支払うために用いる貨幣（支払手段）の貨幣単位が異なることはしばしばであった。

　両建ての価格表示、匁建ての価格表示ということに言及したところで、ものやサービスの価格表示の仕方には、地域によるちがいがあったことに触れておく。「東の金遣い」「西の銀遣い」といわれるように、江戸を中心とする東日本では商品などの価格が「両・分・朱」といった貨幣単位で表された一方、大坂など西日本では銀の量目「匁・分・厘」で価格表示される地域差があった。

　もっとも、「東の金遣い」というが、江戸などにおいてすべての価格表示が両建て（ないし文建て）で表示されたわけではなかった。大工棟梁の報酬や醤油一升の値段、相撲の席料などは江戸市中でも匁建てであった。本書で取り上げる江戸や水戸の銭座関係史料では、そこで働く鋳物師棟梁の報酬が匁建てで表記されている。なぜ匁建てなのかという定かな理由はわからないが、徳川幕府が成立した当初は、江戸やその周辺での経済活動は上方に比べて遅れており、高級織物から各種の日用品に至るまで上方で製造された商品を購入したため、西日本で価格づけされた製品やその作り手となった技術職人らの賃銀などに絡む価格表示において「西の銀遣い」が踏襲された面があるのではないかと筆者は考えている。

　いずれにしても、「東の金遣い」地域では、匁建ての表示額を文建てに換算して銭貨で支払うほかなかった。人々は、金銀相場・金銭相場を駆使して日々の支払いを行っていたとみられるが、こうした日常的な支払いの実態ほど記録に残りにくい。本書において、江戸やその周辺地域での銭貨の使用事例などを把握することで、実態分析の一助になればと考えている。

　この間、「銀遣い」の地域において匁建てで表示されたからといって、秤量銀貨で支払決済したとは限らない。秤量銀貨の流通が不足していれば、匁建ての信用貨幣（藩札や私札、後述）で支払ったり文建てに換算して銭貨を授受することもあったことは各種の研究によって明らかにされている。そのなかで注目されるのは、岩橋勝が「東の金遣い、西の銀遣い」に加え、徳川後期には「銭遣い」を基本とする地域が存在したとの仮説も提示したことで

ある[11]。

　「銭何匁」と表示されるように、一見、匁建てで価格表示されるが、その内実は文建てで経理される「銭匁勘定」が、1770 年代以降、九州や中国・四国の西部、播磨・紀伊など主に西日本で使われたことが知られている。銭匁勘定が生じた背景については、明和南鐐二朱銀の発行以降、秤量銀貨の流通が後退していくなかで、匁建ての決済に際して、時どきの銭相場に応じた銀 1 匁あたりの銭量をもって不足気味の銀貨を代用するようになったものと考えられている。

　銭匁勘定は計算貨幣として機能していたが、実際の資金の受渡しに際して、秤量銀貨 1 匁相当の銭貨を授受したり、銭匁単位の額面を持つ藩札（後述）が用いられる場合もあった。なお、「銭 1 匁」が指す銭額については、地域・時期によりちがいがあった。岩橋が分析した事例[12]を挙げれば、福岡藩では 60 文〜80 文、佐賀藩では 20 文、熊本藩では 40 文〜80 文、小倉藩では 80 文、松山藩では銭 60 文、備中倉敷あたりでは銭 75 文などで、まちまちであった。

　三貨制度の成立によって幕府が発行する貨幣の標準化がなされたとはいえ、各貨幣の流通状況についての地域差がなくなったわけではなく、貨幣の発行政策の変容に伴い時期によって変化も生じた。「地域の貨幣史」を流通面から実証を積み重ねる意義はこの点にある。

（2）　金銀銭貨の名目貨幣化

　金貨、銀貨、銅銭といった表現をすると、三貨の素材が純金、純銀、純銅であるかのような印象を持つが、実物貨幣の金属組成はそうではない。小判などは金と銀の合金、丁銀などは銀と銅の合金、銅銭といわれるものは銅と錫・鉛の合金、真鍮銭（黄銅銭ともいわれる）は銅と亜鉛の合金を素材とする。それぞれの合金に占める金・銀・銅の純分率は徳川幕府の政策判断によって変更された。金貨や銀貨の「品位」といわれるのは、金や銀の純分率のことである。

---

11)　岩橋勝（2019）第 10 章、第 11 章、第 12 章、第 13 章参照。
12)　岩橋勝（1980）参照。

前述のとおり、慶長6（1601）年に徳川幕府は慶長小判・一分金、慶長丁銀・豆板銀を発行した。これらは約90年間流通したが、第五代将軍徳川綱吉政権のもとで初めて金銀貨の規格を改める改鋳が元禄8（1695）年に行われた。

元禄金（小判・一分金）の重量は慶長金と同じ17.9gだが、品位は87％から57％に引き下げられた。幕府は「慶長金1両＝元禄金1両」とし、素材価値に関係なく指定の額面で通用させた。元禄の金銀改鋳は、金貨・銀貨の名目貨幣化の一歩であった。こうした改鋳が実施されたのは、佐渡金銀山などからの金・銀の生産が減り、その一方で金・銀の国外への流出が進むなか、国内での貨幣需要が高まったことが背景にある。

徳川幕府のもとで金銀改鋳がしばしば実施されたが、新井白石によって実施された正徳改鋳（正徳4［1714］年）を除けば、金銀貨の貶質化であった。個々の改鋳の重点にはちがいがあるが、大まかにいえば、財政難に直面した幕府の財源として貨幣鋳造益（出目）を獲得することと、貨幣流通量を増やすことの二つが挙げられる。

表1-2に挙げたとおり、慶長以後元禄改鋳までの金銀貨の在高は両建てに換算して約1396万両であったのが明治2（1869）年には10倍近い1億3022万両余となっていた。260年余の徳川幕府のもとで経済が成長し、それにつれて貨幣の発行・流通量が増えたといえる。改鋳による流通量の増加が目立つ時期は、元禄改鋳、文政改鋳（文政2［1819］年）、万延改鋳（万延元［1860］年）である。流通量が減少したのは金銀貨の品位を上げた正徳改鋳の時期であるが、デフレーションを惹起したため、徳川吉宗による元文改鋳（元文元［1736］年）によって金銀貨の品位を下げて流通量を増やすことでデフレーションを脱却した。

なお、万延改鋳は、幕末開港直後の金貨流出を契機に国際的な金銀比価との調整を目指して実施されたが、その後の軍事的政治的緊張のもとで万延二分金が増発されたように財政支出面での要請に対応した面も大きかった。幕末期の国内外の政治情勢を背景に実施された点で、それまでの金銀改鋳とは異なる側面があった。幕末の貨幣については銭貨の位置づけに着目しながら、第6章で改めて貨幣数量と史料の双方から検討する。

表 1-2　幕府金銀貨の流通数量

単位：千両（金貨換算）、（　）内構成比概算%

和暦（西暦） （年）	金貨	銀貨	うち 秤量銀貨	うち 計数銀貨	合計	年平均 増加率（%）
元禄 8（1695）	10,627 (76)	3,333 (24)	3,333 (24)	0 (0)	13,960 (100)	—
宝永 7（1710）	15,050 (58)	10,755 (42)	10,755 (42)	0 (0)	25,805 (100)	4.2
正徳 4（1714）	13,570 (43)	18,120 (57)	18,120 (57)	0 (0)	31,690 (100)	5.3
元文元（1736）	10,838 (52)	10,204 (48)	10,204 (48)	0 (0)	21,042 (100)	− 1.8
文政元（1818）	19,114 (65)	10,141 (35)	4,208 (15)	5,933 (20)	29,255 (100)	0.4
天保 3（1832）	23,699 (52)	22,165 (48)	5,361 (12)	16,804 (36)	45,864 (100)	3.3
安政 5（1858）	28,315 (54)	24,438 (46)	3,902 (7)	20,536 (39)	52,753 (100)	0.5
明治 2（1869）	74,321 (57)	55,904 (43)	3,512 (3)	52,392 (40)	130,225 (100)	8.6

（出典）　岩橋勝「徳川時代の貨幣数量」をもとに作成された計表。
　　　　　大塚英樹「江戸時代における改鋳の歴史とその評価」（『金融研究』第 18 巻 4 号、1999 年）より引用。

　貶質化したのは金銀貨だけではなかった。金銀改鋳と並行して銭貨が発行
された際には、銭貨の質も変化した。寛永 13（1636 年）に初めて鋳造され
た寛永通宝銅一文銭は直径 2.5cm、重さ 3.75g の良質な銭であったが、元禄
金銀改鋳（元禄 8［1695］年）の 2 年後に、勘定奉行荻原重秀の建議によっ
て鋳造させた銅一文銭は、従来より重さは 3 分の 2 程度で鉛分が増えた質
の悪い銭（荻原銭と呼ばれる）であった。
　良貨政策のとられた正徳改鋳（正徳 4［1714］年）の時期には、銅一文銭
も良質で大型の銭となった（耳白銭と呼ばれる）が、改めて金銀貨の品位を
下げた元文改鋳（元文元［1736］年）では急激に銭高が生じたため、銭貨を
大量鋳造して金銭相場の調整を図った。銅一文銭だけでは必要数量を充足で
きなかったため、鉄一文銭も鋳造するようになり、銅・鉄のいずれの素材で

も一文通用とした。さびやすい鉄であっても一文通用とする点で、銭貨も名目貨幣化した。

田沼期には金銀改鋳はなされなかったが、寛永通宝鉄一文銭（直径 2.5cm 程度、重さ約 3g）が大量鋳造された。銅一文銭よりやや大きめの寛永通宝真鍮四文銭（直径 2.7cm、重さ 4.9g）も鋳造されるようになり、銅・鉄・真鍮といった三種の寛永通宝が、素材の別なく文単位で通用した点で、銅一文銭を軸に発行されてきた徳川期銭貨の転換期であった。ちなみに、田沼期は幕府が銅一文銭を鋳造した最後の時期である。

銭貨が名目貨幣化した典型例として挙げられるのが天保の金銀改鋳（天保 8［1837］年）と同時期に発行された天保通宝百文銭（長径 4.9cm、径 3.2cm、重さ 20g）である。重さは寛永期に発行された銅一文銭の 5.6 倍程度しかないが 100 文通用とされた。また、幕末期には真鍮四文銭に代えて鉄製の寛永通宝精鉄四文銭（直径 2.7cm、重さ 4.9g）が鋳造されるようになったほか、回収した寛永通宝銅一文銭を鋳直して文久永宝銅四文銭（直径 2.7cm、重さ 3.4g）が発行された。文久永宝銅四文銭の大きさは、寛永通宝銅一文銭より若干小さめであった。このように、銭貨も悪鋳が重ねられた。

徳川期の貨幣のなかで、名目貨幣化が本格化したものと意義づけられてきたのが田沼期に発行された明和五匁銀（明和 2［1765］年発行、3 年程度で発行停止）とその後継とされる明和南鐐二朱銀（明和 9［1772］年発行）である（図 1-6、図 1-7 参照）。銭貨の大増鋳と軌を一にしているが、農村部への貨幣経済の浸透を背景として、幕府が小額取引決済手段となる貨幣の供給数量を増やしたものと理解されている[13]。

明和五匁銀は金遣い圏の人々に受容されず短期間で発行されなくなったが、この貨幣を立案した勘定吟味役川井久敬の意図を記した史料の記述は、銭貨との関係で注目される。

「金壱分代十五匁、是を三ツに割候心にて（中略）壱ツ五匁之代は銭四貫文相場にては三百三十二文に当り候、銀相場日々高下有之候得とも、右之通のもの通用に為致候はゞ、江戸に限らず田舎筋も重宝なる品と存候（下線は

---

13) 新保博（1978）や中井信彦（1971）がこうした見方を提示した初期の研究であり、定説化している。

図 1-6 明和五匁銀（明和 2 年）

図 1-7 明和南鐐二朱銀（明和 9 年）

（日本銀行金融研究所貨幣博物館所蔵）

（日本銀行金融研究所貨幣博物館所蔵）

筆者による）」[14]（『金銀吹替次第』国立国会図書館所蔵）
とある。この記述では、明和五匁銀が寛永通宝で 322 文に相当し、江戸周辺農村部（「田舎筋」）における金 1 分（公定金銭相場で銭 1000 文）に相当する額の支払いにおいて、銭貨に代替し得るものとして便利と述べている。川井は、明和五匁銀が関東農村部で流通することを想定し、一分金に代わる支払手段となることだけでなく、授受機会が増加している銭貨の節約に資することを期待していたように思われる。

明和南鐐二朱銀は両建ての金 2 朱を額面とする計数銀貨の嚆矢であり、名目貨幣化を示す代表的な貨幣として注目されてきた。明和五匁銀の後継として発行された点を銭貨との関係でいえば、金 2 朱は公定相場で換算すると銭 500 文に相当する[15]額の授受が可能である。この二朱銀を手始めに、以後、文政南鐐二朱銀、文政南鐐一朱銀、文政一朱金などが続々と発行された。

こうした計数金銀貨の発行の狙いについて、『図録日本の貨幣』をはじめとする通説的な理解では、金銀改鋳に伴う貶質化によって貨幣鋳造益を獲得し、幕府の財源として充当する財政的な目的によるものと解釈されてきたが、岩橋勝は銭貨の節約といった側面から計数金銀貨の発行意義を考え直す

---

14) 中井信彦（1971）82 ページにおいて当該史料について考察されている。中井は、5 匁の重量で定量化した明和五匁銀の意義を金銀相場の安定との関係で論じている。
15) 岩橋勝（2019）72 ページでは、金銭相場の分析により二朱銀による銭貨節約がなされたものと解釈している。

余地がある[16]ことを指摘している。筆者もこれに賛同する立場から本書の事例分析を行う。

岩橋勝は、銭貨を含む金一分未満の貨幣を「小額貨幣」と定義し、田沼期以降の貨幣政策の重点が、小判や丁銀などよりも「小額貨幣」に置かれたことに注目して研究を進めてきた。岩橋の推計によれば、田沼期に明和南鐐二朱銀が登場するまでは、小額貨幣のウエートが13.4％にすぎなかったのが、大政奉還直前には45.8％まで上昇した結果となっている。

幕末期の貨幣の種類でいえば、高額の支払いに「1両・2分・1分」を額面とする小判、万延二分金、天保一分銀が用いられる一方、小額部分の支払いには、二朱銀（公定金銭相場6500文で換算して約813文相当）、一朱銀・一朱金（約406文相当）、天保通宝百文銭を用い、端数部分を1文・4文の寛永通宝などで処理するような額面単位の刻みとなった。

慶長小判・同一分金、慶長丁銀・同一分金、寛永通宝銅一文銭による三貨制度が成立したばかりの17世紀前半に比べれば、18世紀半ば以降は小額部分の支払手段が多様化し、日々の支払決済での利便性が高まったように見える。

このように、田沼期は徳川期の貨幣が小額貨幣需要に応じるかたちで「名目貨幣化」していく転機であったことは確かである。しかし、徳川期の銭貨の場合、その素材価値がまったく無視されていたわけではなかったことも指摘しておかなければならない。鉄一文銭が発行された当初、人々は錆びやすい鉄銭を「鍋銭」と称して忌避する向きもあったが、この発行量が増えて普及するに伴い、銅一文銭が市中で退蔵されるようになった。グレシャムの「悪貨は良貨を駆逐する」様相を呈していた。

銭貨の素材価値のちがいが、その用途や鋳造収支の管理面に影響した可能性がある。本書第3章では、銭貨の質のちがいも視野に入れた銭座運営の特色について実証分析を行う。

市中で退蔵された銅一文銭が再び市中に表れてきたのは、開港後の銅一文銭の海外流出防止策として鉄一文銭と増歩引替して回収する措置がとられた

---

16) 同前、100ページなど。

ことが契機であった。増歩引替を行う措置をとった幕府の姿勢に、銅・鉄一文銭の素材価値のちがいを認識していたことが現れており、やがて素材の異なる銭貨相互での交換相場を認めるに至っている。幕末期の幕府が銭貨の素材価値のちがいを認識していたことは、明治維新後に、旧銭貨の種類ごとに円体系のもとでの通用価値が設定される動きにもつながっていった。

（3）　信用貨幣——私札、藩札

　徳川幕府によって全国通用の金銀銭貨を独占的に発行する体制が敷かれたからといって、各地の貨幣需要を充足しきれたわけではない。17世紀に入り、公共土木事業が行われたのに付随して、商人信用に依拠した紙幣（以下、「私札」という）が自生的に民間で発行・利用されるようになった。その後、大名の領国内で利用される紙幣（以下、「藩札」という）も発行されるようになった。

　実物が残存する最初の藩札としては、寛文元（1661）年の福井藩札が知られる。その後も多くの大名が発行するようになり、明治4（1871）年の廃藩置県の際に実施された調査によれば244藩が発行していた。当時の藩の約8割が発行実績を有したわけで、領国内で日常の支払手段としてこうした私札や藩札といった信用貨幣が広く普及していたことが、明治維新政府が発行した政府紙幣がすんなりと受容された背景になったと考えられている。

　なお、私札・藩札といった用語は、明治以降に用いられるようになったものである。史料では、券面上の額面表示の貨幣単位に即し、匁建てのものは「銀札」、文建てのものは「銭札」と記されることが多い。

　信用貨幣に関する研究は貨幣史研究のなかでも蓄積の厚い分野であり、日本銀行調査局編『図録日本の貨幣5　近世信用貨幣の発達1』『図録日本の貨幣6　近世信用貨幣の発達2』（東洋経済新報社、1974-1975年）が図版を含む基本書として豊富な情報を提示している。近年は鹿野嘉昭『藩札の経済学』（東洋経済新報社、2011年）、鎮目雅人編『信用貨幣の生成と展開』（慶應義塾大学出版会、2020年）、加藤慶一郎編『日本近世社会の展開の民間紙幣』（塙書房、2021年）によって新たな視点での研究が提示されており、今も実証研究が盛んである。詳細はこうした著作を参照していただくことと

図 1-8 山田羽書 五分札（慶長 10 年）（原寸×31%）

（日本銀行金融研究所貨幣博物館所蔵）

し、以下では藩札や私札の概要や特徴を、本書における銭貨に関する分析と関連づけながら述べることとしたい。

　定型化した様式を備えた信用貨幣として転々流通する紙幣として登場したのは、私札が藩札よりも先であった。その端緒とされるのが、伊勢神宮外宮周辺の御師が発行した山田羽書である。伊勢御師は参詣客向けに祈祷を行うほか、宿泊を手配したりする経済活動にも従事しており、その信用をバックに羽書が発行されるようになった。

　図 1-8 は初期の羽書である。券面に「戌」と記されることから慶長 15 (1610) 年発行と推定されている。額面は「伍分請取」と手書きされ、券面の下部には兌換を約束する文言が木版で刷られている。定型化された用紙に必要事項を木版印刷し、実際に預かった秤量銀貨の重量に応じて額面を記入する形式で発行されたことがわかる。預かった秤量銀貨の重量がまちまちだったことを示している。

　筆書きされた額面 5 分は秤量銀貨の重量で、約 1.9g である。このように、

山田羽書の特徴は額面が極めて小額の匁建てである点にある。2節で言及した中世の問丸などが発行した割符が高額の文建てで、重量の嵩む銭貨の授受に代わるかたちで発行されたことと異っている。

慶長6（1601）年に慶長丁銀・同豆板銀が発行されたが、日本銀行金融研究所が所蔵する実物を計測した研究[17]によれば、豆板銀の重量は2g以下のものが約4割を占め、慶長豆板銀の最小値は0.47g、最大値は41.69g、平均値が13.50gで、重量にはばらつきがあった。初期の山田羽書に手書きで匁建ての額面が表記されたのは、実物の豆板銀の重量のばらつきを映じている。重量がさまざまで微小な豆板銀をそのつど秤量し、支払額に適したものを見出すことはほぼ不可能に近く、極めて煩瑣な作業を伴う。

預かり証として発生した山田羽書が転々流通するようになったのは、豆板銀の授受に伴う秤量の手間を回避できる利便性ゆえと目される。また、寛永通宝が発行されておらずビタが流通していた状況のもと、文建てで羽書発行がなされなかったことにも、この時期の銭貨流通の一端が表れている。

銭貨に階層性があり、地域によって基準銭にちがいがあった状況では、参宮客の立場からいえば、手持ちの貨幣を匁建ての山田羽書に代えて伊勢神領内での支払いを行うほうが便利だったのではなかろうか。やがて、御師たちは兌換準備を整え、羽書の額面を定額化し、額面などもすべて木版印刷した定型化した札として製造されるようになった。

山田羽書のほかにも、17世紀前半には、大坂江戸堀川銀札や大和下市銀札など、いろいろな私札が、商人の信用をバックに伊勢や畿内で発行された。畿内での私札は、主に河川掘削や新田開発などでの労賃払いに使われた。

『図録日本の貨幣2　近世幣制の成立』（東洋経済新報社、1973年）では、私札は寛永通宝の普及に伴い、山田羽書を除く多くの私札が消えていったと理解されていたが、現在は、18世紀以降も摂津平野郷で継続的に私札が発行・流通した事例が加藤慶一郎の研究で判明しており[18]、各地の実情などの

17）　西川裕一（2000）参照。
18）　たとえば加藤慶一郎（2021）11-76ページでは、摂津に所在した平野郷町を事例に、1624年頃から発行され始めた私札が18世紀半ば過ぎまで発行・流通した過程を明らかにしている。

第 1 章　徳川期の貨幣制度と銭貨　*29*

表 1-3　寛政改革時における山田羽書の額面別内訳

	製造額	ウエート（％）	製造枚数	ウエート（％）	額面の文換算
1 匁札	19,347 両	95.80%	1,238,200 枚	87.14%	63 文
5 分札	427 両	2.10%	54,600 枚	3.84%	31 文
3 分札	256 両	1.26%	54,600 枚	3.84%	19 文
2 分札	171 両	0.84%	54,600 枚	3.84%	13 文
合計	20,200 両	100.00%	1,421,000 枚	100.00%	－

（注 1）　製造・発行額については、両未満を四捨五入して記載した。
（注 2）　匁建ての額面から文建てへの換算は、山田羽書の券面に印刷された「金 1 両＝銀 64 匁」の比率およ
　　　　び公定金銭相場「金 1 両＝銭 4000 文」によった。小数点以下は四捨五入して記載した。
（史料）　神宮文庫所蔵「山田銀札寛政改革と六人衆」
（文献）　藤井典子「幕府による山田羽書の製造管理」、『金融研究』第 31 巻 2 号、2012 年 4 月

把握・研究が続けられている。

　山田羽書については、寛政 2（1790）年に幕府が直接発行管理を行う体制
に移行した。発行ルールや様式を厳格に定め、製造工程に偽造防止技術を組
み込んだほか、富裕な商人を発行管理の担い手に任命してその信用力をもっ
て兌換を保証するなど、発行体制が整えられた[19]。

　こうして信用が維持された山田羽書は明治維新期まで途絶えることなく流
通した。発行管理体制の変更はあったが、表 1-3 に整理したとおり、羽書の
額面は銀 1 匁・5 分・3 分・2 分と小額のものばかりで、銭貨の授受を代替・
補完する額であった。公定金銭相場が「金 1 両＝銭 4000 文」であった天保
12（1841）年までの時期では 13 文から 65 文に相当した。寛永通宝銅・鉄一
文銭、真鍮四文銭を組み合わせて払う額である。

　「金 1 両＝銭 6500 文」に公定金銭相場が改訂された天保 13（1842）年以
降は 20 文から 101 文に相当した。天保通宝百文銭が発行された後は、この
銭一つが銀 1 匁にほぼ相当したが、匁建ての額を銭貨で支払うには銭相場で
の換算と端数の処理が不可避であった。

　伊勢参りにやってきた人々が持参した天保通宝を山田羽書 1 匁札ないし 5
分札・3 分札・2 分札 3 枚のセット（合計で銀 10 分＝羽書 1 匁）と交換して

───────────
19）　藤井典子（2012）57-67 ページ。

おいて、伊勢神領内での匁建ての支払いを行えば、文建てへの換算やつり銭授受の必要が生じない。伊勢神宮周辺の遊興施設に山田羽書が残存した事例がみられ[20]、伊勢神宮の参拝を終えた人たちが、遊興・飲食を楽しんだ際の支払いのために羽書を用いたことが窺い知れる。山田羽書が途絶えることなく発行・流通し続けた理由の一つには、匁建ての小額支払いにおける利便性があったと考えられる。こうした「札」の利便性は、諸藩が発行した藩札でも匁建ての小額札が多いことに表れている。

　藩札が大名領で発行されるようになったのは、前述のとおり、私札が発行・流通し始めてから少し遅れてのことである。藩札の形態は、私札と同様、縦長の短冊形の紙に額面などが印刷されたものである。券面には札元となった両替商や商人、引替所の名とともに、兌換文言なども印刷されている。

　初期の藩札には銀100目（匁）、銀300目（匁）といった高額のものもあったが、銀札の場合で銀5匁から2分、金札では金1分・2朱といった比較的小額のものが多かった。幕末期に向けて増えた銭札は文建てである。

　大名領内で「札遣い」が定着したことは、徳川幕府による金銀銭貨の供給体制と密接に関わっていた。鹿野嘉昭の言葉を借りれば、「江戸時代における貨幣供給制度は、中央銀行が発券銀行として各地域ごとの貨幣需要をちょうど満たすべく弾力的に銀行券を供給している現在の体制とは異なり、徳川幕府による財政支出を通じて金・銀・銭貨という金属貨幣が供給される」体制であった[21]。「大名領では、藩政府が幕府貨幣を領国内に流入させる方策としては大坂や江戸との交易以外に術がなく、領国内での経済取引の円滑な遂行を支払決済面から支えるうえで必要とされる貨幣量を十分確保することは必ずしも容易ではなかった」。大名が得た幕府貨幣は、参勤交代のための移動費用や江戸在府で必要とされる物品・サービスの購入に充てられ、領内における庶民の一般的な支払手段は藩札と銭貨となっていたといってよい。大名領内での小額支払いの需要に見合うだけの銭貨が流通していたかの実情

20）　伊勢古市参宮街道資料館では、古市にあった遊興施設に伝存したとみられる山田羽書が展示されている。

21）　鹿野嘉昭（2011）36ページ。続く本文の文章の引用箇所も同じ。

は必ずしも定かでないが、小額面の藩札が銭貨での支払額に相当する部分の決済を担っていたことは確かである。

表1-4、表1-5は藩札の地域別発行状況および額面が金・銀・銭のいずれで表示されているかを鹿野が整理した表である。

この二つの表からは、西日本の「銀遣い」地域にある藩の発行が多い一方、東日本の「金遣い」地域での発行が少ないことが見て取れる。東北地域については発行されても幕末維新期が大半である。金札が少ないのは、三貨制度の中核として、幕府の経理などの基本ともされていた金貨に対する信認確保のためと指摘されることが多い。

幕府は藩札に対して、総じて抑制的な法令を出してきた。簡単に列挙すると以下のような経緯を辿った。藩札が発行されるようになった当初、幕府は藩の申し出どおりに認めるような姿勢をとっていたが、発行が増えるにつれて監督姿勢を強めた。

第五代将軍徳川綱吉の治世下では宝永4（1707）年に金銀銭札の通用を禁じる「札遣い禁止令」が出された。これは、銀札の通用を停止することで、退蔵されている旧銀貨を放出させ、宝永銀貨に交換させる貨幣政策の一環であった。第八代将軍徳川吉宗の治世下では、札遣いが解禁されるが、田沼期には方針を変更し、宝暦9（1759）年には銀札の新規発行と通用期限到来後の金札・銭札の通用を禁止した。

さらに安永3（1774）年には銀札の通用を中絶した藩による銀札発行の再興を禁じた。この当時の幕府は、明和9（1772）年に明和南鐐二朱銀を発行し、計数銀貨発行によって金貨による統合を図ろうとしていたほか、安永2（1773）年には、江戸で鋳造された寛永通宝真鍮四文銭を船で大坂に輸送し西日本での流通を企図していた。銀遣い圏での銀札発行の動きに対し、幕府が新規貨幣の供給を盛んに行うことで挑戦していたかのように見える。

このように幕府は総じて藩札の発行を規制する姿勢をとっていたが、実際には、大名らは届け出などをしない場合もあった。幕末維新期まで藩札は発行され続けた。表1-4、表1-5にみられるように、19世紀には、西日本での藩札の発行はむしろ増えており、銀札だけでなく、銭札の発行件数も目立つようになった。

表 1-4　地域別・年代別にみた全国諸藩における藩札発行状況

(単位：藩数)

	奥羽	関東	中部	近畿	中国	四国	九州	合計
慶長8年〜宝永8年 (1603〜1711)	2	2	7	12	12	5	6	46
正徳元年〜享和4年 (1711〜1804)	2	3	3	18	5	4	8	(89) 43
文化元年〜慶応4年 (1804〜1868)	1	7	9	16	8	1	12	(143) 54
小計	5	12	19	46	25	10	26	143
明治元年〜4年 (1868〜1871)	15	11	8	0	0	0	0	(177) 34
合計	20	23	27	46	25	10	26	177

(注1)　初発年代の明らかな藩に限る。
(注2)　(　)内の数字は累計を示す。
(出所)　鹿野嘉昭『藩札の経済史』(2011年) 51ページ　「第2-3表 (1)」より引用

表 1-5　藩札の額面の貨幣単位別内訳

		1661〜 1735年	1736〜 1771年	1772〜 1817年	1818〜 1859年	1860〜 1867年	不詳
東日本	金札	3	0	1	3	2	4
	銀札	9	8	7	17	13	2
	銭札	4	0	1	6	11	2
西日本	金札	1	1	1	1	2	3
	銀札	52	37	27	55	27	8
	銭札	2	2	9	31	12	15
全国	金札	4	1	2	4	4	7
	銀札	61	45	34	72	40	10
	銭札	6	2	10	37	23	17

(出所)　鹿野嘉昭『藩札の経済学』2011年、51ページ、「第2-3表 (2)」より引用

　こうした変化は、諸藩の財政面での事情もあろうが、明和南鐐二朱銀の発行以降、秤量銀貨が計数銀貨製造の素材となったため、市中での流通量が減少したことも背景にあったとみられる。一方で、銭貨の大増鋳が田沼期以降なされていたことも影響していたと想像される。

本節（1）項において言及したとおり、計算尺度としての銭匁勘定が西南日本地方所在の大名領国で漸次定着するようになっていたが、券面上「銭何匁」と額面が表示される銭匁札も発行されるようになった。この札は領内の銀銭相場で換算した銭量とリンクしていた。たとえば「銭60匁」と券面に記されていれば、その札の価値は銭60文に相当した。

このように、幕府貨幣と藩札や私札の発行・流通は深く関わっていた。ただ、これまで研究対象とされてきたのは藩札発行のなされた西日本の事例である。山田羽書は「銀遣い」と「金遣い」の境目に位置する伊勢の事例である。藩札や私札が利用されたことは、高まる小額貨幣需要において、銭貨の節約となっていた面があるが、「札遣い」のない東日本でどのように対処されていたのかはよくわかっていない。この点については、本書第5章で関東農村の史料をもとに、銭貨をはじめとする各種貨幣や帳簿信用の活用などの事例を把握し、分析する。

4　銭貨研究の歩み

（1）　古銭学研究家による「銭譜」の編纂

銭座に関する一次史料の多くは明治維新期の時点ですでに多くが散逸していた。こうした状況のもとでの銭貨研究は、江戸時代以降、古銭愛好家が編纂した各種の銭譜に記された銭座の所在地やそこで鋳造された銭貨、法令などに関する情報に多くを依拠してきた面がある。

銭貨研究の歴史は古く、江戸時代にさかのぼる。18世紀入り後、銭貨の図版を添え、鋳造地（銭座）やその年代、鋳つけられた銭銘や形態（寸法・重量や縁などの形）の特徴を調査・分類した「銭譜」類が盛んに編纂された。なかには有名書肆から出版され、増版を重ねたものもあった。

銭貨の実物に即した分析は、海外では numismatics と呼ばれ、古代の金銀貨などを対象に、現在も盛んに行われている。日本では古銭学と称され、ともすれば、古銭愛好の趣味的なものと捉えられがちであるが、博物学的な観察と分類の視点に立って収集作業[22]と並行して「銭譜」の編纂を行った者もいた。

銭譜の中でもベストセラーとなった『和漢古今泉貨鑑』（寛政10［1798］年刊）を編纂した福知山藩主・朽木昌綱（1750〜1802年）は、蘭学大名として知られる人物である。寛永通宝に関する代表的な銭譜としては、日野家出身で有職故実研究家の藤原貞幹（1732〜1797年）が編纂した『寛永銭譜』や、幕臣で書物奉行を務め、択捉島への探検などを行った近藤正斎（重蔵：1771〜1829年）が著した『銭録』（全七巻のうち第四巻・第五巻が寛永通宝の銭譜）が挙げられる。『寛永銭譜』および『銭録』は、明治維新後に大蔵省が『大日本貨幣史』を編纂・刊行する際に、徳川期の銭貨に関する解説作成の典拠史料として言及されている。

　こうした銭譜類は、幕府の銭貨政策の担い手も手元に置いて実務遂行の参考としていたようである。幕末期の金座関係史料（石巻市教育委員会編『金局公用誌　鋳銭場関係資料　下』）をみると、勘定所から寛永通宝鉄一文銭鋳造の過去の経緯について紹介を受けた金座人が『寛永銭譜』（図1-9）を参照しながら回答したことが記される。開港に伴う銅一文銭の流出を防止すべく、その回収のための引替元として鉄一文銭の鋳造を検討するにも、田沼期の鉄一文銭鋳造終了から80年以上が経過していたため、勘定所役人はもとより、銭座運営を担う金座人にも実物銭貨や経緯に関する記憶がある者はいなかった。そのような折に、実物銭貨の拓影とともに鋳造地や鋳造期間などがわかる銭譜が実務の手引書のように参照されたと考えられる。

　近藤正斎が『銭録』を著したのは、書物奉行の任を離れた後であるが、銭貨の歴史や法令に関する史料情報を豊富に盛り込んでいる点に特徴がある。第一巻で古代銭から説き起こし、第四巻では寛永通宝公鋳前に流通していたビタなどの図版や触書も収録し、第五巻では寛永13（1636）年の寛永通宝銅一文銭の公鋳から文政4（1821）年に増鋳された寛永通宝真鍮四文銭までを扱っている。さまざまな銭座で鋳造された寛永通宝（銅・鉄・真鍮銭）の拓影とともに、その鋳造地や鋳造期間に関する法令や貨幣書の記述について、その出典を明記のうえ引用した学術書である。

　著者の出自が銭譜の内容に色濃く反映されている例としては、大坂の両替

---

22)　朽木昌綱が収集した銭貨は「朽木コレクション」として、現在は大英博物館に所蔵されている。

第 1 章　徳川期の貨幣制度と銭貨　35

図 1-9　藤原貞幹　『寛永銭譜』（早稲田大学図書館所蔵）

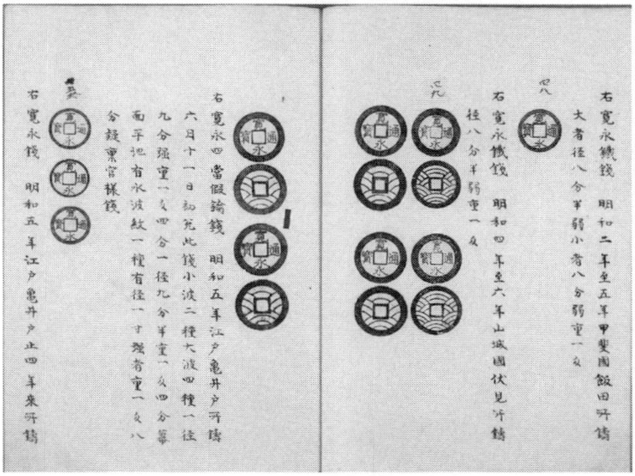

（田沼期に鋳造された寛永通宝鉄一文銭、寛永通宝真鍮四文銭が掲載されたページ）

商草間直方（通称鴻池屋伊助、1753～1831 年）による『三貨図彙』（文化 12
［1815］年脱稿）が挙げられる。草間は、鴻池家の分家である草間家の養子
となり、のち独立して、肥後藩、南部藩などの財政整理を担当する両替商と
して活動していた。貨幣図では形状、量目や色合いなどを示すとともに、
1575 年（天正 3）以降の物価の推移を米価を中心に詳述し、貨幣史関係の古
文書のほか青木昆陽『銭幣略記』、新井白石『本朝宝貨事略』などの著作も
参照・収録している。

　この『三貨図彙』は草間家の内部のみで読まれる扱いとされていた。いわ
ば、両替商としてのノウハウを家に伝える書として作成された貨幣経済指南
書といってもよい。出版はされなかったが、明治維新後、大蔵省において
『大日本貨幣史』の編纂に際して参照された[23]。

　明治時代以降も古銭研究家による銭貨収集と銭譜編纂の動きは活発であっ
た。その活動の拠点となったのが田中啓文（1884～1956 年）が収集貨幣・
古文書類を保管・研究するために私的に設立した「銭幣館」である。「銭幣
館コレクション」が第二次世界大戦の終戦間際に日本銀行へ寄贈される（後

---

23)　新保博（1985）、高木久史（2022）などを参照。

図 1-10　甲賀宜政復刻『鋳銭図解』（日本銀行金融研究所貨幣博物館所蔵）

述）までの間、多くの古銭研究家が銭譜を編纂し、関連する調査物を作成した。

　「銭幣館」に集った古銭研究家の中には、造幣局で試金部長を務め、『造幣局沿革史』の編纂にも関与していた甲賀宜政（1860～1935年、工学博士、圓々堂と号して活動）などがいた。金属の専門家であった甲賀の研究は、銭譜の作成にとどまらず、享保13（1728）年に仙台藩石巻に開設された銭座における寛永通宝銅一文銭の鋳造工程を描いた絵巻『鋳銭図解』を復刻（大正12［1923］年復刻・刊行、図1-10）する作業にも及んだ。復刻した絵巻の巻頭に「此図を通覧すれば、当時鋳銭作業の順序を理解すべき」と記されるとおり、今日の銭貨研究者が鋳造技術や労働内容を知るうえで必ず参照する基礎資料となっている。

　また、甲賀は明治維新後に旧金座人の家に残っていた金座・銭座関係の古文書を筆写して収集した。金属の専門家の視点で史料を選定した点で、銭貨の鋳造素材や道具、職人、鋳造収支に関する記録など、法令などだけでは捉えられない鋳造実務に関する情報を多く含んでいる。本書第6章では幕末期の小菅銭座について分析するが、その際に分析対象としたのは甲賀の筆写史料である。

　甲賀が収集した史料も「銭幣館コレクション」の一部として日本銀行に寄贈された。これらの収集史料が2002年に「銭幣館古文書目録」として日本銀行金融研究所貨幣博物館から公開されたことで、本書における分析が可能となった。

第1章　徳川期の貨幣制度と銭貨　37

（2）　貨幣通史編纂──『大日本貨幣史』から『図録日本の貨幣』まで

　徳川幕府のもとでは日本の貨幣通史を公的に編纂することはなかった。幕臣の近藤正斎が『金銀図録』を編纂して幕府へ献上したり、古代銭からの銭貨の変遷を『銭録』としてまとめるなどの動きはあったが、公的な機関によって貨幣史を編む作業が行われたのは明治維新後である。

　主な日本貨幣通史としては、明治維新期の大蔵省が刊行した『大日本貨幣史』（三貨部は明治9［1876］年、三貨部附録は明治10［1877］年、紙幣部は明治10年から同14［1881］年、紙幣部附録は明治16［1883］年）、大正期の造幣局関係者塚本豊次郎が編纂した『日本貨幣史　附金座考』（大正2［1913］年、財政経済学会）、日本銀行調査局が東大教授土屋喬雄監修のもとで編纂した『図録日本の貨幣』（全11巻、昭和47［1972］〜昭和51［1976］年）がある。いずれも、明治以降の通貨発行に絡む機関に所属する者によって編纂された。

　その編纂スタイルは、実物貨幣の図版を添え、貨幣発行の歴史を編年体で編纂する点で「銭譜」の形式を継承しており、発行・製造といった点に焦点を当てた説明となっている。銭貨の歴史に関する説明に焦点を当てて、『大日本貨幣史』『図録日本の貨幣』について以下では述べる。

　『大日本貨幣史』は上記のとおり金属貨幣「三貨」と紙幣の双方を貨幣の歴史として著述しているが、「三貨部」が刊行されたのは明治9（1876）年である。明治7（1874）年9月に、徳川幕府が発行した旧金銀貨の通用停止と新貨幣との交換が布令され、大蔵省における旧金銀貨の品位等の調査を終えて価格表を公表した後である。『大日本貨幣史』の凡例に、「三貨部ニハ、即チ金銀銅三貨ノ源流、并ニ其鋳造ノ沿革、其価値ノ変通、其品位ノ高下、及ヒ其他之レニ関スル諸条件ヲ登紀シ（下線は筆者）」と記されるとおり、個々の金銀貨について、その品位が貨幣表に即して記述されている。

　ちなみに、近藤正斎が徳川幕府に献上した『金銀図録』では形態を克明に摸刻した図版が掲載され、寸法・重量の記載がなされているものの、品位には言及していない。徳川幕府による金銀改鋳に際しその品位を秘匿することに政策的な意味があった点では当然のことともいえる。

明治4（1871）年の新貨条例で円体系の金銀銅貨が発行されるようになった後、旧金銀貨の回収・新貨幣との交換のためにその品位と交換価格を明確にすることが重要な時節であったことが、『大日本貨幣史』の「三貨之部」の記述にも表れている。

なお、徳川期の各種銭貨については発行に関する触書など制度的な変遷には言及されている一方、品位に関する言及はみられない。図版についても、徳川期に銭造された寛永通宝の形態のすべてを掲載することは「煩瑣」として略されており、克明な図版と寸法が掲載されたのは、寛永通宝真鍮四文銭のみで、裏面に青海波の文様があることを図版で示している。この当時、大蔵省では銅を素材に含む寛永通宝銅一文銭・真鍮四文銭、文久永宝銅四文銭、天保通宝百文銭を新円体系での厘単位の通貨として流通を認める布令を出している（本書第7章で考察する）が、同じ「寛永通宝」の銭銘を持っていても、銅一文銭は一厘通用、真鍮四文銭は2厘通用のちがいがあったことから、この両者の識別の必要性を勘案したのかもしれない。

『大日本貨幣史』における三貨の歴史は、神功皇后の時代から歴代天皇の事績として順次述べられている。したがって、古代銭からの歴史を説き起こすかたちとなっている。徳川期の銭貨についても、寛永通宝銅一文銭の発行（寛永13［1636］年、第三代将軍徳川家光の治世）は明正天皇（在位：1629〜1643年）、寛永通宝真鍮四文銭の発行（明和5［1768］年、第十代将軍徳川家治の治世）は桃園天皇（在位：1747〜1762年）の事績として記される。文久永宝銅四文銭の発行（文久3［1863］年、第十四代将軍徳川家茂の治世）は孝明天皇（在位：1846〜1866年）の事績とされ、明治天皇のもとで「文久銭始メハ四文、今日ハ一個一厘五毛通用」と扱われるようになったことにも言及している。

このように、銭貨の歴史を歴代天皇の事績として編むスタイルは、天皇を中心とする政治体制のもとで歴史を編み、新たな円体系の貨幣制度をこの一環に位置づける明治政府の姿勢を反映しているように思われる。

一方、徳川幕府の崩壊の際に幕府勘定所などでの公的な史料が散逸していた状況も『大日本貨幣史』にリストアップされた典拠史料から見て取れる。参照された史料・文献が第一巻に列挙されているが、旧幕府の勘定所が作成

した一次史料は見受けられない。

　銭貨に関していえば、制度・法令面については徳川幕府の公式史書『徳川実紀』を参照しているが、個々の銭貨については、前述の『寛永銭譜』や『銭録』、『三貨図彙』に依拠している部分が多い。なかには、田沼期の寛永通宝鉄一文銭と銅一文銭の鋳造開始時期の記述に錯綜がみられる。個々の銭貨や銭座に関する確かな情報を一次史料をもとに調査・分析することが明治維新期にすでに難しくなっていた状況が窺い知れる。

　1970年代に日本銀行調査局が古代から現代までを対象に、日本銀行所蔵貨紙幣について、貨幣史研究の成果や参照文献情報を網羅的に集大成したのが『図録日本の貨幣』シリーズである。徳川期の貨幣に関する解説は、金貨、銀貨、銭貨の順に編年体で説明されている。カラーの図版では実物大の写真を掲載し、当時利用可能であった貨幣関係の一次史料や銭譜、実物銭貨の情報を網羅したかたちとなっている。貨幣の製造・発行という側面に重点を置いた解説となっている面は否めないが、岩橋勝が「近世日本貨幣史の研究の成果がほぼ網羅され、もはや解明すべき課題はないかのような観を呈している」[24]と評したほどである。

　こうした編纂が可能となったのは、日本銀行が寄贈を受けた「銭幣館コレクション」の質量的な豊富さと、東京大学土屋喬雄教授（1896〜1988年）の指導・監修によるものといえる。当時の社会経済史学の分野での研究の進展を背景に、貨幣経済史研究の土台となる資料・情報の公開にも配意されている。

　前述のとおり、「銭幣館」とは貨幣収集・研究家であった田中啓文が白金の自邸内に設立した施設である。「銭幣館」では古代以来の各種銭貨や金銀貨や紙幣だけでなく、関係資料として道具などの民俗資料のほか、銭譜類、貨幣関係古文書や錦絵なども収集・保管された。その総数は10万点以上にのぼる日本で最大の貨幣コレクションであった。紙媒体の資料が含まれる点では、戦争の激化などによって焼失のリスクがあったため、田中は結城豊太郎（1877〜1951年、第十五代日本銀行総裁：在任昭和12［1937］年7月〜

24）　岩橋勝『近世貨幣と経済発展』4ページ。

昭和 19［1944］年 3 月）としばしばコレクションの処置について話し合っており、昭和 17 年 3 月に日本銀行副総裁に就任した渋澤敬三（1896〜1963年、第十六代日本銀行総裁在任：昭和 19［1944］年 3 月〜昭和 20［1945］年 10 月）は、その年の 7 月に日本銀行文書局長・発券局長、土屋喬雄東京大学教授を同伴して田中啓文宅を訪れ、「銭幣館コレクション」を実見している。

　渋澤が日本銀行総裁となった昭和 19 年 12 月にコレクションの大半が日本銀行に搬入され、翌年 1 月に移管が完了した。渋澤敬三は、経済人であるとともに自らも民俗学者として活動し、自邸に私設博物館「アチックミュージアム」を設立したことで知られる。土屋教授は、渋澤と東京高等師範附属小学校（現、筑波大学附属小学校）の同窓で、学術面での活動で交流が続いていた。二人が「銭幣館コレクション」の貨幣経済史研究での資料価値に気づいていたのは言うまでもない。コレクション寄贈の際、銭幣館において資料整理・研究に従事していた専門家（郡司勇夫、明治 43［1910］〜平成 9［1997］年）が日本銀行に雇用されたのも、このコレクションの整理・保管が可能な体制を敷くことを意識してのことであった。

　郡司は日本銀行調査局員として『図録日本の貨幣』の執筆にも従事した[25]。『図録日本の貨幣』に記述される貨幣などの呼称や分類方法、銭譜類の記述を参照している点などは、銭幣館での調査研究活動の系譜を受け継いでいる。一方、土屋喬雄教授が監修したこともあって、『図録日本の貨幣』では、貨幣・経済史分野における当時の研究成果を広くサーベイし、典拠を示して文献を引用する学術書となっていることも特徴である。

　銭貨に関する研究を例にとれば、寛永通宝真鍮四文銭が田沼期に鋳造され始めた契機については、国立国会図書館に所蔵される銀座関係史料をもとに鋳造益を銀座に獲得させる狙いを明らかにした田谷博吉（1963）の研究が参照されている。また、私札や藩札の発行制度などについては作道洋太郎

25）　郡司勇夫は、個人研究の著作として『日本貨幣図鑑』東洋経済新報社、1981 年を刊行した。
26）　銭幣館コレクションのうち、伊勢の私札「山田羽書」関連古文書については、土屋喬雄教授の指導のもとで日本銀行調査局員であった妹尾守雄が解読を進め『図録日本の貨幣 6　近世信用貨幣の発達 2』には、その成果の一部として、古文書の解読なども掲載されている。また、妹尾守雄（1980）も公表されている。

（1961）などに依拠し、新たな史料分析の成果も盛り込んでいる[26]。

このように、『図録日本の貨幣』シリーズの編纂は、実物資料と銭譜類を分析する伝統的な古銭学の流れと経済史的な分析の流れが合体したかたちとなっている。銭譜の分析方法を踏襲していることもあって、製造・発行に重点が置かれており、貨幣の使われ方など社会生活面での流通実態という点での分析まで踏み込んだ解説はなされていない。

『図録日本の貨幣』刊行によって、実物資料のカラー図版が公開されたものの、実物資料展示による公開は日本銀行設立百周年記念行事の一環として設立された貨幣博物館の開館（昭和60［1985］年）を待つことになった。もっとも、貨幣博物館の開館後も、銭幣館コレクションに含まれる古文書類は未整理のままであった。貨幣博物館の開館10周年を機会に整理作業が進められ、その成果として平成12（2000）年に目録[27]が公開されるまでは、古文書類の本格的な活用がなされていないため、『図録日本の貨幣』における徳川期の銭貨の解説には、銭幣館コレクションに含まれる銭座関係古文書の内容は記述されていない。本書の第3章、第4章、第6章は『図録日本の貨幣』編纂時に活用されていなかった古文書を分析したものである。

（3）　経済史研究・歴史学の潮流と銭貨研究

1970年代は前項で触れた『図録日本の貨幣』シリーズが刊行された画期的な時期であったが、徳川期銭貨研究に関連する社会経済史分野の研究でも新たな分析手法が進展した時期でもあった。

徳川期の銭貨を対象に、時系列を追って考察するアプローチには、銭相場を分析する数量経済史の手法と法令の文言の変遷を観察する文献史学の手法がある。前者のアプローチで銭相場の長期時系列分析を行ったのが新保博[28]である。物価史研究の盛行により貨幣についても数量的側面に関心が寄せられるようになったことが背景にある。各年での相場が入手可能な上方の銀銭相場を分析した成果は、近世の物価や銭相場に関する研究において、今日も

---

27)　日本銀行金融研究所（2000）。目録編集・解題の作成作業は、慶應義塾大学文学部教授（当時）田代和生、同大学非常勤講師（当時）松田隆之、同大学博士課程（当時）田原昇と、日本銀行職員（当時）藤井典子が担当した。

28)　新保博（1978）。

必ず参照されている。

　新保が銀銭相場分析から新たな主張をした点の一つに、田沼期の銭貨鋳造を農村部への貨幣経済浸透と関連づけたことが挙げられる。明和2（1765）年までの20年間にゆるやかな銭高傾向を示していたことに着目し、農村部における支払決済の機会の増加に対し、銭貨などの小額貨幣の供給で対応したと結論づけた。斎藤修は、1980年に新保の著作に対する論評特集として『三田学会雑誌』（第73巻3号）で「徳川貨幣史への新視点」を企画した。この企画は、発行・製造制度に焦点を当てた伝統的な「貨幣の歴史」の分析手法から脱却し、貨幣の機能、価値、需給関係、実体経済への影響も視野に入れた分析を行う契機となり[29]、今日の貨幣史研究の潮流の基礎となっている。

　なお、「徳川貨幣史への新視点」の企画に際し、岩橋勝は「東の金遣い」「西の銀遣い」だけでなく、西南日本における「銭遣い経済圏」があるとの仮説を提示した。

　徳川期銭貨に関する時系列分析を文献史料からのアプローチで行ったのが吉原健一郎である。江戸の都市史研究の一環として、江戸町奉行所発出の町触をもとに、その文言の変化を寛永年間から幕末まで分析し、長年の成果が平成15（2003）年に著作としてまとめられた[30]。江戸の庶民の暮らしと銭貨の関係を観察したものとしては、数少ない先行研究の一つである。

　江戸市中の金銭相場を観察するには、現在も三井高維編『新稿両替年代記関鍵』第二巻考証編（岩波書店、1933年）に依拠するほかないが、この著作の中では、データと触書の文言を対比しようと試みられている。しかし、18世紀半ば頃以降、幕末に至るまで、江戸市中の相場と触書の文言との間に整合性がとれない場面があることに言及している。おそらく多くの経済史研究者はこうした点に気づいていたと目される。

　数量分析と文献史料の双方を突き合わせたかたちでの銭貨研究は、整合性のとれた理解がしにくい田沼期以降の金銭相場の理解について、なかなか検

29）　岩橋勝（2019）6ページ参照。
30）　吉原健一郎（2003）。なお、分析に際して参照された触書の個別名称等、典拠の詳細は明記されていない。

討が進まない状況が長く続いてきた。その要因の一つは、分析対象となる金銭相場データが江戸市中のそれに限られていたことである。近年、金銭相場については、新たな時系列データが岩橋勝によって提示され、名古屋・刈谷・酒田における金銭相場が江戸の金銭相場と相関関係にあることが明らかにされた[31]。もっとも、「江戸地廻り経済」が進展した江戸周辺農村部の金銭相場は分析対象とされていない。本書では次章で田沼期の関東農村部の金銭相場の抽出を試みる。

　史料分析の動向をみると、伝統的な銭貨研究では、幕府勘定所の意思決定やそれを反映した法令などの制度的な史料が対象とされてきた。これに対し、貨幣史研究においても、生活との関わりを流通面から明らかにしようという問題意識が醸成されるようになった。これは、1970年代後半頃から「政治史」や「経済史」主導ではない「社会史」として人間の生活文化を視野に収める歴史学研究が目指すアナール学派の動きが浸透していた[32]ことが背景にあった。本書における分析で、人々の暮らしのなかでの銭貨の使われ方（支払決済）を記す史料を探索し、分析することで銭貨の意義を把握することを試みることとしたのも、こうした視点に影響を受けたものである。

　銭座関係史料の残存に制約が強い一方、「読み・書き・そろばん」が普及した徳川後期には人々は多くの記録を作成した。庶民の生活史料のなかには文建ての記述がところどころに見出せる。そのよい例がお伊勢参りの道中日記である。江戸や関東周辺だけでなく、各地の農村部などからも人々は旅に出た[33]。道中日記には、銭貨を使って飲み食いしたことや、宿場で金貨を銭貨に両替しながら移動したことが記される[34]。

　このような銭貨の浸透は、18世紀半ば頃からの江戸地廻り経済の進展により、上方中心であった市場構造に変化が生じたこととも何らかの関係があったと考えられている。たとえば江戸地廻り経済について分析した林玲子

---

31)　岩橋勝（2019）第3章。
32)　岩橋勝（2019）5ページ。
33)　原淳一郎（2011）などを参照。
34)　東京都世田谷区教育委員会が刊行した『伊勢道中史料』（1984［昭和59］年）などをもとに、多くの研究がなされている。たとえば、鎌田道隆（2013）は、歴史研究家だけでなく、広く読まれている。銭貨の使用に言及のある道中日記に関する展示は、各地の郷土資料館・博物館等で折々になされている。

は、ヒト・モノの流れの変化がカネの流れにも変化を及ぼしていた[35]と主張
した。しかし、貨幣史研究の分野からこうした主張を実証する考察は手つか
ずなままであった。

　地方史研究（自治体史）の資料編をみると、農村部の人々が「文建て」の
支払いについて記した史料翻刻は枚挙にいとまがない。また、筆者が参照し
た限りの近世経済史研究を挙げるだけでも、以下のようなまとまった成果
物・著作の中に、銭貨に関連する貴重な分析や指摘が見出せる。

　たとえば、「江戸地廻り経済」については、関東の河川網を通じた商品輸
送を分析した田畑勉[36]、真岡木綿や醤油の取引や荷受問屋の機能などを分析
して関東の地方為替の存在を指摘した林玲子[37]、常陸国で活動する河岸問屋
や醤油などを扱う在郷商人の活動を分析した白川部達夫[38]の研究がある。
「生業」に着目し、生産・流通・消費の実態を把握・考察する渡辺尚志[39]の
研究対象地域は、信濃国の農村部に及び、上層農家における貨幣の使用頻度
や用途が明らかにされたが、18世紀半ば頃の信濃の農村部では、「お金がな
ければ三日と暮らせなかった」状況にあったと評している。貨幣史研究にお
ける農村史料活用の余地が示唆される。

　財政史研究では、幕府の財政帳簿の記述をもとに、財政収入・支出の構造
を明らかにする研究が積み重ねられてきた[40]が、飯島千秋[41]は、浅草御蔵が
銭貨の保管の場であったことや、その出納手順などの実務フローにも着目し
た。御蔵をめぐる銭貨の出納については、貨幣史研究の分野で見逃されてき
た点である。

35）　林玲子（2000）では、繰綿を扱う荷受問屋の活動などをもとに、上方から江戸、常陸・奥羽
　　までの商品流通の流れを「綿の道」として示し、「商品の動きは、貨幣の動きと裏腹」とい
　　う言葉で、カネの流れの変化を表現している。また、新保博・斎藤修編（1989）では、「十九
　　世紀へ」と題する総論（斎藤修）において、「田沼期」を起点に記述を始めつつ、18世紀か
　　ら19世紀にかけての時期が、「中央から地方へ、西から東へ」経済発展の舞台が大きく変化
　　したことを指摘している。
36）　田畑勉（1965）。
37）　林玲子は、多くの論考・著作のなかで、貨幣や荷為替などとの関係に言及している。林玲子
　　（1992）（2000）（2003）などがある。
38）　白川部達夫（2001）。
39）　渡辺尚志（2009）（2016）。
40）　たとえば、近世後期の財政構造について、大口勇次郎（1989）が挙げられる。
41）　飯島千秋（2004）。

第1章　徳川期の貨幣制度と銭貨　45

　本書第2章以下の実証分析は、生活史・農村史・地域史・財政史など、さまざまな分野の先行研究で提示されてきた銭貨に関連する事柄を貨幣史研究と関連づけ、銭貨の流通実態という側面から検証・補強する基礎的な作業ということもできる。

（4）　1990年代以降の銭貨研究——「出土銭貨」「小額貨幣」研究

　『図録日本の貨幣』の刊行後、田沼期以降の貨幣発行に関する研究の焦点は、明和南鐐二朱銀等、「両建て」の計数銀貨に当てられてきたといってよい。計数銀貨の発行により銀貨が金貨の補助貨幣化したとの見方が定説化し、徳川期貨幣制度の変容期と捉えられるようになった[42]一方、銭貨に的を絞った考察は進まなかった。

　こうした研究動向の転機となったのは、平成2（1990）年の社会経済史学会第59回全国大会である。「徳川期貨幣の経済史—小額貨幣を中心として—」が共通論題とされた場で、岩橋勝は「小額貨幣と経済発展」と題して問題提起を行い、二朱銀の発行後、続々と登場した計数金銀を含む金1分未満の各種貨幣を「小額貨幣」と定義し、銭貨もその一環として分析する視点を提唱した[43]。それ以後、黒田明伸による中国清代の銀銭を分析する研究や、日本の銭貨に関する研究が続々と出されるようになった。本書は、こうした先学に学び、「小額貨幣」としての徳川期銭貨の機能や意義について、田沼期以降の時期に焦点を当てて考察するものである。

　このように、小額貨幣に関する関心が貨幣・経済史の分野で高まったことと時期を同じくして、実物銭貨に基づく研究が考古学の分野で大きく進展した。各地の遺構から銭貨が大量に出土するなかには、徳川期銭貨も含まれ

42）　三上隆三（1989）など。
43）　社会経済史学会第59回全国大会における発表は「小額貨幣と経済発展：問題提起（〈第五十九回大会特集号〉徳川期貨幣の経済史：小額貨幣を中心として）」（『社会経済史学』第57巻2号、1991年）のかたちで公表された。同巻には、森本芳樹「小額貨幣の経済史—西欧中世前期におけるデナトリウス貨の場合—」、神木哲男「中世末近世初頭における貨幣問題—中世的貨幣体系から近世的貨幣体系へ—」、藤本隆士「徳川期における小額貨幣—銭貨と藩札を中心に—」、三上隆三「徳川期小額金銀貨」、黒田明伸「清代銀銭二貨制の構造とその崩壊」が掲載された。
44）　寛永通宝などはベトナムなどで出土しており、現地調査が進められた。研究成果は、櫻木晋一（2009）としてとりまとめられた。

た。寛永通宝銅一文銭だけでなく、寛永通宝真鍮四文銭や天保通宝百文銭も出土し、分析対象とされた。

　平成 5（1993）年には、櫻木晋一[44]をはじめとする考古学研究者を中心に、各地で発掘される出土銭貨の研究の深化を目指す出土銭貨研究会が発足した。出土銭貨研究を主導した鈴木公雄（1938〜2004 年）が、古銭から寛永通宝への転換が急激に進んだことを、統計的手法を交え文献史料の情報と組み合わせて明らかにした[45]ことは、貨幣史研究に新しい視点を提示することとなった。

　鈴木公雄は「近世考古学」の観点から文献史学との関係について、以下のように述べている。

> 「人間が行った特定の行為は、一方では物的証拠としての考古学資料を残し、他方ではその行為に関する記録が残されることになる。（中略）よく知られているように、歴史的に存在する記録は膨大な量に及ぶもので、その全てが研究に利用されているわけではなく、多くの場合研究者によって手がつけられないまま、眠っている状態にある。（中略）特定の問題に関する考古学資料と文献記録とのつきあわせは、各々の分野における研究の枠組を更新させ、活性化させる働きを促すことになる」[46]。

　このような主張のとおり、銭貨に関する研究においても、時代区分や分野の枠組みを超え、考古学・東洋史・日本史・貨幣経済史・民俗学・分析科学などの研究者の知見や研究動向を把握しながら、学際的に分析が進められるようになった。

　田沼期以降の銭貨についていえば、貨幣史の分野だけでなく、財政史・経済史・生活史・商品流通史などの研究成果を参照し、そうした分野で活用された史料も分析対象の視野に入れることで、銭貨の流通実態や機能などの考察を進め得ることを教示されたように思う。

　出土銭貨の研究が刺激となって、2010 年代まで、各年代での貨幣史研究

45）　鈴木公雄（1999）。
46）　鈴木公雄（2007）。

第 1 章　徳川期の貨幣制度と銭貨　*47*

の成果が続々と出されるようになった。この動きと並行して、日本銀行金融研究所における貨幣史研究への取組みが進められた。なお、この時期の徳川期の貨幣について研究を主導してきた岩橋勝[47]と安国良一[48]が、この間の研究活動の経緯を整理しているため、以下は、これらに依拠して記述する。

　貨幣博物館は平成 7（1995）年 12 月に開館 10 周年を迎え、その運営管理者である日本銀行金融研究所が、職員と外部研究者と合同での金融研究会「貨幣学（Numismatics）の方向を探る」[49]を開催した。この研究会において大久保隆・鹿野嘉昭が提出した報告論文では、研究テーマの方向性として、①貨幣の素材研究、②江戸期貨幣制度のあり方と機能（特に、小額貨幣としての銭貨や藩札）、③貨幣史のマクロ経済学的研究、の三つを提示した。その後、鈴木公雄を座長とする「貨幣史研究会・東日本部会」が組織化され、古代・中世と時代を追って銭貨に関する新たな研究が報告されるようになった。

　平成 9（1997）年 12 月に開催された金融研究会では、「江戸期三貨制度について」がテーマとされ、岩橋勝が「江戸期貨幣制度のダイナミズム」と題する報告を行った[50]。これを契機に、三貨制度の意義や小額貨幣、札に関する新たな研究が進められるようになった。安国良一が寛永通宝による中近世移行期の銭貨統合過程に関する研究[51]に取り組むなど、画期的な成果も出始めたが、「貨幣史研究会・東日本部会」は座長鈴木の体調不良などの事情で平成 16（2004）年以降、自然休会となった。それまでに検討された中近世移行期に関する研究は、平成 19（2007）年に論集『貨幣の地域史　中世から近世へ』（岩波書店）としてまとめられた。

---

47)　岩橋勝編（2021）あとがき参照。

48)　安国良一（2016）参照。

49)　この金融研究会の記録および報告論文は『金融研究』第 15 巻 1 号（日本銀行金融研究所、1996 年）に収録されている。また、日本銀行金融研究所から提出された大久保隆・鹿野嘉昭（1996）では、貨幣史研究の動向をサーベイしたうえで、これからの研究の方向性と課題が提示された。

50)　『金融研究』第 17 巻 3 号（日本銀行金融研究所、1998 年）に、この研究会の記録と報告論文が掲載された。報告論文は、鈴木公雄「出土銭貨からみた中・近世移行期の銭貨動態」、桜井信哉「近世貨幣の動揺」、岩橋勝「江戸期貨幣制度のダイナミズム」の三本。

51)　たとえば、安国良一（2007）がある。

52)　加藤慶一郎は、農村金融に関する研究から近世貨幣史研究に至り、「私札」に関する実証分析など、幅広い研究を行っている。

この間、岩橋勝や加藤慶一郎[52]らを中心とする「貨幣史研究会・西日本部会」（初代座長・岩橋勝）[53]は、貨幣史研究の拠点として現在も活動を続け、筆者もそれに参加している。この研究会では、銭貨発行に関する研究だけでなく、「銭遣い」「銭匁勘定」など、流通実態に関する実証分析が今も積み重ねられている[54]。また、貨幣史研究会における報告・討議では、アジア・ヨーロッパの貨幣も対象とされた。諸外国の小額貨幣に関する研究成果も参照・比較しながら、わが国の貨幣を論じるようになった。黒田明伸[55]やサージェント[56]の研究成果を参照しながら、研究会メンバーの多くは、徳川期の銭貨などの事例に小額貨幣としての普遍的な特徴を見出せるかも念頭に置いて考えるようになった。

このように、筆者の研究は、貨幣史研究会における銭貨研究の動きを後追いするように始まった。安国をはじめとする研究者の分析対象が、上方を中心としていたことに対し、研究が比較的手薄であった江戸・東日本を主なフィールドとし、田沼期以降に鋳造された寛永通宝鉄一文銭に的を絞って分析をするかたちとなった。西日本・東日本、田沼期以前・以後の事例分析が出そろうことで、徳川期銭貨の実像に接近できると考えられる。

徳川期銭貨に関する研究では、安国良一が長年の研究を前掲『日本近世貨幣史の研究』にまとめた。主な研究対象は銅を素材に含む銭貨で、上方を中心に、本章2節で触れたとおり、中近世移行期の貨幣政策運営について、交通政策と関連しながら銭貨政策が実施された点を強調した。また、銭貨に儀礼的用途があることを指摘したことは画期的である。安国の主張が田沼期以降の寛永通宝銅一文銭・鉄一文銭にもあてはまるのか。本書第3章で考察する。

安国は著作のなかで、近世銭貨の終焉期に関する検討が課題であると指摘している。明治政府による円体系の貨幣制度への移行過程について、札に関

---

53) 2024年現在は、加藤慶一郎が代表を務める。
54) 銭匁勘定・銭遣いに関する研究では、藤本隆士（2014）、岩橋勝（2010）（2012）、古賀康士（2021）、鹿野嘉昭（2009）などがある。
55) 黒田明伸（2003）（2021）。
56) Thomas J. Sargent and Francois R. Verde, *The Big Problem of Small Change,* Princeton University Press, 2002. 本書について、鹿野嘉昭（2004）での書評がある。

する実証研究が、山本有造による『両から円へ』[57]の公表以後、加藤慶一郎・鎮目雅人[58]、小林延人[59]によってなされてきた。銭貨については、福田真人[60]がこの時期の銭貨政策の分析に取り組んでいるが、札に関する研究に比べれば、さまざまな手法での分析の余地があるテーマといえる。

　本書第7章では、貨幣制度移行期における徳川期銭貨の意義について、貨幣に関する知識の教育普及過程に着目して考察する。1990年代に百花繚乱のように、対象年代を問わずに盛んに成果が生み出される貨幣史研究の動きに刺激を受け、その手法を学びながら、史料とデータを組み合わせた実証分析を目指したのが本書である。

---

57)　山本有造（1994）。
58)　加藤慶一郎・鎮目雅人（2014）。
59)　小林延人（2015）。
60)　福田真人（2020）。

第2章

田沼期の銭貨流通と金銭相場

■第2章のポイント■

- この章では、徳川期銭貨の転換期といわれる田沼期について、江戸地廻り経済が進展した地域の金銭相場を観察する。

- 田沼期が銭貨流通の転換期である点について、公定金銭相場を目安とした政策判断が難しくなっていたことに着目し、その変化の生じた時期を法令の文言と銭相場の関係性から確認する。

- これまで把握されてこなかった関東農村部の金銭相場を史料から抽出し、江戸市中のそれと比較・観察し、その特徴を把握する。

- 田沼期の約28年間に、金銭相場の推移がいくつかの局面に分かれていないか分析し、その特徴を把握する。

- 幕府の銭貨増鋳の動きと金銭相場の推移が整合的でない局面について、当時実施された災害復旧事業や日光社参挙行といった政治的事情との関係を史料から検討する。

1 銭貨政策の転換期——公定金銭相場との関係から

　田沼期（本書では藤田覚、深井雅海の研究に準じ、宝暦 8［1758］年を始期とし、田沼意次が老中を退任した天明 6［1786］年までの約 28 年間をこのように規定する）は、「幕藩制度の転換期」[1]とされる。貨幣制度の面でも転換期であったことは、第 1 章において、この時期が三貨制度の変容期であり、銭貨についても寛永通宝銅一文銭の鋳造を基本としてきた状況から同鉄一文銭が主体に変化したこと、新たに同真鍮四文銭が新規発行されたことに言及したとおりである。銭貨を鋳造する銭座の運営体制についても、幕府直轄機関である金座・銀座が独占的に請け負うことを原則とする体制に移行したことも、大きな変化であった。

　これらの点は、古くから貨幣史研究の分野で知られてきたことであるが、田沼期がそれまでと一線を画すこととして次の二点があると筆者は考えている。

　第一点は、銭座が江戸をはじめとする東日本を中心に開設されるようになった点である。それまでの時期の銭座開設地は江戸だけでなく、西日本の地域にも所在した。上方での経済発展に伴う銭貨需要に対応した面があった。これに対し、田沼期以降は、江戸地廻り経済の進展する地域への銭貨供給拠点に銭座開設地の重点が移ったように見える。

　第二点は、公定金銭相場「金 1 両＝銭 4000 文」を目安としたかたちでの銭貨需給調整の判断を幕府がとることが難しくなった点である。この二点は関連し合っていると目されるが、これまでの研究では正面から取り上げられてこなかった。多くの研究者が参照してきた田沼期前後の金銭相場について、以下に述べるように、整合的に理解しにくい推移を示していることが、考察を進めていくうえでの隘路となっていたように思われる。

　田沼期は銭貨鋳造量が極めて多かった時期である[2]が、その狙いについて、新保博は、上方の銀銭相場の分析をもとに、商品流通の活発化や農村部

---

1)　中井信彦（1971）。
2)　岩橋勝（2019）50 ページ掲載の銭貨鋳造数量推計値「表 2-2」参照。

での貨幣経済浸透に伴う「小額貨幣不足」「銭不足」への対応であったと意義づけており、現在の定説となっている[3]。しかし、田沼期以降の銭座は、前述のとおり、特別に許可を受けた水戸藩・仙台藩を除けば、江戸に開設されるものが大半であった。仙台藩（田沼期・幕末期ともに石巻）や水戸藩（田沼期は太田村、幕末期は那珂湊）に銭座が開設された場所も、江戸との間を舟運網でつなぐ拠点となる河岸や港の所在地であったことから、田沼期以降の銭座は、江戸地廻り経済進展下での商品流通のインフラとして銭貨を供給する場所に開設されたと見受けられる。

　こうした点からいえば、幕府関係者は、江戸やその周辺地域の金銭相場を注視しながら銭貨に関する政策判断をしていたはずである。新保が考察で依拠したのは上方の銀銭相場であるため、改めて金銭相場の推移と文献史料を照らし合わせながら銭貨流通の実情を把握する作業が必要である。しかし、江戸の金銭相場に関する研究は江戸町奉行所が発出した触書を年代を追って分析した吉原健一郎の成果[4]があるとはいえ、実証研究は手薄である。

　前述のとおり、田沼期の金銭相場をもとに、銭貨鋳造等の動きを整合的に理解することは難しい。この時期に銭貨鋳造が実施された際の金銭相場の水準は、元禄期に幕府が設定した「金1両＝銭4000文」の公定金銭相場よりも常に銭安であった。銭貨増鋳が進むに従い大きく銭安方向へ乖離して6000文台に至ったが、田沼期の終焉まで数量の増減を伴いながらも約20年にわたって鋳造が続いた。この事実をいかに理解するか。「小額貨幣」への対応といった点だけでは答えを出せない。

　貨幣経済史研究では、公定金銭相場の4000文の水準を目安に銭貨需給を調整する政策判断がくだされたとの前提で考察がなされてきた。その前提があてはまらないことが田沼期の特徴といってもよい。田沼期以前に公定金銭相場を目安に銭貨政策が判断されていたとすれば、いつ頃からかかる判断がしにくい相場環境になったのか。また、公定金銭相場4000文は、田沼期にはどのような位置づけとなっていたのか、といった疑問も浮かぶ。

　徳川期銭貨が農村部などへ浸透していった流通状況を分析する手始めとし

---

3)　新保博（1978）209-210ページ。
4)　吉原健一郎（2003）。

て、公定金銭相場の意義と銭貨発行との関係性の変化について、江戸周辺農村部の金銭相場に対する幕府の認識も視野に入れながら辿ってみると以下のとおりである。

公定金銭相場を設定した当初の経緯について、藤井譲二は次のように説明している[5]。公定金銭相場が確認される初期のものは、明暦元（1655）年 12 月に江戸市中に出した触書で、幕府は江戸の銭両替に対して、「金 1 両＝銭 4 貫文」で売買するように命じている。全国レベルの法令として公示されたのは、元禄の金銀改鋳が行われてから数年後の元禄 13（1700）年 12 月であった。「銭之儀も<u>御蔵元払金子壱両ニ四貫文替之積ニ候間</u>、世間准之金子壱両ニ銭四貫文替之積可相心得」「金壱両に銀は五拾八匁替、<u>銭は三貫九百文替之積より高直に仕間敷候</u>、右之相場より下直に成候分ハ勝手次第候、（中略）銀子・銭共に、高直に売買仕候者相聞候は、僉議之上可為曲事、勿論かこひ置候もの有之候ハ、、其所之者支配方え可申出候」（『御触書寛保集成』一七六七、下線は引用者による）といった条項である。ここで提示された公定金銭相場の意義は次の二点である。

一つめは、幕府御蔵からの払出相場として財政面で用いる相場を「金 1 両＝銭 4000 文」と公定することである。二つめは、御蔵からの払出相場に準じて市中での売買をするように両替商らに指示し、特に、銭高の上限値を3900 文としたことである。江戸市中相場が 3900 文に至る事態は、幕府が両替商の取締まりや銭貨の追加鋳造など、何らかの施策を検討する必要性を示すシグナルとなったようだ。

これに対し、4000 文より銭安の水準は問題視しないとの方針がとられた。銭安は、銭貨で収入を得る庶民にとって不利であったが、米で俸給を得ていた武士にとっては、米を金貨に替えてさらに銭貨に両替して日用品を購入する点で、金高銭安のほうが有利であったためであろう。

元禄 13 年の触書以後、この趣旨に沿った銭貨発行がなされたのがいつ頃までか。表 2-1 をもとに経緯を辿ってみる。

法令の文言と江戸市中の金銭相場を、田沼期の終焉まで比較対照したのが

5）　藤井譲治（2014）234-239 ページ。

第2章　田沼期の銭貨流通と金銭相場　55

表2-1である。この表は、吉原による考察[6]を土台にしつつ、『江戸町触集成』[7]や『東京市史稿（産業篇）』[8]に記される各種の法令などを補記し、『新稿両替年代記関鍵』（以下、本書中では『両替年代記』と記す）[9]に記載された江戸市中相場（年平均値）と突き合わせたものである。

　元禄13年に公定金銭相場についての触書が出された後、銭座を開設して大規模な銭貨鋳造を開始したのは元文元（1736）年5月であった。徳川吉宗の治世下で実施された元文金銀改鋳の直後である。表2-1に示したとおり、改鋳によって金銭比価が急激に銭高となった際の触書では「銭高直」と記される。江戸だけでなく、山城・下野・紀伊などに銭座が開設される過程にあった元文2（1737）年頃までは、触書において「銭高直」との認識が示されている。

　その後、仙台や大坂高津などにも銭座が開設されて鋳銭が本格化した。その時期には市中相場が4000文よりかなり銭高の水準であったが、「銭高直」といった文言はみられない。銭貨需給の調整過程であったのだろう。

　再度、金銭相場への言及がみられるようになったのは、寛保3（1742）年閏4月である。「此節両に四貫文余」「銭下直」とある。「四貫文」といった相場水準を明示し、それより銭安の水準を「銭下直」と評している。公定金銭相場が目安とされていたことが触書の文言にも表れている。

　この間、吉宗の治世下における触書では、江戸周辺地域の相場環境に言及している点が注目される。元文元年の触書には「在方銭相場江戸より高直」と記される。江戸地廻り経済の進展について、江戸町奉行所関係者が周辺地域における金銭相場形成を認識していたことがわかる。江戸周辺の農村部（「在方」）における金銭相場の水準が江戸よりも銭高であるとの認識であ

---

6)　吉原健一郎（2003）58-107ページを参照した。
7)　近世史料研究会編『江戸町触集成第四巻　自享保五年至元文二年』（塙書房、1996年）、『江戸町触集成第五巻　自元文三年至宝暦五年』（塙書房、1996年）、『江戸町触集成第六巻　自宝暦六年至明和三年』（塙書房、1996年）、『江戸町触集成第七巻　自明和四年至安永七年』（塙書房、1997年）、『江戸町触集成第八巻　自安永八年至天明九年』（塙書房、1997年）、『江戸町触集成第九巻　自寛政二年至寛政六年』（塙書房、1998年）収録の触書を参照した。
8)　東京都編纂『東京市史稿産業篇第二十二』～『東京市史稿産業篇第三十一』において参照した史料・項目名は、当論文末尾の「参照史料一覧」に列挙した。
9)　三井高維編『新稿両替年代記関鍵』岩波書店、1933年。

表2-1　金銭相場に関する触書（元文期初から天明期末頃まで）

年（西暦）	月	金銭相場、金貨・銭貨流通等に関する認識・文言	金銭相場（金1両につき年平均）	触書にみられる施策・方針	政権関係者
元文1(1736)年	5月	銭高直		鋳銭を命じる。	徳川吉宗
	5月	金銀不足		金銀不足に対応し、金銀改鋳（元文改鋳）	
	6月	銭売買不自由。利徳のため買置者、近在等え遣す者あり。	2,939文	銭を江戸に出すこと。銭を貯置いて銭相場を高直にしないこと。	
	12月	在方銭相場江戸より高直、在方銭持参、売溜銭等貯置候者もあり、不届。		銭を貯置く者は、咎めないので払出すこと。	
元文2(1737)年	12月	別して銭払底、末々に至るまで難儀。		銭を買置く者、近在え遣わす者あらば、訴出ること。	
	11月	段々銭高直になる。		売溜銭囲置者を、番所で吟味する。	
	12月	銭高直になり、諸人難儀。			
元文4(1739)年	12月	—	2,820文	銭座の明跡地での鋳銭希望者は申出ること。	徳川家重
寛保2(1742)年	閏4月	此節に四貫文余になる。銭下直になる。	4,113文	銭相場が下直で銭を鋳する者があるか、名主に問う。	
延享2(1745)年	12月	切銭金通用不自由。	4,180文	切金銭金の通用を促す。	勝手方老中
寛延2(1749)年	12月	切金銭通用不自由。	4,398文	切金銭金の通用を促す。	松平武元
寛延3(1750)年	5月	切金通用相済。	4,355文	切金銭金等の通用を促す。	
	7月	—		神田上水質用銭の取り立てを時相場で行う。	
宝暦3(1753)年	11月	銭高直	4,378文	銭両替を取り調べ、6人を処罰。	
宝暦5(1755)年	9月	—	4,125文	銭両替組合連判帳を改める。	
宝暦6(1756)年	12月	段々銭高直。格別高直で商売する者あらと聞く。	4,110文	売溜銭囲置を禁じる。	
	閏11月	銭高直。端々にて銭屋行事の書上相場より格別高直での売買をしたものを厳罰に処す。	4,248文	銭の貯置を厳禁。銭屋行事書上相場より高直での売買をしたものを厳罰に処す。	
宝暦7(1757)年	8月	—	4,315文	両替屋銭相場書上を改名で行うように改める。	徳川家治
宝暦10(1760)年	8月	—	4,113文	金銀改鋳のうわさを否定。取り締まり。	
宝暦11(1761)年	8月	銭払底の由。銭売りしない銭屋もあると聞く。	4,088文	金銀改鋳のうわさを否定。	
宝暦13(1763)年	12月	冬になり、時節を決めるように銭高直になる。	4,045文	銭屋の売り惜しみ、商人の囲銭を禁じる。	
明和1(1764)年	閏12月	—		4月に光御渡海。毎日銭屋へ売るように命ず。	
明和2(1765)年	3月	この節、別して銭払底にて格別高直。松平内蔵頭屋敷へ過分の銭売りつき。	4,037文	銭貯置くことを銭屋組合で吟味のこと。日々改めること、売溜銭の員数を書付、日々改めること。売溜銭定座まで、値段一切高直にしないことを命じる。	田沼意次
	8月	世上銭払底につき、末々難儀の悪。		金座へ鋳銭定座を命じ、亀戸で鋳銭する。	

年	月	銭相場（文）	諸色・銭相場の状況	幕府の対応・布令等	将軍・老中
明和4(1767)年	9月	―		元文銭の品位で五匁銀を銀座に命じる。五匁銀は銭四貫文相場では三百三十二文に当たる。	
明和5(1768)年	4月	4.103文		世上通用のため、銀座に真鍮銭の鋳造を命じる。	
明和6(1769)年	5月	4.280文		農民扶助のため、水戸藩に鋳銭を命じる。	
明和7(1770)年	9月	4.712文		国々へ銭を遣わすことの禁令を解除。	
明和7(1770)年	5月	5.250文	この節、銭下直。諸色の直段高直になる由。	米銭相場を、江戸町奉行から老中に提出する扱いとする。	
明和7(1770)年	10月		当時、銭相場下直になる。	江戸の名主に品の値段への影響を調べさせる。	
明和8(1771)年	11月	5.373文	切金銭通用相済。	銅銭・真鍮銭を幕府が買い上げる。水戸銭・仙台銭は江戸に流通していない旨と銭相場に申し渡す。	
明和8(1771)年	12月			江戸の名主に品の値段への影響を調べさせる。	
明和9(1772)年	7月	5.470文		水戸銭・仙台銭の江戸通用を布令。	
明和9(1772)年	9月			明和南鐐二朱銀の通用を布告。	
明和9(1772)年	10月		「田舎銭」流通の風聞。銭相場次第に引き下げ、諸色値段引上げ。未だ難儀。	水戸藩・仙台藩の鋳銭を中止。諸品高直で売買することを禁じる。	
安永2(1773)年	3月	5.310文	今もって銭下直。諸色値段引きまだ難儀。	金座銭座の鋳造減少を命じる。銭相場引上げ、諸品の値段を引き下げるべしと布令。	
安永3(1774)年	9月	5.460文	今もって銭下直。諸色直段は引上げ、米穀は下直に相成。世上難儀。水戸鐚御領分鋳銭。	金座真鍮銭定座の鋳造停止・真鍮銭の鋳造半減を命じる。市中相場に関わらず、金一両＝五貫四百文の相場で幕府が買い上げる。	
安永3(1774)年			当時銭相場追々下直に相成、世上難儀。（中略）五貫四百文之定相場を以御買上。	水戸藩が鋳造した鉄銭を、市中相場に関わらず、金一両＝五貫四百文の相場で幕府が買い上げる。	
安永3(1774)年	11月		追日、銭相場も引上げ。		
安永5(1776)年	3月	5.345文	銭相場御払。金壱両に付五貫三百文。	浅草御蔵から金一両＝五貫三百文で鉄銭を払い出す。	
安永7(1778)年	5月	5.880文	切金通用相済。	切金銭の通用を促し、上納金に用いるよう命じる。	
安永8(1779)年	2月	6.110文	二朱判のみを取通いたし、小判小粒は相場候。	金（小判・壱分金）と二朱判を差別なく通用すること。	
天明2(1782)年	9月	6.023文	近頃銭相場引上候。今以直段下ケ不申。	銭相場に釣合込み、諸品の値段引下げで商売すること。	
天明3(1783)年	9月	5.605文	米直段今以高直、近頃銭相場甚狂候。	銭屋の書上相場どおりに銭を売買し、諸色直段引下げの支障にならないようにすること。	
天明8(1788)年	8月	5.800文	切金銭の金通用相済。	切金・軽目金等の通用を停止。	徳川家斉
天明8(1788)年	12月		近頃金銀銭之位不相調候。諸色直段も高直。	上納された二朱判を丁銀に鋳直す。真鍮銭の鋳造を停止。	松平定信
寛政3(1791)年	2月	5.517文	銭相場之儀五貫文前後に相成候様仰付。	銭相場が金一両＝五貫文前後になるように命じる。	

（出所）近世史料研究会編『江戸町触集成』、東京都編纂『東京市史稿産業篇』収録の触書・金銭相場について三井高雄編『新稿両替年代記関鍵』のデータ（年平均値を算出）を掲載した。

る。江戸市中のように両替商が書上相場を報告する体制がないなかで、周辺農村部の金銭相場の動向を江戸町奉行所関係者がどのように把握していたかは定かでないが、幕府が周辺農村部の金銭相場を無視できなくなっていたことは確かである。

もっとも、触書の文言を見る限り、「在方銭相場江戸より高直」な状況に対し、そこへ銭貨を追加供給することが課題とされていたわけではない。銭両替らが江戸よりも銭高の在方に銭貨を運んで売却することで不当な利益を得る行為を「不届」として問題視している。その後、幕府は、江戸から銭貨を輸送することを禁じるなど、銭両替らの行為の規制強化に注力した。この時期の幕府関係者の銭貨政策の焦点は、あくまで江戸市中での銭貨流通の円滑さを図ることにあったといってよい。

表2-1に挙げたとおり、銭両替らの「売溜銭」の状況を銭両替を悉皆調査しているが、目立った違反行為の摘発の成果があがったわけではない。銭両替の行動規制によって江戸市中の銭貨流通を調整しようとする監督手法そのものが、市場経済の進展にそぐわなくなっていた一面も窺い知れる[10]。

江戸からの銭貨搬出禁令が明示的に解かれるのは、田沼期入り後の明和6（1769）年である。寛永通宝鉄一文銭に加え、同真鍮四文銭の鋳造も始まった時期である。徳川吉宗の治世下とのスタンスのちがいがみられる。一般に、田沼期の経済政策は市場経済に対応したものと理解されているが、田沼期に鋳造された銭貨の流通がそうした対応を映じたものであるかどうかは、触書だけではわからない。後の節で考察する論点の一つである。

触書の文言を見る限り、元文改鋳後の銭貨増鋳による需給調整は寛保3（1743）年頃には一定の目標を達成していたとみられる。「銭高直」という文言が再登場するのは、宝暦3（1753）年11月で、鋳造停止から約10年後である。

ただ、この時期の江戸市中の年平均金銭相場をみると、公定金銭相場より350文以上銭安の水準にある。元禄13（1700）年以来、「金1両＝銭4000

---

10) 幕府が市場経済の進展に伴い、金貨などの貨幣政策を市場に即して対応しようとする姿勢をとるようになった時期として、田沼期の後期から松平定信の治世に着目した山室恭子（2013）がある。

文」を目安とし、銭両替らの売買上限値を 3900 文としていた基準からいえ
ば、宝暦 3 年の相場水準は「銭下直」と表現されてもおかしくない水準であ
る。

　その後、宝暦 13（1763）年末にも「銭払底」という文言で江戸での銭不
足に言及しているが、年中の市中相場平均は 4088 文で、公定金銭相場より
やや銭安の水準である。金座が運営する亀戸銭座において鉄一文銭の鋳造を
開始することを公示した明和 2（1765）年 8 月の触書では「世上銭払底につ
き末々難儀」と述べているが、その年の市中相場も公定金銭相場並みであっ
た。「世上銭払底」が具体的にどのような事態を指すのか、金銭相場の水準
からは把握できない。本章 3 節で史料から検討する。

　こうした一連の流れをみると、田沼期入り前の 1750 年代初頭には、公定
金銭相場を目安にして「銭高」「銭払底」といった判断ができない状況に
なっていたといえる。

　なぜ、このような変化が生じたのか。触書の文言のみでは定かではない
が、元文期に金銭比価の調整のために大量の銭貨を鋳造する必要が生じ、寛
永通宝銅一文銭だけでなく同鉄一文銭の鋳造を認めたことが関係しているの
ではないかと考えられる。

　第 1 章で概説したように、銅・鉄一文銭は素材の別なく額面 1 文で通用す
る扱いで「名目貨幣化」していたが、公定金銭相場 4000 文は銅一文銭だけ
が鋳造されていた時期に設定されたものであり、鉄一文銭が主流となりつつ
あった時期に、幕府の内部的な扱いとして基準相場の水準に変化が生じてい
た可能性も推測し得る。鉄一文銭と銅一文銭の鋳造益を銭座から上納させ、
幕府財政に組み込んでいく経理事務において、果たして幕府は素材価値のち
がう銭貨の基準相場を同じものとして扱ったであろうか。次節以降、史料か
ら実証分析を行う。

　また、表 2-1 をみると、銭貨の鋳造が停止するなかで金銭相場が再び
4000 文より銭安方向へ推移する時期が約 10 年あったことも指摘できる。こ
の期間について、従来の研究ではあまり関心が寄せられていないが、なぜ、
銭安方向に向かったかについて、銭貨サイドの要因からはうまく説明できな
い。この間、銭貨の大量鋳造が停止した直後の延享 2（1745）年頃から、元

文金貨の経年劣化（「切れ金」「瑕金」）による流通不振を懸念して、一分金などの流通を促す触書が繰り返されている。劣化していない状態で授受できる一分金の市中における数量が減っていたことが、この時期の金高銭安につながった可能性もあるのではないかと筆者は考える。

劣化した一分金の流通が不振になるなか、金遣い圏の人々が金１分相当の額を授受する際に用いたのは銭貨であった。関東農村部史料のなかには、金１分以上の額を銭貨で支払った事例をところどころに見出せる。一分金の流通が滞るなかで、銭貨への引き合いが強くなる面もあったと目される。こうした貨幣流通の状況が、田沼期入り後に、銭貨の増発と併行して明和五匁銀（３個で一分金１個相当、１個で銭貨233文相当）や明和南鐐二朱銀（４個で一分金１個相当、１個で銭貨500文相当）を発行する動きにつながっていったと考えられる。

いずれにしても、延享期以降、銭貨増鋳のタイミングなどについて、幕府関係者は金銭相場を注視しつつも、公定金銭相場を目安に判断できない状況に至っていたといえる。そうした状況下で、田沼期の幕府関係者が何を銭貨政策の判断材料としていたのか。金銭相場以外に、政治的事情や財政、経済振興といったさまざまな要請に対応しながら銭貨に関連する意思決定がなされていた一端については、次の２節および３節で分析する。

2　江戸および周辺農村部の金銭相場

（1）　江戸および周辺農村部における金銭相場の抽出

前述のとおり、元文元（1736）年の触書では、「在方銭相場江戸より高直」との認識が公示されている。江戸周辺地域に金銭相場が立っていたことを、幕府関係者が認識していたことを示す一節である。では、実際には、どうであったのだろうか。

これまでの研究で、江戸周辺農村部における金銭相場を時系列で分析したものはない。在方については、江戸市中のように相場を形成した両替商から定期的に時価相場を幕府へ報告する体制がとられていなかったため、公的で連続性のある報告相場を把握しにくいことが一因である。両替商の報告相場

に代替し得る何らかの相場がないかを探ると、年貢を貨幣で納める際に村ごとに設定された金銭相場が思い浮かぶ。代官所や勘定所が、年貢の徴収・収納にあたって依拠し、財政経理でも参照した相場である（比較観察での留意点は後述）。

18世紀半ば頃から年貢の貨幣納が普及していったといわれる。関東ローム層の土壌で畑作物を生産していた農民らは、生産物を売って得られた貨幣収入を畑年貢の納入に用いた。この間、田沼期に財政支出がなされた地域には、大規模洪水が生じた関東河川流域や日光社参の移動経路となった農村部が含まれる。こうした農村部に、普請での労賃払いや移動に伴う駄賃・宿賃といったかたちで銭貨が投入されたとみられる。このような点からいえば、財政収入・支出の双方向で、江戸と周辺農村部との間での銭貨など小額貨幣の授受の流れが生じていたといえる。こうした銭貨の流れは、在方の金銭相場に何らかの影響を及ぼしていた可能性がある。

本節では、江戸周辺の幕領・旗本領の農村の年貢関係史料に記載された金銭相場を可能な範囲で捕捉し、江戸市中の相場と比較する。田沼期に大規模な増鋳がなされた狙いについて、「小額貨幣需要への対応」とする見方が定説化しているが、金銭相場の推移やその水準の観察では、田沼期における幕府の取組姿勢を整合的に理解できない点は先に述べたとおりである。

同じ田沼期の間でも、時期によって対応すべき政治・財政面などの課題が異なった。金銭相場についても、いくつかの局面のちがいがあったのではないだろうか。こうした局面の変化を、江戸周辺農村部の金銭相場を捕捉しながら観察し、その相場の推移にみられる局面の変化と特徴を概観することとしたい。幕府が局面の変化にどう対応したかについては、3節で史料をもとに分析する。

金銭相場の分析に先立ち、まず、相場データ抽出の考え方と対象史料、留意点について触れておく。18世紀半ばの農村部にも何らかの金銭相場が立ち、それを日常的に活用していたことは、在郷商人の帳簿や年貢関係史料のなかに銭相場に関する言及があることから窺い知れる。断片的な相場情報はさまざまな史料から見出せるものの、ところどころで拾い上げた相場データをつなぎ合わせて分析するわけにはいかない。同一の地域で、同じ立場の人

が、同じ目的で定期的に記した史料から、金銭相場を抽出することが望ましい。

こうした観点から、筆者は年貢関係史料に着目した。また、関東の幕領・旗本領の史料を対象としたのは、「札」が発行・流通しておらず、金納に際して両建ての金貨と文建ての銭貨を用いた点を勘案したためである。

周知のとおり、年貢の割付は、年々、村ごとになされ、賦課額が金貨の計算単位「永銭勘定」（永1000文＝金1両）を用いて記載される。村請制のもとでは、本百姓たちはその持ち高に応じて賦課額を配分されていた。永銭勘定で算出された両建ての額を実物銭貨で納める際、金銭相場で換算した。代官が年貢を割付ける際には、貨幣で納める場合の金銭相場が設定されているが、村役人から得た情報に依拠したものである。

名主らの多くは、18世紀半ば頃には在郷商人として活動していたことから、市場相場の動向にも馴染んでいた。また、村役人として、洪水や干魃、虫害など、年ごとに異なる村の生産力などの実情を直接に知る立場でもあった。年貢貢納に用いた金銭相場は公的に設定されたものであることを留保する必要がある（後述）が、岩橋勝が指摘するように、年貢関係史料から抽出できる金銭相場をもとに、中長期での変化の方向性などを観察するには適している[11]と考えられる。

年貢割付状に記される年ごとの相場を把握することも一つの考え方ではあるが、村内で一年の間で相場が変化していたことを示す史料も確認されたため、史料群から把握できる限りの相場情報を抽出した。慶應義塾大学文学部古文書室に所蔵される関東農村文書を悉皆的にみたところ、年ごとの欠落が比較的少なく、連続性のある史料群が残存していたのが武蔵国児玉郡傍示堂村（以下、傍示堂村と記す）であった。これと同等の残存状況にある村を見出すことはできなかったが、幕府・旗本領の農村からいくつかを選び、傍示堂村と同様の方法で、金銭相場を抽出し、比較・観察する。

金銭相場を抽出した史料の出所、分析上の留意点は、以下のとおりである。

---

11) 岩橋勝（2019）83ページ。

第2章 田沼期の銭貨流通と金銭相場 63

① 江　戸

『両替年代記』に依拠した。江戸の日本橋周辺で活動した本両替が記した相場である。年ベースでみれば相場データに欠損はないが、記載されたデータ数が年により異なり、年中のピーク・ボトムが把握できない制約がある[12]。こうした制約はあるが、先行研究において参照・分析されてきた唯一の江戸における金銭相場の時系列データである。この節では年平均値をとった。年中のピーク・ボトムや季節性、史料の月日との突合では制約が伴うが、変化の度合いや方向性を把握することが可能なデータである。

② 江戸周辺地域の農村

慶應義塾大学文学部古文書室が所蔵する関東農村の史料群から、幕府領・旗本領の村を選び、年貢・貢納関係史料にみられる金銭相場を抽出した[13]。「金壱両ニ付四貫文かへ」（宝暦5［1755］年「亥ノ御年貢納目録」）といった情報が記されるケースのほか、農民らに配分された畑年貢の負担額を村役人が取り立てた際の帳面や受取書などから貢納時の換算相場が算出できる場合もあった。このため、当該年に関する貢納関係の金銭換算相場を可能な範囲で抽出した。村によって、史料の種類や残存数にちがいがあり、月日の記述がない史料も少なくないため、年平均値を算出した（表2-2）。

データ抽出は、傍示堂村、武蔵国足立郡染谷村（以下、染谷村と記す。現、埼玉県さいたま市）、武蔵国多摩郡青柳村（現、東京都国立市）、武蔵国多摩郡沢井村（現、東京都青梅市）の四村について行った。これらの村では、平常時には商品搬送における船賃・人足賃の授受や年貢貢納に際して銭貨を用いる機会が日常的であった。河川流域に位置するため、洪水の被害を受けた後、復旧工事に動員された人々へ労賃払いがなされるなど、財政支出の一環として銭貨が投入された地域である。

なお、四村のうち、データ数がある程度連続して確保できたのは、利根川・荒川の間に挟まれた地域にある傍示堂村と染谷村のみである。青柳村と

---

12)　同前59ページの解説に依拠した。
13)　参照した史料は、慶應義塾大学古文書室所蔵の古文書212点。詳細は巻末（参照史料一覧）に列挙した。

表 2-2 関東農村部における金銭相場データ

和暦 (年)	西暦 (年)	江戸（両替年代記年平均）	染谷村	傍示堂村	菁柳村	沢井村	水戸鋳銭（貨幣博物館史料）	水戸藩（武士の俸給関連）	飯沼（東大史料文書）
寛延元	1748	4398						4600	
宝暦 2	1752	4425	4800						
宝暦 3	1753	4378		4396					
宝暦 4	1754	4278			4592	4451	4400	4800	
宝暦 5	1755	4126	4600					4800	
宝暦 6	1756	4110	4400			4301		4800	
宝暦 7	1757	4248		4045	4300	4301		4800	
宝暦 8	1758	4315	4400	4395	4446	4350		4800	
宝暦 9	1759	4400	4600			4450		4800	
宝暦 10	1760	4278	4600		4487	4366		4800	
宝暦 11	1761	4143		4186	4342			4800	
宝暦 12	1762	4079			4304			4800	
宝暦 13	1763	4088	4200	4000	4243			4800	
明和元	1764	4045	4200					4800	
明和 2	1765	4036						4800	
明和 3	1766	4035		4002	4145			4800	
明和 4	1767	4103				4230	4500	4800	4100
明和 5	1768	4280	4400	4300			4500	4800	
明和 6	1769	4711		4712			5000	4800	4998
明和 7	1770	5290		5005				4800	4934
明和 8	1771	5373		5418	5572			4800	
明和 9	1772	5361	5450	5420	5623		6000	5500	5398

年	西暦							
安永2	1773	5320	5450	5533	5615	5481		
安永3	1774	5450		5440				
安永4	1775	5296	5400	5531	5709			5310
安永5	1776	5345	5500	5625	5712	6066		5620
安永6	1777	5701	5850		6025			5900
安永7	1778	5870	5850					
安永8	1779	6110	6150		6405	6305		6020
安永9	1780	6102	6300		6452			6400
天明元	1781	6390	6500		6612			6112
天明2	1782	6023	5800		6000			6000
天明3	1783	5590	5800		6000	5800		
天明4	1784	5840	6100		6284			
天明5	1785	6312			6812			
天明6	1786	5842	5800		6402			
天明7	1787	5360	5900					
天明8	1788	5800			6103			
寛政元	1789	5682						
寛政2	1790	5930			6349			6000
寛政3	1791	5517			5909			
寛政4	1792	5445	5750					
寛政5	1793	5458						

（参照した慶應義塾大学文学部古文書室史料）

① 武蔵国児玉郡傍示堂村……27点
「武州児玉郡傍示堂村辰御年貢割付之事」、「午ノ傍示堂村年貢可納割付之事」、「當午年可納割付之事」、「當酉ノ御年貢可納割付之事」、「當巳ノ田畑御年貢可納割附」、「亥ノ御年貢納目録」、「宝暦五年亥ノ田畑御年貢上納目録」、「宝暦七年丑ノ傍示堂村田畑御年貢上納目録」、「宝暦八年寅ノ田畑御年貢

上納目録」、「宝暦十一年巳ノ田畑御年貢上納目録」、「御年貢上納目録」)、(「御年貢上納目録」)、「明和三年戌ノ傍示堂村田畑御年貢上納目録」、「当子田畑御年貢納目録之事」、「明和四年亥ノ傍示堂村田畑御年貢上納目録」、「明和七年寅ノ傍示堂村御年貢上納目録」、「安永八年亥ノ田畑御年貢上納目録」、「天明五年巳田畑御年貢上納目録」、「安永弐年巳ノ田畑御年貢上納目録」、「天明三年戌ノ傍示堂村御年貢上納目録」、「寛政弐年戌ノ傍示堂村御年貢上納目録」、「寛政六年寅ノ傍示堂村御年貢皆済証文」、「覚」(年貢請取証文)

② 武蔵国足立郡染谷村……計144点
「辰歳定免御年貢可納割付之事」(元文元年)から「亥御年貢可納割附之事」(寛政3年)(ほか92点(タイトル記略)、「子御年貢皆済目録」(延享2年)から「亥御年貢皆済目録」(寛政4年)(ほか41点(タイトル記略)、「請取之事」(宝暦7・9・10・11・12・13年、明和1年)

③ 武蔵国多摩郡青柳村……計24点
「寅御年貢夏成取立帳」、「卯畑方御年貢勘定帳」、「辰ノ畑方勘定帳」、「巳ノ秋成御年貢取立帳」、「未ノ皆済勘定帳」、「辰御年貢皆済元〆帳」、「巳夏成御年貢取立帳」、「皆済惣永取立帳」、「夏成御年貢取立帳」、「皆済御年貢永方取立帳」、「皆済元〆勘定取立帳」、「皆済永割勘定取立帳」、「皆済元〆勘定取立帳」、「夏成御年貢永割勘定帳」

④ 武蔵国多摩郡沢井村……計17点
「亥漆御年貢并田方小物成勘定帳」、「子漆御年貢并田方小物成勘定帳」、「丑御年貢勘定帳」、「丑漆御年貢并田方小前帳」、「卯漆御年貢勘定帳」、「卯御年貢立小前帳」、「寅御年貢并田方小物成勘定帳」、「寅漆御年貢并田方小物成勘定帳」、「漆御年貢并田方小物成勘定帳」(宝暦10年・安永2・8年・天明3年)、「亥御年貢勘定帳」

第 2 章　田沼期の銭貨流通と金銭相場　67

沢井村は多摩川周辺の村について、比較のため、データ数は多くはないがプロットした。傍示堂村と染谷村の特徴は以下のとおり。

　傍示堂村は、天保 13（1842）年作成の「被仰渡箇條書上帳」[14]等によれば、洪水の被害をしばしば受け、その際には「一躰水腐場にて米性悪米」となる土地柄とされる。江戸の蔵前までは「山王堂河岸より川路五拾里程」を舟運が通じていた。中山道の宿場でもあり、「佐_{（ママ）}土・越後筋、前橋・三国通脇往還」で「川越より上州前橋御陣屋迄御通行（中略）人馬御継立相勤申候」とあり、交通の要衝として、ヒト・モノの移動が多かった。ちなみに、傍示堂村の名主を務めた内野伝左衛門家は、川越藩の継立御用を担うとともに、宿駅問屋や酒造業を営み、村内での貸付なども行う在郷商人として活動していた[15]。

　染谷村については、元文 2（1737）年作成の「村差出帳」[16]の中で、荒川沿いの河岸から「江戸浅草御蔵迄川路五里半」の距離に位置したと記される。「長いも・つくね芋・唐辛」などを作り、江戸に運んで売った。畑作においては、「干か・酒粕・荏かす・こぬか・灰・馬屋肥」を使ったとある。干鰯など金肥を農民らが入手し、生産していたことが明記される。「川出水之節一面ニ押開き（中略）年々水損之地ニ御座候」とあり、洪水の被害もしばしばで、明和期には御手伝普請に百姓らが動員された。なお、年貢等を納めるために江戸に参る際には、名主は 1 泊 300 文、年寄百姓・平百姓は 250 文と定められており、年貢貢納の経費としても銭貨が授受されたことがわかる。

　なお、上記四村が武蔵国に属し、江戸から近い位置のものばかりのため、分析にあたっては、江戸地廻り経済の進展がみられた地域のうち、常陸国の事例として水戸藩久慈郡太田村（水戸藩の銭座所在地）における情報を水戸鋳銭座関係史料（日本銀行金融研究所貨幣博物館所蔵）から断片的ながら拾い[17]、参照した。

　なお、本節で分析対象とするのは江戸近郊といってもよい村々で、江戸地

14）　野村兼太郎編（1978）470-471 ページ収録の天保 13 年「被仰渡箇條書上帳」および『角川日本地名大辞典 11 埼玉県』、を参照。

15）　内野伝左衛門家の活動などについては、島崎隆夫（1953）37-60 ページを参照した。

16）　野村兼太郎編（1978）378-383 ページ収録の元文 2 年「村差出帳」。

廻り経済の進展した地域での金銭相場を観察する観点で選んだ面がある。江戸からより離れた地域の実情については、別途、データを把握して比較する必要がある。

〈コラム２　慶應義塾大学文学部古文書室所蔵　野村兼太郎収集史料〉

慶應義塾大学文学部古文書室には、同大学経済学部教授であった野村兼太郎（1896～1960 年）が戦前・戦後を通じて収集した前近代史料（古文書・古記録・古地図など）約 5～6 万点が保管されている。このうち、約 3 万点が関東地方を中心とする農村文書である。他の 2 万点は、寺社・公家・武家・商家の家別文書から構成される[18]。

野村兼太郎が古文書の収集を始めたのはケンブリッジ大学キングスコレッジでの留学を終えて帰国した後の 1930 年頃からで、その収集ルートについて速水融は次のように回顧している。「先生の文書収集には、二つのルートがあり、一つは、戦前・戦中期、近世文書がまだ史料としてほとんど利用されず、極端にいえば「紙くず」として取り扱われていたころ、三田通りの古本屋を通じて集められたものである。今はなくなってしまったその古本屋は、古紙の仕切り場へ行って、文字通り二束三文で求めた、と聞く。もう一つは、寺社、武家、商家文書で、これらは京都の古本屋から求められ、戦後も続いた」（慶應義塾大学文学部古文書室 HP 速水融の論考「野村兼太郎先生と古文書」より引用）。

こうして収集された古文書のうち、農村文書を活用して、野村は『五人組帳の研究』（有斐閣、1943 年）、『村明細帳の研究』（有斐閣、1949 年）を刊行した。また、収集した資料を自らの研究に駆使するだけでなく、大学院等の教育に活用し後進の育成のために積極的に利用した。野村が 1960 年に 64 歳で永眠したのち、収集史料群はすべて慶應義塾大学に寄贈された。野村教授の薫陶を受けた研究者には中井信彦（文学部教授）、速水融（経済学部教授）らがおり、収集史料の整理や解読、調査

17）　『銑鋳銭仕用一巻』、「年中吹詰ニ付願書」、「鋳銭座仕法取極証文」、「入用金等調達につき請書」、いずれも日本銀行金融研究所貨幣博物館所蔵。

18）　田代和生（2012）に依拠した。

活動が重ねられた。社会経済史研究の第一人者たちが野村コレクション
に育まれた感がある。

　1989 年からは、田代和生（文学部教授）を中心に、学生・院生の教
育を兼ねた資料の整理作業が組織的に進められ、農村文書などを手始め
に所蔵目録の刊行がなされた。2009 年 4 月、「古文書室」は慶應義塾の
組織として文学部のなかに位置づけられることとなり、慶應義塾大学文
学部古文書室と改称されて、学内関係者にとどまらず、幅広い研究者が
野村兼太郎収集史料群を閲覧し、研究を進めることができるようになっ
た。本書の分析も、こうした閲覧体制整備の恩恵を受けたものである。

（2）　金銭相場の比較・観察結果

　図 2-1 は、江戸市中の金銭相場（年平均値）と、江戸周辺幕領・旗本領の
農村（傍示堂村・染谷村。青柳村・沢井村）の金銭相場（年平均値）をプ
ロットしたものである。

　考察の主眼は、田沼期（宝暦 8 ［1758］年から天明 6 ［1786］年）である
が、はじめに言及した（前掲表 2-1 参照）とおり、元文期の銭貨鋳造が停止
した後、「銭高直」といった文言が宝暦 3 （1753）年に登場することから、
この頃からのデータも提示した。図 2-1 には、公定金銭相場「金 1 両＝銭
4000 文」の水準に補助線を付した。

　図 2-1 では、江戸および周辺農村のいずれも、分析対象期間を通じ、公定
金銭相場 4000 文の水準より銭高になった時期がない。元禄 13 （1700）年の
触書において、市中相場の上限値が 3900 文とされたことに従ったならば、
銭貨需要逼迫（銭高）を理由に追加的な銭貨供給を行わなければならない相
場水準ではない。

　ところが、表 2-1 に挙げたとおり、宝暦 3 （1753）年以降、江戸市中に出
された触書を見ると、「銭高直」「銭払底」といった文言が繰り返されてい
る。明和 2 （1765）年 4 月には、「この節、別して銭払底にて格別高直」と
いった認識を示し、その数カ月後、「世上銭払底」を理由に鉄一文銭の鋳造
が開始されるに至った。前述のとおり、公定金銭相場を目安にすると、触書

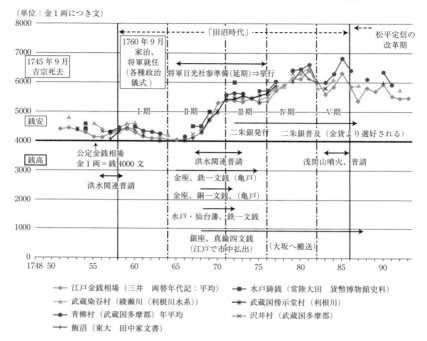

図 2-1 江戸・関東の金銭相場(金1両につき銭 文)の推移

の文言を整合的に理解することができない。いったい、幕府関係者は、鉄一文銭について、どのような相場水準を目安にして判断していたのだろうか。

日本銀行金融研究所貨幣博物館が公開した亀戸銭座の執務日誌[19]をみると、「四千五百貫文 七月十一日 浅草御蔵納 代金千両」と記される箇所を見出すことができる。また、浅草御蔵に鉄一文銭を納めた際の記述もあり、財政経理上「金1両=鉄一文銭4500文」として扱ったことが判明する。そのほか、執務日誌中に手控えられた明和2年当時の鋳造収支見積も、この基準相場で立てられている。この当時の金座人・勘定方役人の間では、執務記録や記帳において寛永通宝鉄一文銭については4500文が内部的な経理基準とされていたようだ。

---

19) 『永野家文書十一 鋳銭御用書留一』日本銀行金融研究所貨幣博物館所蔵。以下、「田沼期」の亀戸銭座の執務記録に言及する際は、特に明記しない限り、この史料による。

第 2 章　田沼期の銭貨流通と金銭相場　*71*

　このように内部的に用いられていた 4500 文の経理基準と比べると、明和
2 年の江戸市中相場は 500 文近い銭高の水準にあり、「銭払底」という文言
と整合的である。元禄 13 年当時に銅一文銭と金貨の間で設定された公定金
銭相場の位置づけを法令面では維持しつつ、幕府内部では鉄一文銭と銅一文
銭の素材のちがいを認識し、基準相場を区別して扱う意識が生じていたので
はないだろうか（後述）。

　そのほか、図 2-1 から観察されることは、江戸市中の相場と周辺農村の金
銭相場に相関関係がみられる点である。関東河川の舟運網が発達し、商品流
通が盛んな地域では、1750 年代頃以降「江戸地廻り経済」が進展したと主
張されてきた。この点を、金銭相場から実証し得るものといえる。なお、近
年の岩橋の研究では、会津や名古屋、刈谷の金銭相場を江戸のそれと比較
し[20]、「現銭貨輸送諸経費を考慮すれば、ほとんど同水準といって過言では
ない」[21]、「徳川期の銭相場は隔地間で大きな差異を生じさせないほど連動性
が高かった」と意義づけられている。本節での観察結果も合わせ鑑みると、
上方に比べて経済発展が遅れてきたとされる東日本において、18 世紀半ば
には、広範な地域で市場経済の進展・統合が進んでいたように思われる。

　なお、水戸鋳銭関係史料にみられる相場水準を参考にプロットしたが、江
戸や上記四村のそれよりもかなり銭安で、相関関係までは見て取れない。と
はいえ、相場の変化の方向性は似通っている。抽出できたデータ数が少な
く、鋳銭座の収支見積に記された相場である点では、実勢と異なる面もある
やもしれない。ただ、水戸鋳銭史料群では、冷え込んだ水戸藩内の実体経済
を振興することを期待して鋳銭事業に取り組んでいる（後述）記述もみられ
ることから、領内の実体経済の状況を映じた面もあるやもしれない。

　いずれにしても、大名領内での金銭相場について、幕府領のそれとは別
途、調査・分析が必要なことが示唆されるデータである。なぜ、水戸の相場
データが銭安であるか、現段階では定かな事情はわからなかったが、今後の
研究のため、観察される事実のみ、ここでは指摘しておく。

　では、江戸と周辺農村の間での金銭相場の相関関係は、どのような経済活

20）　岩橋勝（2019）63-65 ページ、表「東日本銭相場」を参照。
21）　同前 74 ページ。

動で生じたのだろうか。染谷村の特産物である長芋・自然薯の江戸での販売に関する史料のなかには、江戸の商人との間で、金銭相場の情報を書面でやりとりしていたことを示すものがある。荒川の河岸から船積みし、見沼代用水を経由して神田の青物問屋仲間に出荷されていたが、青物問屋との間で口銭の水準を巡る争論になった際、その時点の金銭相場に言及しながら交渉を進めた記述がある[22]。河川舟運網は、商品輸送だけでなく、取引に必要な相場情報を伝えるルートでもあったようだ。

　第二にわかることは、関東河川に生じた洪水直後の復旧工事の実施時期に、金銭相場が急激に銭安となっている点である。江戸と関東農村部の双方で、ほぼ同時に同様のペースで銭安が進行している。いずれの相場の下落が先行していたかはわからないが、洪水が起こった河川の上中流から江戸の河口に至るまで、さまざまな場所で復旧工事が生じていた時期である。田畑に壊滅的な打撃を受けた農村部に、河川修復工事の労賃払いのかたちで、大量の銭貨が河川流域に投入されたことが、銭安を惹起したように見える。明和4（1767）年当時、河川流域へ銭貨が運ばれたことを示唆する記述を、以下の史料に見出せる（下線は筆者）。

【史料2-1】

　　差上申御請書之事

一、御払銭之儀、先達て入札下直ニ付御差止被為遊候上、以来入札相止向々御払被為仰出候旨、当月六日被為仰渡候、（中略）是迄入札仕候義は買請人場所ニより船都合悪敷、御払金大金ニ付、他借等仕、其外人足等諸懸り方多く、右ニ準ジ入札仕候儀ニ御座候（後略）幾重ニも出精仕、買請直段之義、勘弁を以宜買請可申義、毛頭相違無御座候、勿論、惣銭屋共同様ニ相心得罷在候、仍之御請書差上候、以上
　　　　明和四亥六月七日　　　　　　　　銭屋惣仲間　連印
　　　　鋳銭座　御役所

22）「差上申済口証文之事（長芋一件）」慶應義塾大学文学部古文書室所蔵。

第2章　田沼期の銭貨流通と金銭相場　73

【史料2-1】は、亀戸銭座で鋳造した鉄一文銭を銭両替への入札を実施したところ、勘定所役人が応札相場が想定より銭安であることに疑問を抱き、銭両替らから直接事情説明をさせた際の回答書である。

銭両替は、周辺地域へ川舟などを用いた銭貨輸送を行った際の輸送費（人足賃など）を勘案して応札したことを説明し、不当な利益を周辺地域での売却等によって得ることを意図していないと釈明している。銭両替らの姿勢が回答書の内容どおりであるとは限らないが、借金までして「御払金大金」で銭貨を銭座から買い入れ、極めて多額の銭貨が江戸から運ばれたことは確かなようだ。「船都合悪敷」とあるように、舟での輸送を要する地域に多額の銭貨を必要とする買主がいたことになる。

この回答書が作成されたのは明和4（1767）年6月で、洪水の被害にあった関東河川の復旧のため大規模な御手伝普請が実施されていた時期である。傍示堂村も染谷村も普請に村人を動員しており、労賃などを文建てで記帳した史料が残存している[23]。被災地における復旧工事の労賃払いに必要な銭貨を、銭両替らが亀戸銭座から入手し、運んでいたようだ。

復旧工事に動員された被災農村の人々に、日々の労賃を渡す役割を担ったのは名主ら村役人であった。名主らは、実際に払った労賃の実績を示す帳面を作成し、後日、普請期間の支払合計額に関する帳面を提出して、金貨・銭貨等で実費を受け取った。それまでの間、労賃払いに必要な銭貨を、名主らは何らかのルートで準備しておく必要があったと考えられる。銭両替らは、そうした需要に対応しようとしたのではないだろうか。

ただ、上記史料や金銭相場データを見るうえで留保すべき点もある。【史料2-1】において、銭両替らは船賃や人足賃といった輸送コストを勘案したことに言及している。銭両替らが銭座での入札に際し、輸送コストを盛り込み、より多くの銭貨を取得しようとしたことは理解できるが、それを在地へ運んで売却するに際には、江戸よりも在地のほうが銭高になる筋合いと考えられる。

23）　たとえば、染谷村に関する史料群のなかに「松平陸奥守様御手伝耕地開堤御普請皆出来連判状」（慶應義塾大学文学部古文書室所蔵）がある。水損からの堤・耕地の修復作業時に、労賃払いのための銭貨需要が発生していたことや、普請金を村方三役や農民らが受領したことがわかる。

元文元年の触書の文言は、そうした点を言い当てている面があるが、図
2-1 にみられる金銭相場は、農村部のほうが江戸よりも銭安の水準にあ
る[24]。この点について、前述の水戸藩の事例と同じく定かな理由はわからな
い。岩橋が近年提示した東日本各地の金銭相場も、江戸よりも地方のほうが
総じて銭安の水準にあるが、その理由については説明がなされていない。本
書で依拠したのが年貢関係史料であった点で、年貢を江戸に運ぶための村役
人などの費用なども勘案した可能性など、年貢貢納に関して用いられた相場
ゆえの特殊性もあるやもしれない。

　いずれにしても、洪水の復旧工事等が生じた際に、銭両替らが実際に、農
村部にどのように運び、村方へ売り出したのか。輸送コストの扱いや村での
売出相場などを記す史料を探索し、相場形成の仕組みを明らかにしていく必
要がある点を留保しておきたい。

　図 2-1 から観察される三つめの特徴は、幕府の取組姿勢が、鋳銭が実施さ
れた約 22 年間、一様ではなかった点である。前述のとおり、これまでの貨
幣史研究では、田沼期の銭貨鋳造の狙いは、幕府が小額貨幣を追加供給した
ものとして理解されてきたが、常にこうした事情であったとはいえない様相
が相場の推移から看取できる。たとえば、公共事業や儀式などの財政支出の
生じた時期と突き合わせてみると、銭貨需給の動向よりも、財政・政治面で
の要請を優先したと目される時期がある。こうした点を勘案すると、田沼期
における金銭相場は、以下の五つの時期に区分することができる。各時期の
特徴を概観すると以下のとおり。触書に言及する事項は前掲表 2-1 を参照さ
れたい。

　① 　第Ⅰ期　（宝暦 8［1758］年〜明和元［1764］年）
　この時期は、金銭相場が緩やかに銭高方向に推移し、公定金銭相場並みの
水準に至った時期である。触書では、「銭高」「銭払底」との認識が繰り返さ
れた。宝暦 10（1760）年の将軍代替わりに伴う各種の行事が執り行われ、

---

24) 岩橋勝（2019）63-65 ページ、表「東日本銭相場」で提示された各地の金銭相場も江戸のそ
れよりも総じて銭安である。江戸よりも銭高でないことの背景等については、言及されてい
ない。

宝暦14（1764）年（6月に明和改元）には朝鮮・琉球からの外交使節が来日した。将軍代替わりに関連して、ヒト・モノの移動が盛んであったため、駄賃や人足賃の支払いに要する銭貨が必要とされた時期と目されるが、銭貨の増鋳はなされていない。幕府御蔵に備蓄されていた銭貨からの拠出で賄うことができたのかもしれないが、財政支出のかたちでの銭貨の払出が続くなか、この期間のいずれかの時点で、鋳銭実施の検討・準備に着手したと考えられる。金銭相場の動きのみでは、その契機となるような目立った変化は観察できない。銭貨鋳造の準備・検討がいつ頃開始されたかなどの事実関係は、次節で、史料から検討する必要がある。

② **第II期** （明和2［1765］年〜明和8［1771］年）

この時期は、鉄一文銭・銅一文銭・真鍮四文銭が盛んに鋳造されるようになり、銭安が進行した時期である。鋳銭の進捗につれて、公定金銭相場との乖離が目立つようになり、明和8（1771）年には、乖離幅は1400文近くになった。銭安進行下でも、幕府は、明和5（1768）年に銅一文銭・真鍮四文銭の鋳造に着手し、水戸藩・仙台藩に鉄一文銭の鋳造許可を与えている。公定金銭相場を目安に銭貨の需給調整を行った元文期と異なり、幕府の鋳銭への取組姿勢が様変わりしたことが明らかな時期である。

この時期には、関東河川の大規模な洪水が生じ、被害が及んだ流域の復興のため、明和4（1767）年以降、御手伝普請が河川流域で実施された。労賃払いのために、銭貨が中・上流・河口を問わず広く投入されたと目される[25]時期に、前述のとおり、銭安が急激に進行している。

なお、こうした相場の推移を幕府は手放しで是認していたわけではない。明和6（1769）年に江戸市中相場が4700文台まで下落したが、翌年の触書では、銭相場の水準を「下直」と表現し、物価への影響を懸念する姿勢に転じた。ちなみに、金銭相場「下直」と表現して懸念する触書は、元禄13（1700）年に公定金銭相場を定めて以来、初めてのことである。推測の域を

---

25) 中井信彦（1971）106ページでは、御手伝普請と鋳銭の関係性に着目しており、普請に伴う銭価高騰を予測し、その対処として、真鍮四文銭の鋳造に重点を置くようになったのではないかとの見解を示している。

出ないが、幕府内部で経理上設定していた4500文の基準に比べて銭安の相場で銭座から売り出す状況に至り、鋳造益の確保が困難な事態に直面し始めていたのではないだろうか。

また、明和8（1771）年には、老中から江戸町奉行に対し、銭相場引上のための対策や問題意識を通達するようになっている。その通達では「銅銭・真鍮銭は入札高之内御買上に相成候間、此段銭屋共え可被申渡候」とある。幕府が銅一文銭・真鍮四文銭を買い上げて御蔵に納めるオペレーション実施を銭両替に公示している。金銭相場の調節のために、幕府が銭貨の買上げを実施し始めたことは注目される。

また、「水戸仙台鋳銭江戸廻無之筈ニ候」と達しており、水戸藩・仙台藩が鋳造した鉄一文銭が江戸に流入している可能性を問題視するようになっている。水戸藩が鋳造した銭貨が江戸に実際に流入していたか、幕府関係者がその実情を認識していたかについては、後の節で史料をもとに分析する。

なお、第Ⅱ期において、幕府関係者は、金銭相場下落による弊害を念頭に置き、銭安の要因にも関心を寄せているものの、銭貨の鋳造や払出を止める措置にまでは至っていない。鋳銭の継続を要する何らかの用途、政治的事情があった可能性がある。後の節で実証を要する論点である。

③　第Ⅲ期　（明和9［1772］年～安永5［1776］年）
　幕府が金銭相場引上の目的を掲げ、銭貨鋳造量を抑制する施策を実施するに至った時期である。具体的には、亀戸銭座での鉄一文銭の鋳造終了（安永3［1774］年）、真鍮銭座での鋳造量半減（安永3年）などが挙げられる。水戸藩の鋳銭について、幕府は一旦停止を命じた後、再開を認めるが、全額を幕府が買い上げて御蔵に納める方針をとった（安永3年）。市中への払出数量を抑制する措置が奏功してか、相場の推移を見る限り、銭安防止に一定の効果がみられる。

　財政支出の動きとしては、第Ⅱ期から実施されてきた隅田川河口付近の浚い工事（後述）が明和9（1772）年に終了している。この間、同年2月に目黒行人坂大火が生じ、江戸では大規模な復興工事で活況を呈したことが、市中での銭貨需要を高めた可能性も推測される。

第 2 章　田沼期の銭貨流通と金銭相場　77

　大規模な財政支出のルートでの銭貨払出の機会としては、延期されていた
日光社参が安永 5（1776）年 4 月に挙行されたことが挙げられる。推測の域
を出ないが、日光社参の挙行時期を決定するにあたり、銭安の進行に伴い近
隣農村部などでの一揆などの社会不安が生じることを忌避する必要性があっ
たことを勘案すると、第Ⅲ期に、相場下落に一定の歯止めがかかった時期を
見計らって挙行したようにも見える。

　なお、日光社参挙行の直前に、社参に供奉する武士に対して鉄一文銭が浅
草御蔵から払い出された。御蔵からの払出相場は公定金相場 4000 文より
1300 文銭安の 5300 文であった（表 2-1 参照）。

　一方、この時期の触書において、幕府は金銭相場を引き上げる狙いについ
て言及しているが、どの水準まで引き上げるかの目安値には言及していな
い。少なくとも、元禄期に設定した公定金銭相場に拘泥してはいないことは
確かである。前述の、日光社参に供奉する人員への御蔵からの払出相場は
5300 文、水戸藩が鋳造した銭貨を全額買い上げ、御蔵に納める際の相場は
5400 文であり、財政支出・収入の発生日によって変動している。財政経理
の面で、元禄期に 4000 文に設定した公定金銭相場の意義は有名無実化され
ていたといえる。さりとて、幕府に一定の目安値の認識があったわけではな
く、市中相場の動向をみながら対応していたようだ。

　ちなみに、銭貨鋳造量の抑制方針を提示する前月に明和南鐐二朱銀が新た
に発行された。金貨単位の貨幣数量が増えたことで金銭相場に影響する可能
性も想像されるが、二朱銀発行時の触書では、銭貨との関係については一切
言及していない。二朱銀発行の影響を様子見していた時期と捉えることもで
きる。

④　第Ⅳ期　（安永 6 ［1777］年〜天明 2 ［1782］年）

　幕府は、真鍮銭座での真鍮四文銭の鋳造量を半減するなどの措置をとって
いたが、奏功せず、急激な銭安が進行した時期である。安永 8（1779）年に
は、6000 文台を割り込んだ。

　各地の金銭相場を時系列分析した岩橋は、この時期の銭安進行の要因とし
て二朱銀の普及に着目し、これが「大量の銭貨節約（＝余剰）をもたらし、

銭相場の低落に帰着した」[26]と指摘している。安永8（1779）年の触書で、
「弐朱判のみを取遣いたし、小判小粒は相貯候」[27]と言及されるように、二朱
銀が普及した時期である。傍示堂村の年貢関係史料においても、それまで銭
貨で納めていた額を、二朱銀を用いるようになったことが判明[28]している。
具体的な分析内容については第5章で触れるが、岩橋の見解を支持し、補強
できるものと考える。

　⑤　第Ⅴ期　（天明3［1783］年～天明6［1786］年）
　この時期は、浅間山の噴火後の非常時である。「相場狂ひ」と認識される
ような状況にある。浅間山の噴火後の復旧工事による財政支出が盛んに実施
された時期である。金銭相場は乱高下している。こうした状況に対し、銭貨
について特段の措置はとられていない。

　以上のように、五つの時期区分を概観してみると、田沼期の銭貨政策の狙
いは銭貨流通数量増加だけではなく、時期による変化があったことが判明す
る。公定金銭相場が幕府関係者の判断の目安となっていないなか、鋳造量の
増減措置が折々にきめ細かく実施されていたことは確かだ。
　これまでの研究において銭貨鋳造の狙いを論ずる場合、時代を問わず、銭
貨の流通数量を充足させることと、鋳造益を獲得することの二つを挙げるこ
とが通例だった。田沼期を事例にすれば、真鍮四文銭の鋳造目的を考察した
田谷博吉は、後者に着目し、銀座に鋳造益を獲得させる点を重視した[29]。
　もっとも、第Ⅱ期以降の銭安進行をみるに、果たして、真鍮四文銭につい
ても期待どおりの鋳造益が確保し続けられたかは定かでない。ましてや額面
の小さい一文銭について、鋳造収支が見合っていたか、疑問なしとしない。
そうした相場環境のもと、政治的な要請などで必要となった銭貨をある程度
充足できていたとすれば、第Ⅳ期に鋳造数量を減少させていった可能性もあ
る。政治的事情が銭貨供給の判断に何らかのかたちで影響していたのか。次

26）　岩橋勝（2019）72ページ。
27）　『御触書天明集成四十四』金銀銭之部　二八七五。
28）　藤井典子（2021）208-209ページ。この点については、第5章で詳しく記述する。
29）　田谷博吉（1963）300-301ページ。

節における検討論点である。

3 　田沼期の銭貨にみる政治的事情

（1）　寛永通宝銅・鉄一文銭の用途にみる鋳銭の経緯

　前述のとおり、図2-1に示した第Ⅰ期（宝暦8 [1758] 年～明和元 [1764] 年）に鉄一文銭の鋳造はなされていない。鋳銭を開始するには、銭座の運営経費などを見積もり、鋳造収支が見合うかどうかなどを検討する準備期間が必要である。第Ⅰ期の相場を見る限り、検討開始の契機となる目立った変化のある年は見出せない。では、このような相場環境のもと、いかなる事情でいつ頃から銭貨の鋳造が検討・準備されたのだろうか。

　亀戸銭座で執務した金座人の日誌[30]をみると、明和3（1766）年の記事中に「去々年銅銭十万貫文吹立諸入用積之儀御尋」といった一節がある。明和元（1764）年に、勘定所の役人が金座人に対し、銅一文銭の鋳造収支を検討するように命じていたことがわかる。銅一文銭とあわせて鉄一文銭の鋳造可否も検討されており、地鉄の確保が早くできた鉄一文銭から鋳造が開始された経緯が窺い知れる。

　表2-3に示したとおり、田沼期に鋳造された三種類の銭貨のうち、銅一文銭は最も鋳造量が少ない。しかし、銅の地金を確保して、少量でも鋳造したことは、鉄一文銭では代替できない用途があったことを示唆している。

　亀戸銭座の執務記録の続きをみると、鉄一文銭の鋳造開始と並行して銅の調達先を検討していた過程が記される。銅一文銭の鋳造開始において考慮する必要があったのは、銅輸出を最優先とする貿易政策との調整であったことがわかる。国内産の銅を大坂銅座で独占管理する体制へ移行する折柄、銅一文銭を鋳造するには、専用の銅調達ルートを確保する必要があった。足尾・会津の銅山から浅草御蔵へ銅を納め、銭座へ素材を渡すルートが確保できたところで、明和5（1768）年に銅一文銭の鋳造が開始された[31]（第3章3節

30）　前掲『永野家文書十一　鋳銭御用書留第一』。
31）　同じ年に、銅と亜鉛の合金である真鍮を素材とする四文銭の鋳銭も開始されている。鋳銭素材としての銅地金の確保ができたことと無関係ではないと考えられる。

表 2-3　田沼期に銭貨（寛永通宝）を鋳造した銭座

銭貨の種別	鋳造所（銭座）	鋳造期間（年）	鋳造高（単位：貫文）
寛永通宝鉄一文銭	江戸亀戸銭座（金座兼帯・鋳銭定座）	明和2（1765）〜安永3（1774）	2,262,589
	京都伏見銭座（金座兼帯・鋳銭定座）	明和4（1767）〜安永3（1774）	1,422,782
	水戸銭座（水戸藩太田・金座差配）	明和5（1768）〜明和9（1772）	486,037
		安永3（1774）〜安永6（1777）	204,463
	仙台銭座（仙台藩石巻・金座差配）	明和5（1768）〜明和9（1772）	391,667
寛永通宝銅一文銭	江戸亀戸銭座（金座兼帯）	明和5（1768）〜明和9（1772）	200,000
	長崎銭座（金座差配）	明和4（1767）〜安永2（1773）	231,000
	佐渡相川銭座（金座差配）	明和7（1770）〜天明元（1781）	58,000
寛永通宝真鍮四文銭	江戸深川十万坪銭座（銀座兼帯）	明和5（1768）〜天明8（1788）	2,150,000

（注）　真鍮四文銭の鋳造量については、各種の計数が知られる。この表は、吉原健一郎（2003）99ページの
　　　　記述をもとに概数を記載しているが、安国良一『近世日本貨幣史の研究』（2016）では、一文銭換算で
　　　　約215万貫文に減額修正の必要性を指摘しているため、これに依拠した。
（資料）　日本銀行調査局編『図録日本の貨幣3』（1974）および、吉原健一郎（2003）をもとに作成。

で考察する）。

　では、銅の専用調達ルートを開拓してまでも、銅一文銭の鋳造を検討しな
ければならない事情は何だったのだろうか。勘定所が鋳造収支の検討を指示
した明和元年は、第十代将軍徳川家治（在職：宝暦10［1760］年〜天明6
［1786］年）の代替わりを祝って来聘した朝鮮・琉球の外交使節を江戸城で
応接していた年にあたる。亀戸銭座開設を目前にした明和2（1765）年4月
には、徳川家康の百五十年忌の日光法会が挙行されるなど、将軍の政治的権
威を内外に示す行事が目白押しであった。そうした時期に、幕府が銅一文銭
の確保に苦慮していた一端が、三井両替商による御用日誌に記されている。

　御為替御用を担った三井の御用日誌[32]を見ると、将軍代替わりの頃から、
幕府は両替商に対し、銅一文銭を市中から買い上げて納めるように命じてい
たことが判明する。幕府による銅一文銭の買上げは、過去に例のない事態で
あったと記される。御蔵における銅一文銭の備蓄量では、代替りの諸行事を

32）　『宝暦十年　御用日記留』『明和二年　御用日記』『安永二年　御用日記』いずれも三井文庫
　　　所蔵。

第2章　田沼期の銭貨流通と金銭相場　*81*

表 2-4　市中買上げ銅一文銭の御金蔵納め事例

年	月　日	数量（単位：文）	御金蔵納時の相場	備考：幕府の行事等
宝暦 10 （1760）	2 月 18 日	4,000,000	金 1 両＝銭 4300 文	9 月 2 日、第十代将軍徳川家治の将軍宣下。
	4 月 1 日	250,000	金 1 両＝銭 4180 文	
	9 月 1 日	1,000,000	金 1 両＝銭 4270 文	
明和 2 （1765）	3 月 14 日	500,000	金 1 両＝銭 4010 文	4 月 17 日、徳川家康 150 年忌の日光東照宮における法会挙行。
	4 月 6 日	1,000,000	金 1 両＝銭 4000 文	
	4 月 24 日	3,500,000	金 1 両＝銭 3980 文	
安永 2 （1773）	7 月 12 日	100,000	金 1 両＝銭 4900 文	安永元年まで金座（鋳銭定座）で銅一文銭の鋳造を実施。同年末、上野寛永寺火災。翌年地鎮祭。

（史料）『宝暦十年　御用日記留』『明和二年　御用日記』『安永二年御用日記』（いずれも三井文庫所蔵）

賄いきれないという懸念があったのだろうか。残存する御用日誌から銅一文銭買上げ実績等をまとめたのが表 2-4 である。

銅一文銭の買上げ記事が最初に確認できるのは宝暦 10（1760）年。同年 2 月から 9 月にかけて、合計 5250 貫文（銅一文銭 525 万個相当）を御蔵に納めた。その形態は「青ざし」と明記される。日常生活で用いる銭貨はわら縄で束ね、「さし」にするが、青く染めた麻縄による「青ざし」は儀礼用である[33]。宝暦 10 年 10 月に家治の将軍宣下がなされたことと時期が合致することから、将軍代替わり後の儀式で用いる良質の銅一文銭を確保する動きとみてよいだろう。

次に、買上げが確認できるのは、明和 2 年 3 月から 5 月である。同年 4 月に徳川家康百五十年忌の日光法会が挙行された時期にあたる。ちなみに、この時期に両替商が提示した相場は「金 1 両＝銅一文銭 3980 文」であったが、勘定所の役人はこれをよしとせず、4000 文の相場を遵守する方針を譲らなかった。

ここで注目されるのは、銅一文銭については公定金銭相場で蔵納めする姿勢を勘定所が堅持している点である。これに対し、この年の 8 月に開始した

33）　日本銀行金融研究所貨幣博物館編（2017）59 ページに実物の図版が掲載されている。

鉄一文銭の鋳造収支計算での基準相場は、前述のとおり4500文であった。こうした点を勘案すると、勘定所内部では銭貨の素材のちがいによって、準拠する基準相場をちがえていたとみられる。

なお、市中からの銅一文銭の買上げは容易でなく、銅一文銭が退蔵されていたことが三井の御用日誌に記される。こうした状況下、市中で日々形成された金銭相場は、事実上、鉄一文銭と金貨の交換にかかる相場であったと考えられる。いずれにしても、両替商から提示された銅一文銭の買上相場が4000文よりも若干であれ銭高の水準を示したことは、勘定所にとって銅一文銭の追加鋳造が必要なことを示すシグナルとなったと目される。

では、鉄一文銭の大規模な追加鋳造に踏み切った背景は何であったのか。この頃、銭貨が必要とされた事情の一端が、輸送御用を担った三伝馬町（大伝馬町、小伝馬町、南伝馬町）の史料から窺える。【史料2-2】は、明和元年に来日した琉球使節の帰国時に、その輸送に要した人足賃を、翌年8月に幕府から支給された際の請取書である。

【史料2-2】

　　琉球人帰国之節助人足賃銀請取書

　金七拾四両弐分弐匁五分

　　此銭三百五貫百五拾四文

　　　　但、金壱両ニ四貫九拾文替

　右は去申年十二月琉球人帰国之節助人足四百五拾人分、

　　　但壱人ニ付銭六百七拾五文宛之

　積賃銭書面之通御座候、（中略）去申年琉球人帰国之節之助人足賃銭は御証文高之通四百五拾人分之賃銭被下置候旨被仰渡候ニ付、書面之金銀御渡被成、慥請取申候、以上

　　　酉八月

　　　　　　　　　　大伝馬

　　　　　　　　　　名主　勘解由　　　　（後略）

（「琉球人帰国之節助人足賃銀請取書ニ付助人足賃銭御証文高を以御渡被下置候事」[34]）

大伝馬町では、来日した琉球使節の輸送に動員した人足や馬へ賃銭を払うごとにその数量を帳面につけていた。人足一人あたりの賃銭675文をもとに動員した人数450人を積算した実績を幕府へ報告し、その実額を支給されたことが【史料2-2】から見て取れる。明和2年8月に幕府から支給された際の換算相場は、金1両につき4090文と算出される。当時の江戸市中相場並みである。

ちなみに、この請取書の作成された明和2年8月は、亀戸銭座が開設された月である。その開設理由を、触書のなかで「銭払底世上難儀」と公示したことはすでに述べたとおりである。輸送に動員した人馬への報酬を払うに際し、1000文（公定金銭相場で金1分相当）未満の額に対応できる額面の金貨が発行されておらず、銅一文銭も幕府が買い上げているような状況下では、鉄一文銭が支払いに用いられる場面が多かったことは推測に難くない。明和元年には、琉球通信使だけでなく、朝鮮通信使の来聘もあったほか、将軍代替り後、施設の修復などを含む輸送事務で極めて多忙であったことが『御伝馬旧記』に記される。

【史料2-2】からわかるように、こうした御用にかかった費用は、その実績を証明する帳簿をもとに、事後的に幕府から金貨と銭貨によって支給される扱いであったため、輸送事務が発生した時点では、駄賃や人足賃を払う伝馬町が賃銭用の鉄一文銭を事前に調達しておく必要があった。幕府もそうした事情は認識していたはずだ。「銭払底」という文言には、鉄一文銭への引き合いが強い時勢なども反映した面があったのではないか、と考えられる。

もっとも、亀戸銭座での鋳銭が開始されたのは、上記のような将軍代替わり直後の重要行事が一巡した後である。鉄一文銭の鋳造期間は、表2-3に挙げたように、明和2年から安永3（1774）年までである。この間に、大がかりな支払準備が必要な政治的儀式としては、明和9（1772）年4月に当初予定されていた（延期され、安永5［1776］年4月に挙行）将軍日光社参のほかは見当たらない。前述のとおり、安永5年の日光社参挙行直前に、供奉する武士たちへ浅草御蔵から鉄一文銭が払い出された。それ以前の時期に、供

---

34) 『御伝馬旧記十一』「拾三」番、児玉幸多編『近世交通史料集三　御伝馬旧記』吉川弘文館、1969年、430ページに収録の翻刻文を参照した。

84

奉する者たちに払い出すのに必要な数量の鉄一文銭が鋳造され、御蔵で保管
されていたわけだ。

　将軍家治による日光社参に伴う、御蔵からの銭貨払出に関連する記事とし
ては、以下のものが見出せる。

【史料 2-3】

　　本年四月、日光御供之面々万石以下え分限高ニ応し御扶持方被下候、岩
　　槻・古河・宇都宮・日光ニて渡場有之、（中略）於日光　先年塩・噌・
　　薪・木銭渡候分は、此度も相渡候、右御扶持方江戸表ニて請取度面々有
　　之候ハ、、委細安藤弾正少弼・小野日向守え承合・否之儀存寄書付可差
　　出候上、伺之上可被達候、

　　　　　三月

（「日光社参之儀ニ付留書」国立公文書館所蔵）

　この史料では、日光社参に供奉する武士たちに、日光街道を移動する際に
必要な銭貨を、徳川吉宗による日光社参（享保 13［1728］年 4 月挙行）の
前例に倣って支給するとして、支給希望者は勘定奉行まで申し出るように指
示している。安藤弾正少弼および小野日向守が勘定奉行であった時期に作成
されていることから、【史料 2-3】が記された時期は、当初の日光社参予定
（明和 9 年 4 月）に先立つ時期である。

　日光社参は、将軍御台所の薨去により実施が延期されたことから、幕府御
蔵からの実際の支給は、安永 5 年 3 月発出の触書に基づいて行われた。明和
2 年 8 月から鋳造し始めた鉄一文銭の中には、明和 9 年 4 月の日光社参実施
を念頭に置いて、人員の移動やモノの輸送に必要な鉄一文銭の支払準備に充
当する分が含まれていたと考えられる。金座人の日誌によれば、亀戸銭座で
鋳造された鉄一文銭は、銭両替へ売り出されただけでなく、明和 3（1766）
年以降、浅草御蔵へしばしば搬入されている。

　前述のとおり、明和元年の時点で、儀礼に用いる銅一文銭と人馬賃銭など
に用いる鉄一文銭の双方の鋳造が検討され始めていた。儀礼用に鋳造した銅

第2章　田沼期の銭貨流通と金銭相場　*85*

一文銭の鋳造停止時期が明和9年であることも、当初の日光社参予定時期と
合致しており、儀礼用での必要数量を準備できたところで鋳造を停止した様
相を呈している。

（2）　水戸藩鋳銭の実施と江戸の金銭相場下落

急激に銭安が進行し、江戸市中の金銭相場が5290文となった明和7
（1770）年に、勝手方老中松平武元は江戸町奉行に対し、「水戸藩で鋳造され
た鉄一文銭は江戸に流入していないはずだ」と達している。だが、こうした
問題意識が提示されたこと自体、老中が水戸藩鋳造の鉄一文銭が江戸へ流入
する可能性を懸念する何らかの情報を持っていたことを示唆している。以下
では、水戸藩の鋳銭実施の経緯を辿りつつ、明和6（1769）年から明和7
（1770）年にかけて江戸市中で生じた銭安進行との関係を検討する。

日本銀行金融研究所貨幣博物館が所蔵する水戸鋳銭座関係史料をみると、
松平武元らは水戸藩が領内だけで鋳造量を捌ききれないことを、鋳銭願が正
式に提出される前から知っていたことがわかる。水戸藩では、正式に願書を
提出するに先立って、明和5年3月頃から、同藩家老が松平武元[35]を訪ねて
内意伺いをしながら、勘定所へ提出する鋳銭願案の修文を重ねていた。当初
の案文には、「鋳銭売渡之事は出羽・奥州最寄之国々え売出、来子より午迄
七ケ年之間、農民為扶助鋳銭吹立候」[36]と記される。7年間の鋳造分を出羽・
奥羽といった近隣地域へ売却する方針で臨んでいたことがわかる。かかる案
文を受け取った松平武元は、銭相場への影響を懸念し、勘定奉行に意見を求
めた。

老中からの下問に対し、勘定奉行石谷清昌・小野一吉・伊奈忠宥が具申し
た内容は、「銭相場下直ニ相成末々気請之様子ニ寄商物直段等ニ響候儀も可
有之哉」[37]といったものだ。彼らは、江戸市中へ水戸藩の出来銭が流入する
ことを見込み、銭安進行に伴って物価が上昇する可能性を念頭に置いて「先
三ケ年も被仰付」て様子を見計らうように具申した[38]。老中もその趣旨を理

35）　田沼期の貨幣政策に絡み、老中として名前が確認できるのは松平武元である。田沼意次の名
　　は、今回調査した史料からは確認されなかった。
36）　「（明和四年）水戸鋳銭吹立願書草案」、日本銀行金融研究所貨幣博物館所蔵。
37）　『明和五年　御勝手方御触留』国立公文書館所蔵。

解して、鋳銭許可の期間を3年とする旨、水戸藩へ内々伝えた。その趣旨に沿った願書が明和5年4月に提出された[39]が、水戸藩からの再交渉により、同年5月21日には7年間の鋳銭許可を認める勘定所の審議となり、政治的交渉で決着した[40]。正式に提出された願書では、領外売出しに関する文言は削除されている。

　しかし、実際には、水戸藩太田村で鋳造された鉄一文銭が、江戸に運ばれたことが、利根川沿いの河岸問屋小松原家が作成した帳簿から判明する。

【史料2-4】

　　　水戸御用　　　銭荷物五拾俵　　　水戸太田町

　　　　但し四固也　　　　　　　　　　　　　　　　加藤吉兵衛殿
　　　　　　　　　　　　　　　　　　　　　　　　　　　嘉七殿

　　　　　　船賃七貫七百五十八文すみ
　　　　　　右は　当かし太郎左衛門船
　　　十一月朔日
　　　水戸御用　　　銭荷物五拾駄　　　水戸太田
　　　　但し、四固附也　　　　　　　　　　　　　加藤吉兵衛殿
　　　　　　船賃七貫七百五十八文すみ
　　　　　　右は当河岸佐五左衛門船
　　　十一月朔日

　　　　　　　　　　　　　　　　　　　　（『大福帳』茨城県境町所蔵）

　【史料2-4】は、利根川沿いの代表的な河岸問屋「小松原家」の大福帳[41]のなかから、明和6（1769）年11月の記述を抜粋したものである。銭荷を積み込んだのは、水戸藩鋳銭座[42]所在地の太田村である。「加藤吉兵衛」は

---

38)　前掲『明和五年　御勝手方御触留』。
39)　『御触書天明集成四十四』金銀銭之部　二八四九。
40)　前掲『明和五年　御勝手方御触留』。
41)　『大福帳（明和六～七年）』（茨城県境町編『下総境の生活史　史料編　近世Ⅲ河岸問屋の大福帳』収録の翻刻文を参照）。

この鋳銭座を所管する水戸藩勘定方の役人である。

藩の御用として江戸まで銭荷を送った回数は、明和6年11月1日から翌年の4月14日までの半年で22回、銭荷駄数は合計1071駄であった。一駄135kgで、仮に鉄一文銭1枚を3gとして試算すると、半年で4万8000貫文余が太田から江戸に運ばれたことになる。幕府からの鋳造許可は1年間に10万貫文であった点を勘案すると、許可数量のかなりの部分が江戸に流入した計算になる。図2-1において、明和6年から同7年にかけて急激な銭安進行が観察される点と整合的である。

江戸においては、河川洪水の被害からの復興を図る公共事業のために、銭安進行下でも労賃払いのかたちで市中へ鉄一文銭・真鍮四文銭が投入されていた時期である。かかる状況に、水戸藩鋳造の鉄一文銭がさらに江戸に流入すれば、想定以上の銭安進行が生じたとしても不思議ではない。

この間、水戸藩内での認識は以下のとおりであった。幕府が鋳銭許可を出した明和5年5月に鋳銭座主小澤九郎兵衛が藩へ提出した書面には、「此度太田村鋳銭吹被仰付候ヘハ、御国内計と毎日吹出申候高売払捌可申御事ニ奉存候、左候ヘハ、江戸表へ相廻し相払申事と奉存候（下線は筆者）」[43]といった考えが記されている。勘定所へ正式に提出した願書には、奥州・出羽へ出来銭を売り出す旨の文言は削除されているものの、藩内の議論では、江戸への売却方針が具体化していた。

水戸藩の希望する鋳造量が過大であることを知りつつ、老中松平武元以下の勘定方が7年間の許可を出したのは、御三家の一つである水戸藩の財政を支援し、日光社参準備を支援する意味合いがあった。銭安進行と物価への影響を認識しながらも、政治的判断で鋳銭を認めたことが、江戸市中の銭安進行の弊害をより大きくした面がある。

（3）　経済振興策との関係

近年の歴史研究では、田沼期の重要施策として経済振興があったとの見

---

42)　水戸藩の鋳銭については、史料のなかで「水戸鋳銭座（いせんざ）」と明記していることから、この章の分析では「鋳銭座」と表記する。

43)　「水戸銭売場会所開設願書」日本銀行金融研究所貨幣博物館所蔵。

方[44]が定説化している。経済史研究の分野でも、河川の普請工事など「公共事業を起点に経済を振興させようとする発想は、この時代としてはすぐれたもの」[45]と評されている。前述の第Ⅱ期に実施された、公共事業向けの銭貨の払出の事例などは、土砂がたまった河口付近の浚い工事によって、舟運のインフラを整え、商品流通を支える経済振興策を進めた一環と捉えることもできる。

　急激な銭安が進行するなかで、銭貨鋳造・払出を継続実施した事例として、浚い工事における労賃払用の鉄一文銭を、工事請負人が亀戸銭座（金座鋳銭定座役所）から直接入手した事例が挙げられる。この点について、以下の史料からみてみよう。

　　【史料 2-5】

　　一、新銭千九百九貫三百弐拾弐文
　　　　　但、当月廿七日銭屋落札直段金壱両ニ付五貫四百八十三文替ニ
　　　　　　三拾弐文高之積
　　　　　代金三百五拾両也
　　　　右代金相納、新銭慥請取申所、仍如件
　　　　　　　　明和八卯年正月廿九日　　　　　猿江御材木蔵御堀浚
　　　　　　　　　　　　　　　　　　　　　　　請負人　　和助
　　　　　　　　　　　　　　　　　　　　　　　御伝馬役
　　　　　　　　　　　　　　　　　　　　　　　宮辺又四郎
　　　　　　　　　　　　　　　　　　　　　　　小宮善右衛門
　　　　　　　　　　　　　　　　　　　　　　　高野善次郎
　　　　　　　　　　　　　　　　　　　　　　　吉沢主計
　　　　　　　　　　　　　　　　　　　　　　　馬込勘解由

---

44)　藤田覚（2012）67-87 ページでは、「殖産興業」といった言葉で田沼期の施策の特徴を表現している。「殖産興業」の一環として言及されている事柄には、鉱山開発、朝鮮人参の国産化、白砂糖の国産化のほか、御手伝普請の形式をとった各種の修復工事、鉱山開発や輸入によって得られた金属素材を活用した貨幣発行も含まれている。
45)　井奥成彦（2017）55 ページ。

鋳銭定座御役所

（「亀戸鋳銭座・銀座鋳銭座より御払之節、直買請願一件」[46]）

　【史料2-5】は、明和7（1770）年10月から明和9（1772）年10月まで、①幕府材木蔵の堀浚い、②御舟蔵前の浚い、③浚った土砂による埋め立て工事が実施された公共事業の過程で作成されたものである。この浚い工事は、江戸町奉行所からの事実上の命令により三伝馬町が請け負った[47]もので、幕府の輸送御用を担う三伝馬町への支援措置であった。

　幕府の支援姿勢は、労賃払いに必要な銭貨の調達にかかる優遇措置に表れている。三伝馬町は、必要な鉄一文銭および真鍮四文銭について、工事の実施期間中、定期的に銭座から直接払い出してもらえるよう願い出、幕府（江戸町奉行所・勘定所）はこれを認めた。こうした優遇措置が幕府から認められた直後、払出を受けた際の請取書が上記【史料2-5】である。

　【史料2-5】には、鉄一文銭1909貫322文の対価が金350両であったと記される。金座（鋳銭定座）役所が採用した払出相場は「金1両≒鉄一文銭5455文」であったとわかる。この相場は、直近の落札相場に準拠しつつ、請負人が銭両替経由で入手した場合の手数料相当分を勘案したものとみられる。公定金銭相場4000文より1451文も銭安である。明和2（1765）年8月に亀戸銭座が開設された際に、幕府（勘定所・金座）が内部的に採用した「金1両＝鉄一文銭4500文」の経理基準相場よりも1000文近く安値である。

　銭貨の鋳造収支が金銭相場の状況に左右されることはいうまでもない。たとえば、銀座関係史料の安永6（1777）年の記事において、真鍮四文銭の鋳造収支が見合う相場について言及した以下の一節を見出すことができる。「銭相場下直、<u>五貫七百文替ニ付、余金無之</u>、依之利息払手当之内金七百両、弐朱判吹方歩一被下銀之内を以相続可申、尤、<u>銭相場引上五貫五百文ニ相成候は、元之通被成下候</u>（下線は筆者）」[48]。真鍮四文銭の収支が見合う相

46）　『御伝馬旧記十三』「拾弐」番、『近世交通史料集三　御伝馬旧記』505ページ収録の翻刻文を参照。

47）　浚い事業と隅田川中州埋め立ての経緯については『東京市史稿　産業篇　第二十三』収録「伝馬助成金及浚渫填築」および、松崎欣一（1972）を参照した。

48）　『真鋳（ママ）銭吹方一件』国会図書館所蔵。

場水準は 5500 文程度と認識されていたようだ。

　こうした点を勘案すると、上記 5455 文で鉄一文銭を払い出す状況では、亀戸銭座における鋳造収支は見合わなくなっていたと推測される。江戸町奉行所の決定に従い、浚い工事の労賃払いのために、鉄一文銭と同時に銀座が運営する銭座から払い出されていた真鍮四文銭についても、収支が見合うギリギリの状態であったろう。

　鉄一文銭の鋳造収支が赤字になるような相場環境にあっても「猿江御材木蔵御堀浚」などが実施される期間中、銭貨を鋳造・供給する姿勢を幕府はとり続けた。前掲表 2-1 にも挙げたとおり、銭安を理由に水戸藩による鉄一文銭の鋳造停止措置がとられたのは、明和 9 年 10 月である。奇しくも、三伝馬町が請負った一連の工事の終了した月にあたる。10 月の触書において、「銭相場次第に引き下げ、諸色値段引き上げ、末々難儀」[49]との認識を示していることから、浚い工事が実施されている期間中の払出相場（たとえば【史料 2-5】にある 5400 文台での払出し）について、幕府は必ずしも適正水準であるとは捉えていなかったことが窺える。

　隅田川河口の浚い工事の終了が、鋳造量抑制方針を打ち出すきっかけになったとは言い切れないが、幕府が推進した公共事業が終了した時点で、金銭相場や物価の是正を志向する姿勢を触書で打ち出した。これは、それまでの銭貨鋳造・払出が、金銭相場の動向や鋳造収支を度外視して、公共事業の円滑な遂行を優先していたことを物語っている。

　ちなみに、浚った土砂で埋め立てた隅田川の中州には遊興地が移転され、そこからの財政収入を幕府は得た。公共事業に必要な銭貨を先行投入し、その結果、新たに生じた産業から運上金を上納させた流れとなっている。財政収入の増加を図った一連の措置は、田沼期の政策の特徴を反映したものとされる[50]。銭貨の鋳造・払出も、財政政策と関わりながら実施されたと考えられる。

　では、水戸藩の鋳銭座の開設に関わった人たちは、経済振興との関係をど

49）　『明和撰要集　十』（『東京市史稿産業篇第二十三』所収）

50）　埋め立てによって創設された遊興地は、「田沼期」の終焉後、取り壊されており、そこからの財政収入を得ることもなくなった。前掲「伝馬助成金及浚渫填築」による。

のように認識していたのだろうか。以下では、本書の分析過程で参照した史料のなかから、いくつかの事例を取り上げる。

　明和5（1768）年に水戸藩が鋳銭願を正式に提出するまでの案文などをみると、鉄一文銭の鋳造による経済振興への期待がところどころの記述から窺える。

　たとえば、水戸藩が作成した鋳銭願書の案文には、「水戸殿領分打続田畠不熟、追年民力衰、農業怠候程之儀ニ付（中略）弥困窮相増候間、領内之産砂鉄を以鋳銭吹立候ハヽ一統潤にも可罷成哉（中略）農民為扶助鋳銭吹立候義相済候様被致度候」[51]とある。「民力衰」「農民扶助」「一統潤」といった事情が述べられており、領内の農業生産力や各種の産業、藩全体の利益へ関心が寄せられている。その一方、「銭払底」「銭高直」といった銭貨需給への対応を理由に鋳銭を願う文言はみられない。正式な願書提出に至るまで、老中松平武元をはじめ、勘定所関係者が案文を確認・修正を求めた過程でも、水戸藩における経済状況の改善による領民の生活向上、「農民扶助」を理由とする点は一貫しており、修正の形跡はまったくない。仮に、幕府と水戸藩の真意が、鋳銭による水戸藩の財政支援にあったとしても、願書にみられる理由文言は、勘定所での審議を経て決裁に至るうえで、まったくの虚飾でないことも事実である。

　では、水戸藩領内の人々は、鋳銭座開設に対し、どのような期待を抱いていたのだろうか。明和2（1765）年12月に領内の名主らが藩に提出した願書をみてみよう。この願書は、亀戸銭座開設の触書からわずか数カ月で出されたものである。江戸において鋳銭実施の時節を捉えて、水戸藩内でも鋳銭を願う動きが生じたことを物語る。それだけ、鋳銭実施への潜在的な志向があり、メリットを感じていたことの証左である。

【史料2-6】

　鋳銭座被仰付下置候て、松岡郡下之浜々砂鉄吹立、全ク御領内出生之鉄

51）　前掲「水戸鋳銭吹立願書草案」。

を以銭鋳立候ハヽ莫大之御益筋に可相成（中略）其所之潤沢ハ大能・君田・横川等之深山一銭ニも相成兼候雑木を以鉄吹炭為焼候得は、其村々之益は莫大之儀、或いは薪・鉄都て運送之駄賃之潤、其外諸事御領内之潤ニ相成候

　　（中略）

　　　　明和二年酉十二月　　願人　　馬場村　庄や　五左衛門

　　　　　　　　　　　　　　　　　和久村　庄や　佐市衛門

　　　御郡御奉行様

　　　　　　　　　　　　　　　　　（「砂鉄鋳銭座開設につき願書」[52]）

　この史料では鋳銭座開設のメリットに言及している。一つめは、金属素材を鎔解する際に用いる薪や炭の需要が喚起されることで、目立った産業のない山深い村での林業の活性化が見込まれることである。二つめは、運送に絡む馬の駄賃稼ぎができるといった、授産・雇用創出効果である。

　また、鋳銭座が開設された太田村の御用留には、熟練・非熟練労働を担う単身の男たちの日常を支える飲食店や遊興施設、接客業がにぎわったことが記される[53]。鋳銭座周辺での消費行動が盛んになった事実をみるに、地域経済に与える裾野の広い事業であったことがわかる。目立った産業がない村々にとっては、鋳銭座開設はまたとない雇用や現金収入獲得の機会となっていたようだ。

　こうした点は、時代・場所の別なくあてはまることが各種の史料から見出せる。雇用の機会を得たのは、鋳銭座において不可欠な水汲み・炭運びなどを担う日雇いも含まれた。水戸鋳銭座には、亀戸・深川界隈に居住していた無宿人などが雇用され、非熟練労働を担った[54]（詳細は、第4章2節で分析する）。

　『撰要類集』（国立国会図書館所蔵）に収録された寛保2（1742）年の記述には、「去秋頃より本所辺所々明地え野非人多集、往来之障ニ罷成候由、右

52）　「砂鉄鋳銭座開設につき願書」日本銀行金融研究所貨幣博物館所蔵。
53）　『明和五年　御触留』常陸太田市教育委員会所蔵。
54）　藤井典子（2006）62-65ページ。

鋳銭座相止候ニ付銭吹共可参所無之集り置候」とある。元文期の鋳銭が一巡
し、銭座が停止・解散すると、そこで働いていた野非人の行き場所がなく
なって、本所あたりに集まって焚火をするなど、社会不安が懸念されるほど
であった状況が窺い知れる。

　このように、深川・亀戸周辺は、田沼期以前から銭座が開設された場所で
あった。非熟練労働の担い手を確保する労働市場に近いことも、銭座の立地
条件となっていた。幕府からみれば、鋳銭は、野非人らが働く場所を得て、
社会不安を和らげる政策としても有益だったといえる。

　水戸鋳銭座の開設により、商業・金融取引などでの地域の活性化を期待す
る向きもあった。小澤九郎兵衛は、以下のような願書を藩に提出している。

【史料 2-7】

　銭儀ハ重々浜方漁場河岸々運賃等入用多御座候て、順路能御座候、殊下
　筋御町之義ハ定商売店無御座、常体淋敷御座候処、銭売場会所相立候へ
　ハ、自然と御町並も賑合申御事奉存候（中略）商人共より為替金之銭相
　廻し候へハ、早速行渡り可申御事ニ奉存相応、第一海老沢表入舟之荷物
　高増過御津役御上納増長仕莫大之御益ニ罷成候御事奉存候、

（「水戸銭売場会所開設願書」[55]）

　この史料のなかでは、鋳銭が始まれば、市中へ銭を売り出したり、銭両替
等を行うための銭売場会所を開設する必要が生じ、その開設を契機に閑散と
している街並みの活性化につながると主張される。また、霞ヶ浦から利根川
を経由した江戸への舟運において、荷為替に銭を取り込むことで、商品流通
が円滑になってその数量が増えれば、河岸から上納する運上金を増やすこと
が可能であるとしている。

　こうした提案が、実現したかどうかは、別途検証する必要があるが、水戸
藩内で鋳造された鉄一文銭が高瀬舟で江戸に運ばれた事実は【史料 2-4】で

---

55)　前掲「水戸銭売場会所開設願書」。

みたとおりである。江戸と水戸の金銭相場を睨んだ裁定取引がなされた。小澤九郎兵衛は太田村の大庄屋であったが、江戸との間での商業活動に従事する米問屋・河岸問屋を経営していた在郷商人としても活動していた。こうした人物が、江戸の市場における金融取引も念頭に置きながら、経済振興を企図していたことは注目される。

【史料2-7】について述べたように、経済振興を図ることで、運上金の増加をも展望する発想は幕府にもあったようだ。前節で触れた隅田川河口を浚った土砂での埋立地に遊興施設を集め、運上金を得る目論見もその一環といえる。

また、農村部への取組みについてみると、農政に関する法令集『牧民金鑑』（国会図書館所蔵）に収録された明和年間の記事のなかに、勘定奉行が洪水で被災した農村部を担当する代官・普請役に対し、荒れた田畑を復旧して生産力を上げ、税収（年貢・運上金）を回復・増加させることを重要課題として指示していたくだりが見出せる。復旧（「荒地起返」）の実を挙げるように、指示が再三出されていた。

洪水によって土砂が入り込んだ農地では、当該年の作物は期待できない。仮に収穫ができるようになっても、市場で売買できる質・量の収穫をすぐに得られるわけではない。関東ローム層の土壌で生産力を向上させるには多量の肥料を投入する必要がある。金肥を購入できるだけの貨幣収入と余力を農民らが持てるようになるには、やや時日を要する。「荒地起返」を推奨し、小物成・運上などの増加を図る指示は、復旧工事が一区切りしていた明和9年にも出されている。

壊滅的な被害を受けた地域の農村部に、復興事業の労賃払いのかたちで銭貨を投入し、農民が生存できる糧を得させることは、「御救」と表現される。仁政を施す意味合いもあるが、幕府財政の観点からいえば、農民の命を救うことは年貢収入の土台となる生産力の維持にほかならない。生産力が回復していく過程で農民の手元に貨幣収入が蓄積されれば、利益のあがる商品作物や新規の産業を目指す動きにつながる。このため、災害直後の「御救」が、産業振興として成果が目に見えるには年月を要する面もあったろう。

19世紀入り後、江戸地廻り経済圏では、醤油醸造業をはじめ、綿織物業

などが盛んになったことは、つとに知られる。田沼期の洪水に際し、復旧工事に動員する農民らに労賃として銭貨を供給することで、幕府が商品流通網のインフラを整備し、生産力の基本となる人々の命の維持を可能としたことが、関東一帯で19世紀入り後にみられる地場産業の発展につながる生産力を醸成する過程となっていたのではないだろうか。その過程を、銭貨の流通、使用実態を加味しながら把握していくことが重要である。

第3章

銭座運営体制変更にみる
銭貨の鋳造・流通管理

■第3章のポイント■

- この章では、幕府が明和2（1765）年に、銭座運営体制について従来の請負制を廃し、金座や銀座といった幕府直轄の常設機関に独占的に請け負わせる体制へ移行したことの意義を、金座が運営した亀戸銭座を事例に、日本銀行金融研究所貨幣博物館が新たに公開した史料を紹介しながら考察する。

- 金座が「鋳銭定座」を兼帯して銭座運営を担うようになった際の請負証文の内容を紹介する。勘定所の指揮・監督下で銭貨の鋳造管理および流通管理が強化された点を明らかにする。

- 鋳銭定座制への移行に伴い、勘定所の役人が鋳銭の現場（銭座）に常駐するようになり、金座人が各種の帳簿や日誌を作成し、勘定所役人へ回覧・報告する体制がとられた。分析にあたっては、制度的な側面だけでなく、金座人が小判などの金貨製造管理で培ったノウハウがどのように生かされたかを実務から考察する。

- これまでの銭座研究では鋳銭実務に焦点が当てられてきたが、本章ではできあがった銭貨を銭両替へ払い出したり、財政支出の準備として幕府御蔵へ銭納する二つの流通ルートに関する実務フローも視野に入れて分析する。

- また、田沼期の勘定所が銅を中国向け輸出の主軸に据えた貿易政策をとっていたなかで、寛永通宝銅一文銭鋳造に用いる銅の地金を確保するにあたり、鉱山の山師などとも接触のある御用地金問屋の情報・調整力を活用した側面を、金座人の執務日誌をもとに考察する。

1 金座鋳銭定座における金座人の役割

　18世紀後半が、幕府による銭貨鋳造の転換期と考えられる事柄の一つに、銭座運営に関する制度変更が挙げられる。17世紀前半に「三貨制度」が成立して以来、小判などの金貨は金座、丁銀などの秤量銀貨は銀座が製造を担い、幕府直轄の常設機関による製造体制がとられてきた。これに対し、銭貨については、幕府が追加供給を要すると判断した際に、銭座の請負人を公募し、許可した商人や諸藩に請け負わせる臨時の鋳造体制をとっていた。

　こうした鋳銭体制が大きく変更されたのは、明和2（1765）年に幕府が金座に鋳銭定座を兼帯させたことが端緒である。以後、鋳銭定座制のもと、金座は寛永通宝一文銭などを鋳造する銭座を幕府が命じた時期に開設した。初めて金座が運営した銭座は亀戸に開設され（亀戸銭座）、寛永通宝鉄一文銭および同銅一文銭が鋳造された（鋳銭実施期間：明和2年〜安永3［1774］年）。

　明和5（1768）年には、銀座も真鍮銭座を兼帯して深川の銭座で真鍮四文銭を鋳造するようになり、金座・銀座が鋳銭を独占的に請け負う体制に移行した。水戸藩のように特別に鋳銭許可がなされた場合も金座の差配を受けることを条件とした。こうした幕府直轄機関による鋳銭体制が徳川幕府の崩壊まで継続したことは、貨幣史研究の分野では古くから知られてきた。

　しかし、なぜこのような直轄体制へ変更がなされたのかについては、わかっていないことが少なくない。銀座において真鍮四文銭が鋳造された経緯等については、田谷博吉が銀座関係史料をもとにした研究があり、それによれば、銀座が幕府へ納める役銀の滞納が嵩んでいたなか、勘定所では銀座に真鍮四文銭を鋳造させて、その鋳造益から賄うことを計画したとされる[1]。

　これに対し、なぜ幕府が金座に鋳銭定座を兼帯させたのかについては、ほとんど研究がなされていない。小葉田淳の著書では、幕府による「鋳銭事業の支配統制の強化」と意義づける[2]にとどめている。『図録日本の貨幣3』に

---

1)　田谷博吉（1963）300-310ページ。
2)　小葉田淳（1958）227ページ。

おいても、金座が鋳銭定座を兼帯した背景や狙いについて、史料に即した具体的な分析はなされていない。

そこで、この節では日本銀行金融研究所貨幣博物館が2000年に公開した『永野家文書十一　鋳銭御用書留一』[3]中に記される「鋳銭定座請負証文之事」の内容を紹介することで、鋳銭定座を兼帯した体制下での金座人の役割を明らかにし、勘定所がこうした制度変更に期待した事柄の一端を考察する。管見の限り、「鋳銭定座請負証文之事」が確認できるのはこの史料に限られる。なお、本章で依拠する金座人関係史料は、特に断らない限り、この『永野家文書十一　鋳銭御用書留一』である。

『永野家文書十一　鋳銭御用書留一』の内扉には、「鋳銭御用書留第一　明和　永野貞信記録」と記される。幕末期の京都金座人永野政之助貞信が、明和期の記録を手控えたものである。幕府の崩壊後、金座が明治政府に接収された過程で公的な記録の多くが失われるなか、永野家に伝わった史料の筆写本である。

永野政之助は京都金座人であるが、安政6（1859）年から慶応3（1867）年まで寛永通宝鉄一文銭を鋳造した小菅銭座で執務するため江戸在勤となった。平座見習いとして[4]小菅銭座における帳簿や記録の作成に従事した。後述のとおり、帳簿や記録の作成の仕方は鋳銭定座制導入時の書式等を踏襲していたため、永野は執務遂行上も前例となる記録を書き留めるなどして、習熟する必要があったのだろう。

これまでの研究では、永野家文書に手控えられた「鋳銭定座請負証文之事」は紹介されたことがない。そこで、鋳銭定座制に関する基礎的な情報として、以下、やや長いが、全文を引用する（下線は筆者による。以下同様）。

【史料 3-1】

　　　鋳銭定座御請証文之事

一、鋳銭定座之儀、先達て<u>凡積帳差上奉願候処、願之通後藤庄三郎支配私</u>

3）　『永野家文書十一　鋳銭御用書留一』日本銀行金融研究所貨幣博物館所蔵。
4）　金座人の来歴については、西脇康編（2001）の解説に依拠した。

共引請、鋳銭座（ママ）被仰付候ニ付、吹方入念仕、<u>年々御益金上納可</u>
<u>仕候</u>、依之、<u>庄三郎為御役料御扶持方五十人扶持石一両之積を以代金ニ</u>
<u>て被下置</u>、并ニ筆墨紙料金三百両、<u>金座人御役料金千両之積</u>、定座相勤
候内被下候段、被仰渡難有奉畏候、然上は、吹所細工人等、末々に至迄
常々無懈怠様為相励、私共、相互ニ吟味仕り、<u>私慾ケ間敷義毛頭不仕</u>、
<u>御益第一ニ出精可仕候事</u>、

一、鉄銭吹高一ケ年拾万貫文ニ限、一銭掛目一匁宛之積、先達て手本差上
候上銭之通、少も無相違、文字あざやかに吹立候様、可仕ル事、

一、地鉄之義、右一ケ年吹立高之積を以無油断買入置手支無之様可仕候
事、

　　但、地鉄性合等随分吟味仕り、高直ニ無之様、山元請負人吟味之上、
　　定直段等之儀、追て申上候様可仕候事、

一、<u>年々御益金上納之儀は</u>、吹立銭は吹立銭四貫五百文替之積を以、一ケ
年凡金八千両余之積り申上置候、然る処、定座より売出被仰付候上は、
時々相場違之分相増可申、其分不残上納可仕候ニ付、売立金ニて御益金
専相増可申候、尤、千両に満ち候度々急度上納仕、<u>勘定仕立之儀は翌年</u>
<u>五月迄ニ諸入用差引御勘定帳差上候様可仕候事</u>、

　　但、右上納金、若銭にて御用之節は、<u>金一両ニ付四貫五百文替之積り</u>
　　<u>上納可仕候事</u>、

一、<u>当年之儀は</u>、地鉄代金并普請其外諸入用元手無御座ニ付、<u>金五千両拝</u>
<u>借被仰付候</u>上は、凡積帳ニ申上候通、一ケ年五千貫文宛之積、銭二万貫
文吹立右拝借金返納之義は、来戌五月迄に御勘定仕上、急度返納仕以
後、拝借等願ケ間敷義申上間敷候事、

　　但、右四ケ月吹方借入用并庄三郎御扶持方代金筆墨紙料、且金座人御
　　役料共一ケ年分被下高吹高月割を以、御勘定差引可仕候事、

一、吹所之儀は<u>本所亀戸村ニ於て願之通六千四百坪余被下之</u>、吹所相建、
諸役所取締り第一、吹場・改所等、御法式を守、壁書を以猥成儀無之、
門々番人付置出入等不取締なる義無之様、昼夜火之元等念入候様可仕
事、

一、<u>吹立銭売渡方之義は</u>、毎月出来高御届申上、銭屋仲ケ間之者共より入

札取之時之相場を以考、売出方之義其時々奉伺、売出候様仕、勿論、銭
屋仲ケ間之外相対を以売出候義、堅仕間敷候事、

右條々少も相違仕候ハヽ、金座人共如何様之曲事ニも可被仰付為、其御
請証文、仍而如件、

　　　　明和二酉年六月　　　　　　金座年寄
　　　　　　　　　　　　　　　　　　　坂倉源次郎　　　　印
　　　　　　　　　　　　　　　　　　　伊藤迢意　　　　　印
　　　　　　　　　　　　　　　　　　　朝田忠左衛門　　　印
　　　　　　　　　　　　　　　　　　　岸本四郎次　　　　印
　　　　　　　　　　　　　　　　　　　久保田仁右衛門　　印

右之通、金座人共御請申上候処、相違無之御座候、猶又、諸事心付、
末々迄出精為仕候様可仕候、依之、御請証文、私奥書仕、差上申候、以
上

　　　　西七月　　　　　　　　　　　後藤兵之助　印

【史料3-1】の内容とその背景について、条項順に整理すると以下のとおり。

第一項めでは、金座人らが「鋳銭定座」の任務を命じられたことに伴う処遇や心得について規定している。「鋳銭定座」の職務に就く間、金座人たちは、役料を与えられることとなった。合計で年間1000両と記される。「鋳銭定座」を兼帯したのを機に21名が「鋳銭方掛り金座人」（年寄役5名、触頭役2名、勘定役2名、平座11名）として任命された。役職により俸給にちがいがあるとはいえ、一人あたり平均で年間50両弱を支給された計算になる。金座の当主である御金改役・後藤庄三郎へは、五十人扶持を年々貨幣で与えられることとされた。一石一両の換算で約90両である金座人らの倍近くの報酬を得ることとされている。

金座人らは、従来、小判などの製造数量に従い、分一金と呼ばれる手数料を得ることとなっており、これを収入源としていた。しかし、元文元（1736）年の改鋳後、デフレーションを脱却できて、金銀相場も安定した状況を勘定所は好感しており、金銀改鋳を行わない方針をとっていた。このた

め、約25年の間新規の金貨製造実務が発生しておらず、金座人はまとまった手数料収入を得る機会がなかった。そうした時期にあって鋳銭定座兼帯に伴う役料は新たな収入源となった。勘定所は鋳銭を請け負わせることで金座の運営を支援した一面がある。

　金座人らは、勘定所の意向に沿って鋳銭定座としての職務に励み、「私慾ケ間敷義毛頭不仕、御益第一ニ出精可仕」ことを誓っている。不正行為や、金座人の私利私欲を満たすようなことはせず、鋳銭から得られる鋳造益を最大限、幕府へ上納することを何よりの使命と述べている。後述のとおり、鋳銭定座制が敷かれる直前まで金座の責任者（御金銀改役）であった第八代後藤庄三郎光輝は「押込」の処罰を受けている。何らかの不正があった可能性も否定できない。

　金貨の改鋳によって益金が生じることが幕府財政の財源となるメリットがあることと裏腹に、金座側にも鋳造益から利得を私的に得ようとする動きが生じるリスクがあった[5]。幕府の「御益」を第一義とする文言は、鋳造益を幕府の財源として重視していた田沼期の財政政策の一環と解することができるが、鋳銭からの利益を金座人らが私的に得ることを牽制する規制強化の趣旨も窺える。

　「明和二酉年六月」付で作成された上記請書の本文には、金座年寄らが「後藤庄三郎支配」にある旨が明記される。しかし、「酉七月」に記された「後藤兵之助」名の奥書には役職名はない。請書を年寄らが作成した6月時点での御金改役は第八代後藤庄三郎光輝であった。彼は、宝暦11（1761）年頃に何らかの失態（内容未詳）により一時「押込」の処分を受け、その後体調を崩し、明和2年には重篤な状況に至って、同年7月3日に死去した。その直後に、家督を継ぐ後藤兵之助が鋳銭定座に関する請書に奥書を添えたかたちとなっている。

　後藤兵之助は、初代後藤庄三郎光次（生没：1571〜1625年）の室の末裔で、旗本青山善十郎の次男として生まれ、金座人を勤めるなかで後藤家の養

5）　天保期の金銀改鋳や天保通宝の制定などを推進した第十三代後藤庄三郎（後藤三右衛門光亨）も、不正があったとして斬首されたことが知られる。取締りを強化しても、鋳造益が出る貨幣を扱う組織では、不正を抑止しきれなかった側面が窺い知れる。

第3章　銭座運営体制変更にみる銭貨の鋳造・流通管理　*103*

子となった人物である。明和2年中に第九代後藤庄三郎光暢を襲名した[6]。
金座における何らかの不祥事の後、御金改役の代替わりを契機に勘定所が金
座の組織・体制を刷新し、監督を強化しながら鋳銭定座制をスタートさせた
ようにも見える。

　ところで、第一項の冒頭には、「先達て凡積帳差上奉願候」とある。前
もって金座人が鋳造収支の見積を算定したうえ、勘定所へ正式に鋳銭を願い
出て、それが受理・許可される手順を踏んだことがわかる。鋳造収支の見積
を算出する手順を踏んだ点については、第2章3節で分析したとおり、明和
元（1764）年に、勘定所から内々に寛永通宝銅一文銭・鉄一文銭の鋳造収支
を検討するよう命じられたことに端を発する。勘定所からの検討依頼にこた
えるべく、急遽、鋳銭経験のある職人を探し、鉄一文銭・銅一文銭の収支見
積りを提出した。職人に試験的な鋳造も行わせていた。

　こうした鋳銭の準備検討作業について、『永野家文書十一　鋳銭御用書留
一』のなかでは、「申年深川御密御用」と呼んでおり、将軍筋の「思召」に
よるものと記される。第2章で考察したように、徳川家治への将軍代替り
後、その政治的権威を高める一環として日光社参が幕府内部で検討の俎上に
載り始めた頃に、極秘裏に鋳銭の検討を進める「隠密御用」を担える先とし
て、勘定所直轄下の金座に白羽の矢が立った可能性が推測される。幕府の要
請に沿った鋳銭を検討・実施するうえで、商人請負制では不都合な面もあっ
たのだろう。幕府直轄の金座に請け負わせることは、機密を守りながら、勘
定所の意思決定どおり、銭座がその鋳銭実務を機動的に執行する機関となっ
たことを意味する。

　第二項めから第四項めまでは、鉄一文銭の鋳造量やその益金の扱いについ
て定めている。年間10万貫文を鋳造量の上限とし、鉄一文銭の重さを1つ
1匁（3.75g）とし、事前に勘定所へ提出した「手本銭」に忠実に銭銘の文字
などもしっかりと鋳つけることを誓約している。また、こうした鋳銭を通じ
て年間8000両の益金を幕府に上納することも誓っている。年間8000両の益
金上納額が、幕府財政にどれくらい寄与するものであったかについては一概

---

6)　第八代後藤庄三郎・第九代後藤庄三郎の来歴等については、西脇康編（2001）103ページ参
　　照。

に評価できないが、明和2年当時、貨幣による財政収支が赤字に転落し、その赤字額が約7万8000両であった[7]ことを勘案すると、貨幣による財政収入を増やす方策の一つとして、勘定奉行が立案・実施した施策の一つであったことは確かだろう。

しかし、こうした期待にもかかわらず、鋳造益はさほど順調に得られたわけではなかったようだ。【史料3-1】の請書が出されてから半年しかたたない明和3（1786）年3月には、金座年寄らから以下のような願いが勘定所へ出されている。

【史料3-2】

> <u>元より私共儀は不案内之義ニ御座候間、右之者共申聞候趣を以、凡積り帳面差上吹方之義奉願候処</u>、願之通被仰渡、去九月より吹初同十二月まで二万二千貫文余吹出来仕候、<u>然ル処鋳銭吹懸り候より積之外過分之入用相増申候ニ付</u>、此節、段々相調候所、一ケ年十万貫文吹高にて諸入用先達て積り立候七千三百両余之外、三千八百両相増、都合一万千両余之諸入用積りニ相成候、（中略）一旦御請をも申上候義ニ御座候間、如何様にも勘弁可仕義ニ御座候得共、過分之義故、<u>先達て差上候積り之通り</u>にては、右鋳銭御用相勤り兼候義に御座候、依之、此度奉願上候は、右<u>諸入用償吹として猶又一ケ年十万貫文宛増吹被為仰付被下置</u>（中略）<u>以来は一銭掛目八分五厘形に吹立候積り可仕哉</u>に奉存候

この史料のなかでは、見積を立てた際には、鋳銭経験のある職人から聴取した情報をもとにしたが、鋳銭に不案内な金座人が提出したものであるため、想定どおりには進捗していないと述べている。亀戸銭座の立ち上がり直後の鋳銭の出来高は見積より少なく、一方、費用は年間7300両と見積もった額より3800両も上振れすると見込んでいる。こうした状況に対処すべく、当初予定された10万貫文に加え、さらに10万貫文の増鋳を願うとともも

7）　藤田覚（2012）63ページ掲載の「田沼時代の幕府財政表」の計数に依拠した。

に、鉄一文銭1枚あたりの重量を15%減らして小型化することも願い出ている。

こうした願い出に対し、勘定所は、「二十万貫出来高にては千六百七十両余之御益ニ相成候」との理由で、特段のやりとりをすることもなく、すんなり裁許している。市中での必要数量を供給するために鋳造するといった側面よりも、益金上納が可能な銭座運営を行って「御益第一」とする側面を優先した判断がなされたことが見て取れる。

ちなみに、明和2年3月に、勘定奉行は老中から「御益」を捻出する方策を企画・立案をするに際して慎重に吟味していくように達せられていた[8]。そうした時節柄、鋳銭定座による新たな鋳銭体制の立ち上げに際しても、勘定所では、「御益」が確保できるかに、細心の注意を払っていたと目される。

【史料3-1】の御請書の第四項めでは、鉄一文銭の経理について、「吹立銭四貫五百文替之積」の換算相場を設定したことに言及している。鉄一文銭に関する内部的な換算相場が4500文であったことは、第2章2節でも触れた。「定座より売出被仰付候上は、時々相場違之分相増」との記述がみられるが、明和2年当時の勘定所では、鉄一文銭の鋳造による銭安が進行しても、4500文より銭安になる事態までは想定していなかったようだ。うがった見方をすれば、売却益が出る水準として、4500文の基準相場を内部的に設定したようにも捉えられる。

なお、『永野家文書十一　鋳銭御用書留一』の記述は、明和2年から明和4（1767）年頃までのみであるが、この期間に銭両替へ払い出した際の相場が逐次記されている。明和4年までの払出相場[9]を見る限り、売却益が出ていたようだ。第2章2節で観察したとおり、明和6（1769）年頃から、市中相場が4500文より銭安の水準となった。前掲表2-1に従えば、明和7（1770）年以降、銭安を懸念する触書が出されるようになっている。市中での物価高騰を懸念したものであるが、市中の人々の暮らしへの影響もさることながら、内実は、物価上昇による物件費の増加や銭貨払出による鋳銭定座

---

8)　藤田覚（2012）45ページ。『御触書天明集成　二十三』一八八〇号。

9)　たとえば、以下のような払出相場（金1両につき文）が『永野家文書十一　鋳銭御用書留一』の記述から確認できる。明和2年12月27日：4064文、明和3年4月28日：4321文、明和4年4月1日：4436文である。

での利益獲得に陰りが生じることを幕府が懸念した向きもあったのではないかと推測される。

「御益第一」の方針をとるに際し、【史料3-1】の第五項めでは、鋳造素材の入手経路や製造工程での数量管理を含む勘定経理を厳格に実施し、実績をとりまとめて『鋳銭勘定帳』を勘定所へ提出することを誓約している。『鋳銭勘定帳』の原本は、管見の限り残存していないが、日々、モノ・カネの出納・残高を経理した内容を積み上げて作成されたことは『鋳銭御用書留』の記述から窺い知ることができる。こうした経理事務は、金貨の製造工程管理の一環として、長年、金座人によって担われてきたものである。

明治9（1876）年に大蔵省が刊行した『大日本貨幣史』には、旧金座人高瀬家に伝存した「鋳銭之図」[10]が収録・掲載されている。この図は、天保通宝を鋳造した橋場銭座を描いたものであるが、金座鋳銭定座制のもとで開設された銭座の様子を明確に伝えている。

「鋳銭之図」では、羽織・袴に脇差を帯刀した金座人が、製造工程で用いる素材や製造中の銭貨などの員数・重量を確認し、叺（かます）などの運搬・保管容器に入れる際に立ち会って、工程が変わる要所で帳面づけしている様子が描かれる。金座人が、素材や成果物の授受に立ち合い、記帳した様子は、「金吹方之図（金座絵巻）」[11]にも描かれている。製造工程管理において、金座人が果たした役割に注目してみると、金貨であれ、銭貨であれ、同様の役割を果たしていたことが見て取れる。金貨の製造工程管理での経理実務を銭貨の製造工程にも活用・導入したのが、鋳銭定座制の特徴の一つといえよう。

この間、上記請書の第五項をみると、明和2年当時、5000両を1年期限で幕府から借り入れていたことがわかる。鋳造益の経理を厳格に行う理由の一つは、幕府への返済を益金から捻出する事情もあったようだ。一般的にいって、銭座の立ち上げ当初は、施設の建設などにかかる初期投資が先行し、鋳造益の本格的な取得には至らない。商人請負制で銭座運営をしていた際には、こうした資金を支障なく調達できる金主の存在が重要であった。

---

10) 大蔵省御雇吉田賢輔編述・本庄栄治郎校訂（1937）391-497ページ。
11) 国立公文書館内閣文庫所蔵「金吹方之図」の各場面図と解説については、西脇康編（2003）を参照した。

図3-1 「金座絵巻」より抜粋:勘定所役人による見回りの場面および職人退勤時身体検査の場面（日本銀行金融研究所貨幣博物館所蔵）

　この点、鋳銭定座を引き受けた時点の金座には、初期投資の原資の蓄えなどまったくなかった。勘定所は、立ち上げ期の資金負担について、特別の配慮を金座に対して行い、鋳造益を獲得させながら、銭座運営を安定軌道に乗せる配意をしていたことがわかる。

　金座が運営資源として幕府から支援を受けたのは資金だけではない。本章3節で分析するが、銅などの地金の調達面でも幕府の配慮を得ている。

　また、【史料3-1】に記されているのをみてわかるように、亀戸村に開設した鋳銭場（「吹場」）の敷地も、幕府から下げ渡されたものである。幕府が支援する運営資源をもとに、銭貨という成果物を生産し、益金を上納する組織として「鋳銭定座」が設けられたといっても過言ではない。

　幕府の資源をもとに鋳銭が実施されている点では、資源の不正利用や盗難などを防止すべく、「取締第一」とする監視体制をとることとなった。たとえば、「門々番人付置出入等不取締なる義無之」ように厳格に監視した様子は、前述の「銭座之図」からも確認できる。職人が出勤した際には鑑札を提

示し、着てきた自服を入り口ですべて脱いで指定の役服に着替えた。退勤の際は鋳銭定座の役人・門番のもとで、裸のまま棒をまたがされて身体検査を受けている[12]。やや滑稽な光景にみえるが、「金座絵巻」でも同様の場面が描かれている（図 3-1）[13]。入退出を含む場の管理のノウハウも、小判等を製造する組織として金座で培れてきたものである。

　このように、鋳銭のための運営資源を、厳格な監視と経理等によって管理し、幕府へ上納される鋳造益金を最大に確保することを目指す組織運営がなされた。「金 1 両＝鉄銭 4500 文」の内部的な経理基準を設定していたが、予想以上の急激な銭安進行によって、益金上納を最大限とする当初の方針が、目論見どおりに実現したわけではなかったと考えられる。

2　金座鋳銭定座における銭貨流通管理

　前節では、金座鋳銭定座制の導入の意義を、鋳造工程管理や鋳造益金の上納といった側面から分析した。では、流通管理という観点では商人請負制の銭座とどのようなちがいがあったのだろうか。

　商人請負制の頃の史料がほとんど残存していないため、銭座からの払出実務などの実際を知ることは難しい。だが、勘定所の役人が銭座に立ち寄って実務を監視するような体制でないため、いつ、どのようなタイミングで市中に鋳造銭貨を払い出したかを幕府関係者が逐次知ることができなかったことは想像に難くない。

　また、銭座から出来銭の売出を受ける江戸の銭両替の所管は江戸町奉行所であったため、勘定所の役人が金銭相場を形成する銭両替らの動向や市中相場の動きを直接フォローできる立場ではなかった。銭貨の流通管理という面では、商人が運営を請け負った銭座から市中の銭両替らを通じて流通していった数量やその際の払出相場について、勘定所はリアルタイムで把握する

---

12)　大蔵省御雇吉田賢輔編述・本庄栄治郎校訂（1937）404-411 ページ、「銭座之図」のうち、「職人自服脱場ノ図」「職人着到改場ノ図」「職人役服着用ノ図」。

13)　西脇康（2003）口絵 16 ページ、「金吹方之図」（国立公文書館所蔵）第五十四「金座・吹屋金吹職人共、御用済帰り之節改を請る図」および「金座絵巻上」日本銀行金融研究所所蔵参照。

ルートがなかった（コラム3「江戸の銭両替」も参照されたい）。

　では、金座鋳銭定座制の移行後はどうであったのか。前節で引用・分析した「鋳銭定座請負証文之事」の最後の七項めでは、銭座から出来銭を売り出すことにつき、その実施日や実績を勘定所に届け出、銭両替以外には相対で売り出すことをしない旨、誓約している。つまり、銭貨が市中へ払い出される機会や相手方について勘定所がすべて把握できる体制がとられるようになった。こうした点がどのように実務面で担保されたかを、以下では銭座に常駐した金座人の執務日誌等から辿ってみることとする。

　銭座に常駐する金座人は、鋳造から払出に至るまでの実務の経過について各種の帳簿や執務日誌をつけて記録した。帳簿類などの原資料は管見の限り現存していないが、その記帳の仕方や執務日誌での記載項目やその記載内容確認における押印の仕方に至るまで様式化されていたことがわかる史料が残っている。幕末期の小菅銭座で各種の記録・経理を担当した永野貞信は、田沼期以来引き継がれてきた帳簿の雛形や記載方法などを書き留めていた（その一例は図3-2を参照されたい）[14]。おそらく、正しく記録を作成し職務を遂行するために、銭座に保管されている過去の記録を写し取り、マニュアルのようにしていたのだろう。

　鋳造に絡む工程で作成される帳簿の名称と記述内容の例を小菅銭座関係史料から拾い上げると以下のとおりである。「諸山地鉄買入押切帳」では、地金を扱う業者から地鉄を買い入れた日付、金額、数量（目方）、地鉄の産地などを記し、授受を確認するうえで、割印を押す形式になっている。

　この間、「銑鉄請払帳」「地鉄吹入見届帳」のように、鋳銭の作業工程間での地鉄の授受・残高などを記す帳簿もある。できあがった銭貨の鋳造量や、銭両替への売出実績を日々記した「鉄銭出来高勘定帳」「出来揚鉄銭払帳」も作成されていた。地金や銭貨を授受した数量や在高を記した数字の部分には、見届けた勘定所役人が金座人とともに小印を押す手順も定められている。

　流通管理という面では、出来銭を銭座から払い出した月日や相手方、その

_____

14)　『永野家文書十五　小菅銭座関係』『永野家記録　小菅銭座日記写』日本銀行金融研究所貨幣博物館所蔵。

図 3-2 『永野家記録　小菅銭座日記』より
小菅銭座の執務日誌に手控えられた帳面等の雛形（抜粋）

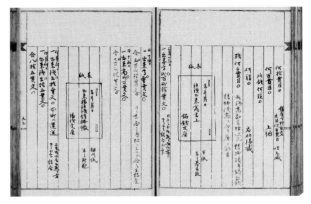

（史料）『永野家記録　小菅銭座日記』日本銀行金融研究所貨幣博物館所蔵

数量や払出相場を執務日誌のなかで記述していくことがルール化されていたことも注目される。

　また、銭の払出がなされた際の状況などについても日誌のなかに記された。たとえば、明和2（1765）年に開設された亀戸銭座の執務日誌（『永野家文書十一　鋳銭御用書留一』）では、鉄一文銭の銭両替への売出開始にあたり市中の銭両替屋の代表28人が亀戸に参集し、金座人や勘定所役人が立ち合うもとで入札が行われた際の様子が記録されている。落札相場の水準が想定よりも銭安であった模様で、勘定所役人と金座人は銭両替商の代表らに応札姿勢について説明を求めた。それに対して銭両替仲間が提出した報告書内容も手控えられている（第2章【史料2-1】）。銭両替らの相場形成に関する姿勢にも関心を寄せていたことがわかる。

　このように、市中の銭貨需要の動向や金銭相場の形成過程の一端を、出来銭の払出のつど、勘定所役人や金座人が知ることができる体制がとられた。場合によっては、直接銭両替に会って、相場への考え方などの報告を求めることなどは、銭貨の流通管理強化という点では画期的なことである。

　金座人が執務日誌のなかで、銭貨の流通に関してどのような情報を書き留めていたのか。その具体例をみるうえで、市中の銭両替への鉄一文銭の払出

第3章　銭座運営体制変更にみる銭貨の鋳造・流通管理　*111*

状況を網羅的に把握できる幕末期の小菅銭座を例に、実績（時期、売出先、数量、払出相場）を一覧にしたのが表 3-1 である（江戸の銭両替以外への払出実績については、第 6 章 4 節で分析を行う）。

　この表を見ると、江戸市中の銭両替仲間や金座に出入りする両替商仲間らに対して盆や年末の節季払いのほか、文久 3（1863）年から慶応元（1865）年にかけては頻繁に鉄一文銭が払い出されたことがわかる。上洛や幕長戦争の時期に市中での銭貨需要が高まっていたとみられる。払出相場は変動しており、市中の時価相場をある程度反映したかたちで銭座から払い出されていたようである。

　この表で注目されるのは、銭座において銭貨が鋳造されても、即座に全量が市中に払い出されて市中の流通量が一挙に増えたわけではない点である。できあがった銭貨はいったん銭座内の蔵に保管され、銭貨需要の高まる時期に銭両替への払出を通じて市中へ流通していった。なお、表 3-1 によれば、暮れの決済需要が高まる時期の払出が潤沢に行われていたのは文久 2（1862）年までで、文久 3 年以降はこうした季節性のある決済需要への対応さえも十分になされない状況となっている。これは幕末期の銭貨鋳造体制に限界が生じていたことを如実に示している面があり、平常時の銭座とは異なる点を留保しておきたい（この点は、第 6 章 4 節で詳しく分析する）。

　ところで、市中へ銭貨を払い出すもう一つのルートとして財政支出があった。この点も、銭座の執務日誌の中に断片的ながら記述を見出すことができる。田沼期に鉄一文銭を鋳造した亀戸銭座の執務記録は鋳造開始からの 2 年程度しか残存していないが、その期間中に、幕府の命令に従って浅草御蔵へ鉄一文銭を船で運び込み、蔵納めした記述が確認できる。

　出来銭の搬送にあたり、陸路では重量が嵩むうえ盗難等のリスクも伴うため、江戸の水路網が使われた。亀戸銭座から川舟で運ばれた鉄一文銭を陸揚げし、その数量を金座役人と蔵役人が相互確認のうえ、浅草御蔵に搬入した。

　浅草御蔵に納められた鉄一文銭は、財政支出の支払準備として保管され、第 2 章で述べたように、後日、将軍の日光社参挙行時に供奉する武士たちに払い出された。亀戸銭座での鉄一文銭の鋳造が安永 3（1774）年に停止して

表 3-1　小菅銭座から銭両替への鉄一文銭払出実績

和暦年（西暦）	日付	鉄一文銭の売出先（銭両替商）	売出数量	払出相場（金1両につき）	備考
文久元 (1861)	12月13〜23日	両替屋五組（深川・浅草・神田・芝・麹町）	1万5,000貫文	―	金座役所で両替屋へ鉄一文銭を引き渡し。市中時価相場より50文安値で払出。
文久2 (1862)	12月13日〜23日	両替屋五組（深川・浅草・神田・芝・麹町）	1万5,000貫文	13日：6貫164文 15日：6貫132文 18日：6貫132文 23日：6貫300文	市中時価相場より48文安値で払出。
文久3 (1863)	3月24日	江戸八組両替屋（四谷・両替町・芝・京橋・浅草・本郷・神田・深川）	8,800貫文	6貫600文	市中が物騒なため引き渡しを延引していたものを実施。
	3月24日	金座付両替屋七軒惣代 美濃屋利右衛門	1,200貫文	6貫600文	
	4月18日	金座付両替屋七軒惣代 大和屋兼三郎	1,200貫文	6貫432文	
	4月19日	江戸八組両替屋	8,800貫文	―	
	7月11日	江戸八組両替屋	1万貫文	6貫532文	
	9月29日	江戸八組両替屋	1万貫文	6貫532文	
	11月5日	金座付両替屋七軒惣代 大和屋兼三郎	3,000貫文	6貫632文	
	11月13日	金座付両替屋七軒惣代 大和屋兼三郎	3,000貫文	6貫632文	
	11月18日	江戸八組両替屋	2万貫文	6貫632文	

年	日				
元治元 (1864)	9月18日	江戸八組両替屋	2万貫文	6貫464文	惣代宇田川町七右衛門、木芝町十兵衛が受け取り。
	10月1日	金座付両替屋石川屋庄次郎	1,000貫文	6貫400文	
	12月11日	江戸八組両替屋	2万貫文	6貫400文	
	12月22日	金座付両替屋石川屋次次郎	2,000貫文	—	
	12月23日	金座付両替屋美濃屋利右衛門	2,000貫文	—	
慶応元 (1865)	5月18日	江戸八組両替屋	1万貫文	—	
	9月5日	江戸八組両替屋	2万7,200貫文	6貫800文	
	10月13日	金座付両替屋石川屋庄次郎	3,000貫文	—	
	12月18日	江戸八組両替屋	6,800貫文	6貫800文	八組両替が真鍮銭・銅小銭3万両分を金座役所へ納めた代金のうち1000両分を鉄銭で支払う。
	12月25日	江戸八組両替屋	6,800貫文	6貫800文	1000両分。
慶応2 (1866)	2月9日	江戸八組両替屋	6,800貫文	6貫800文	1000両分。両替屋は引替相場に不満。

(史料)『水野家文書九 鋳銭書留其三』日本銀行金融研究所貨幣博物館所蔵。

以降、鉄一文銭の鋳造が開港後の安政6（1859）年に小菅銭座で再開される
まで85年間なされなかったのは、田沼期に亀戸銭座から納められた鉄一文
銭のすべてが財政支出として払い出されたわけではなく、その一部が御蔵内
で備蓄されており、支払準備が枯渇してはいなかった証左といえる。

　このように、財政支出のルートで市中へ払い出す時期は鋳銭実施から一定
のタイムラグがあり、そのタイミングは財政支出に関する勘定所の意思決定
によった。こうした点は当然のことのようであるが、従来の貨幣史研究では
鋳造に焦点を当てて考察されたこともあって、財政支出ルートでの銭貨払出
の実務は等閑視されてきた面がある。

　金銭相場の変化の要因についても、「鋳造量増加＝市中流通量増加」が同
時に生じたことを前提にして考察されてきた面がある。だが、流通数量の増
加時期と相場の動きを観察するうえでは、銭座での鋳造から払出に至るまで
の実務フローを念頭に置いて、財政支出での払出時期を勘案しながら検討す
る必要性があろう。ちなみに、本書第2章での金銭相場分析は、こうした観
点から行ったものである。

　金座鋳銭定座制を導入した当時の幕府（勘定所）の立場からいえば、金座
鋳銭定座制を導入することによって、鋳造から市中へ払い出すまでの一連の
実務フローを把握できるようになった。銭座からの銭両替への払出ルートで
あれ、財政支出による御蔵からの払出ルートであれ、いつ、どれだけの数量
の銭貨が、いかなる相手先に向けて払い出され、その払出相場がいくらで
あったか。その経過を日誌などの記録や帳面によって勘定所が書面で把握で
きる体制に移行した。金座鋳銭定座制の導入は銭貨の流通管理の強化に資す
るものであったということができよう。

〈コラム3　江戸の銭両替〉

　銭両替は、銭貨の売買・両替を業務とし、手数料を取得した両替商で
ある。地方の城下町などにも存在したが、特に三都に多数存在した。大
坂の銭両替の数は、嘉永年間の規定では1161を数え、純粋な銭両替か
らなる三郷銭屋仲間と金銀売買・両替にも従事する南両替仲間に組織さ
れていた。江戸の銭両替は享保3（1718）年の時点で584軒あった。三

井のような本両替は最盛期でも 40 軒で、幕末に向けて数が 4〜5 軒に減少した点からいえば、江戸の両替商のほとんどが銭両替であったといってもよい。

巨大な資本をもとに金銀両替や預金・貸付といった金融業務を営む本両替と異なり、銭両替らは米やその他の商品販売と兼業し、その溜銭をもって銭貨の両替を行って手数料を得ていた。たとえば、明治時代に安田銀行を中核とする安田財閥を創設した安田善次郎（1838〜1921 年）は、幕末期に安田屋を江戸日本橋人形町に開き、鰹節など乾物を扱いながら銭両替を行って身を起こし、日本橋の銭両替仲間「両替町組」の肝煎を務めた。活発に活動した安田屋の店舗は慶応 2（1866）年に日本橋小舟町へ移転したが、その間口は二間半、奥行きが三間半で、雇っていたのは丁稚 2 人であった[15]。このように銭両替の経営規模は概して小規模であったが、幕末期に本両替の軒数が減少したのは、銭両替の活動に押された面があるといわれている。

江戸の銭両替は、三組両替・番組両替・寺社方両替に分かれていた。三組両替は神田組・三田組・世利組からなり、金銀の両替も行い優越的な地位にあった。番組両替と寺社方両替は、それぞれ町方・寺社地に居住し銭両替を専らとする両替屋であった。

江戸における銭両替の活動がいつ頃から始まり、金銭相場が立つようになったかは、必ずしも定かでない。日本銀行調査局が編纂した『図録日本の貨幣 11』（東洋経済新報社、1971 年）の巻末に掲載された日本貨幣年表では、寛永通宝が公鋳される（寛永 13［1636］年）ようになった寛永年間に江戸の各地で銭両替の活動が生じたと解釈している。だが、筆者は以下に示す史料にみられるように、徳川幕府が開設され、天下普請が盛んに行われた 17 世紀初頭に、金・銀・銭貨の両替を営む者がすでに活動していたのではないか、と考えている。

慶應義塾大学図書館が所蔵する人吉藩相良家文書『慶長十一年　江戸御屋形作日記』をみると、慶長 11（1606）年に江戸屋敷を建設するに

---

15)　由井常彦（2005）。

表 3-2 『慶長十一年 江戸御屋形作日記』にみる銭貨調達実績（銀で購入）

月日	銭貨購入の内容	算出される銀銭相場	購入した銭貨の主な支払用途
5月12日	銀221匁4分で永楽銭2貫993文 銀94匁8分6厘で永楽銭1貫285文	銀1匁＝永楽銭13.5文	わら、薪、竹、かや、柱の居石、板、長屋の瓦、杉板、角材などの購入。椀、大豆、かつを、白米、かん鍋、とっくり、塩、油、天水桶、風呂桶など購入。木挽き、壁塗りの手間賃払い。
7月1日	銀26匁で京銭2貫文 銀19匁5分で京銭1貫500文	銀1匁＝京銭76.9文	―
	銀3匁3分9厘で京銭260文	銀1匁＝京銭76.7文	青菜の購入代。壁塗りの手間賃など。

（史料）『慶長拾一季 江戸御屋形作日記』慶應義塾大学三田メディアセンター貴重書室所蔵

際し、労賃や物資購入代を「文建て」で支払うために、秤量銀貨を永楽銭や京銭（ビタ）に両替して調達していたことがわかる。「銀遣い」の西日本に領地がある相良家は秤量銀貨を小判や銭貨に両替して建築費用を支払っていた。

　秤量銀貨から銭貨への両替を行っていたことがわかる記事を一覧にすると表 3-2 のとおりである。当時、流通が希少になっていた永楽通宝のほうが京銭（ビタ）よりも高値となっている。秤量銀貨と小判を交換した際の交換相場も記される（金1両≒銀75匁）ため、それを用いて金銭相場を計算すると「小判1両＝永楽通宝約1013文」「小判1両＝京銭約5768文」となる[16]。江戸において金銀相場、銭種ごとの流通状況を映じた金銭相場が立っていた一端が窺い知れる。相良家と取引した両替商の名や所在地は記されていないが、天下普請が盛んだった当時、江戸屋敷を建設する大名たちを相手に、文建ての支払いニーズに対応して金銀銭貨を両替する者が江戸城にほど近い日本橋あたりで活動し始めていたことが想像される。

　金銭相場はその折々の需給によって変動した。定期的に書上相場として報告された金銭相場の動向を、幕府は注視していた。1750年代には

16）　幕府は、慶長9（1604）年に、永楽通宝1をもってビタ4に充てる旨布令していた。慶長11年に作成されたこの史料では永楽通宝の使用がみられるが、幕府は2年後の慶長13（1608）年に永楽通宝を通用停止とし、小判1両にビタ4000文と布令した。

銭高の要因が銭両替の不当な売溜銭の囲い置きにあるのではないかと懸念し、町年寄役所を通じて銭両替の帳簿を実地調査することもあった。田沼期に入る直前の頃には、書上相場と市中相場の実勢にずれが生じていた模様で、宝暦8（1758）年には幕府へ報告する金銭相場の書上方法の改訂がなされた。従来、日本橋の四日市町で市中の銭両替によって相場が立てられ、それが本両替に提出されていたが、宝暦7（1757）年8月以降は、番組両替屋各組から1名と三組両替行事2名の計28名で書き上げるように江戸町奉行所が命じた（吉原健次郎［2003］）。

　本書における分析との関係でいえば、明和2（1765）年8月に導入された金座鋳銭定座制のもとで初めて寛永通宝鉄一文銭を市中に売り出した際、入札のために亀戸銭座に参集したのがこの28名である。市中相場の実勢を把握するうえで、銭両替らの動きを注視していた幕府（勘定所）の姿勢が窺える（具体的な分析は本章本文を参照されたい）。

　銭両替らは幕末期に至るまで銭座から銭貨の払出を受けていた。「江戸市中八組両替屋（四谷組・両替町組・芝組・京橋組・浅草組・本郷組・神田組・本所深川組）」が寛永通宝鉄一文銭の払出（売却）を受けていたことが、小菅銭座（安政6［1859］年〜慶応3［1867］年）の執務日誌（『永野家文書十三　鋳銭御用書留三』日本銀行金融研究所貨幣博物館所蔵）から確認できる。銭両替らは、江戸の市中銭相場の形成に寄与し、銭貨需給動向をみながら、銭座から銭貨の払出を受けて、それを市中へと流通させる役割を担っていた。

3　銅の確保における御用地金問屋の役割
——銅輸出政策と銅銭鋳造

　鉄一文銭の鋳造開始から2年余り遅れて、銅一文銭の鋳造が亀戸銭座で始まった。鉄一文銭の総鋳造量が226万貫文余であるのに対し、銅一文銭は20万330貫文弱[17]で、鉄一文銭の1割にも満たない。第2章3節で考察したように、銅一文銭の鋳造は日光社参における儀礼的な用途を念頭に置いた

もので、政治的な要請によって実施されたものであった。将軍家の「思召」のある事案ながら、素材となる銅を確保することは容易ではなかった。

銅の産出量が減少するなかで、元文期の鋳銭では鉄一文銭も交えて鋳造を実施することで、数量を充足させた。この間、日本産の銅に対しては、海外からの引き合いが強く、中国における鋳銭用の銅輸出が増えていたほか、常平通宝の鋳造を進めていた朝鮮からも、銅輸出を求める要請が対馬藩を通じてなされていた。

こうした状況を背景に、田沼期には国内産の銅を中国向け輸出品の主軸に据える貿易政策をとった。大坂銅座への廻銅を義務づける措置をとり、国内での銅山調査やその開発奨励を図るなど、輸出銅の確保が幕府の経済政策のなかでも最重要課題の一つとなった。以前にも増して、国内での鋳銭に銅を振り向けることが難しい状況下で、亀戸銭座での銅一文銭の鋳銭は実施された。勘定所では、国内銅を用いる銅一文銭の鋳造と、輸出向けの銅を最大限確保するといった、矛盾し得る課題に直面していたといえる。

銀座が運営する真鍮銭座でも鋳銭用の銅地金が必要であった。この調達先については、安国良一がすでに研究を進めており、大坂銅座が売却した地売銅を主に用いていた[18]ことが明らかにされている。銅座が銀座の加役であったことを勘案すると、地売銅を扱う者たちとの人的なネットワークに接近することは可能だったと目される。では、金座（鋳銭定座）では銅一文銭の鋳造を開始するに際し、銀座と同様のルートで地売り銅を買い入れたのだろうか。それとも独自の調達先を探索していたのだろうか。

本節では、こうした疑問点について、亀戸銭座で必要とされる地金を納入する御用を担った江戸の銅鉄錫鉛問屋（以下、御用地金問屋という）が果たした役割に焦点を当てて考察する。前節でも分析に用いた『永野家文書鋳銭御用書留一』[19]（以下、『鋳銭御用書留』と記す）を中心に検討する。特に断らない限り、本節での引用等はこの書留による。

亀戸銭座において鋳造した銅一文銭の組成は、「銅小銭吹元割合　銅五割

---

17)　『文久銭吹方一件并銅小銭方ニ付明和鋳銭一件共撮要』早稲田大学図書館所蔵、以下、『明和鋳銭一件』と記す。

18)　安国良一［2016］『日本近世貨幣史の研究』280ページ。

19)　前掲『永野家文書十一　鋳銭御用書留一』。

白鑞三割五分　鉛一割五分」[20]であった。『鋳銭御用書留』の明和4（1767）
年12月14日の記事によれば、「銅之義一ケ年壱万貫目宛浅草御蔵より荒銅
御渡被遊候段被仰渡」がなされている。幕府の浅草御蔵から足尾銅1万貫の
拠出を受ける配慮がなされたことがわかる。

　その後、「廻着次第、其都度々鋳銭座え直ニ差出候様、御代官鵜飼佐十郎
被仰渡」ており、足尾から運ばれる銅は、浅草御蔵を経由することなく、川
舟で亀戸銭座[21]へ直接運び込まれた。亀戸銭座では、銀座が運営する真鍮銭
座とは異なるルートでの調達を行ったことが明らかである。銅と鉛は国内産
であったが、白鑞（錫のこと）は輸入に依存していた。永積洋子の研究[22]に
より、白鑞の輸入が田沼期に実施されていたことが確認できる。

　明和4（1767）年12月26日に足尾荒銅が到着した際の記事をみると、代
官の手代籠宮右内・大槻代助と足尾銅山師の星野太郎兵衛が亀戸銭座に赴
き、金座年寄坂倉九郎次らへ引き渡す際には、勘定所役人高橋忠七郎が立ち
会っている。足尾から舟に同乗してきた銅山師が重量を計って確認したうえ
で、金座人が銅地金を受け取り、蔵入れする手順がとられた。亀戸銭座への
足尾銅の搬入は、足尾銅山を所管する代官らが関与するかたちで行われてお
り、大坂銅座への廻銅の例外措置を、勘定所関係者が承知したうえで、その
監視下で実施されていたことがわかる。

　本格的な鋳銭のためには、錫、鉛などを、御用地金問屋を通じて継続的に
調達する必要があった。彼らは、試吹が始まる数カ月前、明和4年秋頃、市
場の動向を金座人に逐次報告している。たとえば、鉛については「江戸・大
坂共鉛払底ニ付直段高直仕候」状態にあったとされる。錫については、前述
のとおり、輸入が続いていたため払底してはいないが、「去春以来、白鑞入
方有之趣風説仕、直段格外ニ高直ニ罷成候方に候得ば、出方は随分有之候得
共、御直段引合不申」と報告された。

　鋳銭実施の噂が広まるに従い、錫の値段が吊り上がり、金座人らが想定し
ているような値段では調達が難しい状況となっていたようだ。こうした状況

20）　前掲『明和鋳銭一件』。
21）　亀戸銭座は、亀戸天神のそばの天神橋の近辺にあった。川舟を用いて、素材の搬入や出来銭
　　　の浅草御蔵への搬送を行うに便利な立地に所在した。
22）　永積洋子編（1987）。

下、御用地金問屋らは、「被仰渡之御直段にては元買入方引合不申難義至極仕候、乍然最初被仰渡御直段之義故、一通御請は申上候得共、御増直段之義何卒御勘弁を以御用済被成下候様仕度奉願上」といったかたちで、調達時の予定価格を増額してほしい旨、鋳銭定座役所へ嘆願している。これが実現したかは定かでないが、鋳銭定座役所では、勘定所に対し、鋳造数量の増加（「償吹」）と銅一文銭の小型化を勘定所へ願い出ており、調達コストが想定より高い事態に対応しようとしている。勘定所もこの要望を受け入れている。

　もっとも、地金調達の困難さは、鋳造収支に配意した措置をとったからといって、解決できるわけではない。明和4（1767）年から翌5（1768）年にかけての『鋳銭御用書留』の記述では、銅・鉛の調達に関する地金問屋とのやりとりに、かなりの部分が割かれている。銅・鉛の調達が重要課題となっていたことがわかる。

　地金調達の隘路を打開するに際し、金座人らは御用地金問屋が培ってきた鉱山関係の人的ネットワークからの情報をもとに対処しようとした経緯が、日誌から窺い知れる。銅屋太兵衛らは、江戸の銅・鉛・錫問屋仲間に属する地金問屋であり、鉄一文銭の鋳造に必要な鉄地金の調達・納品を機に、亀戸銭座に出入りする御用商人となった模様で、銅一文銭鋳造に必要な金属素材の調達にも関与した。

　銅屋太兵衛らが、鋳銭専用の銅・鉛の産出先を探し求めて足を運んだのは、会津藩と松代藩であった。『鋳銭御用書留』からは、蝉山・鹿瀬山（会津藩領）、赤柴山（松代藩領）といった鉱山名が確認できる。彼らは、鉱山を所管する藩の役人にも面会して、銅一文鋳造用の銅・鉛を増産し、江戸へ納品することが可能かを打診している。

　両藩ともに前向きな姿勢であった。前掲『明和鋳銭一件』では、明和6（1769）年時点での調達について、「地銅丁銅　両に四貫目、会津出銅　両に六貫五拾目」と記される。二藩のうち、会津藩からの調達が実現したことがわかる。銅屋らが現地に足を運んだ調査段階から、約1年の間に金座人・勘定所、会津藩、銅座などの間で調整がついたということだ。

　その調整過程の一端を、明和5（1768）年8月に、勘定所の高橋忠七郎が

第3章　銭座運営体制変更にみる銭貨の鋳造・流通管理　*121*

亀戸銭座に銅屋太兵衛らを呼び寄せて、意見を聴取した際の覚書から窺い知ることができる。この覚書は、金座人大坪平七が高橋から書面を借りて、『鋳銭御用書留』に写し取ったものである。

　高橋忠七郎が銅屋太兵衛らに問いただした主な事項は、以下の三点に整理できる。

　一つめは、会津・松代両藩における銅山開発の見込みである。出銅が見込まれる銅山か、以前採掘していたが休山している古間歩か、新規開発によるものなのか、仮に、採掘し始めた際に継続的な産出が見込まれるかという点を確認しようとしている。

　二つめは、大坂銅座への廻銅が義務づけられている政策との関係について、藩が鋳銭用に銅山開発を進めることで、「銅座え対し筋悪敷は無之哉」といった懸念材料があるかという点である。

　三つめは、鉛の産出動向と、幕府への届け出等の措置についての要望である。

　この三点は、明和3（1766）年から同4年にかけて、大坂銅座を開設して全国の銅を銅座に廻送させる[23]とともに、諸国の金・銀・銅・鉄・鉛鉱山の新規開発・再開発を奨励した勘定所の政策と関わる事項である。

　このうち、一つめは、鉱山からの産出を見立てるに際し、銀山奉行の吟味を受ける[24]ように達していた法令との整合性をいかに図るかに、勘定所の関心があったことを示している。高橋忠七郎が銭座に出向いて、御用地金問屋から、直接、意見を聴取する機会を持ったのは、銅・鉛の増産と江戸への搬送が可能と確認できた場合には、鉱山政策・貿易政策との調整を図る段取りを想定していたためだろう。

　こうした事情を、御用地金問屋らも察知していた模様で、問われた事柄について即答せず、後日、朝田屋安兵衛（代理の与市）および銅屋太兵衛（代理の清次郎）連名で回答を提出している。そのなかには、両藩が勘定所での対応を願う具体的な項目にも言及がある。9月3日付の記述から確認される回答内容を挙げると、以下のとおりである。

23）　『御触書天明集成四十四』第二八四二号。
24）　『御触書天明集成四十四』第二八四五号。

122

銅山の産出状況については、【史料 3-3】のように述べている（下線は筆者。以下同）。

【史料 3-3】

　会津山は此以前相稼候間歩ニ御座候て、其節稼方銅之手覚も在之候義ニ御座候、松代山は是又此以前相稼候間歩御座候、間歩并此度取立候新規間歩も御座候、依之、前書ニ申上候通、試之為、去暮より間堀取懸り申上置候貫数割高割て相当仕候、尤、両所共ニ此以前相稼候山師共疾と懸合何れも手覚有之候義ニ御座候得共、無程出方衰候義は御座有間敷、出銅怔合も宜敷御座候上、猶又、吹方等も念入申付候様可仕御義ニ御座候、（以下略）

　この回答によれば、会津藩内の銅山は休山中の古間歩で、松代藩の銅山は古間歩と新規開発の双方とされる。過去に採掘経験のある山師に、明和4年暮から試しに採掘をさせてみた結果、鋳銭実施期間中に銅の産出が衰微する懸念はないとの見込みを得たことにも言及している。こうした回答は、山師に試験的な採掘をも依頼できる関係性を構築している人物でなければできるものではない。勘定所関係者にとって、銀山奉行を通じての吟味でも得られなかった現地情報を、御用地金問屋を通じて、直接得る機会となっていた。
　二つめの、大坂銅座への廻送との関係については、【史料 3-4】のように述べている。

【史料 3-4】

　銅座之外、他之売買不相成所、江戸出シ之義申上候ニ付、此所を相願候義ニ御座候間、私共より右江戸出シ之義、御座方え相願、従御公儀様江戸出シ御免被成下候趣、両所御領主様方え被仰渡候様ニ仕度段を専一ニ奉願候、尤、其段、従御公儀様被仰渡候得は、御領主様方無御違背御請被成下候御義ニ御座候由、御役人中様被仰付候（中略）松代之義は一旦

江戸出不致候ては大坂え廻シ方都合不宜候様及、左候得は海陸共諸式多
分之入用相懸り、并會津之義も大坂え直廻シ仕候ては海上諸懸り物多く
御座候ニ付、何れにも大坂廻シ之義は引合不申候故、大坂廻ニ付稼方之
義相候義は仕兼候、依之、此度、私共存寄は於江戸鋳銭定座御入用御座
候段、御内々御聞合御座候ニ付、右御入用方え相納候様ニ仕度引当ニて
相稼度奉存候と申候得は、御役人中被仰下候は、左候ハヽ稼方之義は領
主ニて聞届相済事ニ候、銅座之外、江戸鋳銭引当ニて江戸廻シ致候義
は、其方共より御公儀様え相願、其趣御公儀様より御領主様方え被仰渡
候様ニ可仕段、両御屋敷御役人中被仰聞候御義ニ御座候、（以下略）

【史料3-4】では、大坂へ海路などで銅を搬送するにはコストが嵩み、銅
山開発の収支が見合わなくなったため、大坂銅座向けの銅産出は行わないこ
とに言及している。この主張が実態を反映したものであるかについて、文字
どおりに解するには慎重を要するが、海路を使わない江戸向けの搬送なら
ば、収支が見合うため、江戸へ搬送することが可能という論理立てになって
いる。その際、亀戸銭座用の「江戸廻し」については、両藩ともに、幕府か
ら領主へ正式な達しがもらいたいとの希望を持っている点にも言及してい
る。銅輸出に絡む鉱山政策との関係を藩側も気にしており、勘定所のお墨付
きが欲しいというわけだ。

　この史料で注目されるのは、勘定所の問題意識を、朝田屋・銅屋らが、両
藩の役人の意向を確認のうえで回答書を作成している点である。勘定所役人
は、藩の担当者に幕府の政策や法令との齟齬がないか、齟齬が懸念されるな
ら、いかに調整をはかるべきか、を面と向かって問えない立場である。勘定
所の政策に抵触しないための理屈が通るように、朝田屋・銅屋らが藩役人に
情報を提供しつつ、藩側の要望も盛り込んだかたちで、回答書が作成され
た。勘定所における正式な調整・裁許に至る前の準備段階で、御用地金問屋
が、勘定所と両藩の橋渡し役として機能していたことが指摘できる。

　三つめについては、以下のとおり、輸送時の関所通行許可に言及してい
る。

【史料 3-5】

鉛之義も山稼方之義は、荒銅同意に両屋敷にても御公辺御取扱被成度由
ニ御座候、且又、鉛之義は大坂下り鉛之外、出鉛是迄江戸表には売買不
仕候ニ付、会津・松代共ニ出鉛は中川・関宿・横川三ケ所之御関所通行
不致、国々え是迄勝手次第売買仕候事之由ニ御座候、此度、相願候荒銅
并出鉛、会津は関宿・中川二ケ所御関所通行仕、松代ハ三ケ所共ニ御関
所通行仕、江戸出シ仕候義ニ御座候、（以下略）

この史料からは、両藩ともに、銅だけでなく、鉛も亀戸銭座へ搬送するこ
とに前向きな姿勢をとっていることがわかる。ただ、鉛については、両藩と
もにそれまで江戸に搬送したことがなかった。輸送に際し、関所を通行する
ことを幕府に認めてもらう必要があるとの認識を示している。会津藩の場合
は利根川経路で関宿・中川番所を通行するルート、松代藩は陸路を経て利根
川経由で江戸に入るルートを想定している。会津産の鉛の輸送について、今
回調査した史料のみでは定かなことはわからないが、この時期に鋳造された
寛永通宝銅母銭の成分を鉛同位体比分析した研究[25]では、鉛の産地が東北地
域だと推定される結果が得られていることから、会津藩から銅とともに鉛も
輸送された可能性が高いと考えられる。

　安永 3（1774）年以降、銀座では地売り銅の調達に何らかの支障が生じた
のか、会津藩から銅地金の輸送を受けるようになった。この時点では、亀戸
銭座での銅一文銭の鋳造は終了している。

　安永 2（1773）年 12 月の銀座関係史料[26]の記述を見ると、「会津銅買入ニ
付、関宿并中川御関所、会津御領え御通達之儀申し上相済、銅山師印鑑上
ル」とある。この時期には、【史料 3-4】で主張された藩の希望どおり、関
所通行に関する手続きが実現していた。銅一文銭鋳造開始のために、会津藩
との間で検討・実施された諸手続きが、後に銀座が真鍮四文銭の鋳造用に会

---

25)　齋藤努・高橋照彦・西川裕一（2000）33 ページでは、「銅母銭の原料鉛は、厳密には特定で
　　きないものの、多くが東北地方の諸鉱山から供給されていた可能性が高い」と指摘している。
26)　前掲『真鍮銭吹方一件』。

第3章　銭座運営体制変更にみる銭貨の鋳造・流通管理　*125*

津銅を買い入れる際にも活かされたことがわかる。

　亀戸銭座における銅一文銭の鋳造量は多くはなかったが、そこで、鋳銭用の銅地金調達の道筋をつけたことが、銀座における真鍮四文銭の大量鋳造を支えた面があるといえよう。

　こうした経緯をみると、銅一文銭の鋳造を可能とする銅・鉛の調達は、亀戸銭座に出入りしていた御用地金問屋らの経験と鉱山関係の人的ネットワークなくしては実現し得なかったことがわかる。大坂銅座への廻銅や諸藩での鉱山開発を奨励する法令など、制度面での調整は勘定所の役人が事務的に担うものである。しかし、鋳銭用の銅・鉛の産出動向の実情把握は、鉱山の所在する藩の関係者や実際に採掘に関わる山師らからの情報を現地から直に得られる知見と人的ネットワークがなければできない面があった。

　一方、鉱山を有する藩の側でも、幕府の鉱山政策や銅座による銅管理政策に反しないかたちで、鉱山開発を進めたい本音もあった。亀戸銭座の御用を担った地金問屋らが、勘定所役人、亀戸銭座の運営を担う金座人、鉱山の所在する藩の役人、採掘に当たる山師らの間での、情報伝達・調整の役割を果たしたことが、銅一文銭の鋳造を可能としたといっても過言ではない。こうした御用地金問屋の情報を、鋳銭実施に関わる意思決定の判断材料として、勘定所が活用した点は、田沼期の政策決定・遂行姿勢の特徴の一端を示すものとして、注目される。

第4章

田沼期水戸鋳銭座の経営

～江戸市場との関係を中心に～

---■第4章のポイント■---

- この章では、田沼期に、幕府から特別に鋳造許可を得て、金座による差配のもとで寛永通宝鉄一文銭を約10年にわたって大量鋳造した水戸藩鋳銭座を対象に、その組織経営の特徴を、座主小澤九郎兵衛が作成した史料群（日本銀行金融研究所貨幣博物館所蔵）をもとに考察する。

- この鋳銭座は、第十代将軍徳川家治による日光社参に向けて水戸藩の財政支援を行う政治的な配意から幕府が開設を許可したものである。鋳造益を最大化することが経営目標であったが、そのために、座主がいかに鋳造収支を管理し、働く職人らのモチベーションを上げる工夫を行っていたかを、史料から把握する。

- 水戸鋳銭座主の小澤九郎兵衛は、水戸藩久慈郡太田村の大庄屋であったが、河岸問屋を営み、江戸に拠点を持って藩の米穀を売却する有力な在郷商人であったことから、江戸市場と深く関わりながら鋳銭座経営を行ったとみられる。鋳銭座の経営資源（ヒト・モノ・カネ）の調達管理の実情を把握するにあたっては、江戸市場との関わりを視野に入れて分析する。

- 人的資源の調達・管理についての分析では、水戸鋳銭座の鋳造収支見積や給与体系、鋳銭座に雇用された人員の生国を把握することで、鋳銭座にどのような技術を持った熟練職人や非熟練労働者が雇用されていたかを明らかにする。あわせて、江戸を経由して水戸藩の鋳銭座へ移動してきた職人らの雇用事情についても考察する。

1 水戸鋳銭座の経営組織

（1） 鋳銭見積書からみた組織の概要

　田沼期に水戸藩久慈郡太田村に開設された水戸鋳銭座（明和5［1768］年から一時中断時期を挟み安永6［1777］年まで）は、幕府の許可を受け、金座による差配のもとで寛永通宝鉄一文銭を鋳造した銭座である。一般に、「金座」「銀座」と同様の呼称として「銭座」という用語を分析に用いるが、この銭座に関する史料では「鋳銭座」と明記されているため、本章の分析ではこの表記を用いる。

　第1章で研究史を振り返った際に、銭座に関する一次史料の残存に制約が強いことが、その運営実態を明らかにするネックとなってきたことに言及したが、水戸鋳銭座は座主小澤九郎兵衛（以下、小澤と記す）関連の史料群約200点が伝存（現在、日本銀行金融研究所貨幣博物館が所蔵）する稀有な例である。

　前章で分析したとおり、明和2年に金座鋳銭定座制が導入された後、銭座に常駐する金座人によって執務記録や帳簿が作成されるようになった。水戸鋳銭座は金座の差配を受けたため、金座との連絡・調整・報告も折々に必要となったと目され、座主小澤は鋳銭座に関する記録を細かく作成していた。水戸鋳銭座の組織の枠組みには、幕府の鋳銭管理の方針が反映されている面がある。

　また、小澤は太田村の大庄屋であるとともに、河岸問屋を経営し、江戸にも拠点を置いて水戸藩の米穀取引の御用を務める在郷商人として活発に活動した人物であった。そのため、彼が作成した鋳銭座関係史料には資金や人員などの資源の調達管理や鋳造収支の見積などの経理関係の記述や江戸の情報が多く含まれる。

　この鋳銭座は、幕府が御三家の一つである水戸藩に対して特別に鋳銭を認めて開設されたもので、幕府へ鋳造益を上納することが条件とされていた。第2章3節で明らかにしたとおり、水戸鋳銭座で鋳造された鉄一文銭は利根川経由の舟運網を用いて江戸に運ばれ、売却された。水戸鋳銭座では進展す

る江戸市場と密接な関わりを持ちながら組織経営がなされたと目される。

第1章で述べたように、徳川期銭貨の鋳造技術やその工程の基本的な枠組みは、享保期の仙台藩における寛永通宝銅一文銭の鋳造を描いた『鋳銭図解』（前掲図1-10）から知ることができる。古代銭の時代から大きくは変わっていないと目される。一方、水戸鋳銭座のような18世紀半ば以降の鋳銭座における鋳造工程がそれまでと異なる点は、貨幣経済が農村部にまで浸透したことによる銭貨需要の高まりを背景に、鉄を素材とする大量の鋳銭を一定期限内に実現することが要請されるようなった点である。

大規模鋳銭では、鉄などの資材や職人を数多く調達し、これらの資源を用いた鋳銭実務が進捗管理されなければ、鋳造量の確保や鋳造益の獲得といった成果を達成することはできない。銭座運営にも組織経営的な要素が不可欠となったと見込まれる。大量鋳銭と鋳造益の獲得を目指す銭座では、どのような資源によって組織が構成され、鋳銭事業が計画・遂行されたのか。江戸地廻り経済圏の中に開設された田沼期の水戸鋳銭座を事例に、江戸市場との関係を視野に入れて、鋳銭座経営の実態を把握するのが本章の目的である。

田沼期の水戸鋳銭座では幕府が許可した年間10万貫文の上限を超える数量の鋳銭を実施した[1]。水戸藩内では、幕府による公鋳に先立ち、寛永3（1626）年に、富商佐藤新助が「寛永通宝水戸銭」を鋳造したことがあるが、それから150年以上が経過しており、事実上、未経験の状況から鋳銭座を開設していったといえる。

この節では、水戸鋳銭座に関する考察の手始めとして、鋳銭座の組織や収支構造、労働工程の枠組みを明らかにする。分析・考察に際しては、水戸鋳銭座の開設願書に添付された一カ年分の収支見積書である『銑鋳銭仕用一巻』（明和4［1767］年、日本銀行金融研究所貨幣博物館所蔵）を軸に、関連史料を検討し、鋳銭座組織の特徴や鋳銭益金の算定方法、鋳銭座の運営に関与した人々や職人といった構成人員などを明らかにする。

水戸鋳銭座はどのような目的で設立され、いかなる経営資源によって構成

---

1) 「（明和期水戸鋳銭惣出来高書上）」日本銀行金融研究所貨幣博物館所蔵。明和5（1768）年12月から明和9（1772）年10月までの鋳造高は48万6036貫700文とされる。幕府が定めた鋳造上限年間10万貫文を超えて鋳造した。

された組織であったか。「鋳銭座」とは、文字どおり「銭貨を鋳る」事業を行う組織である。鋳銭の目的は、時期によって異なり、一概に論じにくいが、水戸鋳銭座の場合、関係史料のなかでは、「公儀え上納之御益金之儀も（中略）員数等取極可被申候」[2]、「水戸殿来年日光豫山有之候様被　仰出候処、右入用御差支ニ付、御領分鋳銭ニ付て、公儀え相納候御益金を以、日光入用補ニ被成度」[3]との記述がみられる。鋳造益の捻出により、幕府へ益金を上納するとともに、水戸藩における日光社参などの費用を賄う側面があったことがわかる。鋳造益の獲得が目的であったことは明らかである。

　水戸鋳銭座の収支構造がわかる史料として、『銑鋳銭仕用一巻』がある。これは、鋳銭願主の小澤が1カ年あたりの収支を試算した見積書である。表4-1にその内容をまとめた。この表から読み取れる点と、疑問として残る点のいくつかを指摘しておきたい。

　第一に、この収支見積は、鋳造した銭の払出による収入・鋳造にかかる費用・鋳造利益の項目に大きく分かれており、年間5000両もの益金を上納して、収支バランスをとるかたちで試算されている。さらにこの表によると、役人103人、職人・日雇い888人の合計約1000人の大規模組織が想定されている。これ以外には、願主・金主といった経営層が存在し、彼らが利益配当を受けようという計画である。その利益配当予定額は、願主が年間448両、金主673両（願主4分、金主6分）である。

　なお、金座からの指導を受けた後に編成された鋳造工程の中では、見積の費用項目に含まれない労働者が必要であるように見える。『銑鋳銭仕用一巻』作成時の見落としなのか、無視し得る項目と考えられたのか、どこかの項目に潜在的に含まれているのか、という点は疑問として残る。

　第二に、「太田より江戸迄駄賃・船賃」「江戸銭売場入目」といった費目があり、鋳銭座の組織は江戸と水戸領内二カ所で編成する計画であったとわかる。江戸では「江戸銭売場・諸買物方」において銭の売出や物資調達を行い、鋳銭は水戸領内太田村で実施することが想定された。

　第三に、収益構造を見ると、「吹上払銭代金（鋳造銭払出高）－惣元掛り

---

2)　『御触書天明集成　四十四』二八四九号。

3)　『御触書天明集成　四十四』二七一〇号。

第 4 章　田沼期水戸鋳銭座の経営　*131*

表 4-1　水戸鋳銭座の 1 カ年収支見積

	内訳項目（注1）	金額（単位：両（注2））	比率%	備考
吹上払銭代金（収入）	吹上払銭代金①	26,000	100	1 カ年 112,300 貫文鋳造。96 文を 100 文として計算（注3）。1 両＝4 貫 500 文（水戸相場）で金貨換算。
惣元掛り	銭吹地鉄目	6,318	24.3	銑鉄 151,632 貫目購入。地鉄値段 1 両＝24 貫目
吹上払銭代金（収入）	吹上払銭代金①	26,000	100	1 カ年 112,300 貫文鋳造。96 文を 100 文として計算（注3）。1 両＝4 貫 500 文（水戸相場）で金貨換算。
惣元掛り（費用）	銭吹地鉄目	6,318	24.3	銑鉄 151,632 貫目購入。地鉄値段 1 両＝24 貫目
	太田より江戸迄駄賃・舟賃	418	1.6	1 駄に 40 貫目積む搬送費用は 600 文。駄賃・運賃搬送の換算相場は 1 両＝4 貫 200 文（江戸相場）。
	（鋳銭用物品費）	1,675	6.4	炭・松火木・竹・藁・形土・莚・蝋・銅板など。
	元吹職人入目	745	2.8	鋳物師・盤子・湯入れなど 80 人。金貨（両）建てで積算。
	銭師職人一巻	4,511	17.3	銭道・台摺など 408 人。銀貨（匁）建てで積算。
	鋳銭座役割	1,111	4.2	鋳銭座役人 103 人。金貨（両）建てで積算。
	（日雇）	1,600	6.1	日雇 400 人分。銭貨（文）建てで積算。1 両＝4 貫 500 文（水戸相場）
	扶持方	3,000	11.5	1,000 人分。うち、白米 2,500 両、味噌 200 両。
	諸損耗償金・年々除置分	320	1.2	破船や損耗、施設修繕等のための引当金。
	江戸銭売場・諸買物方・店暮方入目	150	0.5	江戸銭売場会所の運営費など。
	是迄惣元組②	19,848	76.4	「惣元掛り（費用）」合計。
徳用金（利益）	徳用金③（①－②＝③）	6,151	23.6	「吹上払銭代金－惣元掛り＝徳用金」。このなかから、5,000 両益金上納。益金上納後、願主 448 両、金主 673 両受取。

（注1）　『銑鋳銭仕用一巻』に記述された事柄を記載。原文書に項目名が明記されていないものは（　）に意味を付した。
（注2）　「分」単位の金額は四捨五入した。
（注3）　銭の支払いにおいては 100 文分を縄でまとめて「一さし」とした。その際、一定額を手元で差し引いて支払う慣習があった。差引分は地域等でさまざまなケースがあるが、ここでは、4 文を引き、96 文をもって 100 文に換算する最も一般的なケースで換算されている。
　（史料）　明和 4（1767）年『銑鋳銭仕用一巻』日本銀行金融研究所貨幣博物館所蔵

（鋳造費用）＝徳用金（利益）」とされ、鋳造銭払出高の 23.6％分の「営業利益」が出る計算となっている。「営業利益」の多寡を左右する費用の内訳は、物件費 30.7％、人件費が 41.9％となっており、「ヒト」の占める重要性

が窺われる。「モノ」のうち最大の項目は地鉄代 24.3% である。なお、『銑鋳銭仕用一巻』には、借入利息に関する費用は計上されていない。

もし、鋳銭座の運営にあたり、借入によって運転資金を調達する計画であったとすれば、これにかかる支払利息が発生するが、これに見合う費用が記されていないため、運営のための資金を全額出資で賄ったように読める。しかし、実際には、「(惣元掛り) 入目金寄壱万九千八百四拾八両壱分」と試算された莫大な運営資金を賄った願主・金主からの出資の原資は、借入によって調達されており、その利息がどのように負担されていたか、という点は、『銑鋳銭仕用一巻』からは答えが得られない問題として残る。この点については後に触れたい。

第四に、収入源となる「吹上払銭 (出来銭)」については、江戸市中で払い出すことが想定されている。この際に注目すべきは、江戸と水戸との間での銭相場のちがいを認識してこれを書き分けている点である。江戸のほうが水戸より銭高であるとの認識のうえ、江戸へ出来銭を搬送して売り出すほうが有利であることを念頭に置いて事業計画を立てていたことがわかる。

江戸よりも銭安である点は、第2章の江戸周辺農村での金銭相場にも見受けられたが、その背景はよくわからない。水戸領内で銭貨を捌ききれずに江戸に運んでいることから、実体経済状況が、銭貨需要がそれほど高くないかたちで相場の水準に表れているのかもしれない。

表 4-2 は、『新稿　両替年代記関鍵　第二考証編』にある明和・安永期の江戸における金銭相場と水戸関係史料にみられる金銭相場を比較したものである。江戸の市場相場と水戸藩内の相場に差異があったことが明らかである。明和 4 (1767) 年に作成された水戸鋳銭座の収支見積において、江戸の金銭相場として記される「4 貫 200 文」という水準は、その当時の江戸市場実勢と大きな差異がない。このように、水戸鋳銭座は、綿密な収支見積書を作成する帳簿経理の技能を持ち、江戸と水戸の間での金銭相場等の地域間格差についても情報を得ることができる願主小澤のもとで、鋳銭事業計画を立てて経営に臨んだことが明らかにされる。

第4章　田沼期水戸鋳銭座の経営　*133*

表 4-2　水戸鋳銭座関係史料にみる金銭相場の推移（金 1 両につき銭相場）

年代	水戸鋳銭座史料中の金銭相場（小澤九郎兵衛の認識）	（参考）水戸藩士の俸給に関する藩公定相場（注 1）	（参考）江戸における金銭相場（注 2）	備考：水戸鋳銭座の進捗
明和 4（1767）年	4,500 文（水戸払） 4,200 文（水戸払）	4,800 文	4,050 文〜4,155 文	水戸鋳銭の企画段階
明和 5（1768）年	4,500 文（水戸払）	4,800 文	4,130 文〜4,430 文	水戸鋳銭幕府許可、鋳銭座普請
明和 6（1769）年	5,000 文	4,800 文	4,410 文〜5,014 文	鋳銭および江戸への銭搬送開始
明和 7（1770）年	n.a.	4,800 文	4,840 文〜5,740 文	鋳銭および江戸での銭売却本格化
明和 8（1771）年	7,200 文	4,800 文	5,245 文〜5,500 文	鋳銭座一揆起こる。鋳銭座焼失。
明和 9（1772）年 〈11 月安永改元〉	6,000 文	5,500 文	5,200 文〜5,740 文	幕府による鋳銭停止命令に至る 幕府による鋳銭再許可
安永 2（1773）年	5,400 文（幕府買上相場）（注 3）	5,500 文	5,140 文〜5,780 文	鋳銭再開。終了まで全量幕府が買い上げ、御蔵納め。

（注 1）　『水戸紀年』（『茨城県近世史料Ⅳ』収録）に依拠した。
（注 2）　三井高雄『新稿　両替年代記関鍵　第二　考証編』に依拠した。
（注 3）　『御触書天明集成　四十四』2845 号。

（2）　鋳銭座経営層の役割

　小澤が水戸鋳銭座において果たした役割について、明和 5（1768）年の鋳銭許可の触書では、「於御領分江戸定座差配ニて鋳銭御申付被成候様可被申上候、尤小澤九郎兵衛と申すもの、当時江戸表呼出被置候由ニ候間、諸事仕方之義金座人え致対談候様可被致候」[4]とされている。小澤は、鋳銭実施期間中、難波町にある江戸会所を拠点にして金座人等との連絡調整等を行い、

---

4)　『御触書天明集成　四十四』二八四九号。

水戸藩久慈郡太田村の本宅へは書簡で指示を行っていた。

鋳銭が実施された太田村は、江戸と奥州との間での商品流通の中継地となる要所であり、定期市が開かれ、米穀相場や金銭相場も立っていた。小澤は、水戸藩が銭許可を受ける前に、「此度御買穀御用就被仰付、（中略）御穀相調江戸積送」[5]る御用を命ぜられて、水戸藩米会所制[6]の設立にも関与していた。この過程で、深川の蔵元・札差との交流を深め、米穀取引の実務を通じて、江戸－水戸間での相場の差異や搬送にかかる荷為替などの実務知識を得るとともに、経理の才を養ったことは間違いない。

このように、小澤は市場取引や経理に長けた水戸藩御用商人であったが、鋳銭の実務経験はまったくなく、また鋳銭座に必要な費用を一手に負担できる経済力を持っていたわけでもなかった。鋳銭許可を受ける直前、小澤は出資者（金主）探しを行うかたわら、鋳銭座開設資金2万両を、森田町一番組札差伊勢屋平右衛門を江戸での保証人（請人）として片町六番組札差山田屋金右衛門から調達する交渉を行っている[7]。

当時の市中金利は4〜7％程度という見方もあること[8]、水戸藩米会所を背景としていることから、何らかの優遇があった可能性があるため、当時の札差からの借入公定金利の年利1割5分で借り入れたとは考え難いが、仮に年利5分としても利息返済額は1000両にのぼる。それだけでも願主らへの配当見積額である448両（4分配当）〜673両（6分配当）を大きく上回る。鋳銭場普請等のために設備整備資金投入が先行し、すぐには鋳銭利益が出ない時期には、金主による借入肩代わりと利息負担が不可欠であった。

水戸鋳銭座関係史料で確認できる金主を一覧にしたのが表4-3である。いずれも江戸商人である。明和5年5月に、銅屋・楠後。関岡の金主三人が小澤と取交した証文には、「我々金主証人ニ相立仲間ニて御屋形向一統ニ御請仕候（中略）、年々御定之御運上金并普請方其外諸入用我々請負候（中略）、貴殿・我等三人相談相和候上ニて相極」[9]と記される。金主らは資金・物品

---

5)　「（御買穀御用ニ付請書）」小澤裕所蔵。

6)　水戸市史編さん委員会編『水戸市史　中巻（二）』水戸市、1969年、242-245ページ。領内特産を奨励し、米会所・煙草会所・こんにゃく玉会所を江戸に開設した。

7)　「（二万両之証文ニ付書状）」小澤裕所蔵。

8)　鈴木浩三（1995）179-180ページ。

第 4 章　田沼期水戸鋳銭座の経営　*135*

表 4-3　明和 5（1768）年、水戸鋳銭座金主等一覧

	金主	備考
5 月 6 日	銅屋太兵衛 （金主）	金主総代。江戸の銅鉄問屋。金座が運営する亀戸銭座の御用地金問屋。金主 3 名連名で 2,500 両出資義務を負い 5 月に 1000 両出資。残額は金主だけでは資金調達が困難化。
	楠後文蔵 （金主）	3 名の金主の 1 人。江戸商人で、太田備中守御用蔵元を務める。資金負担義務等は銅屋と同様。なお、後日、金主から離脱。
	関岡五郎兵衛 （金主）	3 名の金主の 1 人。江戸の錫鉛問屋。金座が運営する亀戸銭座の御用地金問屋。資金負担義務等は銅屋と同様。
5 月 19 日	朽木屋清蔵 （金主中人）	江戸商人。「金主中人」は、出資にあたり金主に協力。金主とともに「水戸鋳銭座」に関し「株」を有し、配当を受ける権利を持った。後日、株を売却し、仲間離脱。
	吉田屋太郎左衛門 （金主中人）	江戸商人。「金主中人」として株を有する。後日、株を売却し、仲間を離脱。
	伊豆屋儀七 （金主中人）	江戸商人。「金主中人」として株を有する。後日、株を売却し、仲間を離脱。
	槻気太郎右衛門 （金主中人）	江戸商人。「金主中人」として株を有する。後日、株を売却し、仲間を離脱。
	鶴間清蔵 （金主中人）	江戸商人。「金主中人」として株を有する。後日、株を売却し、仲間を離脱。
	小森介右衛門 （金主中人）	江戸商人。水戸藩小梅米会所運営者の 1 人。1770（明和 7）年に鋳銭座株を譲渡して仲間から離脱。受取配当を巡り、1772（明和 9）年に、座主小澤九郎兵衛と紛争となる。

（史料）「砂鉄鋳銭座取替証文（鋳銭座金主・願主取替証文）」「相渡申証文之事（鋳銭座金主御相談人への謝礼に付証文）」「相渡申一札之事（金子渡方限眼ニ付証文）」「相渡申一札之事（鋳銭座入用金借用ニ付証文）」「預り申金子之事（鋳銭座入用金借用証）」「乍恐以書付奉御訴候事」『永野家文書十一　鋳銭御用書留第一』（日本銀行金融研究所貨幣博物館所蔵）、『加藤寛斎随筆』（『茨城県近世史料Ⅳ』収録）、「（弐万両借用証文につき書簡）」「（金主につき交渉書簡）」（小澤裕所蔵）、石井寛治・林玲子編『白木屋文書問屋株帳』るほあ書房、1998 年より作成。

調達などの共同責任を負い、江戸会所を拠点として願主小澤と共同で経営判断にもあたった。

　経営に参画する見返りとして、「願主・金主徳用金引分之義ハ、御運上・諸入用都て出金之分引払い、残金願主方へ五分、金主方へ五分勘定可仕候」[10]と記されるように、鋳銭座の利益（「徳用金」）を願主と金主で折半す

---

9)　『砂鉄鋳銭座取替証文之事』日本銀行金融研究所貨幣博物館所蔵。
10)　前掲『砂鉄鋳銭座取替証文之事』。

る権利を約していた。この権利は、前掲表4-1の収支見積書において願主・金主による徳用金の配分が計画されていたことと合致する。

　金主の間では、証文を交して「株」仲間を形成し徳用金の配分を行った。当初の金主は銅屋太兵衛・楠後文蔵・関岡五郎兵衛の三人であったが、資金調達が不調なため、「金主中人[11]」と称する出資者が一株250両で株を取得し、「鋳銭理分十四割」の配当を受け取る条件で仲間に加わった。

　このように、金主は経営の意思決定に参画、鋳銭座の運営資金を提供する役目を担ったが、「金主共元来貯金無之、調達ニて計金主ニ相成候」[12]とあるように資金力は十分ではなかった。たとえば、金主関岡五郎兵衛は1000両を借り入れて出資した。資金調達力の制約は金主の業種をみても明らかである。

　金主総代となった銅屋太兵衛は、江戸問屋仲間銅鉄組に、関岡五郎兵衛は鉛錫問屋仲間に属する地金問屋[13]である。両者は明和2（1765）年以降、金座が運営する亀戸銭座の御用地金問屋を勤めている[14]。このため、江戸の亀戸銭座における実務に精通していた模様で、「職人召抱一件、諸道具取揃相求候、一、此表へ罷下り吹場普請之目論諸色日々及談判」[15]と記されるように、「ヒト（職人）」や「モノ（鋳銭用道具）」の調達における情報力を期待される側面があった[16]。

　また、金主が経営に参画する意図も、資金提供の見返りによる配当利得とは考えにくい面がある。仮に金主・願主取り分合計1121両の14分の1（80両）を配当されても、大半が利払いに充当され、実際の金銭的利得は表4-1記載金額より大幅に少なくなるようにみえる。だが、銅屋・関岡にとっては、金座鋳銭定座と水戸藩が運営する、幕府直轄の主要鋳銭事業において御

11）　「乍恐以書付奉御訴候事」日本銀行金融研究所貨幣博物館所蔵。この史料によれば、「金主中人」は、経営の意思決定に参画せず、利益配当を主目的に出資したとみられる。

12）　前掲「乍恐以書付奉御訴候事」。願主小澤は、水戸藩郡役所調達金や江戸商人岩本万右衛門らの知己から資金調達を行っていた模様。

13）　石井寛治・林玲子編（1998）334-373ページ。

14）　前掲『永野家文書十一　鋳銭座御用書留第一』。亀戸銭座での活動については、第3章3節で分析した。

15）　前掲「乍恐以書付奉御訴候事」。

16）　藤井典子（2003）64-65ページ。

用地金問屋としての地位を確立できる点を考慮し、経営に参画した面もあったと思われる。

なお、配当金取得に主眼のあった「金主中人」らは、「悉困窮仕（中略）春分五リンの割歩可取株売却申度」[17]と希望する事態となり、明和7（1770）年5月に、願主小澤から各々250両の株売却代金を受け取って仲間を離脱している。いずれにせよ、願主は鋳銭座の組織経営を行うにあたり、鋳銭事業計画を立て、金主の協力を得ながら経営資源の調達を行う立場にあったといえる。

以上を踏まえると、水戸鋳銭座の組織経営の特徴は、次のように整理できる。

第一の特徴は、江戸に在住する願主・金主（経営層）が「ヒト・モノ・カネ」を江戸市場から調達し、鋳銭座の収支状況をみながら経営資源配分の判断等を行っていた点である。水戸鋳銭座の経営判断は江戸主導で行われていたといってもよい。

第二の特徴は、経営責任者にあたる願主小澤が在郷商人として活動していた立場での知見が鋳銭座経営に活かされた点である。小澤は、水戸藩の江戸米会所制の設立・運営にも関わったこともあって、江戸と水戸の間での金銭相場の地域間格差に関する情報や裁定取引を行える経験を有しており、鋳銭座の収支見積（『銑鋳銭仕用一巻』）をバランスさせるかたちで試算する経理技能にも長けていた。藩は小澤の商人としての知見を活用して、鋳造益の獲得を図った面がある。

収支見積によれば、鋳銭座の利益は、出来銭の払出高から各種物件費・人件費・準備金を差し引いた差額として算定されており、鋳銭座の利益は、公儀へ益金上納を行い、藩庫を潤すだけでなく、出資した願主・金主ら経営層への配当を行うことも計画されていた。

---

17) 前掲「乍恐以書付奉御訴候事」。

2 鋳銭座職人の製造工程

（1） 水戸鋳銭座における鉄一文銭の製造工程

　水戸領内の太田村に開設された鋳銭座における鉄一文銭の製造工程はどのように編成されていたかを確認しておく。銭座における労働については、石巻銭座における寛永通宝銅一文銭の鋳造工程を描いた『鋳銭図解』や浅草橋場銭座における天保通宝の鋳造工程を描いた鋳銭図（『大日本貨幣史』所収）[18]によって、いくつかの工程に分かれていたことが知られる。もっとも、こうした図版だけでは、各工程における職人の人数、技術の内容、熟練職人と非熟練職人の関係や指揮命令系統といった製造工程の運営実態の詳細を知ることはできない。

　明和期の水戸鋳銭座は金座の差配のもと、製造工程の編成についても指導を受けた。その経緯を表す史料として、『鋳銭方伝達覚書』がある。これに記される労働者の中には、後に触れる「下鉢」のように、『銑鋳銭仕用一巻』[19]には登場しない金座鋳銭定座での実務に即した職種も含まれている。この伝達を受けた際、小澤は金座鋳銭定座役所に呼ばれ、亀戸銭座における鉄一文銭の製造工程を実見し、そのうえで、太田村での鋳銭場の普請を行った。

　職人が銭を作る作業場は、「鋳銭場」と記され、組織全体を意味する「鋳銭座」と用語が区別されている。絵図等でも、鋳銭場は柵・堀で囲まれた指定区域を示している。職人らへは鑑札を配布して出入を厳重に管理し、農民等の居住地帯と隔離した状態で労働が行われた。

　金属貨幣を製造するための工程は、大きく分けて、①地金の鎔解工程、②鋳型による鋳造工程、③研磨等の仕上げ工程に分けられる[20]。金座鋳銭定座から伝えられた『鋳銭方伝達覚書』および『銑鋳銭仕用一巻』をもとに、水戸鋳銭座での三工程について概要図をまとめたのが図 4-1 である。この図に

---

18)　大蔵省御雇吉田賢輔編述・本庄栄治郎校訂（1937）391-497 ページ。
19)　『鋳銭方伝達覚書』日本銀行金融研究所貨幣博物館所蔵。本節での史料引用は、注記しない限り、『鋳銭方伝達覚書』による。
20)　鈴木俊三郎（1923）46-78 ページや田谷博吉（1963）104-123 ページなどがある。

図 4-1　水戸鋳銭座組織編成・労働工程図

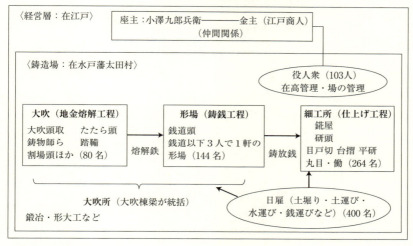

(出所)　筆者作成。

即し、各工程とそこでの労働内容の概要を整理すると以下のとおりである。

① 大　吹

　大吹では、炉の火力により地鉄を甑(こしき)に入れて鎔解する。この作業は一系列 20 人程度の職人集団によって行われ、鋳物師の棟梁(大吹頭取)がこれを指揮する。年間 10 万貫文以上の大量鋳銭を行う際には 2 系列以上の大吹が設けられた。

② 形　場

　形場では、銭道(せんとう)と呼ばれる職人らが鋳型を用いて 200 個程度の鉄銭が枝状につながった「いか銭」[21]を鋳造する。見積書では年間 270 日の稼働が予定されており、この日程で年間 10 万貫文を鋳造するには、単純計算で 1 日約 1850 の鋳型を処理する必要がある。48 軒の形場を設けることが想定されて

---

21)　日本銀行金融研究所貨幣博物館の展示等では、形態から「枝銭」と呼称している。

いるが、その場合、形場1軒あたり1日約40の鋳型を処理する計算になる。

　もっとも、鋳造には失敗もある[22]ため、実際はこれを上回る作業が実施されたと見込まれる。複数の形場をまとめる責任者が「銭道頭」である。

　なお、大吹・形場ともに、炉の火力で鋳造する工程であるため、鞴（吹子とも）による送風にちなみ「吹方」と称される。送風に関わる肉体労働（踏鞴：たたら踏み）が不可欠で、この統括役は「たたら頭」である。①②の工程を合わせて「大吹所」といい、「大吹所棟梁」がこれを統括した。

③　細　工　所

　形場で鋳造された「いか銭」を受け取り、やすりや縄たわし等を用いて研磨する。研磨工程では用いる道具によって「目戸切－台摺－平研－丸目－働」に分かれ、職人の流れ作業によって仕上げる。職人頭は「研頭」である。錺屋は、出来銭を審査し、銭蔵へ納める役目を担った。

　なお、『鋳銭方御用伝達書』では、職人以外の者の労働内容についても言及している。鋳銭場で必要とされるその他の労働者は以下のように整理される。

①　鍛冶・形屋

　鍛冶は鉄製の道具類を、形屋は鋳型の木製形枠を修理・製作する職人である。

②　下　鉢

　下鉢は、炉やその周辺の土・道具などに残存した鋳屑を粉砕し、比重選別によって回収して、地金として再利用を可能とする専門職人である。金座をはじめ、金属貨幣を鋳造する作業場では地金の有効活用のために下鉢が雇用された。鋳屑を回収する作業は、大吹・形場・細工所のすべてにまたがる。地金の在高管理と密接な点もあって、鋳銭座の役所（日行事）の管理下にあった。

---

22)　仕上工程後の審査で不適切と判断されたものは、鋳つぶして地鉄として再利用する。

③　日　雇

　鋳銭場では、鋳銭に用いる材料や薪、水、出来銭等を運搬する人足労働が必要とされた。日中の運搬作業だけでなく、役人衆の労務の手伝いや不寝番なども担った。

　以上のことから、「鋳銭場」は、鎔解－鋳造－仕上工程ごとに分業され、必要な技術や肉体労働の負荷等が異なるさまざまな職人や人足らが併存した作業場であったことがわかる。個々の工程は作業場も分かれており、「頭」の管理のもとで独立して労働を遂行していた。

　「頭」の指揮命令権限は、「中門外え出候節は銘々小屋々頭立候者え相届」と記されるように、配下にある職人の入退・勤務状況を把握することのほか、「小屋々賃金・給金（中略）元締方より請取之頭々え割渡シ」とあるように、鋳銭座の役人衆から工程内の職人の給与総額を受け取って職人へ配分することも担った。さらには、「大吹方・焙土諸細工人繰上取立候事、当人を相撰、頭取・錺屋・銭道とも能々しらべ合せ」て昇格等の判断を役人衆へ具申し、配下の職人の評価に関与する権限も持っていた。

　もっとも、鋳銭場の工程管理については、工程の職人頭に任せきりにするのではなく、鋳銭座の役人衆が地鉄や出来銭、各種物品などの在高を帳面づけすることで労働実績を把握管理する体制がとられた。工程間で成果物を引き渡すとき、たとえば鋳型から取り出したいか銭を細工所での仕上工程に移すにあたっても、「名主・日行事之者立合罷在、鋳出シいか銭員数相改、帳面を以、銭道より錺屋え相渡」とされるように、工程の責任者が授受に関与し、役人衆の立合いと帳面づけによって、成果物の不正隠蔽や拾得を防止すべく監視されていたことを見逃すことはできない。こうした役人衆の役割は、第3章1節で明らかにした金座人の役割と類似しており、金座からの指導に沿った面が窺える。

（2）　給与体系にみる熟練・非熟練職人の労働内容

　各工程内では、熟練労働・非熟練労働はどのような職人らによって担われ、いかなる分業・協業関係にあったのだろうか。

　鋳銭場の各労働工程における職人の熟練度のちがいや労働負荷は、彼らの

給与水準に反映されていたとみられる。ただ、水戸鋳銭座に雇用された職人の給与の支払実績については、管見の限り一次史料が伝存していないため、ここでは先に触れた『銑鉄銭仕用一巻』に記された給与体系をもとに、熟練・非熟練職人の労働内容と報酬を考察する。

この見積書には、願主小澤が、いかなる労働条件を前提に人件費の見積を行ったかが記されている。労働日数・休日、算定基準とした貨幣の種類について、表4-4に整理した。

表4-4によれば、職人らは1年のうち9カ月働くこととされ、休むと給与は支払われず、実労働日数に見合った給与を受け取ることが想定されている。また、給与体系が、①銹解（大吹）工程に携わる職人は金貨の単位の両建て（年給をもとに見積）、②鋳銭（形場）・仕上（細工所）工程に携わる職人は秤量銀貨の匁建て（日給をもとに積算）、③日雇いは銭貨の文建て（日給をもとに積算）に分かれている。

見積書全体は両建てで作成されている。おそらく、金座を通じた勘定所による監視や益金上納という観点で、両建てとされたのだろう。見積書での人件費の内訳も両建てに換算し直して計上されているが、職種ごとに見積算定の基準貨幣等が異なる点が明記されている。これは、後述するように、給与設定にあたり、雇用対象とする職人らの給与慣行や給与水準等が勘案された可能性を示唆している[23]。ちなみに、願主らは、明和4（1767）年頃に、江戸において雇用活動を行っていることから、見積書の記載額は、雇用条件とした水準である可能性が高い。

表4-4から、それぞれの工程に属する職人の人数や給与水準、熟練職人と非熟練職人等の分業・協業関係を検証すると以下のとおりである。なお、労働内容については、明和期以降の鋳銭座に共通の部分があるため、幕末期の金座鋳銭座関係史料をもとに必要な範囲で補足した。

大吹工程に属する職人らの給与体系は、「鋳物師方」として計上されている。文字どおり、鋳物師らを雇用した工程である。この工程で駆使された技

---

23) 本節では、職人へ支払われる「賃金・賃銀・賃銭」を総称して「給与」という文言を用いる。史料では、支払いに用いる貨幣が金貨か銀貨か銭貨かによって表記が異なる。貨幣の種類を特定でき、分別することが必要な場合には、史料の記述に従う。

第4章　田沼期水戸鋳銭座の経営　*143*

表 4-4　水戸鋳銭座願書提出時の職人給与体系（見積）

区分	職名	人数	積算基準日給	年間給与見積（一人あたり）単位：両	見積に際しての労働月数の想定
元吹方（大吹・鋳物師方）	大吹頭取	2		37.5 (18.8)	
	鋳物師	2		37.5 (18.8)	
	盤子	2		22.5 (11.2)	
	湯入	8	―	72 (9)	3か月休
	せん間	4	（年間給与から	36 (9)	9か月勤
	土踏	2	休日分を割引)	13.5 (6.8)	
	ゆり鉄	2		13.5 (6.8)	
	鉄割・丁子形	16		144 (9)	
	炉蹈鞴	40		360 (9)	
	働	2		9 (4.5)	
銭師方（形場）	銭道	48	5匁	1,080 (22.5)	3か月休
	盤子	48	2匁5分	540 (11.3)	9か月勤
	手伝	48	2匁	432 (9)	
銭師方（仕上）	錵屋	12	―	72 (6)	
	台摺	48	1匁8分	388 (8)	
	目戸切	48	1匁8分	216 (4.5)	
	平研	84	3匁	1,134 (13.5)	
	丸目	36	2匁	324 (9)	
	働	36	2匁	324 (9)	
日雇	―	400	100文	1,600 (4)	6か月休、6か月勤

（史料）『銑鋳銭仕用一巻』明和4（1767）年、日本銀行金融研究所貨幣博物館所蔵

術は鋳銭独自のものではなく、鍋釜・梵鐘や大砲などの鋳造と同様である。鎔解に用いる炉の設備数に対応し、大吹頭取2名以下80名の雇用が予定されている。半数は金属鎔解に携わる鋳物の技術を持った職人であるが、残りは送風のための肉体労働者である。

「鋳物師方」では表4-4に示されるとおり、職人ごとの持ち場・役割によって給与水準に格差があった。たとえば、年間（実働9カ月）給与は、棟梁（18.8両）と湯入（9両）に2倍以上の開きがあり、熟練度などのちがいが窺われる。棟梁（大吹頭取）のもと、地鉄を割って（鉄割）甑に投入する

職人や、鎔解した金属（湯）を汲み出して形場まで運ぶ職人（湯入）らが協業する。鎔解作業ではタイミングを誤ると危険も伴う[24]ため、棟梁以下の連携が不可欠である。このため、この工程は、徒弟関係にある職人によって構成されていた[25]。

これに対し、蹈鞴は複数の送風作業者が共同で行う。炉の火を絶やさないために、交代制で昼夜踏み続ける必要があり、肉体的負荷が高い労働である。

こうした送風作業は鋳銭座に特有の作業ではない。たとえば、鉄山における精練作業では単純労働者が動員されたことが知られる[26]。「鋳物師方」全体の年間給与見積746両のうち、蹈鞴が360両を占める。その比率の高さからは、鎔解工程においては火力の確保が不可欠であり、そのための送風に際して、人力[27]に依存した実態が窺われる。

次に、「銭師」として区分される職人集団がある。これは、鋳銭座にのみ存在する「銭を作る」職人である。工程としては、形場（鋳銭）と仕上（細工）の二つである。

このうち、形場工程の職人は、「銭道（48名）－盤子（48名）－手伝（48名）」が三人一組で鋳銭を行う形場を48軒構成した。銭道以下の職人の日給は匁建てで表示されており、年間（実働9カ月）給与を両建てに換算すると、銭道22.5両、盤子11.3両、手伝9両となる。金額的には、大吹工程の鋳物師集団と遜色がない。特に、銭道の予定給与水準は大吹頭取（18.8両）を上回っている。「形枠（鋳型の木枠）ノ合セヤウシメ加減にて銭ノ出来不出来有之、銭道之手錬、此締メ方上手下手有之事也[28]」とされるように、一定の量目の銭を確実に鋳造することは熟練した銭道でなければできない。

ちなみに、銭道の予定給与が大吹頭取のそれより高く設定された事例は、管見の限り他の銭座にはみられない。水戸鋳銭座では、大量鋳銭を確実に実

---

24) 三田村佳子（1998）154-155 ページ。
25) 前掲『永野家文書十五・小菅鋳銭座関係』では、鋳物師棟梁と徒弟関係にある者を雇用したと記される。
26) 荻慎一郎（1996）352 ページ。武井博明（1972）163-164 ページ。
27) 熔解工程での火力増強のため、幕末期には反射炉で水車を動力に使用する等の工夫がなされた。
28) 前掲『永野家文書十五・小菅鋳銭座関係』。

現すべく、熟練した銭道の雇用が緊要度の高い課題であったと考えられる。

盤子は銭道を補佐する見習で、鋳型を踏み固める作業等を銭道と共同で行った。「手廻シ能キ場は鋳放之出来多銭道形踏手伝共水魚にて合体不致ハ手順ヨク形数多くハ出来ヌ也[29]」とされ、協業関係の良否が処理効率に差をもたらした。

「銭師」に区分されるもうひとつは、仕上工程（細工所）の職人である。仕上げのための研磨作業は、「目戸切（48名）−台摺（48名）−平研（84名）−丸目（36名）−働（36名）」に分かれている。細分化された研磨作業の工程数に見合った人員を投入し物量をこなしていく工程で、職人数は252人と他の工程に比べて多い。銭の穴を磨いたり、銭の外縁を磨いたりというように、職人個々の作業は、単一の道具を用いた反復作業である。特殊技術を要しないこともあってか、仕上工程職人の日給水準の加重平均（2.1匁）は、形場工程職人のそれ（3.2匁）より低い。

これに対し、仕上銭の目利きをする鋙屋の給与は両建てで見積もられており、役人衆と同様である。ちなみに『鋳銭図解』では、羽織を着用し出来銭の搬送を管理する姿が描かれている。鋙屋と職人には、徒弟といった特別の関係はなかったとみられる。

このほか、見積書には日雇400人分の人件費が計上されている。人足労働の担い手である日雇の労働日数は年間半年とされ、鋳銭場には1日に200人の日雇が働く想定である。1日に鋳銭場で働く実労働者約800人中、日雇が4分の1を占め、大吹や形場に属する職人数（それぞれ80人、144人）よりも多い。鋳銭場では、職人に担えない肉体労働が少なからずあり、多数の人員投入によって対応したことがわかる。

日雇が担った具体的な労働内容は、「土堀り・土運ヒ、焼方・吹方・諸普請一巻素人日雇遣[30]」と記される。炉の補修のために土を掘ったり運んだりする単純肉体労働が不可欠であった。当時のたたら技術では炉の恒久的使用ができなかったため、炉の整備を常に行う必要があった[31]。また、地鉄や出

---

29) 同前。
30) 前掲『永野家文書十一 鋳銭御用書留第一』。
31) 葉山禎作（1992）では、三・四昼夜を「一代」として炉を整備したとされる。

来銭は金属の塊であり、かなりの重量の運搬作業が発生したことはいうまでもない。

このように、工程ごとに、職人らの熟練度や肉体労働負荷、熟練・非熟練層の分業・協業関係にもかなりのちがいがあり、労働管理も一律の方法ではなし得なかったことが明らかである。

それでは、水戸鋳銭座に雇用された職人らの給与水準は、江戸における職人や日用層の給与水準と比べると、どのような階層に相当していたのであろうか。

まず、大吹工程については、金座が運営した鋳銭座に関する史料にみられる大吹頭取（棟梁）と比較する。水戸鋳銭座が明和4（1767）年に想定していた大吹頭取の1カ月あたり給与は2両であるのに対し、同年に、京都金座の要請により江戸から派遣した大吹棟梁のそれは1両2分10匁である[32]。水戸鋳銭座が予定していた給与のほうが高額である。大吹頭取は鋳銭の技術的な要で、炉などの施設管理でも最も重要な職人である。願主小澤は、金座鋳銭定座の大吹頭取と遜色のない人材を確保する必要性を認識し、高額の給与を計上したのだろう。

鋳銭・仕上工程の職人の給与水準については、同時期の金座鋳銭定座関係史料では給与体系に記述がないため、江戸における職人の典型例として普請職人らの公定賃銀と比較する。『東京市史稿　産業編　第二十四』に記載のある明和8-9（1771-1772）年の職人・人足の給与と対照したのが表4-5である。

なお、この時期に公定賃銀が設定された事情については、「諸式高直ニ御座候故、度々御触御座候得共、兎角諸式直段諸職人手間賃銀引下不申[33]」とされる。明和4年の給与見積との比較にあたっては、江戸市中での物価や、目黒行人坂大火の時節に職人賃銀が高騰する情勢にあったことを勘案する必要がある。

表4-5からわかる主な事項は以下のとおりである。まず、銭道の日給5匁は当時の江戸の各種熟練職人の上限に近い。水戸鋳銭座のなかで職名のある

32）　前掲『永野家文書十一　鋳銭御用書留第一』。
33）　「御配符之写」（国立史料館編『播磨屋中井家永代帳』収録）。

表 4-5　明和年間水戸鋳銭座および江戸職人・人足給与水準比較

水戸鋳銭座職人		明和4 (1767) 年 給与見積	明和7 (1770) 年 番所鉄砲磨	明和9 (1772) 年 屋根ふき	明和9 (1772) 年 大工	明和9 (1772) 年 石切	明和9 (1772) 年 左官	明和9 (1772) 年 鳶
鋳銭職人	銭道 (鋳銭職人)	5匁 (＝350文)	5匁2分5厘	3匁	2〜3匁	4匁(並)〜5匁(上人)	2〜3匁	170〜200文
	盤子	2匁5分 (＝175文)						
	手伝	2匁 (＝140文)						
仕上職人	目戸切 (穴磨き)	1匁 (＝70文)						
	丸目 (外縁磨き)	2匁 (＝140文)						
	台摺 (台鑢磨き)	1匁8分 (＝126文)						
	平研 (表面磨き)	3匁 (＝210文)						
	働 (補助労働)	2匁 (＝140文)						
人足 (土堀・土運・銭運搬等)		明和4 (1767) 年 給与見積	明和4 (1767) 年 南傳馬町人足	明和8 (1771) 年 非人人足	明和8 (1771) 年 町人足	明和9 (1772) 年 瓦葺手伝	明和9 (1772) 年 左官日用	明和9 (1772) 年 平日用
		100文	132文	100文	2匁5分	150文	170文	150文

（注1）　水戸鋳銭関係史料には給与実績のわかる史料が見当たらないため見積書（『銑鋳銭仕用一巻』日本銀行
　　　　金融研究所貨幣博物館所蔵）記載データを用いた。江戸における職人については『東京市史稿産業篇』に
　　　　収録された届書・伺・定書などに依拠した。
（注2）　給与水準を江戸と比較するに際しては、水戸鋳銭座の雇用活動が行われた深川・浅草界隈の明和期の
　　　　データを用いた。
（注3）　（　）内の文建てへの換算は水戸鋳銭座職人の雇用活動が深川界隈を中心に行われたことを勘案し『銑
　　　　鋳銭仕用一巻』に記された江戸銭相場「1両＝4200文」を用いた。
（注4）　明和9（1772）年には、諸職人の手間賃が高騰したため、普請方職人の上限が公定された。本表のデー
　　　　タ（職人・日用）は、「普請方職人賃金公定事蹟」（国立史料館編「播磨屋中井家永代帳」）に依拠した。
（史料）　『銑鋳銭仕用一巻』日本銀行金融研究所貨幣博物館所蔵、『東京市史稿　産業篇』。

　銭道等は、石巻・亀戸等から熟練度の高い経験者が雇用されていた。銭道の
給与水準が各種の熟練職人と比べても高い水準にあることは、即戦力となる
熟練者の雇用を経営層が重視した点を反映している。また、この当時、江
戸・石巻[34]でも鋳銭を実施している状況にあったため、雇用に際して競争が

34）　仙台藩も水戸藩と同時（明和5年）に鉄一文銭の鋳造を許可された。幕府は一つの藩にだけ
　　鋳銭許可を行うことはせず、幕末期までこの両藩は鋳銭許可を受ける例外的な立場とされ
　　た。仙台藩石巻では、田沼期以前から鋳銭が実施されており、年貢米の輸送拠点となる石巻
　　港のそばに銭座が開設されていた。石巻港周辺での銭貨需要に対応したものと目される。

激しかった事情も窺われる。

　この間、銭道の見習・手伝いにあたる盤子・手伝の日給は、大工・左官の下限に相当している。

　仕上工程の職人についてみると、平研は大工・左官の上限並み、丸目はその下限並みであるが、目戸切や台摺のように町人足の日給よりも低い者も工程の約3分の1を占めている。文建てに換算して比較すると、目戸切の日給は70文で、左官等の手伝いをする日用層の賃銭の半額程度である。なお、水戸鋳銭座における日雇の日給100文は、町人足や左官手伝等日用の者より低く、伝馬町牢屋敷で働く非人人足の公定賃銭のレベルに相当している。

　鋳銭座の労働工程の担い手の内訳を給与水準でみると、①鋳物技術を持った職人や銭道のように高給をはむ熟練職人が約1割、②江戸における普請職人並みの給与を得る職人が約3割、③江戸の日用層に類する給与水準の非熟練職人や日雇が約6割と、大まかに分けられる。鋳銭座の人員構成の半数以上が、江戸における日用層に類する生活水準の者によって構成されているといえよう。

　この点を水戸鋳銭座関連史料から検証すると、水戸鋳銭座へは生国を離れてその日暮らしの生活・風俗に転落していた者が入り込んでいたことを示す記述がある。たとえば、「太田村鋳銭座年限ニ付当晦日迄ニて御休座ニ相成候（中略）、夫ニ付右鋳銭座崩悪者共、御町内へ立入候ハ、早速追助可申候[35]」、「此度鋳銭御再興在之ニ付前々之通他所もの多く入込候、（中略）諸国より浪人罷越座方相務度由ニて留居候ものも在之候[36]」などといった記述がある。「悪者」と称され、諸国を流浪する人々が含まれたことが明らかである。

　鋳銭座にその日暮らしの非熟練労働者が関与したことは明和期水戸鋳銭座に限るわけではない。南和男が指摘する[37]ように、江戸では野非人が銭座に雇用されていた感がある。『撰要類集』の寛保2（1742）年の記述には、「去秋頃より本所由所々明地え野非人多集往来之障ニ罷成候由、右鋳銭座相止候

35）　『水戸下市御用留』茨城大学付属図書館所蔵。
36）　『御用留』常陸太田市所蔵。
37）　南和男（1969）67-68ページ。

第4章 田沼期水戸鋳銭座の経営 *149*

ニ付銭吹共可参方無之集り居候[38]」とある。銭座は野非人の雇用創出の場と認識される側面もあった。

江戸で開設された各種銭座は浅草鳥越・橋場、深川十万坪、深川大工町、亀戸にあり、物資の運搬に便利なだけでなく、近辺に野非人らの溜が所在する場所である。浅草には、弾左衛門屋敷が所在し、鋳物をはじめ各種の職人に影響力を持っていた[39]。

また、亀戸銭座の所在した本所・深川界隈は、出稼ぎのかたちで人々が流入した[40]一帯で、安永9（1780）年には無宿養育所（深川茂森町、石川島人足寄場の前身）が設立された地である。そこで、水戸鋳銭座で死亡した職人ら 282 名を記載した『鋳銭座過去帳[41]』をもとに、雇用前の居住地が江戸内で確認できる 76 名（うち、職名のない非熟練層 69 名）を整理したのが表 4-6 である。本所・深川が 30 人、次いで浅草・下谷 20 人で、65.8％を占める。

また、水戸鋳銭座に雇用された人々の生活実態を考えるうえで、『鋳銭座過去帳』が作成された経緯も注目される。過去帳に記載された人々は、遺体の引取り手もなく、願主小澤の旦那寺近辺に埋葬されたと現地では伝承されている。生国との縁の薄い人々が雇用されていた様相が窺い知れる。

大吹頭取や銭道のように一部の熟練職人に対しては江戸の熟練職人に比べて高額の給与を与える優遇条件が提示されたことは先に触れたが、非熟練職人らにとって労働条件が有利であったかは、給与水準比較だけではわからない[42]。

以上の分析を踏まえると、水戸鋳銭座における銭貨の製造工程とそこでの労働内容については、以下のような特徴があったと指摘できる。

経営層が江戸に常住していたこともあって、水戸領内で実施される鋳銭の労働工程管理は経営上の重要課題であったが、この点については、金座鋳銭

---

38) 「野非人片付之儀二付申上候書付」（『寛保撰要類集二十七ノ中』）国立国会図書館所蔵。
39) 『弾左衛門由緒書』では、弾左衛門の配下とされた職として鋳物師も含まれる。
40) 南和男（1969）や吉田伸之（2002）など。鬼頭宏（2002）102–104 ページでは、北関東から江戸に流入した者が、浅草・本所・深川界隈に居住する傾向が強いとの分析を行っている。
41) 藤井典子（2003）参照。
42) フォーゲル・エンガマン（田口ほか訳）（1971）では、アメリカンニグロの労働条件の検討に際し、食料・住居・被服・栄養状態などを勘案している。

表 4-6　水戸鋳銭座職人の江戸における居住地

地域名	町・村名など	人数（人）	うち、職名のある専門職人	備考（　）内は明和期以外の時期の鋳銭座
深川（8人）	—	5	—	鋳物師「釜座」所在地（小名木川鋳銭座）
	扇橋	2	—	銀座真鍮銭座あり
	松代町	1	—	深川溜あり
本所（22人）	—	10	銭道3	
	亀戸村	7	銚屋1、名主1	金座運営の亀戸銭座所在地（亀戸鋳銭座）
	柳島村	3	—	（柳島鋳銭座）
	入江町	1		
	押上村	1		
浅草・下谷（20人）	—	5		浅草御蔵所在地、浅草溜あり
	俵町	1	—	
	駒形町	3	形師頭1	
	米沢町	1	—	幕府御蔵納用川舟会所
	池之端	1	銭道1	
	下谷入谷町	1	—	（橋場鋳銭座）
	三屋	1	—	
	富山町	1	—	
	新寺町	2	—	寛永寺界隈
	千住村	4	—	
日本橋・神田（14人）	—	2		
	小網町	1	—	鋳物師「釜屋」出店地
	鍛冶町	1	—	
	松下町	1	—	
	佐久間町	1	—	
	松嶋町	1	—	水戸鋳銭座江戸会所界隈
	本材木町	1	—	
	伊勢町	1	—	
	中橋	1	—	
	桶町	1	—	
	富山町	1	—	
	田所町	1	—	
八丁堀（2人）	—	2	—	
市ヶ谷（2人）	糀町	1	—	幕府御用鋳物師所在地
	伝馬町	1	—	
芝（2人）	—	2	—	鋳物師「釜屋」出店地（芝縄手鋳銭座）
本郷・小石川（2人）	本郷	1	—	水戸藩小石川屋敷界隈
	たんす町	1	—	
京橋（1人）	—	1	—	
その他（4人）	三河村	2	—	
	大川通	1	—	
	落合	1	—	
計		76		

（注）　『鋳銭座過去帳』から、生国について「江戸」とのみ記載している20名は除外し、江戸内の居所が特定できる76人を抽出した。小澤裕の配意により閲覧した。

定座から伝達された『鋳銭方伝達覚書』の方針に従って労働工程を編成した。鋳銭座職人らの労働については、各工程の長にあたる熟練職人の指揮命令に依存して運営するとともに、願主が雇った役人衆が成果物や地鉄等の在高を経理することで労働実績の把握・管理を行っていた。

このような管理方法をとった背景には、鋳銭の労働工程を担う職人らの人員構成も影響していた。鋳銭現場は、鋳物師の棟梁（大吹頭取）を頭として地鉄を鎔解する工程（大吹）、鋳型を用いて銭道らが鋳銭を実施する工程（形場）、多数の仕上職人が研磨仕上をする工程（細工所）の三工程に分かれ、工程ごとに必要とされる技術や労働内容が異なっていたため、各工程の長の技能や徒弟関係を活かすことが有効であった。

さまざまな職人らが働いていた状況を、『銑鋳銭仕用一巻』に記された予定給与水準から分析したところ、大吹頭取や鋳道のように江戸の熟練専門職人の上限に近い高給をはむ者が一部にいる一方、仕上工程には江戸における日用・手伝層よりも低めの者や日雇が全体の過半を占めていたことが明らかとなった。

（3）　鋳銭座職人の労働管理

水戸鋳銭座経営層が職人をどのように処遇していたかを、各種の手当から検討する。水戸鋳銭座では、定期的な給与以外に、以下のような手当の支給や便宜供与がなされていた[43]。

まず、鋳銭座開設時に雇用された熟練職人に対して、さまざまな配慮がなされた。たとえば、領外から職人等を雇用した際、旅程に必要な路銀として銭（鉄一文銭）一貫文が渡された。単身で居住する長屋周辺には、麺類を売る店や酒屋、妓楼を設けて男所帯での生活の便宜を図った[44]。また、留守宅の生活にも配慮し、江戸会所から留守家族へ金銭を支給する用意がなされた[45]。

また、金銭的給与に加えて、現物支給がなされた点も見逃すことはできな

---

43)　斎藤修（1988）27 ページでは、手間賃以外に、心付や現物給与、特別付加給によって固定賃金の補填が行われることの意義に言及している。

44)　『加藤寛斎随筆』（『近世史料IV』収録）を参照。

45)　「乍恐申証文之事」日本銀行金融研究所貨幣博物館所蔵。

い。前掲『銑鋳銭仕用一巻』のなかには、「白米・味噌」という現物支給の項目がある。1000人分の扶持米年間5000俵（石高2000石に換算、1人あたり1年に5俵＝2石＝300kgとして、1日あたり約820g）、味噌が7000貫目（1人1日20匁として、約70g）計上されている。

　見積書に計上された米・味噌のすべてが支給されたとみることはできないが、江戸時代の食生活について分析した鬼頭宏の推計[46]では、1人1日あたりの米摂取量が264.1gとされており、これと比べても水戸鋳銭座で賄われた量は劣っていない。水戸鋳銭座での具体的な食事内容は定かでないが、でんぷん質を多くとり、たんぱく質・塩分を味噌に依存することで、肉体労働によって消耗する職人らの体力を補おうとした可能性も推測される[47]。

　また、臨時的な手当支給によって、経営層が職人の労働意欲を意図的に確保しようとした事例もある。鋳銭座の規律と安全を図るための規範として、「喧嘩口論無之様頭取役常々吹方之者共え申含置（中略）喧嘩口論猥ケ間敷廣有之ニおゐては善悪理非之差別ニよらず曲事たるへき事」との文言が『鋳銭方伝達覚書[48]』に記されている。しかし、水戸鋳銭座では、明和8（1771）年4月に周辺農民等が鋳銭座を焼き討ちして全焼させる一揆が起こり、その際に、職人らも騒動を起こしたが、これを慰撫するために臨時追加手当が職人全員に一両ずつ支払われた[49]。

　上記のような最重要規範を破った騒動に対しても、願主小澤らは職人らを処罰するどころか、金主に依頼して急遽1000両を調達してまで職人らに臨時手当を支払った。この騒動がどのような背景で生じたか史料上定かではないが、願主ら経営層が職人らの労働力を確保し、鋳銭事業の継続を最優先にしようとしていたことは明らかである。

　職人の生活面での便宜供与や臨時手当が支給されていた状況をみるに、経営層が熟練・非熟練職人を問わず職人層の労働を重視していたことは明らか

46）　鬼頭宏（2002）302-305ページに掲載された「幕末・明治初期の主食摂取量推計値」に関する記述を参照した。
47）　米・味噌の現物支給は、職人の栄養状態の側面から評価するだけでなく、現物給与の一環として捉えることも可能と思われる。
48）　前掲『鋳銭方伝達覚書』。
49）　「（鋳銭座一揆につき小澤九郎兵衛書簡）」小澤裕所蔵。

第4章　田沼期水戸鋳銭座の経営　153

である。では、経営層がこのような姿勢をとった判断の背景はどのような点にあったのだろうか。明和期水戸鋳銭座では明和8年に鋳銭座一揆が生じたあと、一時的に藩役人が直接鋳銭座を統括した時期がある。その当時の史料[50]には、藩役人の認識が次のように手控えられている。

【史料4-1】

　焙土方諸職人等取納之義は、全世語ニ申解候通、座法・山法ニて御役法ニては一旦為相用候得共、其者共心底ニ不落罷在候（中略）鋳銭一統之義は、乍恐都て常之御法とは御別意も可有御座候哉奉存候事、

（「鋳銭仕法につき口上書」日本銀行金融研究所貨幣博物館所蔵）

　この記述からは、①鋳銭座はさまざまな分野の職人から構成されており、②その行動規範は雇用前から属していた職人集団（「座」）や鉱山労働者の間での規範（「座法」・「山法」）によっている、③このため、水戸藩の法令に基づく役人の管理手法では統制不可能と認識されていた、ことがわかる。各工程内では、鋳銭座雇用前から属してきた職人の世界の規範に則り、職人層が行動していた現実が浮かび上がってくる。

　このような状況のもとでは、職人の行動規範や慣習を熟知した熟練職人の長が、個々の現場を指揮管理することが、労働工程を円滑に運営し続けるうえで最も有効であった。

　水戸鋳銭座においては、「御益之儀専一之御用場ニ御座候[51]」と記されるように、経営にあたって鋳銭益金の獲得が最も重要視された。実際、水戸藩では、願主小澤の業績を鋳銭座からの益金上納額をもって評価していた。

　小澤が鋳銭年季が満了する前々年の安永4（1775）年に作成した書付[52]には、次のような認識が記されている（傍線は筆者による。以下同）。

―――――――――――――

50）　「鋳銭仕法につき口上書」日本銀行金融研究所貨幣博物館所蔵。
51）　前掲「鋳銭仕法につき口上書」。
52）　「鋳銭につき勤方出精致候様書付」日本銀行金融研究所貨幣博物館所蔵。

表 4-7　鋳銭座主小澤九郎兵衛の昇進経緯

年月日	身分	水戸鋳銭の状況、藩への貢献
明和 5 (1768) 年 5 月	太田村大庄屋を名乗る。帯刀御免。御目見・献上を許される。	5 月：幕府から鋳銭許可を受ける。小澤は金座人との間の連絡調整役を命じられる。
同年 6 月 13 日	鋳銭御用出精につき、郷士並仰付られる。	6 月：2000 両を水戸藩へ上納。
明和 6 (1769) 12 月	五人扶持を賜り、鋳銭の功を賞せられる。	この年、鋳銭開始。5000 両上納。
明和 7 (1770) 年 3 月 9 日	郷士格を仰付られる。この頃から、水戸家中勝手向を引受ける。	2 月：1000 両上納。
明和 8 (1771) 年 7 月 13 日	呵を受け、閉戸。	4 月 1 日：鋳銭座一揆、鋳銭座全焼。
同年 10 月	閉戸を解かれる。	鋳銭座再開のため、金主との調整を行う。
		安永 3 (1774) 年、幕府から鋳銭許可。
安永 4 (1775) 年 閏 12 月 12 日	謁見の格、藩士となる。五十人扶持。御勝手方御用勤を仰付られる。	12 月：藩主徳川治保の日光社参に従う費用として、益金 5000 両を藩へ上納。
安永 6 (1777) 年 10 月 12 日	格式代官列大吟味役を仰付られる。	7 月：水戸鋳銭座終了。

（史料）「口上書」「（郷士並被仰付候書付）」「（小澤九郎兵衛勤方に付書付）」「（御目見格及五十人扶持仰出候書付）」「乍恐以書付奉願候事」「（日光豫山物入手当鋳銭増吹候につき書付）」（日本銀行金融研究所貨幣博物館所蔵）をもとに作成。『水戸紀年』（『茨城県近世史料Ⅳ』収録）、『御触書天明集成』を比較参照した。

【史料 4-2】

　　酉四月迄之御吹方ニ有之候、九年は来申年大願成就之年ニ有之候、此上御上之御沙汰は不申、末々之事ニ至迄万反無滞相済候得は、我等義は全理懲之筋を離れ本望至極生涯之面目無此上存候、乍去大業之事ニ候得は、其元方、万一此上心得違不情等有之諸事不平に候ては首尾不都合、十ケ年来之心願空敷相成候事ニ候得は、来申年は我等生涯之専要之年と存候、左候得は各々方当時甚出情（ママ）ニは相聞候得共、弥以御出情（ママ）頼入申度候、右祝儀方々来申正月より重役衆中より末々之役柄迄、給金高下ニ准二割増一統ニ可相渡候、猶又其上ニも被抽候勤方之族へは、酉四月暇之節、別ニ合力之了簡も可有之候間、偏一同被出情（マ

第 4 章　田沼期水戸鋳銭座の経営　*155*

　　マ）首尾無滞相済候様、頼入候ニ付、印形書付如斯御座候、（以下略）

　　　　（「鋳銭につき勤方出精致候様書付」日本銀行金融研究所貨幣博物館所蔵）

　この史料では、安永6（1777）年4月の鋳造年季まで、鋳銭に精を出して
励むように述べている。わけても「申年（安永5［1776］年）を「大願成
就」の時期としている。「大願」の意味は明記されていないが、延期されて
いた将軍日光社参の挙行年にあたり、その際の費用を鋳銭で捻出して水戸藩
に納めることが使命とされてきたことが窺われる。

　明和5（1768）年から、一時的な停止を挟んだ10年をかけてこの使命を
果たすにあたり、最終局面の1～2年間は、鋳銭座役人の上層部から職人ら
の末端に至るまで、無事に鋳銭を実施することを最重要課題として臨むこと
を指示している。鋳銭座関係者のモチベーションを上げるべく、2割増の加
給や、精勤者に対する鋳銭座終了後の特別報酬の可能性も提示している。そ
れだけ、鋳造の工程が円滑に進み、藩庫への上納金を重視していたことがわ
かる。

　徳川期の職人の労働工程管理に関しては、尾高煌之助が指摘するように、
熟練職人の長（親方）の統括権限が強く、経営層は親方の統括を通じて、間
接管理する手法をとったと理解されている[53]。この点、水戸鋳銭座の経営層
も熟練職人の長による統括を通じて各工程を間接的に管理する側面があっ
た。

　ただ、水戸鋳銭座の場合、熟練職人の長に依存するだけでなく、役人衆が
鋳銭場に常駐し、職人の労働実績を出来高や鋳銭素材の在高を経理しながら
管理した点が注目される。労働工程の実績を反映する物件費・人件費の経理
情報をもとに、願主小澤らは鋳銭益金を最大化すべく経営資源の見直し[54]や
加給などの方策も駆使していた。

　以上の分析からは、水戸鋳銭座の経営手法として以下のような特徴点が指
摘し得る。経営層は、労働工程を鋳銭益金の源泉として重視し、職人の待遇

53）　尾高煌之助（2000）252-253ページ。

54）　前掲「年中吹詰につき願書」では、鋳銭座開設の翌年、収支改善のため、稼働日の増加や職
　　人の追加雇用を検討している。

にさまざまな配慮を行っていた。金銭的給与だけでなく米・味噌といった現物支給も行っていた。また、職人らの騒動に際しては慰撫のために臨時手当を支給したり、最大限の鋳造益を確保し、年季期間の鋳銭を円滑に進捗させるために加給や特別付加給を提示するなど、職人の労働意欲の確保を重要視する経営方針をとった。

こうした経営方針がとられたのは、この鋳銭座の目的が、将軍日光社参に供奉する藩主の費用を鋳造益によって賄うことにあり、鋳造益を最大限とすることが重要課題とされていたためである。

3 水戸藩鋳銭にみる職人の雇用事情

（1） 金座による差配との関係

前節では、水戸藩内で、停止期間を挟みつつ約10年にわたって鉄一文銭が大量鋳造された鋳銭座組織の経営について分析した。そこで明らかになった点の一つは、大量鋳造に必要なだけの経営資源が、当初から水戸藩に備わっていたわけではなかったことである。その典型が鎔解工程を担う熟練職人である。水戸藩内にこうした熟練職人が蓄積する鋳銭ノウハウが皆無に等しい状態から、鋳銭座を立ち上げ、鋳銭実務を成功させたわけだが、こうした人的資源をどこからどのような情報ルートを通じて確保したのだろうか。

水戸藩に鋳銭許可が出された際、金座の差配を受けることが条件とされた。この当時、金座も鋳銭定座を兼帯し、亀戸に銭座を開設して、鉄一文銭・銅一文銭を鋳造していた。また、銀座が運営する深川真鍮銭座において真鍮四文銭の鋳造も開始されたため、鋳銭に関わる職人への求人度は極めて高い時期であった。鋳銭を担う職人に専門技術と熟練が要求されたとすれば、その者たちの総人数を短期間に増やすことは困難であり、それゆえ、その確保は鋳銭活動の成否を左右するものであった。

水戸藩の鋳銭座を指導・監督する立場にある金座では、亀戸銭座で自らが雇用する職人だけでなく、水戸鋳銭座に雇用された人員を含む、職人の全体的な雇用状況などに関心を寄せていた。では、水戸鋳銭座での職人の雇用は、金座とどのような関わりをもって進められたのだろうか。

第4章　田沼期水戸鋳銭座の経営　*157*

　前節でも触れたが、鞴（ふいご）で送風した動力をもとに、地鉄を鎔解したり、鋳
銭を行う工程をまとめて「大吹所」と称している（前節図4-1および表4-4
参照）が、ここで働く職人を「吹方職人」と総称する。熟練技術を要する鋳
物職人集団を中核とする。『鋳銭諸道具之覚』[55]をみると、「鋳物師方」と
いった呼称が確認できる。

　この史料によれば、水戸鋳銭座の立ち上げ時には、「鋳物師方」に59人が
属することが予定されていた。彼らは吹方のなかでも中核を担った職人たち
である。水戸鋳銭座に雇用された役人・職人は約1000人とされるものの、
鋳物師方の人数はその一割にも満たない。「鋳物師方」に記載された鋳物職
人は、一定期間の修行や実務経験を経た熟練職人の集団と考えられる。吹方
工程を任せ得る熟練職人として雇用され、即戦力として機能することが期待
されていた。熟練職人により構成された「鋳物師方」を中心に、さまざまな
技能レベルの職人（下働き・手伝層を含む）が吹方を構成する職人集団で
あったが、水戸鋳銭座における職人の雇用などについて、金座はどのような
かたちで指導・監督を行っていたのだろうか。

　明和5（1768）年5月に、水戸藩への鋳銭許可が出された直後に、金座は
座主小澤に対して、鋳銭座運営に関わるさまざまな仕法書の伝達を行ってお
り、そのなかに「職人召抱之定法書」が含まれていた[56]。その具体的な内容
は史料上明らかではないが、職人の雇用方針についても何らかの指導がなさ
れていたと推測される。

　また、金座人らは小澤を亀戸の鋳銭場に案内し、職人の労働内容や鋳造工
程を実地に説明している。金座は、みずからの銭座運営の実情を示すことに
より、水戸鋳銭座における職人に必要な技術の内容や熟練度など、雇用対象
人員について実地指導していたと考えられる。

　次の問題は、水戸鋳銭座に雇用された後の吹方職人の状況を金座がいかに
把握しようとしたか、という点である。この点に関する金座の姿勢・考え方
の一端を次に示す達しのなかに見出すことができる。

---

55)　『鋳銭諸道具之覚』日本銀行金融研究所貨幣博物館所蔵。
56)　『金座并鋳銭座江戸懸ケ合候一巻』日本銀行金融研究所貨幣博物館所蔵。この史料には、金座
　　　から小澤九郎兵衛へ伝達された書面が、「鋳銭伝達覚書　一冊、鋳銭目方書　壱枚、鋳銭役
　　　名書　壱枚、絵図面之要用書　壱枚（中略）職人召抱之定法書　壱枚」であったと記される。

【史料 4-3】

江戸・伏見定座并水戸鋳銭場相勤候鋳銭吹方之者・細工人等、仙臺表鋳
銭方え罷越候ハ、、一応江戸定座え御引合差障無之段申遺候之上可被召
抱候、且江戸・伏見并水戸表共不埒ニて暇差遺候者有之節は、当人生
国・住居・名前等相認、江戸会所迄可差遺置間、其者被召抱候儀可為御
無用候、尤仙臺表細工人等之儀も、前文之趣定座ニても相心得可罷在
間、不埒之者等有之節は書付可被差遺候、尤右之段、伏見定座并水戸鋳
銭場えも可申合候、

以上

子七月　　　　江戸　鋳銭定座

（「仙台鋳銭引請人三浦屋惣右衛門へ相渡候書付之写」
日本銀行金融研究所貨幣博物館所蔵）

　この史料は、仙台藩石巻鋳銭座引請人三浦屋惣右衛門へ出された達しの写
しである。水戸鋳銭座へも伝達されたものを小澤が手控えたものである。こ
こに見られるように、金座は、江戸（亀戸）・京都（伏見）・水戸（太田）・
仙台（石巻）に開設された鋳銭座の間を、吹方職人らが移動する可能性を認
識している。そのうえで、「不埒」な事情で解雇となった吹方職人につい
て、「名前・生国・住居」等を報告するように指示している。

　金座では、鋳銭座に雇用された吹方職人らが、トラブルを起こしたり逃げ
出したりすることによって、鋳造体制が崩壊することを懸念している。これ
に加えて、問題を生じさせ得る「不埒」な吹方職人が、他の鋳銭座で雇用さ
れないように監視しようとしていたと考えられる。

　「伏見定座并水戸鋳銭場えも可申合候」[57]とあるように、同じ金座が運営す
る伏見の銭座を含め、他の銭座での実務経験者を雇用する可能性があった事
情が窺える。金座関連史料をみると、「京座より頼ニ付、大吹棟梁一人、銭
道一人、研頭一人、右三人上京之儀申付候」[58]とあり、吹方職人の棟梁をは

---

57)　前掲『永野家文書十一　鋳銭御用書留第一』。
58)　同前。

じめとする熟練職人を江戸から伏見へ派遣していたことがわかる。

これに対し、金座関係史料のなかに、金座が水戸藩の鋳銭座へ職人を派遣したことを示す記述は見られない。しかし、鉄銭鋳造経験のない鋳銭座が鋳銭実務を熟知した吹方職人を雇用しなければ立ち行かない事情は、京都であれ水戸であれ、大きな変わりはなかったはずである。

前述のとおり、水戸鋳銭座金主のなかに、金座が運営する亀戸銭座へ鉄や銅、錫などを納めた御用地金問屋の銅屋太兵衛や関岡五郎兵衛が含まれており、鋳銭道具の調達や職人の雇用に関わる役目を担っていた。金座側から見れば、御用地金問屋を通じ、水戸鋳銭座での職人の雇用状況を把握することができた面もあったと考えられる。

（2）『鋳銭座過去帳』にみる職人の雇用事情

田沼期の水戸鋳銭座で雇用された職人らは、開設当初に水戸領外から移動してきた人々であった。しかしながら、座主小澤が記した史料や鋳銭座が所在した太田村の『御触留』等の史料では、「江戸」といった文言がところどころにみられるものの、詳細な地名、雇用情報の流れなど、具体的な事情については記されていない。そこで、前節でも参照した『鋳銭座過去帳』を用い、改めて職人の生国分布を分析し、水戸鋳銭座に雇用された職人の生国の特徴ないしは雇用活動で中心となった地域の所在等を考察する。

『鋳銭座過去帳』は、水戸鋳銭座が開設された翌年の明和6（1769）年から年季満了となった安永6（1777）年までに、水戸鋳銭座で死亡した282人の名前、生国等を死亡した日ごとに書き上げたものである。冒頭箇所（但し。戒名は略す）は次のとおりである。

【史料4-4】

　　一日　明和六丑十一月　　江戸扇橋俗名　　藤治郎
　　　　　明和六丑十二月　　生国無之　　　　惣右衛門
　　　　　明和七寅二月　　　生国秋田　　　　甚内事
　　　　　明和七寅閏六月　　生国常州茨城郡川口村　　伊助

焼死去七人
　明和八卯四月　　　　生国無之　　　治兵衛
　明和八卯四月　　　　生国無之　　　市之助
　明和八卯四月　　　　生国無之　　　義八
　　　（以下略）

　このように、過去帳には、異なる年月の死亡者が命日（供養日）ごとにま
とめて記載されている。これは、水戸鋳銭座が終了した後、死亡者を一括し
て書き上げたことを示している。記載者のほとんどは男性だが、一部に女性
（20人）や子供（9人：男子6人、女子3人）が含まれる。女性たちの中
に、水戸鋳銭座近辺に所在した妓楼に働く女性と確認できる[59]者がいること
から、水戸鋳銭座一帯で死亡した人々に関する史料と見ることができる。

　表4-8は、この過去帳をもとに、死亡者数の推移等をとりまとめたもので
ある。水戸鋳銭座での死亡者数の年々の変化や生国の分布などがわかる。

　まず、死亡者の年々の変化から水戸鋳銭座の運営の経緯を辿っておく。死
亡者の記載が始まるのは明和6（1769）年1月である。前年5月に幕府の鋳
銭許可を受けてからの約半年間に死亡者の記載がないのは、いまだ鋳銭作業
が行われておらず、職人が雇用されて水戸領外から移動してくる時期だった
ためではないかと、考えられる。

　鋳銭作業が開始されると、その直後から死亡者が出始める。当初、月々1
人程度の死亡にとどまっていたものの、本格稼働に伴って増加し、明和6年
中に24人、明和7（1770）年中は42人、明和8（1771）年中には73人と
ピークを迎える。ちなみに、この年の4月1日に周辺農民らによる鋳銭座一
揆が起こり水戸鋳銭は全焼した[60]。史料4-4の一日付の記事に、「焼死去七
人」とあるのが鋳銭座一揆による死亡者とみられる。この時期を境に死亡者

59）　この過去帳のなかには、「明和七寅十一月（三日）　生国越後　桔梗ヤ下女」「安永二巳二月
　　（三日）生国下総八日市　桔梗ヤ下女」「明和八卯十二月（廿五日）生国江戸　茗荷ヤ下女」
　　といった女性の記載が確認できる。男性死亡者と異なり名前は記されていない。
60）　明和8（1771）年4月1日、静神社の神輿磯下りの祭礼の機会に、付近の村々から集まった
　　群衆が鋳銭座を打ち壊す動きに出て、鋳銭座が全焼した。『水戸市史中巻（二）』。『加藤寛斎
　　随筆』には、「公儀江ハ座内自火と申立候」と記される。

表 4-8　水戸鋳銭座における死亡人数の推移

年	年間死亡者数	四半期別死亡者数	過去帳での特記事項	（参考）水戸鋳銭座年表
1768 （明和5）	―	―	死亡人員記載なし	4月：幕府から鋳銭許可 8月：金座鋳銭定座から銭の背文につき達し 11月：鋳銭場普請完成。試吹実施。
1769 （明和6）	24人 うち、武蔵国12人 （本所・深川8人）	1－3月　　3人 4－6月　　3人 7－9月　　2人 10－12月　16人	―	1月：鋳銭開始 8月：鋳銭座の稼働率を上げる検討。 　（職人を追加投入）
1770 （明和7）	42人 うち、武蔵国17人 （本所・深川6人）	1－3月　　6人 4－閏6月　12人 7－9月　10人 10－12月　14人		―
1771 （明和8）	73人 うち、武蔵国30人 （本所・深川3人）	1－3月　28人 4－6月　24人 7－9月　12人 10－12月　9人	4月1日に「焼死」と記された者6名	4月1日：鋳銭座一揆が起こり、鋳銭座全焼 5月以降、鋳銭座再開準備 10月：5000貫の銭を放出し不満を緩和 11月：藩の直営で鋳銭座再開
1772 （明和9・ 安永改元）	61人 うち、武蔵国29人 （本所・深川2人）	1－3月　　6人 4－6月　16人 7－9月　11人 10－12月　28人	3月に死亡者なし	10月：幕府から鋳銭停止を命じられる 11月：「さらい吹」を実施
1773 （安永2）	22人 うち、武蔵国10人 （本所・深川2人）	1－3月　21人 4－5月　　1人	4月に死亡者なし 6月以降記載なし	3月：諸施設・道具など入札。鋳銭座撤去
1774 （安永3）	12人 うち、武蔵国6人 （本所・深川なし）	1－3月　　1人 4－6月　　4人 7－9月　　6人 10－12月　1人	1月、2月記載なし 9月、10月、11月 死亡者なし	3月：農民に鋳銭反対の動き 4月：幕府から再度鋳銭許可（3年季）。鋳造規模は、以前の4分の1）
1775 （安永4）	14人 うち、武蔵国5人 （本所・深川1人）	1－3月　　なし 4－6月　　2人 7－9月　　4人 10－12月　8人	1月、2月、3月、 4月、8月死亡者なし	1月：出来銭を江戸浅草御蔵へ納める
1776 （安永5）	17人 うち、武蔵国2人 （本所・深川なし）	1－3月　　5人 4－6月　　4人 7－9月　　4人 10－12月　8人	―	3月：鋳銭座火災により3カ月間休座 4月：将軍日光社参 水戸藩へ社参入用資金を納める 6月：鋳銭座普請終了、火災の休座分の鋳銭期間延長の許可を受ける
1777 （安永6）	17人 うち、武蔵国2人 （本所・深川なし）	1－3月　　8人 4－6月　　8人 7月　　　1人	1月に死亡者なし 8月以降記載なし	7月：鋳銭座年季満了、鋳銭終了 10月：水戸鋳銭座主小澤、代官列大吟味役
合計	死亡者数合計282人　うち、女性20人・子ども9人			

（史料）　『鋳銭座過去帳』より作成、年表は、水戸鋳銭座史料群をもとにした。

数が減少しているが、この転換期は全焼した銭座を普請し直し鋳銭を再開した時期と合致する。鋳銭座一揆を契機に銭座運営等に関する見直しが行われ、職人の労働条件などに何らかの変化があったと推測されるが、この史料のみでは、その経緯を把握することはできない。

死亡者数がピークを示した明和8年頃は、第2章3節で分析したとおり、水戸で鋳造した鉄一文銭が盛んに江戸へ運ばれた時期にあたる。江戸市中での銭安を惹起した要因とされ、明和9（1772）年10月に、水戸藩へ鋳銭停止命令が出された[61]。しかし、停止命令後も死亡者の記載は翌年の3月まで続いている。これは、銭座を閉鎖する前に「さらい吹（道具や床などに残留した屑鉄を回収するための吹直し）」が行われ、職人が働いていたことを示す。鋳銭座施設が完全撤去された[62]後、吹方職人らは全員水戸を離れるが、この時期を境に死亡者の記載はいったんなくなる。

死亡者の記載が再度見られるようになるのは、安永3（1774）年4月で、鋳銭座が再開される時期と軌を一にしている。また、安永6（1777）年7月の年季満了とともに死亡者の記載がなくなる。なお、安永期に再開された鋳銭座での死亡者数は毎年10人台で、中断前の死亡者に比べてかなり少ない。

次に、過去帳に記載された282人の生国についてみると、北は出羽国秋田から西は摂津国大坂に至るまで、18カ国の広域にわたる。2名以上が確認できる国名と人数（括弧内は全体に占める比率）を、多い順に列挙すると以下のとおりである。

① 　武蔵国　　113人（40.1％）
② 　陸奥国　　44人（15.6％）
③ 　常陸国　　21人（7.4％）
④ 　下総国　　14人（5.0％）
⑤ 　越後国　　10人（3.5％）
　　出羽国　　10人（3.5％）

---

61) 『御触書天明集成四十四』二八四九号。
62) 安永2（1773）年の『御用留』常陸太田市教育委員会所蔵。これによれば、水戸鋳銭座を撤去し、職人らが居住した長屋を含む諸施設や道具などが入札に付されている。

第4章　田沼期水戸鋳銭座の経営　*163*

⑥　下野国　9人（3.2%）

上総国　9人（3.2%）

⑦　遠江国　8人（2.8%）

⑧　上野国　4人（1.4%）

⑨　三河国　2人（0.7%）

摂津国　2人（0.7%）

　このように、武蔵国出身者が全体の4割を占め、そのなかでも江戸出身者が96人（34.0%）と目立つ。常陸国は第3位で21人であるものの、水戸藩出身者は5人（1.8%）と僅少だ。

　より細かい地域区分として、藩などで死亡者数5人以上が確認できる地域を同様に列挙すると、以下のとおり。

①　江戸　　　96人（34.0%）

②　仙台藩　　11人（3.9%）

③　岩城平藩　8人（2.8%）

④　秋田藩　　6人（2.1%）

⑤　水戸藩　　5人（1.8%）

守山藩　　5人（1.8%）

　江戸が突出しているのは前述のとおりである。それ以外は、東北地域と水戸藩およびその連枝といったグループに分かれる。②の仙台藩出身者のなかには、鋳銭座所在地である「石巻」出身者6人が確認できる。秋田藩も元文期に鋳銭座が設けられた土地である点で、鋳銭座所在地と何らかの関連性が推測される。

　そこで、吹方職人に必要とされる技術面に着目してみよう。江戸周辺地域のなかから、鋳物・鍛冶職人町所在地のうち、3名以上が確認できるものを列挙すると次のとおりである。

①　江戸本所・深川　　28人

②　江戸神田鍛冶町　　5人

　③　下野国佐野天明　　4人

　④　武蔵国足立郡川口　3人

　このように本所・深川界隈出身者が多いことが注目される。その28人の死亡時期は、前半の明和期が27人、後半の安永期は1人である。明和期の水戸鋳銭座における吹方職人の雇用に、鋳物職人町として知られる江戸の本所・深川界隈という地域が深く関わっていたことが窺える。

　この半面、『鋳銭座過去帳』では、江戸以外の17カ国を生国とする者が全体の6割を占めていることも事実である。しかし、小澤が作成した史料では、江戸・仙台といった地名に言及した箇所が見られるものの、全国各地から職人を雇用すべく活動した記述は見られない。これは、水戸鋳銭座に雇用された吹方職人が、雇用時に「生国」から直接水戸へ移動したとは限らないことを示している。

　前述のとおり、水戸鋳銭座を差配していた金座では、吹方職人らの「生国」と「住居」の双方を把握しようとしており、吹方職人らのなかには、生国と雇用時の住所が異なる者も含まれていたことを、金座も認識していたようだ。『鋳銭座過去帳』に記載された人員のなかには、「生国→江戸→水戸」といったコースを辿っていた者も含まれていると見込まれる。

　江戸時代には、諸国から江戸へ人々が流入し、深川をはじめとする下町に居住して職人等となって職を得ていた。こうした人々が、江戸の特定地域に居住する背景に、職業との関連性が高いことが指摘されている。鋳物関連職人については、生国以外の遠隔地に出店し、住居を構える者もあり、隔地間の移動が盛んであったことが知られる。

　ここまでの『鋳銭座過去帳』の分析では、出身者数の多い生国を中心に述べたが、少人数の出身者が記される地名を見ると、伊勢国（鳥羽村）・三河国（岡崎）・美濃国（大垣）・出羽国（庄内）といった遠隔地が挙げられる。鋳物職人が所在する地域である[63]。このような遠隔地を生国とする者のなか

---

63)　鋳物職人の所在地名の確認にあたっては、以下の文献を参照した。村内政雄（1971）251-381ページ。中川弘泰（1986）。笹本正治（1996）。滋賀県栗東自治区編（1996）。

には、職業的な縁などを通じて江戸で流布する雇用情報を得て、水戸鋳銭座に雇用されるに至った者も含まれていたのではないかと考えられる。

（3）　熟練職人の雇用と深川「釜屋」の関わり

さまざまな生国出身の人々が水戸鋳銭座に関する雇用情報を知り得るためには、何らかの斡旋者が存在していたはずである。斡旋にあたっては、業種や出身地の地縁に関連した情報網が用いられることが想定される[64]。水戸鋳銭座に関しては、前述のとおり、江戸の地金問屋・銅屋太兵衛らが職人の雇用にも何らか貢献したとみられるが、過去帳にみられるように雇用された人々の生国が多岐にわたっているため、江戸を拠点とした情報網だけでは対処しきれない様相を呈している。広範な地域を生国とする人々を短期間で多数雇用するためには、広領威にまたがる既存の情報ネットワークを土台にしていなければ実現不可能[65]と考えられる。

では、水戸鋳銭座での雇用活動は、どのような情報ネットワークを背景に行われたのだろうか。

前項の分析では、水戸鋳銭座で働いていた職人の中に江戸出身者が数多く含まれ、なかでも本所・深川といった鋳物技術に関連する特定の町の居住者が多いことが判明した。水戸鋳銭座において即戦力となることを求められた吹方職人は、江戸においても同種の仕事に携わっていた可能性が高い。そこで、職名が記載された熟練職人を対象に『鋳銭座過去帳』に見られる生国をもとに、吹方職人（非熟練職人を含む）と、深川所在の鋳物師「釜屋」との関連性を考察する。

過去帳において職名が明記されたものを拾い上げると、「銭道」「形屋」「錺屋」が挙げられる。彼らは、鋳造銭貨の型のもとになる銭（種銭）を鋳型に配置したり、鋳型を作成して鋳造したり、出来銭の目利きや審査を行うといった技術的責任者の役割も果たす熟練職人である。職名から見て、水戸に移動する前から、江戸の銭座で熟練職人として機能していたとみられる。

64）　速水融（2001）119-120ページ。出稼ぎ奉公での雇用につき、口入れ屋等が斡旋者として機能していた可能性を指摘している。

65）　尾高煌之助（2000）27ページ註1。

ちなみに、過去帳のなかで職名の記される熟練職人は13人と少なく、死亡者総数282人の1割にも満たない。その割合からみて、死なないような安全な場所にいたか、病気にかかりにくい等の状況に置かれていた[66]ことなどが推測される。彼らは指導的役割が課せられた立場にあったのであろう。その配下に職名すら持たない数多くの職人たちを従えていた銭座の人的構図が浮かび上がってくる。

この13人の熟練職人のうち、明和期に死亡した者の出身地を列挙すると、「亀戸村（錺屋1人）」「本所（銭道3人）」「池之端（銭道1人）」「駒形町（形屋頭1人）」である。このうち亀戸は、前述のとおり、明和2（1765）年以降、金座（鋳銭定座）が運営する亀戸銭座が開設された場所である。

『鋳銭座御用書留』には、「亀戸住之錺屋共えも内々へも示合せおき、（中略）亀戸中にて寄合い調べ候」[67]といった記述もみられる。この近辺は、亀戸銭座に雇用された通い職人らの居住地であった。銭道のように鋳銭座特有の熟練職人は、亀戸銭座の周辺に居住する鋳銭経験者であった可能性がある。

それでは、水戸鋳銭座に雇用された吹方職人らは、金座を通じて水戸へ派遣されたのであろうか。前述のように、金座関係史料では、金座が運営する伏見鋳銭座への人材派遣については言及があるものの、水戸鋳銭座についてはそうした言及はない。同じ金座の組織内については熟練職人の派遣は行われても、水戸藩が実施する鋳銭座までは直接人材を派遣することはなかったとみられる。これは、金座の組織的枠組みに起因するものであろう。また、同時に、当時の金座に、熟練職人を水戸藩に派遣できるような、人的資源の余力がなかったのではないか、という点も考慮する必要がある。

金座は本来、小判等の金貨を製造する機関であり、鋳銭の役割を担っていたわけではない。その金座が鋳銭定座を兼帯して鉄一文銭の鋳造を開始する前年（明和元［1764］年）には、「鉄銭吹方鍛練仕候者有之哉と穏便ニ相尋候得共無御座候ニ付、（中略）鉄銭鋳立候義はわずか之間ニて疾と修練不得

66）これに対し、非熟練労働を担った江戸の無宿・野非人層は、江戸で居住していた溜などの場所において、病気などの健康状態を害する環境下にあった可能性があり、水戸に移動した後も、密集した居住環境にあって、病気が感染しやすい状況にあったことが推測される。

67）前掲『永野家文書十一　鋳銭御用書留第一』。

第4章　田沼期水戸鋳銭座の経営　*167*

仕」[68]状態にあった。金座自体が熟練職人の所在を探しながら、その技術を
銭座運営に急遽導入していた。水戸鋳銭座が幕府許可を受けた明和5（1768）
年当時、亀戸銭座では、鉄一文銭の鋳造に加え、日光社参等における儀礼用
の銅一文銭の鋳造を開始したばかりで、熟練職人を派遣できる余力があった
とは考えにくい。

　では、明和期に金座が、鋳銭技術を短期間で導入する際に依存することが
できたのはどこの可能性が高いのか。水戸鋳銭座の立ち上げにあたり、亀戸
銭座の実務を見学し、その鋳銭体制をもとにするように金座から指導管理を
受けたことは前述のとおりである。その金座が技術的な側面で依拠した所
が、水戸鋳銭座に雇用された熟練職人らが修練を積んだ場所と関連性がある
と考えられる。水戸鋳銭座では、金座が技術的に依拠している職人集団から
雇用を進めることで、金座の指導・管理に沿った職人体制を築くことを意図
した側面があったのではないだろうか。

　鉄一文銭鋳造の端緒は、元文・延享・寛保期頃（1730〜1740年代）にさ
かのぼる。元文期に江戸に開設された銭座を挙げると、「十万坪銭座（銅・
鉄銭）、小梅銭座（銅・鉄銭）、柳島銭座（銅銭）、平野新田銭座（銅銭）、小
名木川銭座（鉄銭）」である。

　明和期以降に金座が鋳銭を実施した亀戸周辺の一帯には、鋳銭の技術と経
験を持つ吹方職人がそれ以前から存在していた。金座人が勘定所の命を受け
て、明和元（1764）年に鉄一文銭・銅一文銭の鋳造収支の見積を作成し、過
去に鋳銭経験のある職人を探し、その経験や意見を聴取しながら見積を立て
た際に依拠したのは、元文期に鋳銭経験のある鋳物師といってよいだろう。
鉄一文銭の鋳造経験を持つ深川界隈の鋳物師としては、小名木川沿いに「釜
屋」を構える近江国辻村出身の鋳物師太田六右衛門（通称：釜六）と田中七
右衛門（通称：釜七）が挙げられる。

　彼ら（以下、総称して「釜屋」という）の活動については、横田冬彦や栗
東歴史民俗博物館による研究で、その実態がすでに解明されている[69]。深川
の「釜屋」は、近江国辻村から出店した江戸の代表的鋳物師で、享保2

68）　同前。
69）　横田冬彦（2000）滋賀県栗東町辻自治区（1996）等を参照した。

（1717）年から幕府御成崎鍋釜御用を務めた[70]。また、近江国辻村からの出
店は江戸だけでなく、出羽・陸奥に至るまで広範な地域にわたり、近世中期
最大の職人ネットワークであったとされる[71]。実際、深川「釜屋」と遠江
国・駿河国の鋳物職人が共同で作業をするなど、隔地間での職人相互の交流
も盛んであった[72]。

　「釜屋」は仏像や梵鐘といった工芸品[73]の鋳造に携わったことはもちろん
だが、田沼期以前の銭座運営にも関わっていた。「釜屋（深川小名木川扇橋
釜屋太田六治郎）」は、元文期の小名木川銭座（元文5［1740］年から延享2
［1745］年、年間十万貫文鋳造[74]）の引請人として、鉄一文銭を大量に鋳造
した実績がある。小名木川銭座が解散した後も、鉄銭鋳造技術は「釜屋」の
仕事に関わる鋳物職人らのなかに残っていたとみられる。

　この点、『鋳銭座過去帳』から、深川界隈の地名を拾い上げてみると、亀
戸村、押上村、扇橋、柳島村、松代町や本所、深川といった地名が見られ
る。いずれも「釜屋」の作業場、小名木川沿いの「釜屋」を中心とした一帯
の地名である。このことは、水戸鋳銭座開設時に太田村へ移動していった吹
方職人の中に、深川「釜屋」周辺で活動していた人々が多く含まれていたこ
とを示している。

　また、『鋳銭座過去帳』に記載された、近江国辻村から出店のあった地を
生国とする者を見ると、釜六が共同作業を行った山田七郎左衛門が統括して
いる遠江国に8人、2人以下の小人数ながら、小網町（江戸）、流山（下総
国）、烏山（下野国）、新潟（越後国）、大垣（美濃国）、岡崎（三河国）、庄
内（出羽国）出身者が確認できる。水戸鋳銭座における吹方職人の生国分布

70）　滋賀県栗東町辻自治区（1996）26ページ。深川「釜屋」とは鋳物師太田六郎右衛門家と田
　　　中七郎右衛門家のこと。両家はともに1640（寛永17）年に江戸に出た後、深川大嶋町に店
　　　を構え、釜六・釜七と呼ばれた。
71）　横田冬彦（2000）19-35ページ。
72）　栗東歴史民俗博物館展示図録（2000）では、太田六郎衛門の出職の事例として、享保3
　　　（1718）年の遍照寺（静岡県森町）の銅像大日如来座造を取り上げている。台座には「駿遠
　　　両国鋳物師惣大工山田四郎左衛門尉藤原種満、鋳物師御大工江戸住太田近江藤原正次造之」
　　　と記されている。
73）　横田冬彦（2000）26ページ。太田六郎衛門家の作品には、元禄16（1703）年の浅草誓願寺
　　　（桂昌院を大旦那とする寺）の大鐘、正徳6（1716）年の増上寺有章院の御三家以下の銅燈
　　　台がある。御三家との関わりも深い。
74）　日本銀行調査局編（1974）339ページ。

第4章　田沼期水戸鋳銭座の経営　*169*

の広域性と「釜屋」の全国ネットワークの間に重なりがあるように見える。水戸鋳銭座に関する吹方職人の雇用情報が、職人の情報ネットワークに乗って広く伝達された可能性が推測される。

このように、吹方職人の雇用と深川「釜屋」には何らかの関わりがあったと目されるが、雇用活動にあたった水戸鋳銭座関係者との接点はどこにあったのだろうか。この点を「釜屋」の立地と水戸鋳銭座関係者の行動領域との関係から見てみよう。

先に触れたように、「釜屋」は深川小名木川沿いに作業場「釜座」を設けていたが、以下のように、水戸鋳銭座関係者の江戸における活動拠点が近接していた。

一つは、小梅の水戸藩下屋敷（通称「小梅屋敷」）である。近隣の竹町にある荷揚場は水戸―江戸間を往来する船の入津場になっていたため、この一帯には水戸領内からの米穀をはじめとする産物が運び込まれており、藩専売の一環として米会所を設立し水戸領産の米穀を江戸で専売することが検討されていた[75]。その関係者の中に水戸鋳銭座の座主となった小澤が含まれていた。彼は江戸の浜町に常住し「領内御買穀御用」として各種の調整にあたっていた。

もう一つは、「釜座」と小名木川を挟んで真向かいの場所、深川永代新田の水戸藩抱屋敷界隈である。『水戸紀年』によれば、明和5（1768）年に太田備後守へ深川永代新田ノ荘一万千四百十三歩が与えられたとされる。水戸藩元家老太田資胤[76]は、徳川家康の側室於梶の方（初代水戸藩主徳川頼房の准母）につながる太田一族の一人で、寛延期に水戸藩の財政改革を推進した。一族には、掛川藩主太田備中守資愛（当時、奏社番、寺社奉行）がいる。

太田資胤は、明和5年当時、隠居していたものの、水戸藩財政に影響力を持っていた。隠居の楽しみとして俳諧に熱心で、深川在住の松尾芭蕉系の宗匠に師事して盛んに活動を行っていた[77]。その俳諧仲間のなかに小澤も含ま

---

75)　水戸市史編纂委員会編（1969）242-245ページ。

76)　『太田家記』国立公文書館所蔵を参照。

77)　太田資胤（俳号は湖中）は、松尾芭蕉門人榎本其角系の「深川湖十」に師事した（『日本史総覧V近世二』406ページ「俳諧系図」参照）。

れており、鋳銭実施期間中も交友関係が続いていた[78]。ちなみに、前節で触れた水戸鋳銭座の金主となった楠後文蔵は太田備中守の蔵元を務める商人（前掲表4-3）で、太田一族の人脈が活かされたことも推測される。

　なお、深川「釜屋」一族には、当時の代表的俳人（松尾芭蕉系）とされる田中七左衛門[79]がおり、彼自身、近江・江戸・伊勢・相模などを中心に多数の門人を持っていた。辻村出身の鋳物師には、田中七左衛門が師事した三上千那に師事するものが各地にいて、俳諧の面での情報交換も盛んであった[80]。俳諧などでの交流関係を通じて、さまざまな情報が共有されていた。そうした人的なネットワークを背景に、水戸鋳銭座における雇用情報も「釜屋」周辺の鋳物師らに流布していったのではないかと、考えられる。

　なお、深川「釜屋」周辺の労働供給力が、水戸鋳銭座での職人の雇用に影響していたことは、明和8（1771）年に釜六が出した書簡[81]からも窺われる。

【史料4-5】

　此度日光　御社参ニ付御威光御入用之鍋釜七右衛門私両人え数大小〆千四百四拾調達被仰付（中略）右之御用ニ付此節甚以繁用ニ罷在候、

（「乍恐奉上候口上書」、個人蔵）

　この書簡のなかで、釜六は、将軍日光社参[82]に向けて、幕府から鍋釜鋳造の大量発注を受けたことに言及している。「釜屋」が繁忙になると、「釜屋」周辺に集う鋳物職人らは、明和8（1771）年以降安永5（1776）年4月の社参挙行までの間、幕府御用の鍋釜鋳造に関わる労働力として動員された。小澤が記した書簡のなかでも、日光社参に向けて鋳銭関係の職人の確保が江戸で難しくなったと述べている[83]。「釜屋」周辺での労働需給の逼迫が、水戸

---

78)　「（湖中書簡）」小澤裕所蔵。
79)　田中七左衛門（俳号は千梅）は、釜屋田中七右衛門の四男。松尾芭蕉の高弟三上千那に師事し、明和期を代表する俳人の一人（『日本史総覧V近世二』425ページ参照）。
80)　滋賀県栗東町辻自治区編（1999）366-368ページ。
81)　「乍恐奉上候口上書」栗東市個人蔵（栗東歴史民俗博物館企画展示史料）。
82)　徳川家治の日光社参は、当初、明和9（1772）年4月挙行予定であったが、御台所の薨去により延期。安永5（1776）年4月に挙行された。

鋳銭座等への吹方職人の供給力までも左右していた側面を示している。

　以上のように、田沼期に実施された水戸鋳銭座における鉄一文銭の鋳造は、江戸深川「釜屋」周辺から熟練した吹方職人を一時的に雇用することに依存して実施された可能性がある。

83）「（九郎兵衛帰着二付留守中御礼状）」日本銀行金融研究所貨幣博物館所蔵。

第5章

年貢貢納にみる銭貨の使われ方
～武蔵国児玉郡傍示堂村の事例～

■第5章のポイント■

- この章では、関東農村部への貨幣浸透状況を、18世紀半ば頃から幕末維新期の人々が、新たに発行される小額貨幣をどのように受容し、使っていたかの一端を把握しながら、考察する。

- 貨幣の使われ方を時系列で辿るにあたっては、同じ地域での同種の史料から情報を把握する必要がある。本章では、年貢関係史料が連続性を比較的保って伝存した武蔵国児玉郡傍示堂村（現、埼玉県本庄市）の年貢関連帳簿（慶應義塾大学文学部古文書室所蔵）をもとに、そこに記された貨幣単位の変化から事例分析する。分析の対象年代は、享保18（1733）年から明治9（1876）年までである。

- 明治政府によって円体系の貨幣制度が公布された明治4（1871）年以降も分析対象としたのは、地租改正までの間、村請制の仕組みで年貢徴収が続いており、年貢関係帳簿が幕末期と同様の形式で作成されていたことによる。

- 史料が網羅する期間には、貨幣制度の節目が含まれる。一つめは、元文金銀貨（元文元［1736］年に改鋳）の流通が軌道に乗っていた時期である。幕府開設当初に構築された「三貨制度」が運営されていた。二つめは、両建ての計数銀貨の端緒として明和南鐐二朱銀（明和9［1772］年発行）が登場し、「三貨制度」が変容し始めた時期である。三つめは、19世紀入り後、「弐分」「弐朱」「壱朱」を額面とする計数銀貨が続々と発行された「小額貨幣化」の時期である。四つめは、幕末維新期で、「両から円へ」の移行期である。この四つの節目に着目しながら、貨幣流通（使われ方）の変化を考察する。関東農村において、両から円へいつ頃移行したかの把握も目指す。

1 年貢貢納史料に記載される貨幣単位

　近世の関東農村部では、麦や大豆、真綿などの作物が畑年貢として納められていたが、18世紀入り後、「江戸地廻り経済」が進展する[1]なか、商品作物等を江戸で売却して得た貨幣で年貢を納める動きが盛んになったといわれる。年貢を村単位で納める仕組みは、明治維新政府による地租改正に至るまで続いたわけだが、村人らは、その間、どのような貨幣を用いて年貢を納めたのだろうか。その実情は、わかっていないことが少なくない。

　第1章で説明したとおり、徳川幕府の開設時に構築された「三貨制度」では、小判（両建て）や丁銀（匁建て）は幕府や大名・商人らによる高額の支払いに充てられ、庶民の日々の支払いには銭貨（文建て）が用いられたと考えられている。ならば、幕府の崩壊に至るまで、農民らは主に銭貨で貢納し続けたのだろうか。田沼期以降、金一分未満の支払いに用いることができる金貨単位の計数銀貨が登場したが、その結果、貢納の仕方に何らかの変化が生じたのであろうか。また、明治時代入り後、地租改正に至るまでの間、人々は「両」と「円」のいずれの単位の貨幣で年貢を納めたのだろうか。いずれの点も、必ずしも定かでない。これは、従来の貨幣史研究において、制度や貨幣相場の変化に関する研究が進展してきた一方、「貨幣の使われ方」に関する実証分析がやや手薄だったことによる。

　「貨幣の使われ方」について、銭相場の推移をもとに、貨幣の需給関係の変化に着目して論じられてきたが、その際も、「銀遣い」の西日本に分析の重きが置かれた[2]感がある。「金遣い」の東日本について、金銭相場の時系列分析を行った岩橋勝によって、「取引での決済には銭1貫文以上の併用がつねに必要」であったため、計数銀貨の登場が「大量の銭貨節約」をもたらしたとの指摘がなされている[3]。しかし、この点について、関東農村部での

---

1)　田畑勉（1965）41-59ページや伊藤好一（1966）以後、醤油醸造業の発展に関する各種の研究が進展してきた。前掲林玲子『関東の醤油と織物 18〜19世紀を中心として』などのほか、林玲子・天野雅敏編（1999）、井奥成彦（2006）といった著作としてまとめられている。
2)　新保博（1978）では銀銭相場の長期時系列分析がなされている。
3)　岩橋勝（2019）72ページ。

第 5 章　年貢貢納にみる銭貨の使われ方　*175*

使用実態を記す史料をもとに実証する作業は、課題として残されてきた。

　関東農村部への貨幣浸透は、「江戸地廻り経済」の発展が背景にあったわけだが、いったい、各種の小額貨幣はいつ頃からどのように普及し、使われたのだろうか。

　その実態を知る手がかりとして、本章では、18世紀半ば頃から幕末維新期の人々が、新たに発行される小額貨幣をどのように受容し、使っていたかの一端を、年貢関係史料に記される貨幣単位の変遷を通じて考察することを目指す。近年の貨幣史研究では、金一分未満の「小額貨幣」の意義が重視されるようになっているが、本章での事例分析を通じ、「貨幣の使われ方」の実態といった側面から議論を補強していくことに、いくばくかでも資することができるのではないか、と考えている。

　「貨幣の使われ方」を把握するには、商人らの取引決済や、運搬などの労役への報酬の支払いの事例などを分析することが必要なことはいうまでもない。したがって、本章が着目する年貢貢納の分析だけで、折々に発行された貨幣の普及・利用状況を一般化することはできない。だが、年貢貢納は、年々、村々が負う義務であっただけに、いかなる貨幣を用いて納めたかには、地域・年代による貨幣の普及状況が映し出されている可能性がある。

　周知のように、関東における畑年貢の賦課計算に際しては、「永銭勘定」と呼ばれる金貨の計算貨幣（永1000文＝金1両）が明治維新期まで用いられた[4]（コラム4「「永」と「鐚」」も参照されたい）。自治体史などに収録された年貢関係史料（翻刻文）をみると、「永〇文」といった金貨の計算貨幣のほか、断片的ながら「両・分・朱」（幕府発行金貨の単位）、「匁」（幕府発行秤量銀貨の重量単位）、「文」（幕府発行銭貨の単位）、「円・銭・厘」（明治政府発行貨幣の単位）といった実物貨幣の単位に関する記述がところどころに確認される。人々がどのような単位の貨幣を用いたか、その変化の実情を知るには、同じ目的、同じ様式で作成された史料について、ある程度の連続性が確認できる史料群を分析対象として選ぶことが必要である。

　こうした問題意識のもと、本章では、第2章における金銭相場の分析でも

---

4)　神立孝一（2003）97-99ページなど。

表5-1　元禄期から明治期までの金属貨幣関連措置年表

年月	金属貨幣発行に関する事柄
元禄8 (1695) 年8月	元禄小判・同一分金・同丁銀・同豆板銀を発行（慶長金銀を改鋳）。
元禄10 (1697) 年6月	元禄二朱金を制定。
宝永7 (1710) 年4月	宝永小判・同一分金を発行（元禄の改鋳）、元禄二朱金の通用を停止。
正徳4 (1714) 年5月	正徳小判・同一分金・同丁銀・同豆板銀を発行（宝永金銀を改鋳）。
9月	亀戸銭座で、寛永通宝銭（耳白銭）を鋳造（鋳造期間5年）。
元文1 (1736) 年5月	元文小判・同一分金・同丁銀・同豆板銀を制定（鋳造期間5年・同豆板銀を改鋳）。
延享2 (1745) 年閏12月	この年、江戸深川十万坪銭座（鋳造期間5年）・小梅銭座（同7年）などを開設。 切り金。軽目金（元文小判・同一分金）が通用するよう催認する触書（初回、以後同様の触れを繰り返す）。
明和2 (1765) 年8月	金座が鋳銭定座を兼帯。亀戸銭座で寛永通宝新一文銭を鋳造（安永3 [1774] 年9月まで鋳銭）。
9月	明和五匁銀を発行（明和4 [1767] 年12月に回収を内示）。
明和5 (1768) 年4月	銀座が真鍮銭座を兼帯。寛永通宝真鍮四文銭を鋳造（天明8 [1788] 年12月まで鋳銭）。
明和9 (1772) 年9月	明和南鐐二朱銀を発行（2朱で通用する計数銀貨の創始）。
天明8 (1788) 年4月	明和南鐐二朱銀の製造を停止するが、その永代通用を確認する。
寛政12 (1800) 年11月	幕府、南鐐二朱銀の増鋳を新銀座に命じる。
文政1 (1818) 年4月	文政真文二分金を発行。
文政2 (1819) 年6月	文政小判・同一分金を発行（元文金の改鋳）。
文政3 (1820) 年6月	文政丁銀・同豆板銀を発行（元文銀の改鋳）。
文政4 (1821) 年11月	遠国用として寛永通宝真鍮四文銭を増鋳。
文政7 (1824) 年2月	文政南鐐二朱銀を発行（明和南鐐二朱銀の改鋳）。
5月	文政一朱金を発行（天保11 [1840] 年10月に通用停止）。
文政11 (1828) 年11月	文政草文二分金を発行（文政真文二分金の改鋳）。
文政12 (1829) 年6月	文政南鐐一朱銀を発行（1朱で通用する計数銀貨の創設）。
天保3 (1832) 年3月	天保一朱金を発行。
天保6 (1835) 年9月	天保通宝（100文銭）の通用を布令。
天保8 (1837) 年7月	天保五両判、天保小判・同一分金の通用を布令。
天保13 (1842) 年8月	幕府、公定銭相場を改定（金1両＝銭4000文⇒金1両＝銭6500文）。 文政期発行金銀（文政小判・同一分金・同草二分金・同二朱銀・同一朱銀）の通用を停止。
弘化4 (1847) 年10月	天保通宝の増鋳。

嘉永2 (1849) 年12月	公定金銀相場を廃止。
嘉永7 (1854) 年1月	嘉永一朱銀を発行。
安政3 (1856) 年3月	安政二分金の発行。
安政4 (1857) 年11月	寛永通宝真鍮四文銭の増鋳。
安政6 (1859) 年5月	安政二朱銀の発行。
9月	亀戸銭座で寛永通宝鉄一文銭を鋳造。寛永通宝銅一文銭との増歩引替開始。
万延1 (1860) 年4月	万延小判・同二分金・同二朱金の発行（旧金貨の増歩引替）。
12月	寛永通宝精鉄四文銭の鋳造開始。
文久3 (1863) 年2月	文久永宝銅四文銭の通用開始。
慶應2 (1866) 年5月	天保小判・天保二朱金の通用停止。
慶應3 (1867) 年6月	安政二分金の通用停止。
慶應4 (1868) 年2月	明治政府、旧金銀銭貨の通用を公認。
4月	明治政府による金・銀・銭貨の接収。大総督府、江戸の金座・銀座で二分金・一朱銀を製造。
5月	太政官札（十両・五両・一両・一分・一朱）を発行（租税・諸上納に太政官札を使用すべき布令（9月））。
(9月に明治改元) 5月	丁銀・豆板銀の通用停止。使用禁止（銀目廃止）。大阪長堀の貨幣司において、二分金・一分銀を製造。
明治2 (1869) 年2月	金座・銀座の廃止。
7月	銭相場を、金1両につき銭10貫文とする。
11月	天保通宝鋳造のため、諸藩の銅製大砲を東京真埼銭座で買い上げる（明治3 [1870] 年4月まで）。
明治4 (1871) 年5月	新貨条例ならびに造幣規則を布告（金貨20円・10円・5円・1円、貿易銀1円、銀貨50銭・20銭・5銭、銅貨1銭・半銭・1厘を制定）。
明治5 (1872) 年9月	精鉄銭（4文通用）8枚＝新貨1厘、鐚銭（1文通用）16枚＝新貨1厘と公定する（大蔵省布告）。
明治6 (1873) 年12月	鉄銭の鋳潰しを公認する。
明治7 (1874) 年1月	新銅貨（2銭・1銭・半銭・1厘）の発行。
9月	旧金銀貨の通用を停止し、交換期限を明治8 (1875) 年12月末とする。
明治8 (1875) 年12月	旧金銀貨交換期限を明治9 (1876) 年12月まで延長（以後、延長を繰り返す）。
明治15 (1882) 年10月	日本銀行開業。
明治21 (1888) 年12月	この年の12月末をもって旧金銀貨の交換期限満了。
明治29 (1896) 年12月	天保通宝の交換期限および公納使用期限満了。

(出所)　筆者作成。

活用した、慶應義塾大学文学部古文書室が所蔵する武蔵国児玉郡傍示堂村（現、埼玉県本庄市）の年貢関連帳簿を対象に、そこに記される貨幣単位の変化を辿ることとした。貨幣単位の記述の増減が、実物貨幣の使用状況と必ずしも合致するわけではないが、帳面に記される貨幣授受に絡む情報も突き合わせることで、貨幣の普及や使われ方の一端を、ある程度、把握することはできよう。

　分析対象史料に記載された年代は、享保 18（1733）年から明治 9（1876）年までである。その間に、以下の貨幣制度の節目が含まれる。一つめは、徳川吉宗の治世下で発行された元文金銀貨（元文元［1736］年に改鋳）の流通が軌道に乗っていた時期までで、小判・秤量銀貨・寛永通宝一文銭を中核に「三貨制度」が運営されていた時期である。二つめは、「三貨制度」が変容し始めた宝暦・天明期（政治的には、田沼期にあたる）である。銀を素材としつつ金貨単位で扱われる計数銀貨として、明和南鐐二朱銀（明和 9［1772］年発行、本章では、二朱銀という）が登場した。三つめは、徳川家斉の治世下で、「弐分」「弐朱」「壱朱」といった金貨単位の計数銀貨が続々と発行された時期で、小判や丁銀などに代わる「小額貨幣の時代」とされる。四つめは、幕末維新期で、「両から円へ」[5]の移行期である（表5-1）。以下では、この四つの節目に着目し、各種の貨幣単位が年貢史料にどのように登場するか、その変化から貨幣の使われ方を考察する。

〈コラム 4　「永」と「鐚」〉

　武蔵国児玉郡傍示堂村の名主の家に伝存した文政 10（1827）年の『両御方御年貢取立帳』（慶應義塾大学文学部古文書室所蔵）には、村の本百姓ら全員に配分された年貢負担額の受領状況が記述されている。たとえば「永四拾六文三分　仙瑞院（印）　此鐚三百六文」「永十三文七分　半右衛門（印）　此鐚九拾文」といった具合である。こうした記載のある年貢請取帳は、この年に限るものではない。傍示堂村の事例では、銭貨などを用いた貨幣納がされる際に、こうした帳面が作成されている。

---

5)　山本有造（1994）を契機に、「両から円へ」の移行期に関する実証研究が盛んになった。

第5章　年貢貢納にみる銭貨の使われ方　*179*

　上記の例では、「永」と記されるくだりが永銭勘定で表記された各自の年貢負担額である。「永」とは、中世の渡来銭の一つである永楽通宝に由来する計算貨幣である。北条氏の例で知られるように関東において好まれた永楽通宝であるが、その流通が少なくなるなかで、16世紀後半にはビタが基本銭とされるようになった。ビタとは悪銭のカテゴリーの名で、特定の銭種を指すものではない。「鐚（びた）」の漢字を使った表記として信頼できる記録では天正16（1588）年の越前国のものが最古のものとされる（高木久史『撰銭とビタ一文の戦国史』2018年）。

　慶長13（1608）年、徳川幕府は永楽通宝を通用停止とした。寛永通宝の発行（寛永13［1636］年）までの間、幕府のもとでビタ銭が基本銭となったが、年貢の納入などに計算貨幣として永楽勘定（永楽銭1000文＝鐚4000文）が残された。やがて、ビタも通用停止となったが、その後も「金1両＝永1000文」とする両建ての計算貨幣のかたちで永銭勘定が残った。

　年貢関係史料のなかには「永四拾六文<u>三分</u>（下線は筆者）」といった文未満の単位を含む記述が見出せる。実物銭貨の額面が文単位であるため「分」といった記述を不思議に感じる向きもあろうが、これは十進法の計算貨幣ゆえの表記である。同じ史料のなかに「鐚○文」といった文言が併記されることがしばしばであるが、「鐚」の表記部分には文未満の記述はない。これは、「文」を額面単位とする実物銭貨を授受した額を示すものである。

　前述のとおり「鐚」という文言は中世の「ビタ」に由来するが、徳川幕府の治世下での年貢関係史料にみられる「鐚」は、計算貨幣の「永」と実物銭貨の授受の記述を区別するうえで用いられている。もちろん、授受された銭貨の質が悪いことを示すものではない。良質の寛永通宝銅一文銭であっても、錆びやすい寛永通宝鉄一文銭が授受されていたとしても、一様に「鐚」と表記されている。

　年貢関係史料に記される「永」「鐚」の記述をもとに、村人たちが名主へ年貢負担額を銭貨で納めた際の金銭相場を算出することができる。上記の仙瑞院が93文の銭貨を納めた際の金銭相場は「金1両＝銭6609

文」、半右衛門が納めた時の相場は「金1両＝銭6569文」である。同じ年の帳面のなかで金銭相場にちがいがあるのは、二者が名主に金貨を持ち込んで納めた時期が異なるからであり、この村では金銭相場が1年の間で変化していたことがわかる。

　「永銭勘定」を用い、両建てで年貢賦課額などを表記したのは、金銭相場や金銀相場が変動するなかでは、賦課額を両建てで統一しておくことが経理上有益な場面があったためであろう。

　「永銭勘定」は関東地域の畑年貢の納入に用いられたものと説明されることが多いが、年貢だけに用いられたわけではない。両建て・匁建て・文建ての記述が併記されるような場合に、「金一両永一貫文銀六〇匁」を基準に両建てで統一して勘定経理する際に用いられた。金1分は永250文、銀12匁は永200文といったかたちで、両建てで経理することができた。年貢関係に限らず、幕府財政に絡む経理において永銭勘定は有益だったようだ。

　たとえば、金座に関する経理史料が挙げられる。改鋳実施によって、その鋳造益が幕府財源に寄与していたため、金座の経理は幕府財政にも直結していた。金座関係の記録『吾職秘鑑』（国立国会図書館所蔵）では、元禄8（1695）年の金貨改鋳時の手数料配分などについて、永銭勘定で記述している。銭座の事例では、明和2（1765）年に開設された亀戸銭座において、寛永通宝鉄一文銭の鋳造初年の鋳造収支に関する「鋳銭御勘定書」を作成するに際し、出来銭を銭両替へ払い出し（売出）た代金について、その払出日ごとに永銭勘定で記載のうえ合計している（『永野家文書十一　鋳銭御用書留第一』日本銀行金融研究所貨幣博物館所蔵）。

　幕末の小菅銭座の記録（『永野家文書十三　鋳銭御用書留第三』日本銀行金融研究所貨幣博物館所蔵）では、人件費のうち匁建てで価格表示される職人給与払いについて、匁建ての部分を永銭勘定で表記している。貨幣の製造に関する収支計算については、三貨制度が構築された当初からその終焉期に至るまで、永銭勘定を用いて、両建てを基本とする経理が行われていたといえよう。

永銭勘定が両建ての十進法の計算貨幣であったことに着目して、これを活用したのは徳川幕府だけではなかった。明治維新政府もこれを有益と捉えていたことは、明治4（1871）年の新貨条例で円単位の新たな貨幣制度を制定する際に、その条文の中に永銭勘定が盛り込まれたことに表れている。新貨条例の冒頭「例目」には、「新貨幣と在来通用貨幣との價格は一圓を以て一両即ち永一貫文に充つ」と明記されている。十進法の円体系を導入するに際し、「金1両＝永1000文＝金1圓」というかたちで、永銭勘定を橋渡しにすることで、円滑に「両から円へ」の移行ができるように制度設計した面が窺える。

明治維新後の傍示堂村の年貢請取帳をみると、地租改正による租税システムへの移行までの間、村請制による年貢徴収が続く過程では、賦課額を「永」で、人々が旧幕府銭貨を用いたと目される部分を「鐚」として標記するスタイルが継続されていた（本章3節で分析）。本書が分析対象とした傍示堂村以外の事例で、「永」と「鐚」がどのように使われ続け、いつ終焉していくかの実情把握が積み重ねられることで、「両から円へ」の移行過程がより具体的にわかってくると考えられる。

2 徳川後期の年貢史料における貨幣単位の変化

（1） 享保・元文期──「文」単位の記帳が主であった時期

慶應義塾大学文学部古文書室に所蔵される傍示堂村の貢租関連の帳面のうち、取立実務を示す早期のものとして、『享保18年丑ノ十月日縣様国役掛り割合』[6]がある（図5-1）。53名の名前と割当額が一覧になっている。43名の名の横には線が付されており、その墨の色や線の太さはまちまちである[7]。村人ごとの負担額を一覧に記した後、一人ひとりから取り立てたつど、立会った村役人が線を引いてチェックしていったのだろう。

6）『享保18年丑ノ十月日縣様国役掛り割合』慶應義塾大学文学部古文書室所蔵。
7）カラー画像については、慶應義塾大学文学部古文書室・慶應義塾大学アートセンター編（2019）12ページを参照。

図 5-1 『享保 18 年丑ノ十月日縣様国役掛り割合』
(慶應義塾大学文学部古文書室所蔵)

　割当額の最小額は 3 文、最大は庄屋伝兵衛の 1 貫 420 文で、すべて「文建て」で記されている。同年の「年貢未進帳」の記述をもとに算出した金銭換算相場（以下、銭相場と表記）は「金 1 両＝銭 4995 文」であるため、伝兵衛の負担額は金 1 分に近い額であるが、多くの村人の負担額は寛永通宝銅一文銭（以下、一文銭と表記）で授受するレベルの額である。チェックが付されていない 10 名は未収であったとみられる。貨幣での貢納が定着していくことと並行し、村の構成員間で債権債務関係が生じていたことが示唆される。

　上記の例は国役金であるが、毎年の年貢ではどうであったのか。元文元（1736）年の『縣様秋成御年貢取集帳』に記された貨幣単位をみると、22 件の取立のうち、「壱両」が 1 件、「壱分」が 5 件、残りは「文建て」のみ、もしくは「壱分」と「文」の併記となっている。金貨単位の額を銭貨で授受した可能性を否定しきれないが、「両・分」と「文」の単位が併記されていることは、小判・一分金と一文銭を併用したことを示している。大まかに言って、7 割ぐらいが一文銭を授受したものと考えられる。

　ところで、この時期の年貢帳簿で注目されるのは、流通していない金貨の単位「弐朱」が散見されることである。元禄二朱金は宝永 7（1710）年に通用停止となっていたが、元文 4（1739）年の「永嶋方先納割合覚」では、30 件の記述のうち「文建て」が 26 件、「壱分」が 3 件、「弐朱」が 2 件。たとえば「弐朱（金額の文字の上に黒印）　源左衛門」といった記述がみられる。寛延 3（1750）年の「永島様方未進立」では、68 件のうち、「弐朱」が 16 件である。

　なぜ、発行されていない金貨の単位で記帳したか。この村の貢租関連史料から確認できる金 1 両あたりの銭相場を抽出してみると、享保 19（1734）

年には約 5000 文、元文 4（1739）年には約 2800 文、寛延 3（1750）年には約 4400 文と、相場変動が激しい。一つの仮説を提示するとすれば、貢租の取立にあたって、手元にある寛永通宝が足りなかった村人の「文建て」の未収分（「かし」と記される立替払い分）を回収・精算するに際し、金銭相場の変動が激しい時期には、文建てで記載することが不都合だった可能性があったのではなかろうか。後日、精算する際に、その時点の金銭相場に即して文建てで授受するとしても、まず、金貨単位の「弐朱」で記しておくことが現実的であったと考えられる。

　年貢金納の負担額が「弐朱」前後の者が村内で多かったということも推測される。いずれにしても、「弐朱」での記帳計算に馴染んでいたことが、田沼期に人々が二朱銀を受容する動きにつながったと考えられる（詳細は後述）。

（2）　宝暦・天明期——「弐朱」単位の普及・定着期

　本項では、安永 9（1780）年と天明 6（1786）年の『差引覚』[8]を分析する。作成された時期は田沼期の終盤である。前出表 5-1 の年表に整理したとおり、田沼期の前半に、金一分未満の、さまざまな額面・素材の貨幣が新規発行された。具体的には、明和五匁銀、「弐朱」で通用する二朱銀、銅・鉄一文銭、真鍮四文銭が発行された。

　もっとも、『差引覚』には、こうした実物貨幣の名称についての言及はみられない。「弐朱取　○○文返し」といったかたちで、金貨の単位と銭貨の単位で記帳されるのみで、貨幣の素材などにはこだわっていない。金貨と銭貨の単位で記された額を、その折々の金銭相場で換算しながら授受し、年貢皆済した様子が窺える。

　安永 6（1777）年から文政 12（1829）年までの間で、作成・残存する『年貢差引覚』[9]（図 5-2 参照）における貨幣単位の記載頻度を一覧にしたのが、

---

8)　本章で分析対象としたのは『安永九年子ノ十二月吉日両方年貢請取差引覚』『天明六年午ノ両御年貢差引帳』慶應義塾大学文学部古文書室所蔵である。

9)　慶應義塾大学文学部古文書室の目録を確認する限り、天保期から幕府崩壊までに作成された『差引覚』は所蔵されていない。同一の作成経緯の史料から観察することが望ましいため、天保通宝百文銭や天保一分銀が発行された天保期は表 5-2 には含まれていない。

表 5-2 「年貢差引覚」等に記載された「貨幣単位」の件数

和暦（西暦）年	（参考）幕府の貨幣政策等	貢租貨幣納が確認される者（件）	うち 伝馬賃や札等で貨幣授受額の差引計算のあるもの（件）	「両・分」（件）	うち、貨幣授受がなかったもの（件）	「2朱」（件）	「1朱」（件）	「文」のみ（件）	平均授受額	金貨単位と「文」併用（件）	「匁」授受（件）
安永9 (1780)		102	12(11.8%)	24(23.5%)	0	18(17.6%)	0	48(47.0%)	577文	36(35.3%)	4
天明6 (1786)	各種貨幣を発行した「田沼期」の終焉	78	23(29.5%)	23(29.5%)	7(9.0%)	19(24.4%)	0	30(38.4%)	508文	23(29.5%)	0
文化3 (1806)		87	21(24.1%)	39(44.8%)	4(4.6%)	40(46.0%)	0	18(20.7%)	459文	43(49.4%)	0
文化11 (1814)		83	29(34.9%)	39(50.0%)	9(10.8%)	25(30.1%)	0	17(20.5%)	409文	43(51.8%)	0
文化14 (1817)	文政真文二分金制定	87	24(27.6%)	39(44.8%)	11(12.6%)	22(25.3%)	0	24(27.6%)	508文	41(47.1%)	0
文政元 (1818)		88	27(30.7%)	43(48.9%)	8(9.1%)	27(30.7%)	0	19(21.6%)	420文	42(47.7%)	0
文政2 (1819)	文政改鋳（文政小判・一分金）	82	19(23.2%)	38(46.3%)	6(7.3%)	31(37.8%)	0	26(31.7%)	663文	39(47.5%)	0
文政3 (1820)		85	13(15.2%)	40(47.1%)	3(3.5%)	21(24.7%)	0	26(30.6%)	936文	37(43.5%)	0
文政4 (1821)	遠国用に真鍮四文銭の増鋳	82	21(25.6%)	36(43.9%)	7(8.5%)	22(26.8%)	0	24(29.2%)	545文	38(46.3%)	0
文政5 (1822)		97	28(28.9%)	40(41.2%)	10(10.3%)	28(28.9%)	0	31(32.0%)	429文	44(45.4%)	0
文政6 (1823)		88	28(31.9%)	28(31.9%)	8(9.1%)	21(23.9%)	0	21(23.9%)	668文	41(46.6%)	0
文政7 (1824)	文政南鐐二朱銀・文政一朱金制定	74	32(43.2%)	29(39.2%)	5(6.8%)	27(36.5%)	0	22(29.7%)	639文	37(50.0%)	0
文政8 (1825)		74	24(32.4%)	30(40.5%)	3(4.1%)	25(33.8%)	3(4.1%)	21(28.3%)	495文	35(47.2%)	0
文政10 (1827)	文政草文二分金制定	83	28(33.7%)	29(34.9%)	5(6.0%)	26(31.3%)	12(14.5%)	22(26.5%)	536文	35(42.2%)	0
文政12 (1829)	文政南鐐一朱銀制定	85	25(29.4%)	33(38.8%)	7(8.2%)	36(42.3%)	12(14.1%)	22(25.9%)	485文	36(42.4%)	0

（史料）『安永九年子十二月吉日年貢請取覚差引帳』、『天明六年／丙午御年貢差引帳』、『文化三寅年御年貢差引帳』、『文化十一戌年十二月十七日差引帳』、『文化十四年丑年十二月十四日年貢請取覚差引帳』、『文政元寅年十二月十五日差引帳』、『文政二卯年差引帳』、『文政三辰年十二月十五日差引帳』、『文政五午年差引帳』、『文政四巳年差引帳』、『文政六未年十二月十三日差引帳』、『文政七申年十二月九日年貢差引帳』、『文政八酉年十二月十四日年貢差引帳』、『文政十亥年十二月十一日差引帳』、『文政十二丑年十二月十一日差引帳』（慶應義塾大学文学部古文書室所蔵）より作成。

表5-2である。

　表5-2では、小判・一分金の貨幣単位「両・分」、田沼期以降発行された金一分未満の金貨単位として「弐朱」「壱朱」、銭貨の単位「文」、秤量銀貨の重量単位「匁」に分けて整理した。分析に先立ち、表5-2でのカウント方法等と、留意点に触れておく。

　『差引覚』の中から、「取」「返し」など、何らかのかたちで貨幣の授受がなされたとみられる箇所を対象に、そこに記載される貨幣単位の件数をカウントした。なぜなら、村人の年貢負担額が文建てで記されたからといって、すべて銭貨で納めたとは限らないためである。たとえば、「壱貫九百六十九文之分、右　壱分弐朱取　三百五十■文返」（安永九年『差引覚』）といった記載では、1969文相当の賦課額につき、「壱分」「弐朱」の金貨単位の貨幣を名主の役所に渡し、つり銭約350文を受け取るかたちで貢納している。この記述にある「壱分弐朱」について、一分金1枚と二朱銀1枚を授受したのか、二朱銀3枚を授受したのか、特定することはできないが、貨幣単位の記述に即して、表5-2では、「壱分」1件、「弐朱」1件、「文」1件とカウントした。

　表5-2から、貨幣の「使われ方」でわかることは、以下のとおりである。

　第一に、貨幣の授受額を圧縮する差引計算が行われていることである。正貨節約という意味では藩札や私札が大きな貢献をしたといわれるが、「札遣い」のあった大名領と異なり、幕府領の傍示堂村では、幕府発行の正貨のみが流通した。そうした環境下、差引計算という方法で「正貨節約」がなされていたことが注目される。

　安永9（1780）年には、件数の12%近くで差引計算が行われており、そのウエートは僅少とはいえない。村人たちは、田沼期以前から、差引計算にある程度馴染んできたようだ。「傳馬勤にて引く」「傳馬札にて引く」といった記述が散見されることから、川越藩の伝馬継立御用に絡む労賃と差引計算したとみられる。その実態把握は、今後の検討課題である。

　第二に、「弐朱」の記載件数が、安永9年の時点で18件（ウエート17.6%）、天明6（1786）年には19件（ウエート24.4%）と増加しており、二朱銀の浸透状況が窺える。いつ頃から村に普及したかは定かでないが、記

載件数に占めるウエートの高さからいって、安永9（1780）年より前に、二朱銀が村人の手元に届いていたのだろう。明和9（1772）年の発行から2〜3年は江戸の両替商・富商を対象に普及策がとられていたが、安永5（1776）年には、上州の絹・真綿取引などを扱う関東物店・呉服問屋仲間に対し支払決済での使用が推奨された[10]。こうした幕府の施策実施から数年内に、物流の要衝である傍示堂村には、ヒトやモノの往来を通じて、二朱銀が普及していったとしても不思議ではない。

　第三は、「文のみ」の件数が、安永9年に48件（ウエート47.0％）、天明6（1786）年に30件（ウエート38.4％）と減少傾向を示していることである。単純な比較に慎重を要するとはいえ、前節で分析した元文期に7割程度を占めていた状況から大幅に低下したことは確かである。第二で挙げた点と合わせ鑑みると、「文建て」で扱っていた部分が、二朱銀（公定金銭相場・金銀相場換算で、500文に相当）に取って代わられた様相を呈している。第2章2節において、田沼期の後半に急激な銭安が進行したことを観察したが、その要因が、こうした使用状況に起因することを検証し得るデータとなっている。

　第四は、金「壱分」単位で授受するウエートが低下していない点である。年貢の負担配分は村人の持ち高に応じて配分計算されるため、時期によって大きくは変わらないはずである。そうした点で、傍示堂村では、金「壱分」前後の額を扱う実物貨幣へのニーズは根強くあったといってよい。

　二朱銀が発行されたのは、元文改鋳から35年以上経過し、元文一分金に経年劣化という支障が生じ得た時期にあたる。このため、「壱分」としてカウントした部分も、二朱銀2枚で授受した可能性がある。「五百七拾文、右弐朱取　弐百九文返」といった記述をもとに算出される金銭相場6232文で計算すると、金1分は1558文に相当する。仮に鉄一文銭のみで授受したとすれば、1枚3gとして4.5kg近くの銭を授受する必要がある。真鍮四文銭ならば1kg程度の重量となる。二朱銀ならば1枚約10gである。「壱分」相当額の授受に、二朱銀2枚で約20gであれば、重量が嵩張らず、金銭相場

---

10)　「上州糸絹払代弐朱判差加」東京都編（1986）443-449ページ所収。

第5章　年貢貢納にみる銭貨の使われ方　187

図 5-2　『安永九年子ノ十二月吉日両方年貢請取差引覚』
　　　　（慶應義塾大学文学部古文書室所蔵）

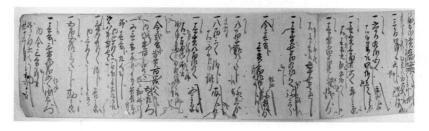

の変化に煩わされない二朱銀を関東農村部の人々が選好したとしても不思議ではない。

　最後に、銀匁の記述が田沼期には若干ながら確認できることを付言しておく。「銀壱ツ」といった文言が安永9年の『差引帳』に4件確認された。「四貫弐百十弐文之分、平七、右　銀壱ツ取、残り三貫三百三拾六文之分、東之札ニて差引済」が一例である。4212文を納める義務がある兵七から、「銀壱ツ」を受領している。残額の3336文は、継立問屋と目される先から「札」（「傳馬札」ヵ）を受け取り、差引計算して完了している。この記述によれば「銀壱ツ」は876文に相当し、前述の金銭相場6232文と公定金銀相場「金1両＝銀60匁」を勘案すると、重量は約8.4匁となる。受け取った「銀壱ツ」は、五匁銀ではなく、不定形の豆板銀であったといえる。

　田沼期に発行された明和五匁銀が浸透しなかったことは、貨幣史研究ではよく知られる。傍示堂村の事例を見る限り、端数部分の授受には寛永通宝や豆板銀が使われたようだ。二朱銀が受容されたのは、田沼期以前から「弐朱」の単位に馴染んでいたからではなかろうか。

（3）　寛政・文化・文政期──「壱朱」の金貨単位登場

　表5-1に整理したように、寛政・文化期に新規の貨幣は発行されていない。「田沼期」終焉後、再度、新たな貨幣発行の動きが目立つようになるのは、文政元（1818）年から文政12（1829）年にかけてである。文政二分金や文政一朱金、文政南鐐一朱銀など、「弐分」「一朱」といった金貨単位の計

数金銀貨が続々と登場した。政治的な面では、田沼期の政策が松平定信の治世のもとで見直されることが多かったが、計数金銀貨を発行する貨幣政策の方向性は、踏襲された面がある。そこで、本項では、「年貢差引帳」をもとに、田沼期に生じた計数銀貨等へのシフトなどの動きがさらに進展したかどうかを観察する。

　観察結果を列挙した前掲表5-2をみる限り、幕府が金貨単位の小額貨幣を発行し、人々がこれを受容して用いる動きは、田沼期以後に、本番となった感がある。表5-2からわかる特徴点は以下のとおり。

　第一は、前節の分析時期より、さらに「二朱銀」が普及・定着したとみられる点である。文化3（1806）年には、「弐朱」記載件数のウエートが46％まで上昇している。これと表裏をなす「文建てのみ」の記載は、天明6（1786）年に38％強であった状況から20％台に低下しており、寛永通宝で授受していた部分が二朱銀に代替される動きが、さらに広がったように見える。田沼期と異なり、「四百壱文　太郎兵衛、右　弐朱取　四百四十一文返」と記されるとおり、「文建て」での賦課額よりも、「弐朱」で納めた際の「つり銭」のほうが多いケースが散見されることも特徴である。

　寛永通宝（鉄一文銭・真鍮四文銭）の鋳造停止から約30年を経て、傍示堂村の本百姓らの間で、手元にある銭貨の不足感が生じていたのであろうか。年貢貢納によって庄屋の役所に銭貨が収納・滞留する一方、手元不如意の村人へは「つり銭」のかたちで寛永通宝が還流していた様相さえ垣間見られる。

　なお、貢納に際し、「弐朱」のウエートは、常に上昇し続けていたわけではない。文化11（1814）年以後頭打ちとなり、文政南鐐二朱銀発行前年の文政6（1823）年には約24％まで低下している。この間、文政南鐐二朱銀発行後は、文政7（1824）年以降、「弐朱」のウエートが再度30％を超えている。

　こうした推移をみると、貢納を通じて明和期に発行された弐朱銀の市中在高に不足感が生じてきたタイミングで、追加的に文政南鐐二朱銀を発行し、それが普及するにつれ、これを使った貢納が改めて増えていったようにも見える。いずれにしても、「弐朱」単位の計数銀貨を用いることで、銭貨の授

受を節約する姿勢が根強かったことは確かだ。計数銀貨の登場以後、「銭貨節約」が進んだ点を指摘してきた岩橋勝の主張[11]が、傍示堂村の事例でもあてはまることが確認できる。

　この事例のみをもって論じるには慎重を要するが、文政6（1823）年を境とするウエートの変化をみると、文政南鐐二朱銀の発行について、出目獲得が主な狙いがあったとする定説的な理解[12]だけでなく、農村部の経済発展を背景とする計数銀貨への需要に幕府が対応する[13]かたちで、明和南鐐二朱銀を補うべく文政南鐐二朱銀の発行がなされた可能性も検討の余地があると思われる。

　第二は、「壱朱」単位の記述が、文政8（1825）年に初めて確認され、文政12（1829）年まで、その件数が増えていることである。文政7（1824）年5月に文政一朱金が発行されたことを勘案すると、急速に傍示堂村に普及したことになる。明和・文政期に発行された「二朱」単位の計数銀貨に馴染んだ人々にとって、「壱朱」単位の貨幣に抵抗感はなかったことが窺える。

　第三は、『差引覚』の記述にみる「差引計算」の日常化である。文化・文政期の『差引覚』では、安永・天明期より、差引対象の項目が増え、計算が複雑化している。年貢を貨幣で納めきれず、残額を「かし」として村役所（庄屋）に借りた債務がさまざまに累積していった記述が散見される。文政6（1823）年の累積額が「金壱分弐朱ト五貫七百七十五文」となった由衛門については、土地を質にとった金銭貸借関係が生じていた模様で、「〆四両壱分　畑壱反弐畝分　流地にて取、残り弐朱ト廿七文之分取」（下線は筆者）と記される。質流れの4両1分を相殺し、残額を二朱銀と銭貨27文で取り立てている。

　以上の特徴に共通するのは、貢納における銭貨節約の動きである。文化・文政期に銭貨の増鋳がないなかで、小額取引や金銭貸借など、決済の機会は増加し続けている。それに対応し、「壱朱」単位の計数貨幣を利用しつつ、差引計算で実物銭貨の授受額を圧縮しながら年貢貢納を行っていた様子が、

11）　岩橋勝（2019）72ページ。
12）　三上隆三（1989）65-67ページ。
13）　岩橋勝（2019）428-429ページ。

前掲表 5-2 から見て取れる。

〈コラム 5　天保通宝百文銭発行に関する一仮説〉

　従来の貨幣史研究では、天保通宝が 100 文を額面とする高額銭貨として発行された理由について、天保の金銀改鋳と同様に鋳造益獲得を目指したものと理解されてきた。しかし、本章において金 2 朱・金 1 朱を額面とする小額面の計数銀貨が普及するなかでの銭貨の使用状況を分析してみると、天保通宝の発行について、金貨の最小単位「朱」未満の額を授受できる計数銀貨に代替し得る小額貨幣の必要性に応じたものと捉えることも可能ではないか、と筆者は考えるようになった。以下は、実物貨幣の大きさなど、授受の利便性に焦点を当てた視点からの筆者の一仮説である。

　天保通宝の流通に際して、幕府は天保 6（1835）年 9 月の触書では「銅銭鉄銭の吹方先年指止められ候処、遠方其外払底の場所もこれある趣」と述べている。田沼期に寛永通宝鉄・銅一文銭の鋳造が停止されて以後、鋳造収支が見合わない一文銭の追加鋳造をしにくい環境下にあって、各地に貨幣経済が浸透して、銭貨への需要が高まるなかで、新たな決済手段を創出する必要性があったと見込まれる。

　本章の分析では、田沼期から文化・文政期にかけて二朱銀や一朱銀が一文銭などで授受されていた文建ての額に関する決済を担うようになっていた事実を明らかにしている。天保期の市中相場で換算して約 400 文相当の額を授受できる一朱銀（額面 16 分の 1 両）をもってしても、増大する文単位での資金決済需要に対応しきれるわけではなく、かつ、文建ての額を朱に換算して支払うと、つり銭のやりとりも伴い煩瑣である。

　そもそも、「朱」未満の金貨単位がないため、より小額の計数金銀貨の発行は想定できない。そうしたなかで、1 朱の約 4 分の 1 に相当する 100 文を額面とする銭貨を発行すれば、四進法の両単位の小額貨幣の体系とも馴染みやすい面があったと目される。

　天保通宝は金座が運営する銭座で鋳造され、その裏面には金座の責任

者・金銀改役後藤家の花押の文様が裏面に鋳つけられている。黄銅色で楕円形の天保通宝（長径 4.9 センチ、短径 3.2 センチ、重量は約 20g）は、「通宝」という銭貨の呼称を表面に鋳つけているが、天保小判（長径 5.9 センチ、短径 3.2 センチ）に似た外形である。両建ての計数金銀貨の系譜にも関連性のある小額貨幣として期待された面が、その形態にも表れているように感じられる。

　幕府は天保通宝の発行の 2 年後に、天保一分銀を発行した。4 分の 1 両にあたる貨幣としては、これ以降一分金ではなく、一分銀が主体となっていった。また、天保 13（1842）年には文政二朱銀や同一朱銀の通用停止を布令している。こうした一連の流れは、一分銀の製造のために、素材となる銀を傾斜配分した動きのようにも見える。当時の公定金銭相場で 2 朱は約 800 文、一朱が約 400 文にあたるが、その部分の決済を担える計数銀貨が通用停止となるなかで、朱単位の支払額の決済手段を代替・補完し得る天保通宝の鋳造量を増やしていった面もあるように思われる。

　田沼期以降の幕府は小額貨幣需要への対応を進め、各種の貨幣を発行してきたが、その流れのなかでなぜ天保期に文政南鐐二朱銀や文政南鐐一朱銀を通用停止としたのかは必ずしも定かにされていないが、実物貨幣の大きさや形態に着目すると、人々が授受する小額貨幣の利便性について、次のようなことが指摘できる。

　長方形の銀板状の天保一分銀（縦 2.3cm、横 1.5cm、重量 8.6g）と文政二朱銀（縦 2.3cm、横 1.4cm、重量 7.5g）の寸法・重量はほとんど同じで見分けがつきにくい。同様の寸法・重量にもかかわらず額面にちがいがあることに人々が違和感を抱く可能性も否定できない。

　文政南鐐一朱銀（縦横ともに 1cm の正方形、重量 1.4g）は寸法が小さく重量も極めて軽いため、授受や保管でのリスクが伴いかねない。両単位での額面の異なる計数銀貨が同時に流通したとすれば、額面の刻みがそろっていたとしても、人々が授受するうえで便利であったとは限らない。

　天保通宝は文建ての銭貨であるが、色や形で 100 文とすぐに見分けが

つき、1朱相当額なら4枚（約80g）、2朱相当額なら8枚（約160g）を授受すればよく、重量が嵩まない。両単位との換算も「金1両＝銭6500文」の64分の1にほぼ相当する点で換算が比較的楽であった。天保通宝の裏面に「当百」と鋳つけられたため、額面が百文であることがわかりやすい。そのうえ、追加発行がなされていない一文銭・四文銭の節約にもなった。

「四進法の両建て」と「十進法の文建て」の貨幣が併存する幕府の貨幣制度のもとで、人々が楕円形の高額銭貨である天保通宝の登場を奇異に思わず受容したのは、見分けやすく、換算が楽で、授受しやすい利便性があるものと捉えられたのではないだろうか。この間、「十進法」で統一された明治維新後の円体系において、天保通宝は厘単位での通用を認められたものの「通用不便」な貨幣として明治政府は認識していた。

以上の仮説は、実物貨幣に即した観点からのものである。天保通宝の発行の狙いや意義について、小額面の決済手段という観点から史料の分析によって実証を深めていくことが課題であることはいうまでもない。一方で、史料の記述の分析のみに依拠し、実物貨幣の大きさや形態の利便性の観点を捨象してしまっては、支払決済の実情を把握できない面があると思われる。

3　幕末維新期の年貢史料にみる「両から円」への移行過程

（1）　開港から幕府崩壊まで——二分金・百文銭の使用

政治的な変革期が、貨幣制度や人々が用いる貨幣の転換期に合致するとは限らない。むしろ、貨幣制度の移行・定着のほうが政治的変革よりも時日を要することが常かもしれない。「幕末・維新期」がその例である。

その一端を示す史料として、慶應義塾大学文学部古文書室が所蔵する『安政六年　両御方御年貢請取帳』[14]（以下『請取帳』と表記）を取り上げる。こ

14）「安政六年　両御方御年貢請取帳」慶應義塾大学文学部古文書室所蔵。

第5章　年貢貢納にみる銭貨の使われ方　193

の『請取帳』は、開港の翌年の安政 6 (1859) 年から、大政奉還・討幕といった政治体制の変革期を挟み、明治 9 (1876) 年までの間、名主を務めてきた内野家が年々の年貢・租税を貨幣で村人から請け取った帳面を、一冊の簿冊として合綴したものである。合綴された形態そのものが、貨幣の使用に絡む移行時期と、政治・制度的な変革期が合致しないことを如実に物語る。

『請取帳』が網羅する 18 年間には、開港や大政奉還、明治政府の樹立といった政治的な節目のほか、江戸期貨幣を踏襲したかたちでの貨幣司における金銀貨製造（明治元 [1868] 年から明治 2 [1869] 年）、明治 4 (1871) 年の新貨条例による「円」の誕生、明治 6 (1873) 年以降の地租改正、明治 8 (1875) 年の石代納制度の廃止布告といった、制度面での画期が含まれる。

『請取帳』から確認される貨幣単位を 18 年分整理したのが表 5-3 である。表 5-3 には政治・制度の節目に対応した区分を太線で表示した。

表 5-3 のうち、安政 6 (1859) 年から慶応 3 (1867) 年までの 9 年間、政治的には開港から大政奉還までの時期について観察する。

『請取帳』のなかには、「金壱両弐朱」「金壱歩弐朱ト四百六拾四文」「壱朱也」といったかたちで、さまざまな貨幣単位が登場している。貨幣単位ごとに、9 年間の合計件数を挙げると、「壱両」42 件、「弐分」47 件、「壱分」55件、「弐朱」62 件、「壱朱」6 件、「百文」26 件、「文」9 件となっている。

ここから観察される特徴の一つは、「弐分」の記述が目立つ点である。周知のように、開港時の金貨流出後に、万延小判が製造されたが、金貨において製造された主体は万延二分金（以下、二分金と表記）であった。こうした事実を勘案すると、表 5-3 に記した「壱両」の件数の多くが、「弐分」の件数であったのではないかと、考えられる。

第二は、「壱朱」単位の記載頻度が少ないことである。文久元 (1861) 年以降の年は、年 1 回ないし皆無の状況となっている。天保 6 (1835) 年に天保通宝百文銭が新規発行された時期に、文政一朱金、文政南鐐一朱銀、文政南鐐二朱銀の通用が停止された。幕末期に嘉永一朱銀が発行（嘉永 6 [1853] 年から慶応元 [1865] 年まで鋳造、鋳造高 995 万 2800 両）されていたが、『請取帳』における記載件数は僅少である。

嘉永一朱銀は、品川台場普請の労賃払いに用いられたといわれる[15]。中山

194

表 5-3 『安政六年両御年貢請取帳』から確認される貨幣単位

(単位：件)

和暦 (西暦)年	貨幣授受等の記載件数	金 1両	金 2分	金 1分	金 2朱	金 1朱	銭 100文	銭 1文	金 1円	金 1銭	金 1厘・毛
安政6 (1859)	17件(夏12件、秋5件)	2	6	5	6	0	4	1	0	0	0
万延1 (1860)	31件(夏17件、秋7件)	4	8	9	10	3	6	3	0	0	0
文久1 (1861)	24件(夏17件、秋7件)	5	5	5	9	1	4	2	0	0	0
文久2 (1862)	23件(夏14件、秋9件)	6	5	8	7	1	3	1	0	0	0
文久3 (1863)	24件(夏16件、秋8件)	5	7	9	7	0	3	1	0	0	0
元治1 (1864)	19件(夏10件、秋9件)	7	3	4	7	0	2	0	0	0	0
慶應1 (1865)	18件(夏15件、秋3件)	6	4	6	3	0	2	1	0	0	0
慶應2 (1866)	11件(夏10件、秋1件)	4	3	1	5	1	1	0	0	0	0
慶應3 (1867)	19件(夏14件、秋5件)	3	6	8	8	0	1	0	0	0	0
明治1 (1868)	12件(夏秋分を9月請取)	5	5	2	2	0	0	0	0	0	0
明治2 (1869)	44件(夏39件、秋5件)	2	10	19	23	3	6	0	0	0	0
明治3 (1870)	36件(夏27件、秋9件)	4	12	13	15	3	2	0	0	0	0
明治4 (1871)	36件(夏18件、秋18件)	6	14	16	15	0	1	0	0	0	0
明治5 (1872)	24件(夏は欠、秋24件)	5	7	16	11	1	1	0	1	0	0
明治6 (1873)	102件(夏62件、秋40件)	27	46	35	16	14	0	0	1	3	0
明治7 (1874)	52件(夏秋分)	17	26	12	3	6	0	0	1	3	0
明治8 (1875)	68件(畑税夏分)	18	29	21	11	6	2	0	0	2	1
明治9 (1876)	69件(畑税)	0	0	0	1	0	0	19	60	11	6

(史料)　『安政六年　両御方御年貢請取帳』(慶應義塾大学文学部古文書室所蔵) より作成。

---

15)　滝沢武雄・西脇康編 (1999) 261 ページ。

道沿いの傍示堂村にはあまり普及しなかったのであろうか。この間、「百文」単位の記載が26件と多くなっており、「壱朱」単位で授受してきた額（「金1両＝銭6500文」の公定金銭相場換算で約400文相当）の支払いを百文銭が担ったことが見て取れる。また、物価高騰による貨幣価値の低下に伴い、「壱朱」より大きな額での上納が増えた可能性も推測される。

第三は、「文」単位での端数扱いの件数が「文化・文政期」より僅少となっている点である。こうした変化については、前述のとおり物価高騰期の影響があった可能性がある。天保通宝で百文単位の授受が賄われる部分が増え、端数部分のみを鉄一文銭や精鉄四文銭等が担うようになったのではないだろうか。もっとも、端数を扱うがゆえ、件数は皆無ではない。

第四は、「弐朱」の使用頻度が依然として高い点である。この時期に流通していたのは万延二朱金であるが、幕府金貨では金の含有量が最低の悪鋳貨幣として知られる。幕末の人々は、万延二朱金、万延二分金、天保通宝といった素材価値の低い貨幣だけを用いて貢租を納める状況になっていたといえる。年貢を納めるに際しては、素材価値に拘泥せず、仮に質のよい金属貨幣が手元にあっても使わなかったのかもしれない。このように名目貨幣化した金属貨幣を貢納に用いた経験が、明治期入り後、紙幣を併用する土台となっていたと考えられる。

（2） 明治維新直後──徳川期の貨幣単位踏襲

本項では、明治4（1871）年の新貨条例によって「円」を創設するまでの時期、すなわち、明治元（1868）年から明治3（1871）年までを概観する。江戸期の貨幣単位「両・分・朱」を額面とする金銀貨や太政官札・民部省札が発行されたほか、「百文」の天保通宝や一朱銀などが、貨幣司で増鋳された時期である。

表5-3における、「両・分・朱」「百文」といった貨幣単位の記載は、江戸期の貨幣単位を踏襲した明治初年の貨幣政策を表している。銀「匁」が皆無なのは、明治政府による銀目廃止を映じている。この間、幕末期には僅少ながら端数として記載されていた「文」単位の記述は、明治期入り後皆無となっているが、市中に残存していた寛永通宝（鉄一文銭・精鉄四文銭）など

が突然市中から消えたわけではない。次項において、史料を用いて検証するが、結論を先取りすれば、『請取帳』では金貨単位ないし端数のない「百文」単位の部分のみを記述し、永銭勘定による計算で生じる端数部分等を、別の帳面で経理している。この点は、表5-3の数値のみを捉えると、誤解を生じかねないため、あらかじめ留保しておく。

こうした前提のもと、幕末期と異なる特徴を挙げる。まず、「弐朱」「壱朱」といった小額の金貨単位の記載件数が増加している。なかでも、幕末期には僅少だった「壱朱」の記載件数の増加が顕著である。明治2（1869）年7月に「金1両＝銭10貫文（10000文）」、「永1文＝鐚10文」と定めた扱いに従い、「壱朱」相当額を「鐚（鉄銭か）」で納めることも可能であったと目される。先に触れたように「文建て」の計算を要する部分を『請取帳』と切り離して別管理していた点や、各種の上納に太政官札を用いるように布令が出されていたことを勘案すると、明治政府が製造した金属貨幣や太政官札などが用いられた面があろう。なお、『請取帳』のみでは、どのような貨紙幣を用いたかは確認できなかった。かかる上納行動の実情把握は、別途の課題である。

そうしたなか、明治3（1870）年の『請取帳』に、「三朱也、重二郎、縣札」といった記述がみられる点は、何らかの紙幣を「朱」単位の授受に用いた形跡として注目される。明治元年頃、小額貨幣の不足に対応して、各府県で「朱」「文」を額面単位とする札が発行されていたことが知られる。

傍示堂村が一時的に編入された岩鼻県（現在の群馬県と埼玉県の一部）でも文建ての札が発行されていた。「壱貫二百四十八文」「六百二十四文」の預り券が日本銀行金融研究所貨幣博物館に所蔵されているが、「朱」単位の実物札の残存は確認できなかった。太政官札などを「縣札」と誤記したかなど、その実情はわからないが、何らかの「札」が貢納に用いられた可能性が窺い知れる。実態把握は今後の課題である。

（3）　新貨条例発布以後──円単位の記述への移行

本項では、明治4（1871）年5月の新貨条例の布告により「円・銭・厘」の貨幣単位が制定された後、新旧貨幣が併用されながら新貨幣制度に移行し

ていった時期を分析する。新貨条例が布告され、円単位の貨幣が製造され始めた後も、即座に「円」の利用に切り替わったわけではないことは、大阪の布屋山口吉兵衛家を分析した山本有造の研究[16]や、東讃岐の広岡家等を分析した加藤慶一郎・鎮目雅人による研究[17]で明らかにされてきた。

円建ての記帳に切り替わった時期は、大阪では明治6-7（1873-1874）年、地方ではやや遅れて明治7-8（1874-1875）年[18]、東讃岐では明治10（1877）年[19]とさまざまである。藩札の回収や太政官札の流通等を分析した小林延人は、円建ての新紙幣の専一的流通が見られた時期を明治7-8年[20]と捉えている。

では、主に金属貨幣を用いたとみられる傍示堂村の年貢貢納の場合はどうであったか。結論を先取りすれば、「円」単位での記帳に切り替わったのは明治9（1876）年（後述）であった。「円」への切り替え時期について一般化して論じることは難しいが、以下の特徴点の多くは、先行研究の事例で観察されてきた事柄を補強する事実である。

表5-3から確認される第一の特徴は、新貨条例が布告され、「円」単位の新貨幣が製造され始めた後も、明治8（1875）年までは、「両」単位の旧貨幣の単位での記帳が大半を占めたことである。明治8年の「畑税夏成受取」では、「金拾弐銭五厘　新井常吉」が新貨幣の単位で記された例外的な事例で、それ以外は「金壱両也　文五郎、内　金三分弐朱ト弐朱也」といった具合である。

この記述によれば、「壱両」の年貢金を負担する文五郎は、旧金銀貨単位の貨紙幣で「参分弐朱」相当額と「弐朱」相当額の二回に分けて納めている。また、「壱貫文　つね」のように、江戸期の銭貨を用いて納めたとみられる事例も確認される。端数のない記述を見る限り、幕末・維新期に大量鋳造された天保通宝が用いられた可能性がある。

第二は、「円・銭（せん）・厘」の単位の初出時期は、「円」が明治5（1872）年、

---

16)　山本有造（1994）。
17)　加藤慶一郎・鎮目雅人（2014）。
18)　山本有造（1994）275-276 ページ。
19)　加藤慶一郎・鎮目雅人（2014）96 ページ。
20)　小林延人（2015）332-333 ページ。

「銭」が明治6（1873）年、「厘」が明治8（1875）年で、より小額面の単位ほど時期が遅いことである。新銅貨の発行は、新金銀貨より遅れたことから、その普及時期が表れた面がある。

　第三は、『請取帳』の記帳が、明治9（1876）年に「円」単位へ全面移行したことである。明治7（1874）年9月に、旧金銀貨の通用停止を布告し、新金銀貨との交換期限を明治8（1875）年12月末と初めて提示した[21]ことを境にしている。通用停止となるまでの「期間中、海関税を除く租税その他一般貢納に用いることは差し支えないものとした」[22]扱いに則っていたことがわかる。言い換えれば、通用期限満了までは、新貨幣の製造・普及と並行して、年貢・租税の貢納システムを通じて回収していた時期であったといえる。

　では、明治8（1875）年と明治9（1876）年で、記帳はどのように変わったのだろうか。その一例として、『明治八年十二月乙亥租税皆済取立帳』[23]（【史料5-1】）と『明治九年租税皆済取立帳』[24]（【史料5-2】）に記載される圓福寺の一節を見てみよう。

【史料5-1】

　　　合　　永弐貫五百六拾九文四分

　　　　内　金弐圓弐分也　　　　夏成引　（下線は筆者による。以下、同様）

　　　残永六拾九文四分

　　　　此鏇六百九拾四文

　　　　　　六拾八貫六百弐拾五文　　　　村費

　　　　　〆六拾九貫三百拾九文

---

21)　新旧金銀貨の交換期限は、その後、たびたび延長され、最終的には明治21（1888）年末で期限満了となった。この点は、第7章で考察する。

22)　日本銀行調査局編（1973a）81ページ。

23)　『明治八年十二月乙亥租税皆済取立帳』慶應義塾大学文学部古文書室所蔵。

24)　『明治九年租税皆済取立帳』慶應義塾大学文学部古文書室所蔵。

【史料5-2】

　　　〆合永弐貫五百六拾九文四分
　　　　金弐円五拾銭　十月廿四日　夏成引
　　外　金三銭九り（ママ）四毛　　畑方税　残り分
　　　　金四円六拾六銭三り（ママ）三毛　　村費割
　　　　金八円九銭四り（ママ）三毛　　　改正費割
　〆　金拾五円九拾五銭七り（ママ）五毛

　【史料5-1】【史料5-2】からわかる第一の点は、下線を付した「金弐圓弐分」が「金弐円五拾銭」に転記されたかたちになっていることである。前に触れたとおり、畑年貢（畑方税）の端数の残り「鐚六百九拾四文」「金三銭九厘四毛」は、村費などと合わせて別扱いとされており、「鐚」と記される部分は、旧銭貨（鉄銭を含む）で授受したとみられる。【史料5-2】に「毛」単位の記述があるが、「毛」を額面とする新貨幣は発行されていないことを勘案すると、明治9（1876）年の記述に見られる新円単位への移行は、経理上の扱いであったということができる。

　念のため、明治8年と明治9年の『請取帳』から、同一人物の記載例を整理したのが表5-4である。「1両⇒1圓」「2分⇒50銭」「1分⇒25銭」「1朱⇒6銭2厘5毛」と転記されたことが確認できる。「1朱」相当額を新貨制度で納めるため、旧銭貨を換算して授受するニーズが根強くあったように見える。「永銭勘定」をもとに年貢を貨幣で納めるシステムを踏襲する限り、端数部分の扱いを含め、新貨幣制度への完全移行は困難であった事情が見て取れる。

　新貨条例制定後の変化を辿ると、村請制度を土台とする年貢貢納システムを通じて江戸期の旧金銀銭貨を回収しつつ、新貨幣の普及と並行して地租改正の完成時期に新貨幣の「円」単位での経理と租税徴収システムに移行していったことがわかる。傍示堂村庄屋内野家に伝存する年貢（租税）取立関連史料の終期は、地租改正による新たな貢納システムへの移行を示す面がある。

表 5-4　傍示堂村畑税取立額の記述（明治 8 年と同 9 年の比較）

名称（人は名前のみ）	明治 8（1875）年	明治 9（1876）年
弥三郎	金 6 両 2 分	金 6 円 50 銭
圓福寺	金 2 両 2 分	金 2 円 50 銭
七兵衛	金 2 両	金 2 円
由松	金 1 両 2 分	金 1 円 50 銭
小太郎	金 1 両 1 分	金 1 円 25 銭
彦衛	金 1 両	金 1 円
彦市	金 3 分	金 75 銭
最法寺	金 2 分	金 50 銭
豊治郎	金 1 分	金 25 銭
周吉	金 2 朱	金 12 銭 5 厘
弥七	金 1 朱	金 6 銭 2 厘 5 毛
八兵衛	800 文	金 8 銭

（注）史料中、漢字で表記された金額を、算用数字に改めて記載した。
（史料）『安政六年　両御方御年貢請取帳』（慶應義塾大学古文書室所蔵）より作成。

図 5-3　『明治九年租税皆済帳』（慶應義塾大学文学部古文書室所蔵）

　以上の分析からは、「円」単位の新貨幣制度への移行と定着を図る貨幣政策と、地租改正の実施といった財政政策がセットで実施されていた様相が窺い知れるが、その意思決定過程など実情については、貨幣・財政制度の両面から史料分析を進める必要がある。

第6章

幕末期の銭貨流通

■第6章のポイント■

- この章では、金銀貨の動向に注目した分析が中心であった幕末期の貨幣流通について、①金銀銭貨の在高とその変化、②江戸と京・大坂との移動が激しくなった時節における金銀銭貨の輸送状況の変化、を数量的に観察し、銭貨の位置づけと特徴を概観したうえで、③具体的な事例として京や東海道宿場での銭貨などの使われ方、④江戸の銭座における鋳造と払出の実情を分析する。

- 幕末期の貨幣数量については、従来、金銀貨を対象に、開港直後と明治維新後の二時点の変化を「両建て」で分析することが通常であったが、本章では日本銀行金融研究所貨幣博物館が所蔵する銭貨関係史料も活用し、幕末期の各年での銭種別の数量を、京・大坂での価格表示などで用いられた「匁建て」で推計し、その変化の特徴を観察する。

- 銭貨の使われ方の変化を探るにあたっては、小額の計数銀貨等との代替関係や、支払額に対してそれに用いる銭貨が足りていたかどうかに着目し、史料からデータを抽出しながら分析する。

- 幕末期の銭座での鋳造量が各地で生じていた銭貨需要を充足していたのかについて、寛永通宝鉄一文銭を鋳造した小菅銭座（安政6 [1859] 年〜慶応3 [1867] 年）の執務日誌をもとに分析する。その際には、銭座からの払出先や数量情報を史料から抽出しながら分析する。ちなみに、こうしたデータを把握できる史料が残存しているのは管見の限り幕末期の小菅銭座だけである。

1 幕末期の銭貨をめぐる諸問題

　幕末期の金属貨幣に関する問題として従来の研究で焦点が当てられてきた論点は大きく分けて、①開港後に生じた金貨の海外流出とその防止策、②政治的・軍事的緊張下で増大する幕府の財政を賄う財源としての貨幣鋳造益、③開港後、幕府崩壊までの間に生じた激しいインフレーションと貨幣との関係、にあったといえる。

　①については、国際的な金銀比価に合わせた万延改鋳、②については、品位の低い万延二分金や天保通宝の増発による鋳造益の獲得、③については、山口和雄による金銀在高の数量分析など、さまざまな議論がなされてきたが、インフレーションの要因については、金属貨幣の諸要因だけでなく、藩札など信用貨幣の実態把握の必要性や政治的社会的混乱の影響なども指摘されており、特定の説での理解に至っているわけではない（この点については、コラム6「幕末のインフレーションと貨幣に関する研究動向」で、主な主張のみであるが概要を整理した）。幕末期の貨幣問題に関する研究の蓄積は厚いが、共通していたのは、分析対象の中心が金銀貨にあり、銭貨はほとんど論じられてこなかったことである。

　なぜ銭貨が捨象され気味だったのか。小判の海外流出量が多かったことや、金銀貨の在高に比べ銭貨の在高が少ないと見込まれることなど、銭貨の額面が小さいがゆえに、小判などよりも影響が大きくないと考えられがちな面があった。

　だが、検討の俎上に乗りにくかった一番の理由は、幕末期の銭貨発行・流通状況のわかりにくさにあったと筆者は考える。開港からの約10年の間に各種銭貨の発行状況は刻々と変化し、銭貨相互間に相場が立つようになった。また、諸藩での密鋳も横行した。嘉永2（1849）年末には、三貨制度の要ともいえる公定金銭相場を廃止する方針を幕府が出していたため、公定金銭相場を目安にしたかたちで銭貨の発行・流通を論じることもできない。さまざまな銭貨が増発された状況は、政治・軍事的な緊急時の混乱のように見える。だが、平常時と異なる発行・流通状況であったからこそ、その実態

を把握する必要性があるともいえる。

岩橋勝の最新研究書『近世貨幣と経済発展』に掲載された数値によれば、安政5年から慶応4年までの間に増鋳された銭貨の数量は約2240万貫文[1]で、幕府の治世下で最も銭貨増鋳がなされた時期であったと意義づけられている。もっとも、各種の銭貨が年々一様に増発されていたわけではなかったことなどの詳細については、実態を把握する余地が残されている。

では、幕末期の各種銭貨はいかなる目的で鋳造され、どのような地域で流通し、人々によって使われたのか。その具体的な姿はわかっていないことが多い。銭貨の流通実態がわかったならば、そこから幕末期の政治・社会・経済情勢の特徴の一端を見出すことができる可能性がある。

そこで、次節以下で具体的な分析を行う前提として、幕末期の銭貨に関する動きを概説し、そのうえで本章において銭貨の流通実態を把握していくアプローチについて簡単に触れておくこととしたい。

安政5（1858）年6月に締結された日米修好通商条約では銭貨の輸出が禁じられていた。しかし、実際には、寛永通宝銅一文銭は海外（中国）に流出した。銅銭の価値が日本より高く評価されていたためである。銅銭の流出により、市中では釣り銭の支払いを拒否するような動きも生じ、日常的な人々の暮らしへの影響は、金貨の流出よりも深刻だったとの指摘もある（高木久史『通貨の日本史』）。

こうした事態の対策として、幕府は市中に退蔵されている寛永通宝銅一文銭の回収を図るべく、安政6（1859）年9月に小菅銭座（金座鋳銭定座制の一環）を開設し、寛永通宝鉄一文銭を鋳造して増歩引替を行うこととした。銅一文銭との引替は鉄一文銭だけでなく、天保通宝百文銭も抱き合わせで行われた。

こういった銅一文銭の回収措置がいつ頃まで行われたのかについて、これまで明らかにされていないが、小菅銭座では慶応3（1867）年まで鉄一文銭を鋳造し続けた。その鋳銭の目的が終始一貫して銅一文銭の引替元とすることにあったのか、それとも時期的な変化があったのかなど、鉄一文銭の用途

---

1)　岩橋勝（2019）136ページ。

を交えた実証研究はこれまでなされていない。この点については、本章 4 節において、小菅銭座に関する金座人の執務日誌をもとに考察する。

　開港前後の金銭相場は金 1 両に対し 6500 文～6900 文の水準であったが、鉄一文銭の鋳造が開始された翌年の万延元（1860）年には、万延改鋳の影響もあってか 5500 文程度の水準となった。その年に、幕府は銀座が運営する銭座で寛永通宝精鉄四文銭（精鉄四文銭）を鋳造するように命じている。

　鉄製の四文銭が鋳造されたのはこれが初めてであった。しかし、この四文銭は不人気で、同じ額面で真鍮製の寛永通宝四文銭が好まれた。この当時、額面や素材の異なる銭貨ごとに金銭相場が立っており、真鍮四文銭の相場が騰貴するなかで、文久 3（1863）年に精鉄四文銭の鋳造が停止された。それと同時期に、幕府は銅四文銭として文久永宝の鋳造を金座および銀座に命じた。文久永宝は回収した寛永通宝銅一文銭を鋳直したものである。大きさは銅一文銭とほぼ同じながら四文通用とした。こうした四文銭の鋳造は、銭不足への対応であったといわれている。

　ところで、前章では武蔵国児玉郡傍示堂村の年貢関係史料をもとに、各種の計数金銀貨を含む小額貨幣における銭貨の使用状況の変化を分析した。その結果、計数金銀貨と銭貨の流通は、相互に代替・補完関係があることが明らかとなった。田沼期から文政期頃までは、額面が金 2 朱・金 1 朱の計数金銀貨の普及によって銭貨で支払われていた部分が取って代わられたことが判明した。この間、天保 6（1835）年に天保通宝百文銭が発行された後、文政期までに発行された二朱銀・一朱銀を通用停止とする措置がとられた。コラム 5 で触れたとおり天保通宝の使用が目立つようになった。

　本章の分析対象となる開港後に発行されていた小額計数銀貨についていえば、嘉永一朱銀（嘉永 6［1853］年発行）は台場構築の労賃払い用といわれ、安政二朱銀（安政 6［1859］年発行）は横浜開港に備えて貿易取引専用に製造したもので、広く流通する狙いのものではなかったと理解されている。万延改鋳時に発行された万延二朱金（万延元［1860］年発行）は大きさが小さく使い勝手が悪いためか、製造量は伸びなかった。こうした点を勘案すると、金 2 朱（約 813 文）、金 1 朱（約 406 文）に相当する額の支払決済を銭貨が担う場面が多くなっていたと考えられる。

幕末に「銭不足」が生じていたといわれてきたが、天保一分銀（1625文相当）で授受する額面未満の決済を、銭貨を用いて行わざるを得ないことも、要因の一つではないかと考えられる。激しいインフレーションが生じていた幕末期に、一文銭や四文銭の鋳造収支は赤字であったが、鋳造益が確保できる天保通宝だけを鋳造したわけではなかった。端数処理用の小銭を充足することが必要だったのだろう。

しかし、小額端数を扱う銭貨の数量を充足できなかったことは、幕府が慶応元（1865）年に、寛永通宝鉄一文銭を基準銭（1枚1文）として、銅銭の増歩通用を認めたことに表れている。寛永通宝真鍮四文銭は12文、寛永通宝銅一文銭のうち良質のものは6文、それ以外の寛永通宝銅一文銭は4文、文久永宝銅四文銭は8文で通用することとされた[2]。

第1章で概説したとおり、田沼期以降の銭貨は銅・鉄・真鍮の素材の別なく文建てで通用することで名目貨幣化していたが、慶応期には銭貨の質のちがいが流通価値に反映されるようになった。銭貨同士で相場が立つようになった事態は、三貨制度の枠組みが大きく揺らいでいたことの証左でもある。

市中の人々の立場に立ってみれば、文建ての支払決済を銭貨の種類ごとの通用価値を勘案しながら行うようなことは極めて煩瑣である。当時の錦絵（図6-1）は、増歩通用により銭貨流通に混乱が生じていた様子を風刺している。

このように、幕末期の銭貨発行・流通は混乱を極めていたようであるが、その実態把握のためにはいくつかのアプローチがあると考えられる。

一つめは、銭貨の流通数量（市中在高）の変化を、種類別に開港から大政奉還まで把握することである。幕府崩壊に前後した時期に、貨幣に関する公的な史料が散逸したため、推計値にならざるを得ないが、銭貨に関する数量データをもとに、その変化を観察することは、史料に記された関係者の意図や用途などの記述を分析していく際の基礎情報となる。幕末期の銭貨鋳造には時期的な変化があったと目されることから、各年での比較ができることが

---

2) 慶応4年には、寛永通宝真鍮四文銭は24文、寛永通宝銅一文銭は12文、文久永宝銅四文銭は16文通用とされた。慶応元年に比べ、これらの銭貨の価値が2分の1となった。

図 6-1 「当世道外遊」日本銀行金融研究所貨幣博物館所蔵

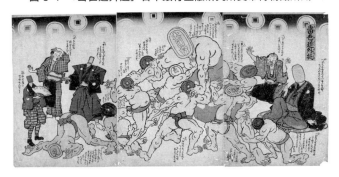

望ましい。この点を考慮し、2節では貨幣在高の推計を各年で試み、各種銭貨の位置づけの変化について考察する。

　二つめは、どのような地域で銭貨が他の金属貨幣といかに使い分けられていたかについて、幕末の銭貨が多く投入されたと目される地域の史料から事例分析するアプローチである。財政史研究の観点から、飯島千秋は、元治元（1864）年の銭貨による歳入・歳出項目を分析し、天保通宝や文久永宝等が上洛などの際に東海道筋や上方へ投入されたことを、財政帳簿類をもとに提示した[3]。

　ただし、財政帳簿という史料の性格上、どのような銭貨がいつ、いかなる用途で払い出されたかなど、個々の事情を知ることはできない。この点を補足するうえで、上方や東海道筋でどのように銭貨が使われたかにつき、3節で史料をもとに事例分析する。

　三つめは、幕府が開設した銭座からどのような相手先にいかなる用途で銭貨が払い出されたかの実態を把握し、流通状況の変化を分析するアプローチである。第3章2節で述べたとおり、銭座で鋳造された銭貨はただちに全量が流通したわけではなく、何らかの財政支出や払出要請に応じるタイミングで市中へ払い出された。「鋳造量増加＝市中流通量増加」との前提で分析してきた従来の研究と異なり、銭座から財政支出のルートで払い出された時期

---

3)　飯島千秋（2004）97-98ページ「表14　勘定帳にみる銭貨の動き（元治元年）」。

第 6 章　幕末期の銭貨流通　*207*

に流通量が増えたことに着目し分析する。幕末期の銭貨鋳造は、市中の需給
動向への対応よりも、軍事的・政治的要請による財政支出に対応した側面が
強かった可能性がある。そうしたなかで、果たして、幕府は各地の銭貨需要
に応じきれていたのか、銭貨が行き渡らない地域があったのかなどについ
て、4 節において小菅銭座を事例に考察する。

　現在、数量分析に活用できる銭貨に関するデータは、『図録日本の貨幣』
や岩橋勝の研究で提示されてきた鋳造高や市中の「在高」など、極めて限ら
れている。このため、本章での分析にあたっては、今後の研究でも利用可能
なように、流通状況や貨幣の用途を示すような数量データをなるべく史料の
記述から抽出し、整理することにも留意する。

〈コラム 6　幕末のインフレーションと貨幣に関する研究動向〉

　幕末期の貨幣・経済史研究において、開港後の金貨の海外流出の影響
とその対策として実施された万延改鋳後、幕府崩壊に至るまでのインフ
レーションの要因に焦点が当てられてきた。本章本文における幕末期銭
貨に関する分析は、これまでの金銀貨に関連した分析等を参照し、これ
を土台にしている。以下、これまでの研究での主な主張等の概要を、簡
易なかたちながら整理する。

　先行研究の成果を、まず、幕末のインフレと貨幣供給の関係からみる
と、包括的な研究として、大坂を中心とする各種物価（匁建てで表示）を
もとに一般物価指数を時系列的に計測した新保博『近世の物価と経済発
展』（東洋経済新報社、1978 年）が挙げられる。そのなかで、新保は、
物価変動のメカニズムを貨幣改鋳や財政政策と関連づけながら経済学的
に考察した。

　算出された物価指数によれば、安政 6（1859）〜慶応 3（1867）年ま
での物価上昇率は匁建てで約 6.6 倍、両建てに換算して約 3.5 倍[4]となっ
ており、新保は、このような物価上昇の要因として、対外的な金銀比価
との調整を目的とした万延改鋳に着目し、万延小判・同一分金の発行に

---

4)　新保博（1978）36-37 ページ「表 2-1」および 281 ページ。

際して、それ以前に発行されていた金貨が増歩交換・通用するように
なったことに伴う名目貨幣数量の増加が重要であるとした。

新保は、「貨幣供給量は一挙に３倍近く増大し、1860年代における急
激なインフレの進行・加速度的な物価上昇という結果を招くことになっ
た」と主張し、この事象を「価格革命」と称した。なお、後に新保は、
「万延の改鋳を大きな要因」として重視しつつも、「1860年以降の物価
高騰は、開港の影響や幕末の政治的・社会的動乱によるところが大き
かった」[5]と見解を修正している。

新保の主張に対し、宮本又郎は幕末期のインフレが万延改鋳を契機に
生じたことを認めつつも、それだけでは幕府崩壊直前までの持続的な物
価上昇の説明がつきにくいとし、「単なる名目貨幣量の増大だけによる
ものではなく、幕府財政支出を伴った（あるいは幕府財政支出のチャン
ネルを通じて）貨幣量の増大によって生じたものということになるかも
しれない」との見解を提示し、貨幣数量について検討すべきいくつかの
論点を指摘した[6]。たとえば、「万延改鋳の貨幣供給数量の増加は「一
挙の」ものだったか、「徐々たる」ものだったかということ」や「万延
二分金の発行量とその発行タイミング」について明らかにする必要性に
触れ、特に万延二分金については「この発行量の推移が幕末の物価騰貴
といかに関連していたかが一つの検討課題であろう」としている。

この点に関連し、大倉健彦は幕末期のインフレには開港直後の金銀比
価の調整によるものと、国内戦争等の時期に激しさを増した財政赤字の
補填に伴うものの二段階に分かれるとの説を提示した。第二段階につい
ては、万延二分金の増発による「財政インフレ」であると位置づけ、第
一段階における万延小判・同一分金の名目価値の引上効果よりも、幕末
の物価騰貴に及ぼした影響は大きかったと結論づけた[7]。その論拠とし
て、文久３（1863）年の幕府財政帳簿を分析し、開港後の貿易出超によ

---

5) 新保博（1980）115-130ページ。新保の含意について、宮本又郎（1983）357-358ページは、
　「幕末混乱期における流通機構の混乱や外国貿易の開始による需給バランスの激変などを指摘
　することにあった」と解している。

6) 宮本又郎（1983）参照。

7) 大倉健彦（1987）253-255ページ。

り流入した洋銀（メキシコ銀貨）を幕府が安く買い入れて万延二分金の鋳造素材とすることで大きな鋳造益を獲得し、これを梃子にして財政支出を増大させた仕組みを明らかにした[8]。

この間、幕府財政がインフレに与えた影響を強調することに、慎重な見方もある。たとえば斎藤修は、幕府の財政支出の影響が及ぶのは、江戸、大坂、京都（以下、三都という）といった幕府領に限定されたものとし、「三都におけるインフレーション」[9]であったとの仮説を提示した。梅村又次は、幕府の財政支出だけでなく、諸藩による軍事費支出の増加がインフレに影響した可能性[10]を指摘している。

新保は、江戸の物価上昇が大坂より激しくなかったことについて、「幕府財政支出の急増による超過需要の発生がインフレの起動力となっていないから、江戸における物価上昇がかならずしも他の地域よりはげしくならなくても、理解に苦しむことはない」[11]としており、江戸の物価に財政支出が及ぼした影響を限定的に捉えるとともに、幕府崩壊直前の大坂における物価高騰の主因は銀安の進行であった[12]と主張している。

銀安進行の背景について、新保は、「大阪における貨幣不足にもとづく銀目信用の増発や銀札が大部分を占める藩札の大量発行は、銀目通貨の相対的価値を低落させる」[13]と解しているが、宮本は「銀目信用」の増大が数量的に実証されていないことに言及のうえ、「金通貨と銀目通貨の需給バランスの変化は、銀目通貨の供給量の増加よりも、銀目通貨に対する需要の減少によって生じたのではないかと考えたい」[14]との見方を提示した。また、岩橋勝は、「貨幣的要因よりも政治・社会的混乱による要因のほうが大きかった」[15]との見解を示している。武田晴人

---

8) 大倉健彦（1987）247-253ページ。同様の指摘は、大口勇次郎（1981）57ページでもなされている。
9) 斎藤修（1980）69ページ。
10) 梅村又次（1981）7ページ。
11) 新保博（1980）129ページ。
12) 新保博（1978）190-191ページ、新保博（1980）129ページ。
13) 新保博（1978）231ページ。
14) 宮本又郎（1983）359ページ。

は、文久元（1861）年と文久2（1862）年に、「いったん物価上昇が沈静化したことを重視すれば、開港後の金流出の影響は一時的なものにとどまったよう」で、「幕末最後の数年間のインフレは、金流出を抑えるために万延二分金などが発行されたことに加え、内戦状態下での財政支出が急膨張したためと考えられる」との見解を示しつつ、「正確には詳しい分析が必要」と指摘している[16]。幕末期のインフレの要因については今なお未解明の部分が少なくない。

　いずれにしても、銭貨との関係を正面から取り上げたものは皆無といっても過言ではない。

2　幕末期貨幣在高の推計と観察

（1）　推計の考え方

　幕末期に盛んに製造された貨幣としては万延二分金（以下、二分金という）と天保通宝（以下、百文銭という）が知られるが、在高への寄与こそ小さいとはいえ、文久永宝銅四文銭（以下、銅四文銭という）や寛永通宝精鉄四文銭・鉄一文銭（以下、鉄四文銭、鉄一文銭という）など、各種の銭貨鋳造が活発化した時期である。その背景を考察するに先立ち、まず、この時期の各種の貨幣の数量がどのように変化していたか、二分金などと比較しながら、その特徴を、金銀銭貨の在高推計値をもとに概観しておきたい。

　本節で観察する幕末期の貨幣数量（表6-1 (1)）は、明治8（1875）年に大蔵省が旧金座人による調査を踏まえて編集した『旧新金銀貨幣鋳造高并流通年度取調書[17]』（以下、「取調書」という）をもとに、安政5（1858）年と明治2（1869）年の金貨と銀貨の在高をもとに山口が行った分析結果[18]を土

15）　岩橋勝（2002）459ページ。
16）　武田晴人（2011）42ページ。
17）　田谷博吉（1973）27-28ページによれば、大蔵省が江戸時代の金銀貨の「世上在高」を調査させた趣旨は明治4（1871）年の新貨条例の公布の後、流通貨を新貨幣に統一するうえで、交換対象となる古金銀貨の数量把握を行おうとしたことにあったとされる。
18）　山口和雄（1963）59-80ページ。

台としつつ、その当時、参照されてこなかった日本銀行金融研究所貨幣博物館所蔵史料から得られた情報を加味して、筆者が推計したものである。山口らの先行研究と異なる点は、各種貨幣の発行・回収数量などを加味し、金銀貨だけでなく、銭貨を含む貨幣の数量を各年で推計した点にある。

　先行研究では、両建てでの考察が基本とされてきた。これは、江戸で経理される幕府の財政帳簿等が両建てであった（「東の金遣い」）ことに即したものであろう。ただ、幕末期には上方や東海道筋へ財政資金が重点配分されたといわれる。そこで、一つの試みとして、上方での貨幣利用機会が政治的・軍事的にも増えていた幕末期の動向を勘案し、そこでの価値尺度であった匁建てで在高の推計を行った（両建ての推計も表6-1（2）に併記した）。

　貨幣の数量を推計する場合、どの貨幣単位で測るかが問題になる。幕府は金銀相場、金銭相場の管理を三貨制度運営の要の一つとしてきたが、幕末期は公定相場の管理が揺らぎ、市中相場が大きく変動した時期である。このため、どの貨幣単位に換算したかによって数量の増減率や趨勢が変わる可能性がある点を留意しなければならない。本節では匁建てでの推計を基本としつつ、両建てでの推計も併記し比較することで、貨幣在高の変化と幕末期のインフレーションとの関係性についても触れることとしたい。

　「西の銀遣い」といわれ、上方では、徳川幕府成立当初から匁建てで商品価格や労賃の表示がなされた（第1章において概説）。制度的には明治元（1868）年5月の「銀目廃止」までは、帳簿上の勘定表示の基本は「銀目（匁建て）」であった。前述のとおり、新保博が『近世の物価と経済発展』において物価指数の算定根拠とした大坂の商品価格は、享保10（1725）年から慶応3（1867）年に至るまで、匁建てで表示されている[19]。中川すがねは、摂津麻田藩領畑村における農業奉公人の労賃が匁建てであったことを明らかにしている[20]ほか、賀川隆行は龍野藩の三井両替店から借り入れた元本

---

19)　新保博（1978）334-339ページ「大阪卸売物価の動向（実数）」。このほか、大坂・京都での物価や労賃が匁建てで表記されていることについては、三井文庫（1989）99-107ページ、113-117ページ「京都日用品小売物価表」「大坂日用品小売物価表」、小野武雄（1979）207-209ページ「諸職人手間賃表」（京都の大工、左官）、454-475ページ「米相場表」等を参照した。

20)　中川すがね（2003）324-325ページ表25。

ならびに年賦返済額が、慶応3年に至るまで匁建てであった事例を挙げている[21]。

また、慶応2（1866）年の勘定所の『評議記録』では、二条城の修復に携わる各種職人の公定労賃（匁建て）の引上げ[22]、大奥へ宇治茶等を納入する御用茶師に関する「御用代銀」の引上げ願い[23]が匁建てで記されている。このように、幕末期の上方では、匁建てでの価格表示をもとに物価の変化を捉えていた事例が数多く確認される。

これに対し、18世紀後半以降の上方において、決済に金貨等が用いられたことを勘案すれば両建てで推計する考え方もあり得る。勘定は匁建てであっても、決済のつど、金銀相場で換算し、金貨等（手形や銭貨を含む）を用いて支払った事例は多い。もっとも、筆者は、人々が物価を認識する際の貨幣単位と、その折々の物価や相場を考慮して決済に用いる貨幣を選択する行為は峻別すべきと考えている。幕末期の人々が実際にどのような金銀銭貨を用いて決済したかについては、別途、本章3節で考察する。

推計にあたり、「二分金」とは安政二分金および万延二分金、「小判・一分金」とは天保小判・一分金、安政小判・一分金、万延小判・一分金、「一分銀」とは天保一分銀・安政一分銀、「百文銭」とは天保通宝銅百文銭、「銅一文銭」とは寛永通宝銅一文銭、「鉄一文銭」とは寛永通宝鉄一文銭、「四文銭」とは寛永通宝真鍮四文銭・寛永通宝精鉄四文銭・文久永宝銅四文銭を指すこととした。各年の在高が把握できない貨幣については、把握可能な年の数量の差分を按分するなどして調整を行った。

また、万延元（1860）年の金貨改鋳および慶応元（1865）年の銭貨増歩通用の法令に沿い、それぞれ増歩通用に関する調整を加えた。なお、慶応3（1867）年末の銅一文銭の数値は、明治2（1869）年に旧金座人からの報告により明治政府が把握した数値に依拠した。銅一文銭については、安政6（1859）年の開港時に海外へ流出した分や、それ以後、諸藩で鋳つぶされたと見込まれる分があるが、その数値は現段階では把握できなかったため、特

---

21) 賀川隆行（1996）382-383ページ表8-6。
22) 「京地御城中御破損方諸式本途直段割増願」（御勝手帳 第二十三冊』）国立公文書館所蔵。鍛冶、屋根、瓦、壁、紙張付、桶、塗師、畳等の職人に関する労賃引上げ願い。
23) 「宇治御茶師御茶道具職人共御直段増願」（『御勝手帳 第二十三冊』）国立公文書館所蔵。

表6-1　幕末期　幕府貨幣（金銀銭貨）在高推計値

(1) 貫建て（増歩調整ベース）

（単位：1,000貫文）

西暦(年)	和暦(年)	金属貨幣計	金貨	前年比	うち二分金	前年比	うち幕末期発行小判等	前年比	計数銀貨計	うち一分銀	秤量銀貨	銭貨計	前年比	うち百文銭	前年比	うち一文鉄銭	うち一文銭	うち四文銭	大坂物価	大坂物価指数変化率（貫建て）
1858	安政5	4,185	2,182	—	146	—	590	—	1,492	800	234	258	—	168	—	24	59	6	13.5	10.9
1859	安政6	n.a	2,322	6.4	228	55.6	615	4.2	n.a	n.a	234	288	11.8	197	16.8	24	61	7	3.5	1.7
1860	万延1	n.a	6,431	177.0	1,140	400.0	2,022	228.8	n.a	n.a	n.a	314	8.8	221	12.2	24	62	7	20.9	21.6
1861	文久1	n.a	6,535	1.6	1,416	24.3	1,826	▲9.7	n.a	n.a	n.a	337	7.5	241	9.1	24	63	9	16.6	18.1
1862	文久2	n.a	7,722	18.2	2,165	52.9	1,837	0.6	n.a	n.a	n.a	388	15.2	295	22.2	9	72	13	▲6.8	▲12.6
1863	文久3	n.a	8,683	12.4	3,310	52.9	1,708	▲7.0	n.a	n.a	n.a	445	14.6	310	5.3	9	79	47	12.9	4.7
1864	元治1	n.a	9,633	10.9	4,191	26.6	1,648	▲3.5	n.a	n.a	n.a	534	20.0	368	18.6	10	90	66	26.3	15.6
1865	慶応1	n.a	10,039	4.2	4,863	16.0	1,472	▲10.7	n.a	n.a	n.a	686	28.5	442	20.0	5	96	143	56.2	44.7
1866	慶応2	n.a	12,858	28.0	7,011	44.2	1,529	3.9	n.a	n.a	n.a	968	41.0	658	48.9	7	122	181	110.3	77.7
1867	慶応3	25,473	16,107	25.2	8,856	26.3	1,898	24.1	7,768	6,101	211	1,387	43.4	1,003	52.5	9	225	225	7.8	10.0

(2) 両建て（増歩調整ベース）

（単位：1,000両）

西暦(年)	和暦(年)	金属貨幣計	金貨	前年比	うち二分金	前年比	うち幕末期発行小判等	前年比	計数銀貨計	うち一分銀	秤量銀貨	銭貨計	前年比	うち百文銭	前年比	うち一文鉄銭	うち一文銭	うち四文銭	江戸米価（指数）	大坂物価指数変化率（両建て）
1858	安政5	57,342	30,038	—	2,015	—	8,120	—	20,534	11,010	3,223.0	3,548	—	2,319	—	325	815	88	100	10.9
1859	安政6	n.a	31,239	4.0	3,065	52.1	8,271	1.9	n.a	n.a	n.a	3,877	9.3	2,648	14.2	325	815	88	100	1.7
1860	万延1	n.a	87,478	180.0	15,500	405.7	27,504	232.5	n.a	n.a	n.a	4,265	10.0	3,004	13.5	325	839	97	79	21.6
1861	文久1	n.a	90,358	3.3	19,854	28.1	25,254	▲8.2	n.a	n.a	n.a	4,660	9.2	3,333	10.9	325	873	128	119	18.1
1862	文久2	n.a	96,682	7.0	27,112	36.6	23,003	▲8.9	n.a	n.a	n.a	4,860	4.3	3,689	10.7	107	905	160	117	▲12.6
1863	文久3	n.a	103,256	6.8	39,364	45.2	20,316	▲11.7	n.a	n.a	n.a	5,291	8.9	3,689	0.0	107	939	556	125	4.7
1864	元治1	n.a	103,050	▲0.2	44,837	13.9	17,628	▲13.2	n.a	n.a	n.a	5,713	8.0	3,937	6.7	107	961	708	140	15.6
1865	慶応1	n.a	101,890	▲1.1	49,356	10.1	14,941	▲15.2	n.a	n.a	n.a	6,965	21.9	4,484	13.9	58	973	1,451	287	44.7
1866	慶応2	n.a	103,031	1.1	59,176	19.9	12,254	▲18.0	n.a	n.a	n.a	7,753	11.3	5,270	17.5	58	974	1,451	401	77.7
1867	慶応3	164,505	104,033	1.0	57,178	▲3.4	12,254	0.0	50,154	39,390	1,360.0	8,958	15.5	6,475	22.9	58	974	1,451	321	0.6

（史料）「旧新金銀貨幣鋳造高井流通年度取調」（三井文庫所蔵）、「水野家文書七　鋳銭書留其七」、「水野家文書六　鋳銭書留其六」、「水野家文書八　鋳銭書留其八」、「水野家文書九　鋳銭書留其九　百文銭および久々銭入用書上」、「百文銭入用書上」、「金座諸入用書上」、「百文銭に付久々銭入用書上」、「百文鋳銭高書上」（日本銀行金融研究所所蔵貨幣博物館所蔵）、石巻市教育委員会編「石巻市金融公用誌」。江戸米価については山崎隆三「近世物価史研究」（1983）を参照した。

表 6-2　大坂における金銀銭の換算率

年		金 1 両 (小判)	銀 1 匁 (豆板銀)	銀 43 匁 (丁銀 1 枚)	銭 100 文 (天保通宝)
1858	安政 5	銀 72.64 匁 銭 6846 文	銭 94 文	金 0.59 両 銭 4052 文	銀 1.06 匁
1859	安政 6	銀 74.32 匁 銭 6750 文	銭 91 文	金 0.58 両 銭 3906 文	銀 1.10 匁
1860	万延 1	銀 73.52 匁 銭 6594 文	銭 90 文	金 0.58 両 銭 3857 文	銀 1.15 匁
1861	文久 1	銀 72.32 匁 銭 6261 文	銭 87 文	金 0.59 両 銭 3741 文	銀 1.16 匁
1862	文久 2	銀 79.87 匁 銭 6379 文	銭 80 文	金 0.54 両 銭 3435 文	銀 1.25 匁
1863	文久 3	銀 84.09 匁 銭 6695 文	銭 80 文	金 0.51 両 銭 3424 文	銀 1.26 匁
1864	元治 1	銀 93.48 匁 銭 6542 文	銭 70 文	金 0.48 両 銭 3009 文	銀 1.43 匁
1865	慶応 1	銀 98.53 匁 銭 6662 文	銭 68 文	金 0.44 両 銭 2907 文	銀 1.48 匁
1866	慶応 2	銀 124.80 匁 銭 8141 文	銭 65 文	金 0.34 両 銭 2805 文	銀 1.53 匁
1867	慶応 3	銀 154.88 匁 銭 9375 文	銭 61 文	金 0.28 両 銭 2603 文	銀 1.65 匁

(備考) 各相場については、年間平均値を算出して記載した。
(資料) 三井高雄『両替年代記』。各相場は年間平均値を用いた。

段の調整を行っていない点を留保する。換算相場は『新稿　両替年代記関鍵 巻二　資料篇』に依拠した。

　匁建ておよび両建てそれぞれでの推計結果が表6-1である。換算に際し参 照した大坂市中相場は、表6-2に示した。

（2）　貨幣在高の観察

表6-1に示した推計結果から、以下のような特徴が指摘できる。

第 6 章　幕末期の銭貨流通　*215*

　まず、安政 5（1858）年と慶応 3（1867）年の二時点での貨幣在高（匁建て）の変化をみると、貨幣在高の合計高は、安政 5 年の 418 万 5344 匁から慶応 3 年の 2547 万 2829 匁へ 6.1 倍に増加している。これまでの研究において、金貨等を主とする貨幣在高とインフレーションの関係性を考察したものが多いため、大坂の一般物価指数[24]についてみてみると、一般物価指数は約 6.6 倍に上昇しており、貨幣在高の伸びと物価上昇の度合いは似通っている。

　金貨、計数銀貨、秤量銀貨、銭貨といった区分ごとに、この二時点での変化をみると、秤量銀貨は 10.0％減であるが、それ以外は金貨が 7.3 倍、計数銀貨が 5.2 倍、銭貨が 5.4 倍と大きく増加しており、金貨の増加率がやや高めである。なお、秤量銀貨については、慶応 3 年の在高全体に占めるウエートが 0.8％と僅少であるため、本節の分析では、以下、捨象する。

　貨幣の額面別に二時点での変化をみると、その増減は一律ではない。増加が目立つのは、二分金（60.5 倍）、一分銀（7.6 倍）、百文銭（6.0 倍）、四文銭（37.5 倍）である。この間、万延改鋳の対象とされた小判・一分金（以下、小判等と総称する）の伸びは 3.2 倍にとどまっている。

　また、物価上昇期にすべての種類の貨幣が増加したわけではない。減少が目立つのは銅一文銭（62.1％減）で、銭貨の中でも特異である。銭貨の種類ごとに、幕府が供給方針を検討・決定していたことが示唆される。この点は後に触れる。

　次に、各年の推移について金貨を対象に、9 年間の貨幣在高と物価の推移からは以下のような観察結果となっている。

　金貨の在高は安政 6（1859）〜慶応 3（1867）年まで増加を続けたが、その推移は次の三つの期に分かれる。第 1 期は、万延元（1860）年に前年比 2.8 倍に急増し、文久元（1861）年に前年比 ＋1.6％と伸びが鈍化するまでの 2 年間である。この間に、金貨の在高は約 2.8 倍になったが、物価（前掲新保『近世の物価と経済発展』匁建ての一般物価）の上昇はプラス 40％程度で、貨幣在高の伸びに比して物価上昇のほうが小さい。

　第 2 期は文久 2（1862）〜慶応元（1865）年の 4 年間である。文久 2 年に

---

24)　新保博（1978）247 ページ、「表 5-1　幕末期における大阪卸売物価指数」344-345 ページ。

前年比プラス 18.2% に急増した後、続く 2 年間も 10% を越える伸びを続けたが、慶応元年に同プラス 4.2% と増勢は一服している。この 4 年間で金貨の在高は 5 割を超える増加を示したが、匁建ての一般物価は約 2.1 倍になっており、物価の伸びのほうが大きい。

　第 3 期は、慶応 2（1866）年と慶応 3（1867）年で、金貨の在高は同プラス 25% 以上の高い伸びを持続し、この 2 年間で約 6 割増となっている。この間、物価は約 2.3 倍になっており、物価上昇率のほうが大きい。なかでも、金貨の伸びと物価上昇の度合いのちがいが顕著なのが慶応 2 年で、金貨の在高は同プラス 28% であるのに対し、物価は約 2.1 倍に急騰している。

　時期区分ごとに増減の目立った貨幣の種類に着目すると、次のような特徴が指摘できる。第 1 期には、各種の金貨が急増している。これは、万延改鋳に即して評価額を 3.3 倍にカウントしたことによる。在高が急増するのは当然であるが、その増勢は翌年に一服していることが注目される。万延改鋳が物価上昇の契機となったとはいえ、続く国内戦争の生じた時期まで持続的に影響したものではないことを示唆する数値となっている。なお、実際に市中で貨幣を保有していた人々が、貨幣の数量が 3 倍以上に増加したと認識して経済活動を行っていたかなどは、この推計値からはわからない。

　金貨の中で、万延元（1860）年の増加率が最も高いのは二分金で、前年に比べ 5 倍に急増している。翌年も前年比 5 割以上の増加を続けており、小判等が文久元（1861）年に前年比 1 割近く減少したことと対照的である。二分金の在高増加は、万延改鋳に伴う増歩調整の影響だけでなく、開港後の海防費用捻出のために鋳造量を増やしたことも寄与していた。また、文久元年頃に、旧小判を回収し二分金の鋳造素材とする動きが生じ始めたことも窺い知れる。

　第 2 期には、二分金の伸びがさらに目立つようになった。文久 2（1862）年と文久 3（1863）年は、前年比 5 割以上の増加を示し、この 2 年間でそれまでの 2.3 倍以上となった。また、二分金の在高が小判等のそれを上回る逆転が生じた。この 2 年間には、幕府と朝廷の政治的関係が緊迫し、京都守護職（会津藩主松平容保が就任）や禁裏守衛総督（一橋慶喜が就任）が京都に新設（文久 2 年）されたほか、229 年振りの将軍上洛（文久 3 年）が実施さ

れた。この時期に京都へ供給された二分金などの用途については、後の節で
分析する。

　この間、小判等の在高は文久３年以後減少を続け、二分金の増加時期と見
合っている。元治元（1864）年12月には、大坂御金蔵に保管されている旧
小判等を江戸に回収し、それと引替えに二分金を江戸から運ぶことを決定し
ている[25]。江戸城内に保管されていた備蓄金塊（大分銅金）は安政二分金の
鋳造（安政３［1856］年発行、万延元［1860］年４月の改鋳まで）の時期に
鋳つぶされたため[26]、旧小判等を江戸に送って二分金の鋳造素材確保を図っ
たとみられる。

　小判等の在高は、万延改鋳の翌年、文久元（1861）年から減少し始め、慶
応元（1865）年までの５年間で、在高は改鋳時点の在高の約７割となってい
る。小判等と二分金の在高の合計額は、文久元年に324万2647貫目、慶応
元年に633万5176貫目で、この間に309万2529貫目増加した。同期間での
小判等の在高は182万6337貫目から147万2141貫目へ、35万4196貫目減
少しており、回収した旧小判等を二分金に鋳直すことで、在高全体が増加し
たことがわかる。

　なお、二分金の成分のうち約２割を占める金は旧小判等に依存したとして
も、残り約８割の銀を旧秤量銀貨の回収で賄えないことは明らかである。大
倉健彦が指摘した「洋銀を鋳造原資として利用」[27]するような方策をとらな
い限り、二分金の増勢を維持できなかったと考えられる。

　第３期は、幕府崩壊直前の物価高騰期にあたる。両年とも、在高は前年比
プラス25％を上回る増加を示している。二分金の伸びが慶応２（1866）年に
同プラス44.2％、慶応３（1867）年に同プラス26.3％と高いことが、金貨全
体の在高を押し上げたかたちとなっている。

　もっとも、両建てでの在高を記載した表6-1（2）をみると、この２年間
の金貨在高の伸びはプラス2.1％にとどまっている。このうち、在高の増加

25）「大坂御金蔵御除金差下申渡」（『御勝手帳第十六冊』）国立公文書館所蔵）。
26）「安政三丙辰年正月　別記書抜七」（石巻市教育委員会『鋳銭場関係資料「金局公用誌」二の
　　下』収録の翻刻文）によれば、金の大分銅三つが安政二分金の鋳造のため金座に渡され、そ
　　の後は、鋳造素材として、天保小判等が渡されたことが記されている。
27）　大倉健彦（1987）256ページ。

に寄与した二分金の伸びは、安政6（1859）〜慶応2（1866）年まで前年比2桁以上であったが、慶応3（1867）年に同プラス1.8%に鈍化している。匁建てでは、大幅増加したのと対照的である。このようなちがいは、大坂での銀安の進行が推計値に反映されたためである（表6-2参照）。匁建てでの在高の増加は、小判や二分金等の増発によるものではなく、新保博が指摘したように、金銀比価の変動に伴う評価額の上昇であったと考えられる。

　このように、両建てと匁建て貨幣在高の推移は、第3期にちがいが目立っているが、物価との関係についてはどのようなちがいがあったのか。江戸での両建ての物価データは把握できる情報に制約が強いため、ここでは、物価史研究の分野で推計された江戸の米価指数（両建て）[28]をもとに検討する。

　匁建ての物価データと品目等にちがいがあることを留保しつつ、両建ての貨幣在高と米価の伸びから観察される特徴を簡単に整理すると、次のとおり。

　第1期の2年間に、金貨の在高は約2.8倍となった一方、米価はプラス19%の上昇にとどまっている。改鋳に伴い評価額が上昇した貨幣在高に比して、米価の伸びが小さい点は、匁建てと同様である。第2期の4年間に、金貨の在高はプラス12.8%の増加を示し、米価は約2.4倍に急騰している。もっとも、匁建ての場合と異なり、両建てでは各年における貨幣在高と米価の伸びの方向性が必ずしも一致しているわけではない。

　江戸において米価上昇が顕著となったのは将軍が第二次長州征討のために進軍した慶応元（1865）年である。第3期の2年間は、先に述べたとおり、金貨の在高の伸びはプラス2.1%である一方、米価は約4割の急騰を示している。この時期の物価上昇が貨幣在高の伸びより大きいことは、匁建ての場合と共通している。

　このように、貨幣在高と物価の関係をみると、匁建て、両建てのいずれも大きく三期に分かれる点で共通している。ただし、幕府崩壊直前の江戸における物価上昇は、金貨の在高がほとんど増加しないなかで生じている。コラ

28）　江戸における両建てでの物価データについては、新保博（1982）2-3ページにおいて、大坂と同等の品目によって構成された物価系列を用意することができないと指摘されている。ここでは、山崎隆三（1983）384ページ「第93表」の江戸市中米価（指数）を参照した。

第 6 章　幕末期の銭貨流通　*219*

ム 6 で触れた岩橋の指摘どおり、貨幣要因よりも政治・社会的混乱が物価に
影響した側面が大きかった可能性が示唆される。

（3）　銭種別の特徴

銭貨の在高の伸びは、金貨のそれとまったく別の動きを示している。前年
比が最も低いのは文久元（1861）年のプラス 7.5％で、翌年からは 2 桁台の
伸びを続け、慶応元（1865）～慶応 3（1867）年にかけて、プラス 28.5％か
らプラス 43.4％へ増勢を強めながら徳川幕府の崩壊に至ったことがわかる。

銭貨在高増加の主因となったのは百文銭の伸びである。文久 3（1863）年
は例外で、百文銭の伸びは前年比プラス 5.3％と鈍化しているが、その年
に、鉄一文銭はプラス 9.1％、銅四文銭等の四文銭は同 3.7 倍に急増してい
る。将軍上洛を目前に、1 文・4 文の小額銭貨の供給を優先した幕府の姿勢
が表れている[29]。文久 3 年には、百文銭では対応できない小額銭貨の用途が
生じたとみられる（後述）。

この間、翌年には百文銭の伸び率が同プラス 18.6％と 2 桁台に戻ってお
り、小額銭貨の供給に傾斜したのは文久 3 年に特異な緊急対応であったよう
だ。百文銭の増加が目立つのは、慶応元年～慶応 3 年で、在高はこの間に約
2.3 倍に急増した。第二次長州征討のため十四代将軍徳川家茂が上方へ進軍
した慶応元年に、大坂難波に銭座を開設し、江戸と大坂で百文銭を鋳造した
時期である。ちなみに、この年には二分金の在高の増勢が一服している。二
分金で軍事費を充足できない分を百文銭で補完した可能性が推測される（後
述）。

銅一文銭が減少し始めたのは文久 30（1862）年で、銅四文銭の在高が急
増し始めた時期に合致する。銅一文銭が銅四文銭の素材とされたことは各種
の貨幣史概説書で解説されてきた[30]が、この点が表 6-1（1）から確認され
る。

なお、物価の動きと銭貨在高との関連性については、表 6-1（1）から定

29）　銅四文銭の鋳造開始時に百文銭の鋳造を一時停止した。日本銀行調査局編（1973a）259 ペー
ジ。

30）　日本銀行調査局（1973a）262 ページ。「旧貨幣表」（『新稿　両替年代記関鍵　巻一　資料
編』収録）の銅小銭の欄を参照。

かなことはわからない。貨幣在高全体に占める銭貨のウエートが6%前後であるためインフレの主因となったとは考えにくい。むしろ、以下のような点で、物価上昇に伴い、百文銭と四文銭を増やした可能性が推測できる。

小額銭貨が銭貨在高に占める比率をみると、安政5（1858）年に一文銭（鉄一文銭、銅一文銭）が32.1%、四文銭（鉄四文銭等）が2.5%であったのに対し、慶応3（1867）年には一文銭が11.5%、四文銭（銅四文銭等）が16.2%となっている。小額銭貨の中で、一文銭から四文銭へのシフトが生じたことがわかる。物価上昇期にあって、100文未満の端数を四文銭で支払うことで、銭貨の授受枚数の節約ができ、人々に選好されたことは推測に難くない。

ただし、額面の高い銭貨が増えたことで、需要を充足できたとはいえない。西南雄藩や東北諸藩が銭貨を密鋳したことが知られている[31]。幕府による銭貨供給不足が密鋳の背景となったことが推測されるが、この実情について、表6-1（1）だけでは定かなことはわからない。4節で、鉄一文銭を事例に、市中への払出数量等をもとに考察する。

3　幕府が払い出した金銀銭貨の使途

（1）　江戸と上方間での金銀銭貨輸送

前節において、幕末期の貨幣在高の推移を概観した。小判を回収し、二分金の素材にしたり、銅一文銭を回収して銅四文銭の素材としたことなどが見て取れた。かかる実務が可能であった背景には、実物貨幣の輸送が江戸と大坂の間で、何らかのかたちで生じていたからにほかならない。そこでまず、先行研究の成果を土台に、幕末期にみられる江戸と上方の間での貨幣の流れについて、その特徴を整理しておこう。

徳川幕府はその開設以来、主として西日本の直轄領（天領）から収納した年貢米を大坂市場で換金し、得られた貨幣を大坂の御金蔵に保管して、そこから上方での財政支出を行っていた。必要により余剰分を江戸の御金蔵に輸

---

31)　たとえば日本銀行調査局（1973a）294-298ページ、郡司勇夫（1981）69ページ、234-244ページなど。

送したが、元禄6（1693）年以降、有力な両替商がこの輸送事務を請け負った[32]。これとは別に、金銀改鋳の際には、新旧貨幣引替えのために貨幣の輸送が生じた[33]。万延改鋳の実施や二分金等の増発に伴い、大量の貨幣輸送が行われたこともその一例である。

賀川隆行は、幕府貨幣の輸送や上方での貨幣引替え等の実務を担った有力両替商の一つである三井組の史料をもとに、江戸と大坂の間で大量の実物貨幣（二分金や一分銀等の金貨、秤量銀貨）が江戸から輸送され、大坂御金蔵に搬入された事実を明らかにした[34]。特に、慶応元（1865）年5月に長州征討のために将軍が進軍し、大坂城に入城した頃からは、金銀貨だけでなく、百文銭が大坂に輸送されたことに着目している[35]。大坂御金蔵から江戸御金蔵に送金してきた従来の貨幣の流れが、幕末期に逆転していたことは明らかである。三井組史料の内容については賀川の研究に譲るが、以下では、幕末期に江戸と大坂の間で輸送された貨幣の種類と数量を取りまとめ、その変化を観察する。

開港（安政6［1859］年）から幕府崩壊（大政奉還のなされた慶応3［1867］年）の間に、大坂御金蔵に搬入された貨幣の種類や数量等を年ごとにまとめたのが表6-3である。江戸から輸送され大坂御金蔵へ搬入された金銀貨のすべてを網羅しているわけではないが、文久3（1863）年、元治元（1864）年の上洛費用が約100万両[36]といわれる点につき、この表では、両年に大坂御金蔵に搬入された金貨（二分金等）は約120万両となっている。上洛・滞在費用の支払い準備として二分金等が大坂へ輸送されたことがわかる。

なお、表6-3を作成するにあたり、三井組が大坂から江戸へ輸送した金銀貨の推移を併記した。併記した数量と江戸・大坂間での輸送数量の水準を単純比較するには慎重を要するが、以下のような特徴が指摘できる。

---

32) 三井文庫（1980）39-41ページ。
33) 三井文庫（1980）483-486ページでは、文政改鋳時に貨幣の輸送が増えたことに言及している。
34) 賀川隆行（2002）137-182ページ。
35) 賀川隆行（2002）174-181ページ。
36) 山本有造（1994）6ページ。

第一に、江戸と大坂の間での貨幣輸送をみると、万延改鋳の後、文久2（1862）年までは、改鋳前の旧金貨と旧秤量銀貨を江戸に運ぶ数量が、江戸から運ばれた新貨幣の大坂御金蔵への搬入数量を凌駕している。また、金貨と秤量銀貨では、江戸へ輸送した時期のピークが異なっている。旧秤量銀貨は万延元（1860）年と文久元（1861）年の2年間に集中的に江戸に送られている。安政6年以降、天保丁銀を安政丁銀に改鋳していた時期にあたることから、天保丁銀を大坂から回収したとみられる。これに対し、旧金貨を江戸へ輸送したピークは文久2（1862）年である。万延改鋳の実施により、上方で市中から回収した旧金貨が江戸へ運ばれたと考えられる。

前掲表6-1（1）について述べたように、二分金の在高が前年比5割以上の急増を示したのは文久2年と文久3（1863）年である。開港前後に二分金の鋳造量を増やした時点では、江戸御金蔵に保管されていた天保小判等の旧金貨が二分金の鋳造素材として金座へ渡されていたが、鋳造量を増やすにあたり、文久2年以降、大坂御金蔵に保管された旧金貨に依存するようになった状況が見て取れる。

第二に、江戸から大坂へ輸送される金銀貨の数量が、大坂から江戸へのそれを大きく凌駕するようになったのは文久3年であったとわかる。将軍徳川家茂が初めて上洛した年である。表6-3によれば、この年に大坂御金蔵へ搬入された貨幣は、小判5000両、二分金58万5000両、二朱金3万両、一朱銀3万両、秤量銀貨5300貫目である。このうち二分金は前年の60倍近くに増えており、元治元（1864）年と合計すると110万両近くが大坂御金蔵へ搬入されたことになる。

その後も二分金は江戸から輸送され続け、慶応元（1865）年と慶応2（1866）年の両年がピークとなっている。第二次長州征討に際して大坂御金蔵へ150万両を超える二分金が搬入された計算になる。元治元年8月に大坂城代が、大坂御金蔵に保管している貨幣だけでは増大する財政支出に対応できないとして、江戸からの貨幣輸送を老中に要請したことに対し、幕府軍艦を用いて輸送する決定がなされた[37]。この決定が早々に実施されたことが二

37）　飯島千秋（2004）133ページ。および「大坂表差登丼御取下金銭軍艦ヲ以運送達」（『御勝手帳第十六冊』）国立公文書館所蔵。

第6章　幕末期の銭貨流通　*223*

表6-3　江戸・大坂間の貨幣輸送

年		大坂御金蔵へ搬入された金銀貨 （江戸から大坂へ輸送された貨幣）						(参考1) 大坂から 江戸へ輸送された 貨幣		(参考2) 江戸から 大坂へ輸送された 銭貨	
		秤量 銀貨 （貫目）	小判 （両）	二分金 （両）	一分銀 （両）	二朱金 （両）	一朱銀 （両）	秤量銀貨 （貫目）	金貨 （両）	百文銭 （貫文）	銅四文銭 （貫文）
1860	万延1	4,200	0	0	0	0	0	9,439	60,572	n.a	0
1861	文久1	4,000	1,000	75,000	20,000	8.675	0	5,400	134,778	n.a	0
1862	文久2	0	0	9,800	0	96	0	4,500	408,463	n.a	0
1863	文久3	5,300	5,000	585,000	0	30,000	30,000	2,700	196,142	n.a	0
1864	元治1	6,800	0	500,000	0	0	0	1,200	202,998	n.a	n.a
1865	慶応1	5,000	0	759,850	170,000	0	105,000	0	17,719	796,993	n.a
1866	慶応2	0	0	773,000	n.a	n.a	n.a	0	0	950,052	404,011
1867	慶応3	0	0	100,000	n.a	n.a	n.a	0	0	0	54,323
上記計		25,300	6,000	2,802,650	n.a	n.a	n.a	23,239	102,072	n.a	n.a

（参照資料）　『御用留』（三井文庫所蔵）賀川隆行『江戸幕府御用金の研究』。

分金の輸送数量から窺い知れる。

　なお、江戸からの二分金の供給は、幕府が倒れる直前まで継続したわけではない。慶応3（1867）年に大坂御金蔵へ搬入された数量は前年の1割程度に激減している。本章2節で分析したとおり、二分金の製造が鈍化していた時期である。慶応2（1866）年7月に大坂城内で将軍徳川家茂が薨去し、9月に第二次長州征討が停止されたことも、二分金の輸送量減少の背景となっていた可能性がある。

　この間、大坂へ運ばれた一分銀の数量は慶応元（1865）年以前しかわからないが、慶応元年には文久元（1861）年の8.5倍になっている（二分金は同期間で約10倍）。徳川家茂の二度目の上洛時に、二分金、一分銀、秤量銀貨、百文銭、四文銭、一文銭を、将軍が乗船した軍艦に積んで大坂まで輸送した事例もある[38]ため、上洛や進軍用の貨幣として一分銀の輸送量も増加したことが推測される。

　第三は、百文銭と銅四文銭が元治元（1864）年以後、大坂へ送られたこと

---

38)　賀川隆行（2002）158-165ページ。『再上洛御用留』三井文庫所蔵。

である。この事実は賀川によって指摘されてきたが、やや詳しくみると百文
銭と銅四文銭でちがいがあったことが確認できる。百文銭については、江戸
からの輸送ピークが慶応2（1866）年の95万貫文であるが、翌年には皆無
となっている。

　一方、銅四文銭は慶応3（1867）年まで江戸からの輸送が続いた。このち
がいは、慶応元（1865）年8月に百文銭の鋳造のために難波銭座が開設され
たことに伴い、上方への供給拠点が江戸から大坂にシフトしたことを示して
いる。

（2）　京における各種貨幣の使われ方

　江戸から大坂の御金蔵へ運ばれた貨幣は、どのような目的で払い出された
のか。本項では、京における財政支出の事例から、貨幣の用途をみてみよ
う。

　文久2（1862）年8月に京都守護職（会津藩主松平容保）が新設される
と、執務等に用いる屋敷が必要となった。この普請経費に関する出納を同年
10月から請け負った三井組の史料をみると、大坂御金蔵から「後藤包」（金
座を統括する後藤家が金貨を紙で包み封印したもの）と称される二分金の百
両包が払い出された記事が散見される。

　普請経費については、大坂御金蔵から京都町奉行が貨幣を受け取り、それ
を三井組に預け、必要な折に出納していたことが史料から判明する。京都守
護職役所からの支払指図をもとに、預け金を引き落とし、職人や京都の町方
へ貨幣が払い出された[39]。

　文久3（1863）年12月から慶応2（1866）年7月までに、京都守護職屋敷
普請のために三井組が出納した実績をまとめたのが表6-4である。

　この表に示した期間は、徳川家茂の再上洛を元治元（1864）年正月に控え
た頃から、慶応元（1865）年5月に第二次長州征討のために将軍が進軍し、
その翌年の7月に大坂城で死去するまでの時期とほぼ重なる。この間に、三
井組が大坂御金蔵経由で預かったのは金貨7万3541両余、秤量銀貨1098貫

---

39)　『御守護職御役屋舗　御普請請払御用留』三井文庫所蔵。以下、京都守護職役宅普請に関連
　　した貨幣出納の分析は、この史料に依拠した。

817匁余[40]である。預り額の約8割を金貨、約2割を秤量銀貨が占める。預かった金貨のうち95％強が普請を請け負った者への支払いに充てられている。

　もっとも、当初から金貨が用いられたわけではない。文久3（1863）年10月22日に三井組が最初に預かったのは、秤量銀貨617貫742匁7分6厘で、その直後から職人棟梁たちへ秤量銀貨を渡している[41]。金貨を渡す記事がみられるようになるのは、元治元（1864）年6月に大坂御金蔵から拠出された二分金1万両を預かった後である。同年7月12日の記事に、「金弐千三百五拾両　棟梁長谷川越後掾、大東小平太」（中略）「金　七拾両三分二朱　銀三匁九分八厘、此銀六貫目、三條組東方年寄吉兵衛、四条組東方年寄五郎兵衛」と記され、職人への支払いは金貨のみの場合と秤量銀貨を併用した場合があった[42]。

　表6-4をみると、慶応元（1865）年の半ば頃までは、金貨と秤量銀貨を用いて職人等へ払い出す額がほぼ半々であった模様ながら、秤量銀貨の預入がわずかとなるに伴い、大半が金貨となっていったようだ。慶応元年閏五月十一日付で普請請負人柳屋徳兵衛たちに払い出した際の記述[43]をみると、「銀弐百八拾貫目」相当額を、時価相場「金1両＝銀94匁2分6厘」で金貨に換算し、金2970両2分と秤量銀貨6分7厘を渡している。時価相場をみるに、京における金銀相場は公定金銀相場「金1両＝銀60匁」よりかなりの銀安となっていたことがわかる。金貨単位の貨幣で支払えない「6分7厘」を秤量銀貨の単位で表示しており、小型の豆板銀でなければ対応できない額である。前掲表6-2をもとに銭貨に換算すると49文に相当する。秤量銀貨が僅少となった時節柄、一文銭、四文銭で対応した可能性があるが、端数部分の支払いにどのような貨幣を用いたか、史料から確認することはできなかった。

---

40)　前掲『御守護職御役屋舗　御普請請払御用留』慶応2年8月の記事。

41)　前掲『御守護職御役屋舗　御普請請払御用留』文久3年10月6日の記事に、「守護職御屋舗取扱掛」が請負職人等へ渡した三井組への支払指図（「印鑑」）の雛形がある。

42)　棟梁などの責任者に払い出された金額は、その指揮下で働く者たちへ配分する労賃や諸費用の総額とみられる。受け取った棟梁たちが、実際にどのような貨幣で諸職人へ配分したかの実態は、この史料からは判明しなかった。

43)　前掲『御守護職御役屋舗　御普請請払御用留』慶応元年閏5月11日の記事。

表 6-4　京都守護職屋敷普請諸費用の預入及び払出

	預入 （金貨）	預入 （秤量銀貨）	職人等へ払出 （金貨）	職人等へ払出 （秤量銀貨）
文久 3 年 10 月～ 元治元年 6 月	10,000 両	617 貫 742 匁 7 分 7 厘 6 毛 （約 10,295 両 3 分）	12,967 両	827 貫 270 匁 7 分 7 厘 3 毛 （約 13,787 両 3 分 2 朱）
元治元年 10 月～ 慶応元年閏 5 月	14,239 両 3 分	382 貫 305 匁 4 分 8 厘 5 毛 （約 6,371 両 3 分）	―	―
慶応元年閏 5 月～ 慶応 2 年 7 月	49,301 両 3 分 3 朱	98 貫 768 匁 8 分 9 厘 （約 1,646 両 2 朱）	57,102 両 3 朱	105 貫 583 匁 3 厘 （約 1,759 両 2 分 3 朱）
合計	73,541 両 2 分 3 朱	1,098 貫 817 匁 1 分 3 厘 5 毛 （約 18,313 両 2 分 2 朱）	70,069 両 3 朱	932 貫 853 匁 7 分 7 厘 6 毛 （約 15,547 両 2 分 1 朱）

（備考）1）慶応元年閏 5 月 11 日、慶応 2 年 8 月に三井組が預入・払出をまとめた数値による。
　　　　2）金貨換算にあたっては、「1 両＝60 匁」の公定金銀相場を用いた。
（資料）『御守御屋舗御普請請払御用留』三井文庫所蔵。

　秤量銀貨の匁単位で表示された額を両建てに換算のうえ二分金等を渡した
事例としては、文久 3（1863）年 4 月の将軍上洛時に、京都の町家へ「銀
五千貫目」相当の貨幣を配布したことが知られている。瓦版「将軍上洛拝領
銀被下」には、京都の町の総代たちが「銀五千貫目」相当の二分金 6 万
3000 両を、「二分判　六千二百両入」と表記された箱 10 個と二分金「百両
包」10 包で拝領した様子が描かれている[44]。その詞書には、「借家に至るま
で、金壱両壱歩壱朱ト五十六文拝領」と記される。金 2 分未満の額を、金 1
分・金 1 朱、銭 1 文単位の貨幣で対応したとみられる。
　「五十六文」という端数は銭貨を配布するほかない。将軍の政治的権威を
示す行為であるため、磨滅、損耗した銭貨を配布したとは考えにくい。上洛
直前に鋳造した銭貨が下賜されたのであろうが、上洛を記念し、元号（「文
久」）を銭銘[45]に付した文久永宝（銅四文銭）が用いられたことが推測され
る[46]。
　では、当時、盛んに鋳造されていた銭貨はどのように用いられたのだろう
か。ここでは、京都における銭貨の使われ方の事例を二つ取り上げておこ

44）「将軍上洛拝領銀被下」日本銀行金融研究所貨幣博物館所蔵。
45）　銅四文銭の銭銘の原筆は、三幕閣（板倉勝静、松平慶永、小笠原長行）が執筆し、政治性を
　　帯びた銭貨といわれている。日本銀行調査局（1973a）260-261 ページ、安国良一（2004）
　　15 ページ。
46）　将軍上洛後、江戸の町人に銅四文銭が配られた。日本銀行調査局（1973a）261 ページ。

う。

　一つめは、金貨や秤量銀貨の輸送実務のために雇われた人足の労賃等の支払いである。貨幣の輸送や出納に際し、実物貨幣を運搬する人足が雇用された。文久3（1863）年2月から3月にかけて、京都の三井組に上洛費用として大判、小判、一分判、二分金が預けられたが、この際の人足労賃等の合計は5300文と記される[47]。人足の労賃が銭貨によって支払われたことが窺える。

　また、慶応元（1865）年5月には、将軍進軍用に二分金20万両、丁銀2000貫匁、百文銭33万5000貫文が江戸から海路で輸送された。これらを陸揚げし大坂御金蔵に搬入する人足の報酬は、一人あたり300文と弁当代1食100文であった。端数がないことから、百文銭で支払われた可能性が高い。なお、御金蔵への搬入を請け負った両替商たちは、同年6月に約90貫文（一文銭なら9万枚、百文銭なら900枚）を大坂で支給してほしいと願い出ている。

　二つめの事例は、上洛等に随行し上方に滞在した幕府関係者の宿泊所（「御用宿」）の賄い費用等である。御用宿では、行燈や布団、枕、火鉢といった備品や鍋釜、食器等の賄い用品を整える必要があったが、この実費は幕府から後日支給された（「御用宿下げ金」）[48]。表6-5は、元治元（1864）年1〜3月の御用宿の帳簿をもとに、支払項目と金額を一覧にしたものである。

　宿が商人等に支払った額は、金貨の両単位と銭貨の文単位を用いて記帳されている。「銀遣い圏」にある京都の宿であるが、匁単位での表記はなされていない。「御用宿」として、幕府から何らかの支給を受ける際のエビデンスにもなるため、両建て・文建てで記帳した側面もあろうが、支払金額の授受に齟齬がないかを1件ごとに照合した形跡がみられる。たとえば「金三両壱歩三朱　銭百八拾文　近甚　燈油弐斗七升代」といった支払額の脇に、「右之通、受取　申候」と売り手による加筆がなされ、照合印（合の印）が押印されている。御用宿の帳面が貨幣の授受簿を兼ね、金貨と銭貨が授受されたことがわかる。

47）　『前御上洛御用留』三井文庫所蔵。
48）　『元治元甲子年三月　御上洛御旅宿　諸払帳』三井文庫所蔵。

表6-5　上洛関係者「御用宿」の経費支払い（元治元 [1864] 年1〜3月の帳簿より）

〈宿泊者到着準備〉（　）内は数量	記載額	備考　単価等
角行燈（黒漆15、白木10等）	金1両3分銭200文	角行燈1つ、456文
枕（50）	金3分銭300文	枕1つ、102文
枕（34）	金2分銭200文	枕1つ、100文
たばこ盆（10）	金1分3朱銭100文	たばこ盆1つ、290文
こま下駄（30）	銭2,000文	こま下駄1足、67文
手桶・たらい	銭1,847文	—
五徳・火箸（35）	銭5,800文	五徳・火箸1対、166文
炭（6俵）	金2分1朱銭100文	炭1俵、617文
箒（15）	金1分200文	箒1本、120文
草履（5）	銭332文	草履1足、67文
火打金・燈心	銭222文	—
鍋（3）・釜（2）	金1両銭900文	—
鍋（1）・釜（1）	金1分2朱	—
弁当（15）	金1分2朱銭150文	弁当1つ、170文
火鉢・油さし等	金3両2朱	—
役所との連絡に伴う雑費	金1分3朱	—
御用宿での賄い開始までの仕出し代	金17両2朱銭326文	—
（上記　小計）	（金30両3朱銭451文）	
〈以下　3月支払分　宿泊者到着後〉		
障子4枚張替・紙代	金1両2朱銭240文	—
人足雇賃	銭1,600文	—
建物掃除手伝人足雇賃	銭370文	—
到着者へ提供する膳（27）	金1両1分銭190文	1人前、422文
炭（43俵）・柴（1束）・割木（1束）	金4両銭177文	—
ふきん（1丈：3.3m）	金1朱銭230文	—
到着者へ提供する膳の品各種（27）	金1両銭260文	1人前、247文
炭取・火打箱等	金3分1朱銭290文	—
杓（13）	金2朱銭254文	杓1本、81文
伊丹酒（7斗4升）	金4両1分銭180文	1升、370文
杉櫃（5）	金1分銭202文	杉櫃1つ、360文
薪その他	金1分1朱銭217文	—
角行燈（黒漆5）等	金1分3朱銭200文	—
火打金（3）・五徳（5）	金1分銭326文	—
瀬戸物各種	金3分1朱銭278文	—
（上記　3月分払　小計）	（金21両2分2朱銭6,832文）	

（注）　1）帳簿の記載順に列挙。支払額の表記は帳簿の記述に基づいた。
　　　　2）帳簿には換算相場として「1両＝6400文」と記される。
（資料）　『元治甲子年三月　御上洛御旅宿　諸払帳』（三井文庫所蔵）。

ちなみに、同年に京都町奉行が勘定所に提出した鋳銭願[49)]では、「銀子は
まったくやりとりがなく、金銭のみが通用している状態になっている」（筆
者現代語訳）と記される。表6-5にみられるような貨幣の用途が認識されて
いた模様である。なお、勘定所は京都町奉行による鋳銭願いを却下し、江戸
から銭貨を供給する方針を決定した。江戸からの銭貨供給については、4節
で分析する。

（3）　東海道宿場の宿帳にみる金銀銭貨の使われ方

　文久3（1863）年の将軍上洛の往路には東海道が用いられた。江戸から京
都二条城に到着するまでに22日を要し、老中以下約3000人が随行した。宿
場を通行する幕府関係者が休憩や宿泊の際に代金を支払ったり、公用荷物の
運搬を担う宿場役所が人足や馬の調達のために経費を支出するなど、貨幣を
授受する機会が増えたと考えられる。この点につき、財政帳簿を分析した飯
島千秋は、前述のとおり、東海道筋へ銭貨等による財政支出がなされたこと
を指摘[50)]している。もっとも、公用で宿場を通行した人々が、どのような貨
幣をいかなる使途で用いたかの実態はわかっていないことが多い。

　幕府役職者や諸大名の宿泊等に関する記録が時系列で残っている事例とし
て二川宿（現在の愛知県豊橋市に所在）の本陣が知られる[51)]。そこで、本項
では、必要経費を幕府から支給された公用利用者に焦点を絞り、いつ、誰
が、いかなる目的で、どのような貨幣を本陣に渡したかを分析することとし
たい。

　表6-6は二川宿本陣で宿泊ないし休憩した人々に関する宿帳[52)]のうち、安
政6（1859）～慶応2（1866）年までの幕府の公用利用者（「御公儀」と記さ
れる）の記帳を対象に、金銀銭貨の金額と用途等を整理したものである。幕
府から職務命令を受けた役職者が1人で通行することは例外的で、随行者の

---

49)　「於京地銭貨鋳造之儀京都町奉行上申書」（『御勝手帳第十八冊』）、国立公文書館所蔵。

50)　飯島千秋（2004）『江戸幕府財政の研究』97-98ページ、表14を参照。

51)　19世紀前半の二川宿の旅籠等の史料をもとに、一般旅行者が携帯した貨幣やその用途を分
　　析した研究として、加藤慶一郎（2007）13-25ページを参照。

52)　豊橋市二川宿本陣資料館（2007）624-768ページの『御休泊記録　御公儀』『御休泊記録　御
　　公儀二編』（翻刻文）。以下、本節で二川宿本陣宿帳に言及する場合は、この史料に依拠した。

表 6-6　二川宿本陣における「公儀」利用者の貨幣支払

年		1859 (安政6) 年	1860 (万延1) 年	1861 (文久1) 年	1862 (文久2) 年	1863 (文久3) 年	1864 (元治1) 年	1865 (慶応1) 年	1866 (慶応2) 年
記載件数		11件	16件	12件	40件	59件	53件	74件	82件
記載額	金貨（両・分・朱）	6朱	3分2朱	3分	3両3分	4両2分1朱	3両1分	8両3分3朱	6両3朱
	秤量銀貨（枚）	なし	なし	なし	銀1枚	銀6枚	なし	銀6枚	なし
	銭貨（貫文）	20.9貫文	30.8貫文	23.5貫文	銭103.8文	95.8貫文	114.1貫文	118.9貫文	205.8貫文
〈合計額　両換算〉		〈3.6両〉	〈5.6両〉	〈4.4両〉	〈20.4両〉	〈23.7両〉	〈20.8両〉	〈31.7両〉	〈37.9両〉
(1) 下賜・ 祝儀払	金貨 件数／両・分・朱 (1件平均／分・朱)	3件 6朱 (2朱)	5件 3分2朱 (2.8朱)	2件 3分 (1分2朱)	21件 3両3分 (2.1朱)	23件 4両2分1朱 (3.2朱)	25件 3両1分 (2.1朱)	42件 8両3分3朱 (3.3朱)	45件 6両3朱 (2.1朱)
	銭貨（貫文） 件数／貫文 (1件平均／文)	5件 0.8貫文 (160文)	10件 1.8貫文 (185文)	11件 2008文 2.1貫文 (191文)	13件 2.5貫文 (192文)	23件 9.7貫文 (423文)	26件 5.9貫文 (227文)	30件 7.4貫文 (246文)	42件 9.3貫文 (221文)
	丁銀 件数／枚	なし	なし	なし	1件 銀1枚	2件(備考欄) 銀6枚	なし	1件(備考欄) 銀6枚	なし
(2) 宿泊代等の支払い 件数／貫文 〈両換算〉 (1件あたり平均、文)		9件 12.1貫文 〈1.9両〉 (1,340文)	13件 19.3貫文 〈3.0両〉 (1,485文)	6件 7.5貫文 〈1.1両〉 (1,242文)	27件 52.3貫文 〈8.0両〉 (1,935文)	23件 57.3貫文 〈8.8両〉 (2,493文)	31件 80.6貫文 〈12.4両〉 (2,599文)	33件 64.0貫文 〈9.8両〉 (1,939文)	30件 129.5貫文 〈19.9両〉 (4,316文)
(3) 宿場役所「足し銭」（貫文） 〈両換算〉		8.0貫文 〈1.2両〉	9.7貫文 〈1.5両〉	14.0貫文 〈2.1両〉	49.1貫文 〈7.5両〉	28.7貫文 〈4.4両〉	27.6貫文 〈4.3両〉	47.5貫文 〈7.3両〉	67.0貫文 〈10.3両〉
記帳額に占める (1) のウエート%		13.9	20.6	24.6	23.7	44.0	20.0	45.1	20.1
記帳額に占める (2) のウエート%		89.5	84.4	82.8	78.1	62.2	84.4	57.7	83.6
(参考1) 本陣で用いた金銭相場 (金2朱との交換レート) 上限・下限		n.a	n.a	772／788文	800／806文	800／806文	806文	806文	824／900文
(参考2) 帳簿から確認される米価 (1升あたり文　年平均)		n.a	168文	191文	149文	154文	178文	236文	548文

（備考） 1)　豊橋市二川宿本陣資料館『二川宿本陣宿帳』に記載された宿帳のうち、「御公儀」の帳面にみられ
る貨幣に関する記述を対象とした。年々の数量的な変化を追ううえで、わかりやすさのため、表中で
は西暦を先に表記した。
2)　「金貨」として扱ったのは、金貨単位（両・分・朱）の貨幣。したがって、一分銀や一朱銀といっ
た計数銀貨を含む。
3)　「秤量銀貨」は「丁銀」のみが記載されていた。ここでは重量 43匁として扱った。なお、安政6
年に記載した丁銀のうち2枚、慶応元年に記載した丁銀6枚については、宿帳には「丁銀」と記され
ているが、実際には金貨換算して、「金貨」を渡していた。
4)　換算にあたっては、金1両＝銀60匁、金1両＝銭6500 文の公定相場を用いた。
5)　宿帳に記載された個々の「足し銭」の額とその合計額が必ずしも合致しないため、この表では文建
ての記帳額合計から (1)、(2) を差し引いた額を提示した。
6)　表中 (参考1) (参考2) に記載した米価および銭相場については、豊橋市二川宿本陣資料館『二川
宿本陣宿帳』に記されていた米価（米1 升あたりの文建て価格）および銭相場（金2朱あたりの銭
貨交換レート）を抽出し、年平均を算定した。

（資料）　豊橋市二川宿本陣資料館『二川宿本陣宿帳 I』『二川宿本陣宿帳 II』『二川宿本陣宿帳 III』

第 6 章　幕末期の銭貨流通　*231*

宿泊や飲食等の支払いもまとめて記帳されている。貨幣に関する記載は大きく三つに整理できる。

　第一は、幕府役職者が「宿料」「御茶料」等の名目で、紙に包んで渡した貨幣である。「金百疋」「白銀壱枚」「青銅百疋」「鳥目百疋」といった貨幣単位で記帳されている[53]。これらは、「両」「匁」「文」のように日常の支払いで用いる貨幣単位ではなく、御祝儀等の用途で貨幣が授受されたことを示している。第二は、随行人員の宿泊代や飲食代等の支払いである。宿泊代等は、公定料金[54]と人数の積算による算定額が文建てで記載されている。第三は、宿場役所等からの給付額[55]である。「宿足し」等（以下、「足し銭」という）として文建てで記帳されている。

　ただし、「足し銭」として記帳された額を、利用者がその場で渡したわけではない。幕末期に限らず、利用者が本陣へ渡す額では賄いきれないため、赤字分が補填された。将軍家茂の上洛に際し、幕府は宿泊料等を公定したが、諸大名の利用料金より低めに設定されていた[56]。公定料金では賄いきれない赤字額をそのつど計算し、記帳している。

　表 6-6 に示した記帳額（両建てに換算）の合計は、安政 6 年には年間約3.6 両（件数 11 件、1 件あたり約 1 分 1 朱）であったが、文久 2（1862）年を境に 20 両を超え（40 件、1 件あたり約 2 分 2 朱）、慶応 2 年に 37.9 両（82件、1 件あたり約 1 分 3 朱）とさらに伸びている。これは、将軍上洛や内戦等に伴う利用件数の増加によるもので、記帳額の増加は表 6-6 を見る限り、大きくはこの三区分に分かれる。ちなみに、本章 2 節で推計した幕府貨幣の在高が増加する時期の区分と合致している。

　記帳額（両建てに換算）のうち、第一の類型（御祝儀）として本陣が受け取った貨幣の占めるウエートをみると、安政 6 年が最低で 13.9％、高いのは文久 3（1863）年の 44.0％と慶応元（1865）年の 45.1％で、それ以外の年は

53）　貨幣の儀礼的用途の意義については、安国良一（2016）198-203 ページに依拠した。

54）　幕末期の宿泊等の公定料金については、児玉幸多編（1978）を参照した。

55）　渡辺和敏（2005）177 ページおよび 179 ページ。

56）　二川宿本陣の文久 3 年 8 月宿泊者（豊橋市二川宿本陣資料館（2009））をみると、大垣新田藩主戸田氏良の随行者が 1 泊 416 文、越前大野藩主土井利忠御女中が 480 文で、公定宿泊代の 2 倍近い。

20％程度である。文久3年と慶応元年に、将軍徳川家茂や一橋家の徳川慶喜（禁裏守衛総督）が京都に向かう途中で「丁銀」を下賜したことが額を押し上げている。たとえば、文久3年2月25日の将軍休憩につき「銀三枚、目方百弐拾九匁」（丁銀1枚43匁として3枚分の重量）の秤量銀貨（丁銀）が、後日、代官所から本陣へ渡された。

　なお、この休憩時に、将軍一行は金貨を渡している。「御小休ニ付　白銀壱枚　此金三分被下」と記されるように、紙に「白銀壱枚」と表記し、実際には、それに相当する金貨3分を渡したのである。慶応元年の上洛時に将軍が昼食をとった際も「御昼休料　銀三枚　此金弐両壱分」「御献　上物ニ付銀三枚　同断」と記されており、丁銀6枚に相当する二分金や一分銀を渡したことがわかる。文久3年11月に、江戸御金蔵から秤量銀貨を搬出する用途を限定し、金貨換算して金貨を払い出す旨の方針決定が、実施に移されていたことが窺い知れる。

　このような将軍クラスの例外を除き、幕府関係者の最高額は「金弐百疋」（金2分、大坂町奉行の宿泊）で、小判を渡した事例は、今回の調査対象からは確認されなかった。拝領金額の多寡や渡した貨幣の種類は、通行者の立場等によって目途があった模様で、たとえば、大坂町奉行が昼食休憩する際には「金百疋」（金1分）、山田奉行や勘定奉行クラスが昼食休憩する際には「金五十疋」（金2朱）、上洛準備の際に休憩した道中奉行は「金壱朱」、勘定所の役人等の休憩では「青銅拾疋」（銭100文）「青銅弐拾疋」（銭200文）といった具合である。当時の流通貨幣のうち、嘉永一朱銀、万延二朱金、安政一分銀、万延一分金や天保通宝等の小額貨幣が、通行者を通じて宿場に払い出されたと目される。

　次に、食事代や宿泊費等の記載をみると、安政6年には1万2064文であったが、上洛準備のための往来が生じた文久2年には5万2256文へ急増し、第二次長州征討が停戦となって撤退する歩兵の移動が増えた慶応2（1866）年には12万9496文とピークに達した。1件あたりの平均支払額は、文久2年に1935文、文久3年に2493文、元治元（1864）年に2599文、慶応元年に1939文である。慶応2年は4316文であるが、撤兵の際、食事代をその場では支払わなくてもよい扱いとされたので、実際に支払われた額は半

分程度と見込まれる。

1件あたりの支払額は百文銭20枚程度で授受できるレベルであるが、前掲表6-2をもとに換算すると、文久3年は金貨1分と銭貨259文、元治元年は金貨1分1朱と銭貨146文、慶応元年は金貨1分と銭貨274文となる。通行者が携帯していた貨幣の種類等に応じ、一朱銀や一分銀等の金貨単位の貨幣と百文銭等の銭貨を併用したとみられるが、端数支払いのために一文銭、四文銭が不可欠であったことは確かである。前掲表6-1（1）において、将軍家茂の上洛前に鉄一文銭や四文銭の在高が増えた背景の一端が窺える。

なお、今回調査した二川宿本陣の宿帳では、万延元（1860）年以降、銭相場が併記される事例が見受けられた[57]。その際、銭相場は、「金弐朱ニ付八百文」といった形式で記述されており、小判や二分金に対する相場ではなく、「金二朱」に対するものであった。利用者と本陣の間では、文建てで積算された要支払額のうち800文程度を上回る額について、額面2朱以上の金貨単位の貨幣で授受し、逆に、二朱金等を銭貨に両替するニーズがあったことが窺い知れる。

「足し銭」の状況を、表6-6からみると、文久元（1861）年までは1万5000文（15貫文、両換算で約2両）を上回ることがなかったところ、上洛準備のための往来が急増した文久2年には4万9052文（約50貫文、両換算で約7.7両）近くに跳ね上がり、慶応2年には6万7040文（約67貫文、約10.3両）に至っている。幕末期に宿場の財政負担が増したことは宿場財政の研究で指摘されてきたが、その一端が「足し銭」の推移から見て取れる。

「足し銭」が後日どのような貨幣で補填されたか定かでないが、近隣の舞坂宿（現在の静岡県浜松市に所在）の財政支出の事例[58]をみると、人足賃等は金貨換算での支払いが可能な額もすべて文建てで記されている。これに対し、「足し銭」は両建てと文建てで経理されている。現金で補填したならば、二分金等と銭貨を併用したとみられる。

ちなみに、幕府は、将軍が東海道を通行することに伴う宿場の負担増を見

---

57) 豊橋市二川宿本陣資料館『二川宿本陣宿帳Ⅰ』『二川宿本陣宿帳Ⅱ』には、諸大名が利用した際の宿帳（翻刻文）も収録されている。諸大名は、本陣との間で、相対により宿泊代や食事代を設定して貨幣を渡しており、その時点での米価や銭相場を併記した事例が確認できる。

58) 渡辺和敏（2005）177ページ「表　文久元年・慶應二年の舞坂宿財政支出」を参照。

越して実物貨幣の給付を行った。たとえば文久3年2月に、東海道の宿場に対して1万4113両を配布したことが知られている[59]。舞坂宿の史料から「金六千弐百四 十弐両 浜松宿より受取、内 金百廿六両 当宿分受取、引て金六千百十六両、但シ 弐千両入箱三ツ、百両包壱ツ、十六両弐分判みたし、右之通受取即刻新居宿へ御継立」といった記述[60]を見出せる。

　当時の金座は二分金のみを鋳造しており、将軍徳川家茂上洛時に京都の町衆へ下賜した貨幣も二分金であったことを勘案すると、宿場に配布されたのは、二分金「百両包」とみて間違いなかろう。品川宿を起点に東海道の宿場が順々に割当額を受け取り、次の宿場へ運ぶことでリレー的に配布されていったことがわかる。

　寛永13（1636）年に寛永通宝の鋳造が始まる前後から、ヒト・モノの移動・交通の円滑さを図るべく、幕府が宿場へ銭貨を支給する政策をとっていたことは、安国良一によって、かねてから指摘されてきた[61]。そうした姿勢が、幕末期においても、二分金や銭貨を宿場に配布するかたちで受け継がれていたことが窺い知れる。政治的・軍事的な緊張状態に直面していた幕末期だからこそ、政治的な拠点である江戸と京・大坂での移動を円滑にすることが喫緊の課題であったとみられる。しかし、果たして、そうした拠点への貨幣の供給が、円滑かつ十分になされていたかどうかは、別途検討を要する論点である。次節において、鉄一文銭を鋳造していた小菅銭座を事例に考察することとする。

4　小菅銭座における鉄一文銭の鋳造と払出

（1）　小菅銭座からの年代別、地域別の払出状況

　本節では、金座が運営し寛永通宝鉄一文銭（以下、鉄一文銭という）を鋳造した小菅銭座を対象に、そこからの払出実績等を分析する。幕末期に銭貨を幕府直轄で鋳造した銭座は七つであった。文久2（1862）年に開設された

59）　静岡県（1997）1376ページ。
60）　舞阪町史研究会（1970）492ページに引用された「人馬継立覚」（翻刻文）。
61）　安国良一（2016）第七章「近世初期の撰銭令と銭貨の機能」などを参照。

第 6 章　幕末期の銭貨流通　*235*

が軌道に乗らずに閉鎖した佐渡銭座と、慶応元（1865）年に開設された大坂
難波の銭座を除く五つは江戸に設置され、隅田川沿いの浅草御蔵（米や銅・
鉄といった地金を備蓄）に近い場所に立地していた。各銭座で鋳造された鉄
一文銭（小菅銭座）、百文銭（橋場銭座、真崎銭座）、精鉄四文銭（深川銭
座）、銅四文銭（真崎銭座、小菅銭座、深川銭座）の一部は、各銭座から川
船で運び出され、品川沖で大型舟[62]に積み替えて大坂へ輸送された。このう
ち、銭座からの払出実績が時系列で辿れるのは、管見の限り、小菅銭座のみ
で、江戸時代に開設された銭座の中でも他に事例が見当たらない。

　前掲表 6-3 では、慶応元（1865）年以降、文久永宝銅四文銭（以下、銅四
文銭という）と天保通宝百文銭（以下、百文銭という）が江戸から大坂御金
蔵に向けて輸送されたことを示した。しかし、それ以前の時期に鉄一文銭等
が江戸から輸送されたか、また、大坂以外の地域へも輸送されたかなどはわ
からない。

　この点を把握するには、銭座側の史料から払出実績を把握する必要があ
る。本節では、小菅銭座（安政 6 [1859] 年 8 月～慶応 3 [1867] 年 4 月）
の運営管理に携わった金座人の執務日誌[63]をもとに分析する。この銭座にお
ける鉄一文銭の鋳造契機は、本章 1 節で触れたとおり、開港後に生じた銅
一文銭の海外流出対策と銭不足解消策のためとされる[64]。安政 6 年 8 月に、銅
一文銭の回収と引替えに鉄一文銭と百文銭を払い出す施策が布告されたが、
いつ頃まで銅一文銭の回収が盛んに行われたかの実情把握は、等閑視されて
きた面がある。

　また、『図録日本の貨幣 4』では、この銭座の鋳造収支は開設当初から「収
支が償わない事情になっていた」[65]ことに言及しており、赤字覚悟で供給を
続けざるを得ない政治的事情があったことが示唆される。そこで、小菅銭座

62）　元治元（1864）年以降は、幕府軍艦が用いられた。
63）　第 2 章で明らかにしたとおり、明和 2（1765）年に金座が鋳銭定座を兼帯するようになって
　　以降、金座人によって執務日誌が作成された。
64）　小菅銭座開設の動機について、開港後の銅銭密輸出防止対策としての側面を強調する研究と
　　して、田谷博吉（1963）459 ページ、吉原健一郎（2003）150 ページがある。一方、日本銀
　　行調査局（1973a）237 ページでは、銭貨不足に対応したものと捉えている。安国良一
　　（1997）30–31 ページでは、銭不足対策と開港後の銭貨流出防止の双方に言及している。
65）　日本銀行調査局（1973a）257 ページ。関連の記述は、同書 236–238 ページ参照。

からの払出実績やその際の意思決定内容等をもとに、幕府の供給方針がどのように変化したかを、以下で考察する。

表6-7は、小菅銭座が金座役所からの指示に基づき、鉄一文銭を払い出した数量を、地域別、年別に集計したものである。金座永野家史料[66]には、どのような先に、いつ、いかなる目的で鉄一文銭を払い出したかが記されている。表6-7に記載した地域は、鉄一文銭を受け取った先の所在地で区分した。

この表において、江戸での払出先は第3章で言及した銭両替である。他の地域は、幕府の出先機関の所在地がほとんどで、払出の相手は大坂、京都、長崎、箱館、駿河、四日市を所管する奉行や代官であった。ただし、全国に設置されたすべての奉行や代官に払い出されたわけではなく[67]、上洛経路や海防等の重要拠点に限定されている。大名への払出は、元治元（1864）年のみに生じ、相手先は会津藩主と桑名藩主だけである。彼らは、京都に設置された要職（京都守護職・京都所司代）に就いていたことから、実質的に幕府機関への払出といってもよかろう。

この間、払出がみられない地域もある。大坂以西のうち、四国および山陽道は皆無であり、長崎奉行を除き九州一帯への払出はない。江戸より北の地域については、箱館と新潟の両奉行向けを除くと、山陰、北陸、東北地域へ払い出した事例[68]はない。鉄一文銭が払い出された地域は、政治的・軍事的に重視される幕府領に限定されているといってよい。

鉄一文銭の供給がなかった地域には、薩摩藩、盛岡藩、高知藩のように銭貨を密鋳した先がある。このなかには、文久年間以後、「銭払底」を理由に鋳銭願を勘定所へ提出していた藩もあったが、慶応元（1865）年まで、これらの願いは却下された。元治元（1864）年の評議記録[69]をみると、「当時小菅村於て鉄小銭御鋳立相成候得共、未タ国々行渉り候程ニは至り兼」、「奥羽

---

66) 前掲『永野家文書七 鋳銭書留其一』『永野家文書八 鋳銭書留其二』『永野家文書九 鋳銭書留其三』『永野家文書十 鋳銭書留其四』日本銀行金融研究所貨幣博物館所蔵。

67) たとえば、日光東照宮を所管する日光奉行、伊勢神宮一帯を所管する山田奉行、佐渡金銀山を所管する佐渡奉行などへの払出はみられない。

68) 仙台藩は小菅鋳銭座開設と同時に、石巻に銭座開設許可を得て鉄一文銭を鋳造している。

69) 「松平陸奥守於領内砂鉄鋳銭願」（『御勝手帳第十四冊』）、国立公文書館所蔵。

第6章 幕末期の銭貨流通 *237*

表6-7 小菅銭座からの鉄一文銭の払出実績

（単位：貫文［100文以下は四捨五入］、〈〉内はウエート%）

	1861 （文久1）	1862 （文久2）	1863 （文久3）	1864 （元治1）	1865 （慶応1）	1866 （慶応2）	1867 （慶応3）	合計
江戸	15,000	15,000	78,000	45,500	57,800	7,050	1,000	219,350 〈43.8〉
京都・大坂	0	82,000	103,867	19,600	0	0	0	205,467 〈41.1〉
駿河	1,961	0	3,278	5,917	0	0	0	11,706 〈2.3〉
甲府	0	0	1,524	1,307	0	0	0	2,831 〈0.6〉
伊勢	0	0	2,244	9,800	0	0	0	12,044 〈2.4〉
箱館	0	0	0	10,000	0	0	0	10,000 〈2.0〉
長崎	0	1,892	0	13,067	0	0	0	14,959 〈3.0〉
新潟	1,000	0	0	0	0	0	0	10,000 〈2.0〉
代官	0	469	1,954	4,600	12,323	0	0	19,346 〈3.9〉
松平肥後守 （会津藩）	0	0	0	3,500	0	0	0	3,500 〈0.7〉
松平越中守 （桑名藩）	0	0	0	320	0	0	0	320 〈0.0〉
計　A	17,961	99,361	191,417	113,611	70,213	7,050	1,000	500,523
鋳造量　B	222,450	203,611	222,285	145,224	76,213	7,600	1,500	878,793
A/B%	8.1	48.8	86.1	78.2	92.1	92.8	66.7	57
（参考） 鋳銭許可 〈〉内は銭貨 の種類	1859年 仙台藩 〈鉄一文銭〉 1861年 佐渡 〈鉄一文銭〉	薩摩藩 〈琉球通宝 銅百文銭〉	水戸藩 〈鉄一文銭〉 金座・銀座 〈銅四文銭〉	水戸藩 〈鉄四文銭〉	盛岡・金沢・ 会津藩 〈鉄四文銭〉 金座（大坂） 〈銅百文銭〉	津藩 〈鉄一文銭〉 広島・津藩 〈鉄四文銭〉 水戸・会津藩 〈鉄四文銭の 江戸通用〉	津藩 〈鉄四文銭〉	―

（備考）年々の数量の変化を示すうえで、表中の年代は、西暦を先に表記した。
（資料）『永野家文書七　鋳銭書留其一』、『永野家文書八　鋳銭書留其二』、『永野家文書九　鋳銭書留其三』、
　　　『永野家文書十 鋳銭書留其四』（日本銀行金融研究所貨幣博物館所蔵）

其外北国筋え江戸表より小銭相廻り融通宜敷様相成候ニは時月」と記され
る。勘定所では、小菅銭座で鋳造した鉄一文銭が全国に行き渡っていないこ
と、特に東北や北陸等に銭不足が生じている状況を認識していたことがわか
る。幕府からの供給不足や地域的な偏りが、諸藩による密鋳の背景となって

いたといってもよい。

　次に、払出数量の各年の変化をみてみよう。表6-7に記載した文久元
（1861）年〜慶応3（1867）年までの7年間の払出額の合計は、約50万貫文
である。総鋳造量約116万貫文から、閉鎖時に銭座内に残っていた約13万
貫文[70]を除いた約100万貫文の半分を占める。このうちの8割強が将軍上洛
前後の文久2（1862）年〜元治元（1864）年に払い出されている。対照的
に、文久元年以前と慶応元年以降の払出数量は少ない。

　銭座での鋳造と払出のタイミングは一致するとは限らない。あらかじめ鋳
造しておいた銭貨を特定の時期にまとめて払い出すことが通常時には想定さ
れるが、切迫した用途のために、鋳造後すぐに払い出すケースも生じた可能
性がある。

　この点を確認するために、払出高の鋳造高に対する比率を各年で算出した
ところ、以下の変化が観察された。文久元年の段階では8.1％と低く、この
年に鋳造された鉄一文銭の多くは将来の財政支出の準備として保管された。
文久2年には48.8％に急上昇している。文久3年には86.1％、元治元年も
78.2％と払出率は極めて高い。慶応元年、慶応2年は、9割強を江戸の銭両
替に払い出しているが、鋳造量そのものが激減していることや、京都や大坂
への払出が皆無であることに留意する必要がある。慶応元年以後も、長州征
討の行軍に伴い銭貨需要は生じていたとみられるが、先の上洛時と異なり、
鉄一文銭の払出が上方になされていない。

　金座永野家史料によれば、慶応2年7月に、「御進発」用の武器製造のた
め、小菅銭座で備蓄していた鉄を「鉄砲玉薬」部門へ引き渡し、鉄一文銭の
鋳造素材の追加調達が不可能となったことが判明する。こうした状況下、同
年9月には、物価高騰による鋳造収支の赤字拡大を理由に、鉄一文銭の鋳造
停止伺いが勘定所に出された[71]。

　表6-7をみると、慶応2年以降、江戸における必要最低限の払出に応じな
がら鋳造停止に向かう段階に移行したことがわかる（銭両替らへの払出実績

---

70)　前掲『永野家記録　小菅銭座日記写』から、年々の鋳造実績等が判明する。
71)　日本銀行調査局（1973a）236ページ参照。勘定所への伺い書は「鉄一文銭吹立差止伺」（『御
　　勝手帳第二十冊』）国立公文書館所蔵。

の内訳については、第3章2節の表3-1を参照されたい）。これ以後、上方での銭貨需要にどのように応じたかは、後に触れる。

なお、表6-7の（参考）欄に、諸藩への鋳銭許可の時期を記した。明和9（1772）年以降、勘定所は、諸藩による鋳銭を原則として認めない姿勢を貫いてきた[72]。文久3年の勘定所記録には、「通用銭之儀は金銀ニ差続候国宝」[73]と位置づけ、「一体貨幣之儀は、公辺おゐて御惣括相成候儀ニ付、御取締も相立、世上通用差支無之候処、一旦右之御製度相崩れ追々諸方にて吹方致し候様相成候ハヽ、通貨混乱いたし」[74]と記される。

幕府による独占的な銭貨供給体制を堅持するうえで、諸藩への鋳銭許可はこれを脅かすものと捉えられていた。この姿勢に変化が生じたのが慶応元年で、盛岡藩[75]や会津藩等に鉄四文銭の鋳造を認めるようになった[76]。鉄一文銭の払出数量が激減した時期と、諸藩の鋳銭を認める姿勢に転じた時期がほぼ同じである。勘定所では銭貨を払い出すことの可否と、鋳銭願を許可することの是非を、並行して検討していたとみられる。

盛岡藩の鋳銭願いに関する評議[77]では、「銭払底之土地えは廻し方取計候」と論じられており、銭不足が生じた藩へ、幕府が銭貨を供給すべきと認識されていた。しかし、「四文銭は此節渡方差支有之」「鉄小銭は御有高少ニ付、御払難出来」と記されるように、上方へ四文銭を優先的に配分する対応に支障が生じる恐れと、鉄一文銭の在高不足を理由に、盛岡藩に対して一文銭・四文銭を払い出さない決定が下された[78]。幕府が銭貨を全国に供給する建前に対し、鉄一文銭の供給数量に限界がある現実に直面した勘定所では、幕府寄りの姿勢をとる藩へ、鉄四文銭の鋳造を許可する政治的判断を行ったと考えられる。

---

72) 『御触書天明集成』『金銀銭之部』二五八七号。日本銀行調査局編（1973a）266ページ。
73) 「南部美濃守領内大小銭取交鋳立願」（『御勝手帳　第十冊』）国立公文書館所蔵。
74) 「水戸殿唐銅五拾文・銅百文・鉄四文銭吹一件」（『御勝手帳　第十二冊』）国立公文書館所蔵。
75) 前掲『永野家文書七　鋳銭書留其一』『永野家文書八　鋳銭書留其二』『永野家文書九　鋳銭書留其三』には、小菅銭座では、盛岡藩産出の鉄を鋳造に用いたことが記される。
76) 「加賀中納言・松平肥後守・南部美濃守銅鉄銭吹立願」（『御勝手帳　第二十一冊』）国立公文書館所蔵には、許可の理由は明記されていない。
77) 「南部美濃守鋳銭願」（『御勝手帳　第十九冊』）国立公文書館所蔵。
78) 一文銭、四文銭に代えて、百文銭を盛岡藩に供給する決定がなされた。

（2） 銭貨鋳造、回収、払出の時期的な変化

以下では、各種銭貨の鋳造、回収、払出の変化とその背景について、金座や勘定所での意思決定等を記す史料をもとに、年代順に分析する。

① 開港直後の銅一文銭回収

まず、安政6（1859）年8月の小菅銭座開設から文久2（1862）年秋頃までは、開港直後に公布された幕府触書[79]に基づき、銭両替が市中から買い集めた銅一文銭を回収し、それと引替えに鉄一文銭を払い出すことに重点があった。文久2年末の金座関係史料[80]によれば、鉄一文銭の「鋳造高は文久2年10月までで52万8750貫文余となっており、銅一文銭の回収高に対し2歩5厘（25％）に相当する。（中略）百文銭が世の中の流通では多くなり、小銭（一文銭）はとかく払底し（中略）江戸はもちろん京都・大坂、諸国とも小銭（一文銭）に支障が生じている」（筆者現代語訳）との記述がある。銅一文銭の回収に一定の成果が上がっていたものの、引替えに市中へ払い出された銭貨の多くが百文銭であったため、一文銭不足という別途の問題が生じたことがわかる。

銭両替が銅一文銭を初めて金座役所に持ち込み、引替請求を行った安政6年9月16日[81]の記事によれば、百文銭のみが払い出されていたことがわかる[82]。銅一文銭の回収を始めた当時、小菅銭座はまだ鋳造施設も完成していなかったためである。鉄一文銭の供給体制が整う前から、百文銭による引替えを開始した[83]経緯をみると、銅一文銭の回収が緊急の課題であったようだ。

幕府が銅一文銭を急いで回収しようとした背景には、国際的な銅需要があった。日本の銅は鎖国時代からオランダ東インド会社を通じて南アジアや

---

79) 『幕末御触書集成　第四巻』四一七六号。
80) 日本銀行調査局（1973a）259ページに引用された「金座秘記（仮題）」を筆者が現代語訳した。
81) 「安政六己未年正月　別記書抜十」（石巻市教育委員会［1983］収録の翻刻文）。
82) 「安政六己未年正月　別記書抜十」によれば、安政6年9月17日に銅一文銭との引替えに百文銭が払い出され始めたが、鉄一文銭の鋳造開始は、10月8日である。
83) 鉄一文銭は、銭両替商への手数料の支払いに用いられたと考えられる。

第6章 幕末期の銭貨流通 *241*

ヨーロッパへ輸出され、貨幣の鋳造材料や装飾品等に加工されていた。19世紀に入ってから、機械部品や電線といった工業製品、大砲等の素材として、イギリス産の銅への需要が高まるなかでも、質の高い日本銅は引合いが強かった[84]。開港後に銅や銅製品の輸出だけでなく、銅一文銭の海外流出が生じることを幕府は見込み、修好通商条約のなかに銅銭の輸出禁止条項を盛り込んだが、奏功せず、密輸出がなされた[85]。

国内の事情をみると、嘉永6（1853）年のペリー来航以後、幕府は海防のために軍備増強を図り、武器（大砲）と軍事費（百文銭）を確保するための鋳造事業だけでも銅の需給が逼迫した。銅山からの産出増が期待できない状況下、幕府直営の大砲鋳造場から生じる鋳造屑を金座が受け取り、百文銭の素材として活用した[86]。実現しなかったが、寺院の梵鐘を活用することまで、勘定所は金座に打診していた[87]。開港後に銅一文銭等が海外流出すれば、鋳銭素材の確保がより困難になることは確実であった。

では、銅一文銭の回収が盛んになされたのはいつ頃までであったか。金座人史料のなかで、鉄一文銭の市払出に関する記事が初めて確認されるのは文久元（1861）年12月1日で[88]、銭両替仲間に5回に分けて合計1万5000貫文を払い出している。金座は対価として金貨を受け取っている。この頃には、銅一文銭の回収だけでなく、市中の銭不足に応じた払出も実施するようになっていた。以後、慶応元（1865）年まで、盆暮に銭両替仲間に対する払出が実施された[89]。つけ払いの決済が集中する時期に、市中へ鉄一文銭を供給したことがわかる。

なお、将軍上洛が実施された2年間は、盆暮以外でも銭両替向けの払出が盛んになされている。この当時の江戸では、上洛準備等のため、文建てでの物品購入や銭両替等が活発化していたことが推測される。

銅一文銭の回収は上方でも実施されていたが、大坂に向けて、「銅小銭引

84）　島田竜登（2008）145-152ページ。大阪歴史博物館（2003）91ページ。
85）　石井孝（1987）10-13ページ。日本銀行調査局（1973a）257ページ。
86）　前掲『百文銭および文久銭に付書上』。
87）　「安政五戊午年正月　別記書抜九」（石巻市教育委員会［1983］収録の翻刻文）。以下、金座人の記録に言及する際は、この史料に依拠した。
88）　前掲『永野家文書七　鋳銭書留其一』。
89）　同前および『永野家文書八　鋳銭書留其二』『永野家文書九　鋳銭書留其三』。

242

替元」として鉄一文銭が送られたのは、文久2（1862）年5月8日と同年12月13日の2回[90]で、江戸における供給開始より2年半以上遅れている。もっとも、幕府が意図的に大坂への供給を遅らせたわけではなく、万延元（1860）年10月に開設した佐渡銭座からの供給を予定していた[91]。この銭座は、文久2年に鋳造を開始したが、軌道に乗らないまま頓挫した[92]。佐渡鋳銭が不調に終わった時期と、江戸から大坂へ鉄一文銭の供給を開始した時期がほぼ合致している。

②　将軍上洛前後の鉄一文銭不足への対応

鉄一文銭の払出の重点が次の局面に移行したのは文久2（1862）年末頃からである。銭不足が顕現化した京都、大坂に向け、重点的に鉄一文銭を供給する方針転換がなされた。勘定所での意思決定の契機は、文久2年11月に、京都所司代から2万両相当の銭貨（百文銭、鉄一文銭、鉄四文銭）を大坂経由で京都に送ってほしいとの要請が出されたことであった[93]。京都守護職の新設（文久2年閏8月）や将軍上洛実施の決定（同年9月）に伴い、京都に滞在する幕府関係者等による銭貨支払いの機会が増加したことが契機と考えられる。

京都所司代の要請を受け、同年末に初回の銭貨輸送が実施された。上洛時に上方や街道筋に供給するために鋳造していた鉄一文銭等を、急遽繰り回して対応した[94]。このため、上洛用の鋳造は極めて繁忙化したが、文久3（1863）年1月下旬に、東海道全宿場に対して「鉄小銭百三拾弐貫文之外、銀座鋳立鉄四文銭百九拾八貫文添、合三百三拾貫文ツツ」[95]を配布した。前掲表6-7における文久3年の払出のうち、駿河、伊勢向けとして記載された数量は、宿場向け配布の一部である。

東海道宿場への配布は地域を分けて実施された。まず陸路で運べる江戸

90）　前掲『永野家文書八　鋳銭書留其二』。金座人が京・大坂への払出実績を報告した記事。
91）　前掲「松平陸奥守於領内砂鉄鋳銭願」（『御勝手帳　第十四冊』）では、小菅銭座だけでは全国に鉄一文銭を供給できないため、佐渡銭座を開設した経緯に言及している。
92）　日本銀行調査局（1973a）258ページ。佐渡銭座の鋳造実態は定かでない。
93）　「銭払底ニ付銅鉄銭ノ内弐万両差登之儀書付」（『御勝手帳　第八冊』）国立公文書館所蔵。
94）　安国良一（2004）14-15ページ。
95）　前掲『永野家文書七　鋳銭書留其一』文久3年1月8日の記事。

（品川）から箱根までを1区間とした。箱根峠より先の地域については、海路を用いて江戸から駿河（清水湊）・伊勢（四日市）へ向かい、それらを中継地として各宿場に運ばれた。配布された銭貨の用途を特定することは難しいが、臨時動員した馬や人足の賃銭払いに充当したと目される。ちなみに、宿場へ配布された鉄一文銭の見返りに、宿場から金座へ金貨等が払い込まれた記述はみられない。将軍一行の円滑な通行を確保するため、銭貨による宿場助成を行ったものと考えられる。

　なお、中山道を用いて江戸と京都の間を移動する人員も多かったが、表6-7では、東海道以外の宿場への配布はみられない。また、元治元（1864）年の再上洛は、将軍が軍艦で移動したこともあってか、東海道宿場への追加配布はなされていない。蝦夷地の海防も重要施策であったが、蝦夷へ向かう人が通行する奥州街道等への配布は皆無である[96]。勘定所が、将軍が通行、滞在する場所へ重点的に銭貨を供給する方針をとっていたことが見て取れる。

③　幕府崩壊の直前に払い出された銭貨

　次の転換点は、1865（慶応元）年である。鉄一文銭の鋳造量が激減し、大坂、京都向けの払出が皆無となった時期である。この前年の金座人史料によれば、鋳造の燃料となる炭の価格高騰のため、勘定所から金座へ支給される経費では賄いきれないとの主張がなされている。この後、金座と勘定所の間では、鋳造収支の見積を何種類か試算して対応を検討している[97]。鉄一文銭1個の鋳造に必要な人件費や鉄代だけでも2.1文程度かかるとの試算もみられる。元治元（1864）年には、物価高騰による鉄一文銭の収支赤字拡大を勘定所や金座では受容し得なくなり、翌年の鋳造量減少に至った。

　前掲表6-3と合わせてみると、銅四文銭が慶応3（1867）年まで大坂へ運ばれており[98]、供給された銭貨が、一文銭から四文銭にシフトしたことがわかる。将軍の進軍に伴い増加する銭貨需要と物価高騰の情勢に対応するに

---

96)　前掲「南部美濃守領内大小銭取交鋳立願」（『御勝手帳　第十冊』）では、蝦夷地警衛に向かう街道通行者の両替ニーズに言及している。この鋳銭願は却下された。

97)　前掲『永野家文書八　鋳銭書留其二』に記された元治元年「八月中　正入用勘定」。

98)　賀川隆行（2002）174-175ページ。

は、四文銭にシフトするほかなかったのであろう。この当時、将軍が大坂城に拠点を置いていたため、その周辺に多くの幕府関係者が滞在していた。公定の宿泊料は、文久3（1863）〜慶応元（1865）年9月までは1人1日あたり248文であったが、慶応2（1866）年末には700文[99]と3倍近くに引き上げられた。輸送された小額銭貨が一文銭から四文銭にシフトしたことと時期的にほぼ合致する。引き上げられた公定料金の支払いに、四文銭を用いるケースが増えたと考えられる。

　また、この時期の特徴の一つは、金座が大坂に難波銭座を開設し、百文銭を大坂から払い出すようになったことである。慶応元年8月の銭座開設に関する老中決定には、「上方筋銭貨融通之為」[100]と記され、大坂以西への銭貨供給拠点となることが期待されている。決定直後に、江戸から金座役所の役人3名、金座人4名、鋳造実務の棟梁1名、棟梁クラスを含む職人100人以上が派遣されたほか、鋳造用具も輸送されるなど、銭座の運営資源が江戸から大坂に分配された[101]。

　上方における当時の百文銭の用途の一例を挙げると、会津藩への手当金支給がある。慶応元年閏5月に勘定所が会津藩に対して月々1万両の手当金の給付を認めた[102]際、江戸で金貨（二分金）5000両、京都で百文銭により5000両を年末まで月々渡すこととした[103]。翌年2月には貸付金1万5360両余の実行も決定したが、半分は百文銭で渡すこととされた[104]。大坂での鋳造が本格化した慶応元年11月以降は、大坂での鋳造分も払い出されたであろう。大坂難波の銭座は、将軍の大坂城滞在に伴い上方で増大する財政支出等に必要な貨幣を、百文銭の増鋳によって賄うべく、開設されたものと考えられる。

　ちなみに、この銭座の運営資金は百文銭で支出された。開設決定の翌月、金座役所から1万両相当の百文銭が江戸の三井組に預けられ、経費払いのつ

99）　『幕末御触書集成　第一巻』「上洛并上使之部」四〇二号、四一六号。
100）　木村智（1978）35ページに引用された「御進発掛御勘定奉行」あての申渡文（翻刻文）。
101）　「大坂表百文銭吹方一件書留之内書抜」（石巻市教育委員会編［1985］収録の翻刻文）。
102）　「松平肥後守御手当金至急取替渡方願」（『御勝手帳　第十九冊』）国立公文書館所蔵。
103）　「肥後守拝借金願」（『御勝手帳　第十九冊』）国立公文書館所蔵。
104）　京都所司代を務める桑名藩にも同様の対応がとられた。

ど、で払い出すこととされた[105]。「大坂表召抱職人賃銀之義、当年うち壱人四百文ツツ之積り」と記されているように、職人の労賃も百文銭で支払われた模様である。

最後に、国際的な支払いという観点で、銅一文銭が海外への賠償金支払いに用いられたことに触れておこう。慶応元年10月下旬から11月下旬にかけ、小菅銭座の鋳造作業を中断し、回収された銅一文銭のなかから良質の「耳白銭」（享保期に鋳造された銅一文銭）および大形銭の選別作業を実施した。その目的が、下関での四カ国艦隊砲撃の賠償金支払準備であったことが金座人史料に記されている。賠償金支払いに洋銀が用いられた[106]とされるが、銅一文銭も用いられたことはあまり知られていない。高額の賠償金支払いに、枚数の嵩む銅一文銭が充当されたことは、諸外国が銅の素材価値を重視していたことの表れである。

ちなみに、この年の閏五月に、勘定所は鉄一文銭を基準銭とし、銅四文銭および銅一文銭等をプレミアム付（「増歩」）で通用させる率を布告[107]した。耳白銭は1枚で6文通用とされ、同時に、鉄一文銭6個との引替実施も周知された。市中に退蔵されている耳白銭を6倍の増歩引替えの好条件で回収し、その中から賠償金支払いに充当できるものを選別した経緯が見て取れる。

こうして回収・選別された「耳白銭」50万貫文（1枚3.75gとして、約1875トン）は、横浜に運ばれ、11月末に勘定奉行小栗忠順の指揮下で外国へ引き渡された[108]。明治6（1873）年に作成された「旧貨幣表」によれば、市中から回収した銅一文銭のうち、海外に支払われた数量は600万貫文で、「洋銀に代て外國へ渡す」と記されている[109]。

当時、「耳白銭」1枚を10文にカウントしたため、外国に渡した50万貫文の「旧貨幣表」作成時における評価額は500万貫文である。海外向け支払

---

105) 「慶応乙丑秋八月至十二月　浪華鋳銭御用出役日記」（石巻市教育委員会［1985］収録の翻刻文）。
106) 生麦事件に関する英国への賠償金は、洋銀40万ドルで支払われた。山本有造（1994）6ページ。
107) 『幕末御触書集成　第四巻』四二〇七号。
108) 前掲『永野家文書九　鋳銭書留其三』慶応元年11月22日の記事。
109) 『新稿　両替年代記関鍵』収録の「旧貨幣表」789ページおよび793ページ。

いの 8 割以上が下関四カ国艦隊砲撃の賠償金であった。銅一文銭が洋銀と同様に、国際的な支払手段として受容されていたことを示す事例である。百文銭や四文銭等の増加が国内の政治要因などによる貨幣需要に対応したものであったのと異なり、銅一文銭の減少は、海外からの銅素材への引合いを背景とした対外要因が大きいことが特徴である。

　以上のように、鉄一文銭を事例に、銭座からの銭貨の払出数量を分析したところ、文久 2 （1862）年頃から、京都、大坂や東海道筋に重点的に払出が実施され、全国に銭貨が行き渡ったわけではなかったことが明らかになった。勘定所では、銭貨供給に地域的な偏りや数量不足があることを認識していたが、素材の制約等から十分な数量を確保できなかった。幕府は、供給数量の増加を図ったものの、上洛や内戦、物価上昇等に伴う銭貨需要を充足することができず、諸藩による密鋳を惹起した。幕府による独占的な貨幣供給権を揺るがす一因になっていたと考えられる。

〈コラム 7　幕末の銭貨鋳造と大砲鋳造〉

　図 1-10 で示した『鋳銭図解』は享保期の南部藩での銅一文銭の鋳造工程を描いたもので、銅の地金を鎔解する工程では、鞴を人力で踏んで送風していた様子がわかる。田沼期以降の鉄銭鋳造工程でも鞴による送風を人力に頼っていたことが、職人の人員構成や労働内容からわかっている（第 4 章で分析）。地金を鎔解する工程の中心にあった技術者は鋳物師たちであった。

　元文期に江戸の小名木川沿いの地で銅・鉄銭を鋳造した銭座を開設し運営していたのは、辻鋳物師の系譜の釜屋であった。田沼期の水戸藩鋳銭などでの職人にもその関係者が含まれたと考えられる。これらの鋳物師の技術は、鍋釜といった日用品のほか、天水鉢などの寺社用具の鋳造に活用されており、鋳物師たちは鋳銭がない時期には、こうした製品の鋳造に従事していた。

　だが、幕末期に江戸の小菅や水戸藩の小梅屋敷内に開設された銭座に関する資料をみると、幕府や諸藩が力を入れていた大砲鋳造との関係が密接になっていた変化が見て取れる。大砲を造るための素材や鎔解の技

術が要請されていた折柄、雇用された鋳物師や活用された技術も、鍋釜鋳造の技術を転用していた時期とは様相が変わっていた。たとえば、鎔解にあたって、人力で送風して火力を保つのではなく、反射炉を設けて高熱の鎔解を試みる先もあった。幕末に開設された銭座の近くに反射炉が設置されていた事例としては、南部藩、水戸藩（那珂湊）、薩摩藩が挙げられる。

　幕府が開港後に開設した小菅銭座の鋳物師棟梁は川口鋳物師であった。周知のとおり、川口鋳物師はこの当時、さまざまな藩の大砲鋳造を担っていた鋳物師である。大砲鋳造と小菅銭座が深く関わっていたことは、『永野家文書　鋳銭御用留』（日本銀行金融研究所貨幣博物館所蔵）の記述から窺い知れる。

　たとえば、鉄銭の素材は田沼期と異なり岩鉄（鉄鉱石）であった。南部藩のほか、幕府の大砲鋳造場からも岩鉄を調達していた。岩鉄の鎔解は高温でなければできず、鞴で送風しても対応できなかった。このため、小菅銭座では、滝野川に反射炉を建設してそれを活用することも検討された旨が、史料に記される。反射炉が実際に稼働したかどうかは定かでないが、韮山の反射炉を管轄する江川太郎左衛門役所から天城砂を送ってもらうなど、何らかの準備が進められていたことは確かである。より強固な大砲を造るための素材や技術が鉄銭鋳造にも転用される面があった。

　一方、軍事的な要請によって大砲鋳造が優先されるようになると、小菅銭座からは鋳銭用に確保した岩鉄を大砲鋳造場へ繰り回している。その結果、鋳銭素材が枯渇し、これがきっかけとなり鉄一文銭の鋳造停止に至った。幕末の鋳銭と大砲鋳造は、軍事に必要な貨幣と武器の双方を同じ素材と技術（道具・職人）で作り出していたのである。

　大砲鋳造と同じ素材を幕末の鋳銭に用いる発想は、岩鉄の利用に限らなかった。大砲の鋳造屑の有効活用は、真鍮製の天保通宝鋳造でも行われた。また、幕府から特別に鋳銭許可を受けた水戸藩では、江戸の小梅屋敷内にある大砲鋳造所に併設したかたちで銭座を開設したが、大砲鋳造屑を活用して鉄一文銭の鋳造を行った。ちなみに、水戸藩邸での大砲

および鉄一文銭の鋳造を担った棟梁も川口鋳物師で、増田数之介・増田勝蔵の名が水戸鋳銭に関する史料から確認できる。

　幕末期の大名領では幕府の許可なく天保通宝などを密鋳する動きがあったことが知られる。その一つが薩摩藩であるが、集成館に反射炉を開設し、西洋式技術も導入しながら武器の製造を行っていた。その過程でその技術と素材を有効活用して天保通宝などを鋳造して軍事費も生み出そうとした。こうした動きや発想は、倒幕をめざす薩摩藩に限ったものではなく、幕府や水戸藩でも同様であった。

第7章

明治期初等教育史料にみる「貨幣」の学び

┌─■第7章のポイント■──────────────────────────

- 明治初期は、政治的な時代区分としては江戸時代と一線を画していたが、徳川期の経済面での慣行や貨幣が依然として残っていた時期である。明治4（1871）年の新貨条例によって円体系の貨幣制度が導入された。新旧貨幣が混在するなか、人々がどのようなツールで貨幣に関する知識を得ていたかを考察した研究は皆無に等しい。

- 本章では、明治6（1873）年3月に初版本が刊行された『小學讀本』を分析対象とする。教育関係史料を貨幣史研究の分析対象とするのは、管見の限り初めての試みである。

- 『小學讀本』では、円体系の金銀銅貨だけでなく、徳川期の銭貨や金貨の扱いについても、説明がなされている。子どもたちが学んだ内容を紹介し、かかる教育が必要とされた期間とその背景を考察する。

- 旧金銀貨は通用停止とされた一方、旧銭貨は円体系のもとで厘単位の貨幣として流通する扱いとされた。なぜ、明治政府がかかる判断を行ったか。その背景を、大蔵省に一時的に出仕していた旧金座人の史料（日本銀行金融研究所貨幣博物館が所蔵する金座人史料）などから分析・考察する。

└────────────────────────────────────

1 文部省編纂『小學讀本』による貨幣教育

（1） 新貨幣制度に関する教育普及と『小學讀本』

　従来の貨幣史研究では、人々がどのように流通貨幣についての知識や情報を得て、決済や納税などの経済活動を行っていたかという観点からの考察はほとんどなされてこなかった。「読み・書き・そろばん」に関する寺子屋における知識普及が経済発展の土台となり、それが明治維新後に人々が近代化へ対応できた素地となっていたといわれる[1]。しかし、明治維新後、具体的にどのような貨幣教育がなされてきたかはよくわかっていない。本章では、学制発布によって設置された小学校教育において最も利用された文部省編纂『小學讀本』を事例に、そこに記載された貨幣に関する項目を紹介し、そこに反映される当時の貨幣流通状況や政府が直面していた政策上の課題を交えながら、制度移行期における貨幣に関する学びの一端を考察する。

　明治5（1872）年8月に学制が敷かれたのだが、その前年に新貨条例によって円体系の新たな貨幣制度が導入され、大阪造幣寮で新貨幣の製造が始まった時期にあたる。これまでの章でも繰り返し述べてきたが、新たな貨幣制度が導入されたからといって、それ以前に流通していた実物貨幣が突然消えてなくなるわけではない。農村部に至るまで銭貨などの小額貨幣が普及していた徳川期の貨幣流通状況からいえば、明治初年には旧金銀銭貨が大量に市中に残存しており、明治政府が新たに発行した新貨幣が普及・定着するまでの間、支払いや納税における計算・授受は極めて複雑であったと目される。

　だが、第5章で分析対象とした関東農村（傍示堂村）における年貢・租税関係史料の分析をしたところ、明治8（1875）年から明治9（1876）年にかけて、記帳内容が整斉と「円」単位に移行していたことが判明した。名主レベルの人たちが記した史料であったため、換算等の方法について何らかの公的な情報を得ていた可能性があるとはいえ、大きな混乱なく移行しているこ

---

1)　大石学（2007）114-117ページ。

とに、当時の人々の意識や経済感覚の高さに目を見張った。この間、「円・銭・厘」の新貨幣単位による年貢負担額を村人が名主に納める際には、小額部分を徳川幕府が鋳造した旧銭貨（「鐚」）を用いたことを示す記述もところどころで見受けられた。記帳内容と実際に授受した貨幣にちがいがある史料の記述をみるにつけ、いったい、この当時の人々は、どのように新旧貨幣の扱いに関する知識を得ていたのか、という疑問が生じてくる。

　筆者が文部省編纂（師範学校彫刻）の『小學讀本巻一』に着目したのは、図7-1にみられるように、旧銭貨や旧計数金銀貨の図版が掲載され、その扱いについて説明する項目が巻末の数ページに設けられていたためである。解説文は小学生向けとして簡潔なものだが、掲載された図版は専門の貨幣書（たとえば、幕臣の近藤正斎（重蔵）が編纂した『金銀図録』[2]や大蔵省御雇の吉田賢輔が編纂した『大日本貨幣史』）と遜色のないもので、実物貨幣の識別が可能な克明さで刷られている。こうした教本によって、小学生向けに新旧貨幣について、実物と制度の知識が教えられていたことは、貨幣史を専門とする研究者の間でこれまで話題にされてこなかった。

　明治6（1873）年3月を初版とする『小學讀本』は、アメリカの教育者（歴史家）マーシャス・ウィルソンが子供向けに著した *The first reader of the school and family series*（1861年刊、以下、ウィルソンリーダーと記す）全6巻をもとに、学制発布後に作成された国語教本で、文部省から刊行された。

　ウィルソンリーダーの翻訳をもとに教本の編纂を担った田中義廉（生没：1841〜1879年）は、英語を慶應義塾で学び、文部省に入省して師範学校創設や小学校教科書編集に携わった人物である。慶應塾長を経て大蔵省や文部省の官僚として明治政府に出仕し『大日本貨幣史』を編纂していた吉田賢輔と接点があったともいわれる。

　『小學讀本』における貨幣の記述が、当時の流通状況の現状を示すものなのか、大蔵省を含む明治政府の貨幣政策上の意図を反映したものなのかといった史料の性格について吟味しなければならないが、この点は今後の課題

---

2)　近藤正斎『金銀図録』日本銀行金融研究所貨幣博物館所蔵。

図 7-1　明治 7 年 8 月改正版『小學讀本巻一』[3]（表紙および貨幣の項）

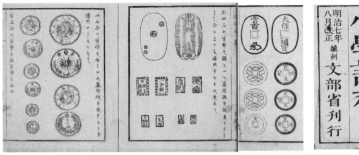

（出所）　早稲田大学図書館所蔵。

と言わざるを得ない。まずは研究の手始めとして、『小學讀本』で教えられた内容を事実として把握することとしたい。本章での分析を通じた筆者の印象をもとに、現段階での見通しをいえば、明治 7 年 8 月に貨幣の図版や制度面での説明について、より正確な記述へ改正がなされており（次節において分析）、貨幣制度に詳しい専門家の意見を何らかのかたちで受けなければ文部省に出仕している田中の知見のみでは修正しきれない内容も含まれていることから、貨幣を所管する大蔵省関係者との間での何らかの人的な交流や情報交換があったと考えられる。

　ところで、文部省が貨幣の知識を普及して取り組んだのは『小學讀本』だけではなかった。同じ年に頒布された「教育錦絵（幼童家庭教育用絵画）」もその一つである。明治 6 年に「學事奨励ニ関スル被仰出書」（太政官布告第二百十四号）が発出された後、多くの洋書が輸入され、その図版の構成なども参考にして 47 種の教育錦絵が「幼童家庭の教育を助くる為めに」作られた。衣食住や職人の仕事などを紹介する題材が選ばれたなかで、新貨幣も取り上げられている。教育史研究の分野では、幼児教育だけでなく民衆の教化・啓蒙を図ったものと理解されている[4]。

　図 7-2 の錦絵に描かれたのは新貨条例により発行が決まった円単位の新金

---

3)　田中義廉 編輯『小學讀本巻一』1874 年、早稲田大学図書館所蔵。
4)　井上素子（2014）を参照。

第 7 章　明治期初等教育史料にみる「貨幣」の学び　253

図7-2　新貨幣を教育普及した文部省発行の錦絵

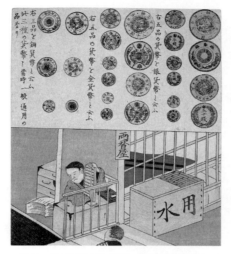

（出所）「（文部省発行教育錦絵　新貨幣と両替屋）」日本銀行金融研究所貨幣博物館所蔵。

銀銅貨である。この錦絵が作成された当時、大阪造幣寮において金銀貨の製造は開始されたばかりで、庶民が高額面の新貨幣を手にする機会はほどんどなかった。小額面の新銅貨に至っては、いまだ製造されていなかった。このため、錦絵を通じて初めて新金銀銅貨の形態や貨幣単位、種類を知る人も多かったとみられる。

　図版の傍らには「銀貨幣五品」（貿易銀、五十銭銀貨、二十銭銀貨、十銭銀貨、五銭銀貨）、「金貨幣五品」（二十円金貨、十円金貨、五円金貨・二円金貨・一円金貨）、「銅貨三品」（一銭銅貨、半銭銅貨、一厘銅貨[5]）、「此三種の貨幣は当時一般通用の品なり」といった文章が付されている。

　図版では、天皇を表象する龍や菊をあしらったデザインのほか、半銭銅貨に「二百枚換一圓」、一厘銅貨に「十枚換一銭」と刻された文字も判読可能

---

5)　教育錦絵「新貨幣と両替屋」の出版年は定かでないが、描かれた「一厘銅貨」のデザインが菊となっている。明治6（1873）年8月に一厘のデザインを改め、「一厘」と額面を文字で表す形としたことなどを勘案すると、この錦絵は、明治6年2月から8月までの時期、『小學讀本』初版とほぼ同じ時期に作成されたのではないかと考えられる。

図7-3　*The first reader of the school and family series ∕by Marcius Willson*

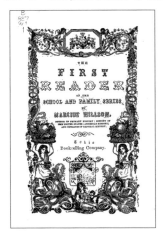

（出所）　慶應義塾大学図書館所蔵。

な克明さで刷られている。

　しかし、漢字混じりで示された内容は、「いろは」の基礎を小学校で学ぶ前の幼児が一人で理解できるものではない。幼児に家庭内教育を担う親などへの啓蒙を目指していたものと理解されている。こうした点は、同時期に刊行された『小學讀本』の貨幣の項目にもあてはまるように思われる。

　『小學讀本』も教育錦絵と同様に、海外の教本を参考に編集されている。もととなったウィルソンリーダーをみると、"LESSON XVI MONEY"といった項が見出せる（図7-3参照）。当時のアメリカで流通していた貨幣に関する図版や解説文が掲載されているが、それを翻訳したままでは日本の小学生向けの国語教本には馴染まないと考えられたのであろう。讀本の他の箇所と異なり、日本の貨幣を題材に独自に書き下ろしている。『小學讀本』では、明治6年当時の新旧貨幣の流通状況を反映した内容となっており、通用停止に向けて交換対象とされる旧金貨も掲載されている。

　明治6年の初版の時点で、徳川幕府が発行した旧金貨や旧銭貨の図版が掲載されたのは、新旧貨幣が市中で混在していた現状を示したものと理解できる。

第7章　明治期初等教育史料にみる「貨幣」の学び　255

表 7-1　『小學讀本巻一』貨幣の説明項目（明治 6 年〜同 19 年）

発行年	明治 6 年 3 月	明治 7 年 8 月正	明治 8 年 8 月改正	明治 19 年 4 月	（参考）明治 20 年 6 月
教科書名	「小学読本」	「小学読本」	「小学読本」仮名付	「小学読本」	「尋常小学読本第四巻」
著・編集	文部省編纂	文部省刊行・師範学校編纂	文部省刊行・師範学校編纂	文部省刊行・師範学校編纂	佐野太郎編纂・明治二十年六月十三日文部省検定済み
掲載旧貨幣（図版）	（旧銭貨 4 品）天保通宝・寛永通宝真鍮四文銭・文久永宝銅四文銭・寛永通宝一文銭（旧金貨 5 品）小判・二朱金・一朱金・一分銀・一朱銀	同左	同左	同左	記載なし
掲載新銀貨（刻印年）	（新銀貨 5 品）一円貿易銀（明治三年）・五十銭銀貨（明治三年）・二十銭銀貨（明治三年）・十銭銀貨（明治三年）・五銭銀貨（明治六年）	（新銀貨 5 品）一円貿易銀（明治三年）・五十銭銀貨（明治三年）・二十銭銀貨（明治六年）・十銭銀貨（明治三年）・五銭銀貨（明治六年）	（新銀貨 5 品）一円貿易銀（明治三年）・五十銭銀貨（明治三年）・二十銭銀貨（明治六年）・十銭銀貨（明治三年）・五銭銀貨（明治六年）	（新銀貨 5 品）一円貿易銀（明治三年）・五十銭銀貨（明治六年）・二十銭銀貨（明治六年）・十銭銀貨（明治三年）・五銭銀貨（明治六年）	（新銀貨 5 品）一円銀貨（図版あり：明治十六年）・五十銭銀貨・二十銭銀貨・十銭銀貨・五銭銀貨（明治三年）
掲載新金貨（刻印年）	（新金貨 4 品）二十円金貨（明治三年）・十円金貨（明治三年）・五円金貨（明治三年）・一円金貨（明治三年）	（新金貨 4 品）二十円金貨（明治三年）・十円金貨（明治三年）・五円金貨（明治三年）・一円金貨（明治三年）	同左	同左	（新金貨 4 品）二十円金貨（図版あり：明治十六年）・十円金貨・五円金貨・一円金貨
掲載新銅貨（刻印年）	（新銅貨 3 品）一銭銅貨（明治六年）・半銭銅貨（明治六年）・一厘銅貨（明治六年）	（新銅貨 3 品）一銭銅貨（明治六年）・半銭銅貨（明治六年）・一厘銅貨（明治六年）	（新銅貨 3 品）一銭銅貨（明治七年）・半銭銅貨（明治六年）・一厘銅貨（明治六年）	（新銅貨 3 品）一銭銅貨（明治六年）・半銭銅貨（明治六年）・一厘銅貨（明治六年）	（新銅貨 4 品）一銭銅貨（図版あり：明治十九年）・五厘銅貨：明治十九年、一銭銅貨、半銭、一厘銅貨
流通・換算に関する文言	鈴一文を、一毛といひ、十毛を、一厘といひ、十厘を一銭とし、百銭を一圓といふ、ゆゑ、二十五銭半は二朱に当り、五十銭は一分に当り、二十五銭は一分に当り、五十銭は二分に当るなり。	此三種の貨幣ハ朝廷の発行にて、当今の通用とす、箇を一厘といひ、十厘を一銭といふ、ゆゑに、百銭を一圓といふ、又、二十五銭半は二朱に当り、五十銭は一分に当り、二十五銭は一分に当り、五十銭は二分に当るなり。	同左	同左	記載なし

（史料）「小學讀本」（明治 6 年 3 月初版）国立国会図書館所蔵、「小學讀本」『小學讀本』（明治 7 年 8 月改正）早稲田大学図書館所蔵、「小學讀本」（明治 8 年 8 月改正）国立教育政策研究所所蔵、「小學讀本」（明治 19 年 4 月改正）国立教育政策研究所所蔵、「尋常小学読本第四巻」（明治 20 年 6 月刊）国立教育政策研究所図書館所蔵。

だが、明治 7 年 8 月に改正された『小學讀本』は、その後も増版され続けた。貨幣に関する内容がいつ頃まで教えられたかについて、増版された教本を調べたところ、表 7-1 に整理したとおり、明治 7 年の改正版の内容が変更されずに明治 19（1886）年の増版まで踏襲され続けたことが判明した。

ちなみに、明治 20（1887）年以降の尋常小学校教科書にも貨幣に関する説明があるが、掲載された貨幣の種類や内容は『小學讀本』と様変わりしており、徳川幕府の旧金銀貨についての記述はみられない（後述）。『小學讀本』による貨幣教育の終焉期は、明治政府による新たな貨幣制度の定着期と重なっているようにも見える。この点について、次項以下で検証していくこととしよう。

表 7-1 は、『小學讀本』における貨幣に関する記述の変化について、今回調査できた版の主だったものを整理したものである。明治 7 年 8 月に改正された『小學讀本』の内容が変わることなく、明治 19 年頃まで増版されていた事実は、徳川幕府が発行した旧金貨や旧銭貨についての知識を普及する意味が、この頃まであったということを物語っている。いったい、どのような知識が教えられていたのだろうか。

（2）『小學讀本』における新旧貨幣に関する説明

前述のとおり、『小學讀本』の貨幣項目は、ウィルソンリーダーの "LESSON XVI MONEY" を参照したと目されるが、それを日本の貨幣に置き換えながら新たに説明するかたちとされた。アメリカの教本では銅・銀・金貨の順に、小額面の貨幣から高額面の貨幣の順に提示し、図版に刻された貨幣単位や額面、十進法について説明する内容となっている。そうした構成を手本にしつつ、『小學讀本』ではどのような知識を習得することが想定されていたか。図版にみられる単語や図柄から比較したのが表 7-2 である。

『小學讀本』における図版の掲載順をみると、旧幕府貨幣のなかで小判などの金貨が冒頭に挙げられているわけではない。小額面の貨幣から高額面の貨幣を示していく順番はウィルソンリーダーに倣ったようだ。旧銭貨が最初に提示されており、次に小判などの旧金貨、最後に明治政府が発行した新貨幣として銀・金・銅貨が取り上げられている。

第 7 章　明治期初等教育史料にみる「貨幣」の学び　257

表 7-2　ウィルソンリーダーと『小學讀本』掲載の貨幣図版比較

	ウィルソンリーダー	小学読本（明治 7 年 8 月改訂版）
図版の順番	①銅貨、②銀貨、③金貨の順	①旧銅銭、②旧金貨、③新銀貨、④新金貨、⑤新銅貨
掲載された貨幣	通用貨幣	旧幕府貨幣（通用しているもの、していないもの） 新貨条例で制定された新貨幣
図版の掲載の仕方	額面がわかる片面の図版を掲載	表・裏の図版
貨幣の単位	cent（1,3）、dime（1,1/2,25,50）、dollar（1,2.5,3,5,20）	①「当百」の文字、②「壱両」、「一分」、「二朱」、「一朱」、③「二十圓」、「十圓」、「五圓」、「二圓」「壱圓」、「五十銭」「二十銭」「十銭」「五銭」、「一銭」、「半銭」、「一厘」
図柄で示す重点	額面・貨幣単位の文字および、eagle の図柄	形態の全容を示す（形、表裏の刻印・文様など）

（史料）　The first reader of the school and family series（慶應義塾大学図書館所蔵）、明治七年八月改正『小學讀本』（早稲田大学図書館所蔵）

　ちなみに、「三貨制度」成立時の主要貨幣の一つであった丁銀など、匁建ての秤量銀貨はこの図版には登場していない。明治元（1868）年 5 月に「銀目（秤量銀貨の単位である匁）」が廃止されたことを反映した内容となっている。なお、銀を素材とした旧幕府貨幣の図版も掲載されているが、両建てで発行・通用した一分銀や二朱銀などの計数銀貨である。

　旧銭貨として挙げられた図版は四種である。これまでの章で考察してきたとおり、18 世紀半ば以降、徳川幕府は鉄を素材にして寛永通宝鉄一文銭や寛永通宝精鉄四文銭を大量発行したが、『小學讀本』において鉄銭は掲載されていない。掲載された四種の銭貨はいずれも銅を素材に含むもので、青銅製（銅と錫の合金）の一文銭ないし真鍮製（銅と亜鉛の合金）の四文銭・百文銭である。

　鉄製の旧銭貨は明治 6（1873）年 12 月に鋳つぶしを公認する方針が政府から出されたが、『小學讀本』初版本が刊行された 3 月の時点では、寛永通宝鉄一文銭は 16 分の 1 厘相当、寛永通宝精鉄四文銭は 8 分の 1 厘相当の価値で通用することとされていた。『小學讀本』の図版や解説は、当時利用されていたすべての旧銭貨を示すのではなく、ウィルソンリーダーに倣い、

金・銀・銅を素材とする貨幣を図版に掲げている。

　『小學讀本』は国語教本であるため、図版に示された文字も学習の対象であった。たとえば「壱両」「一分」「一朱」「一圓」「一銭」といった額面に関する文字や、新一厘銅貨上に小さく打刻された「十枚換一銭」のような文字も教室では読ませていた。文字を習得させる意図はもちろんであるが、こうした文字を繰り返し読むことで、新旧貨幣の額面・貨幣単位を知り、新貨幣制度が十進法の体系であることや、実物貨幣の識別といった生活上の実用知識を会得する面があったと考えられる。

　この図版から識別できる貨幣の種類を、順次挙げていくと、以下のとおりである。

　旧銭貨は以下の四種である。[1]表面の銭名と裏面の「当百」という鋳つけ文字のある天保通宝（天保6［1835］年に新規発行、百文銭として明治2［1869］年まで鋳造）、[2]表面に銭銘の文字と裏に青海波模様が鋳つけられた寛永通宝真鍮四文銭（明和5［1768］年に四文銭として新規発行、文政期に増鋳）、[3]表面の「文久永宝」といった銭銘と裏面に青海波模様が鋳つけられた文久永宝銅四文銭（文久3［1863］年に四文銭として新規発行）、[4]寛永通宝銅一文銭（寛永13［1636］年に発行、田沼期を最後に鋳造されなくなった。図版は裏面に「文」の字が鋳つけられた「文銭」⁶⁾と称される良質な銅銭）と、識別できる。

　これらの旧銭貨について、「右四品の貨幣を銭といふ。徳川幕府のときより、今までも、通用するもの」との説明が付されている。徳川幕府のもとで発行された銭貨であるが、新貨条例によって円の貨幣制度が敷かれた後も通用貨幣である旨を明記している。日々の暮らしに即していえば、これらの旧銭貨を支払いに用いることができることを示した説明文である。どの銭貨が決済に利用可能かを知るうえでは、図版の文様などは重要な情報である。

　次に掲げた旧幕府貨幣五種については、「此五品の貨幣を金といふ。徳川幕府たりしときの通用金なり」と述べている。旧金貨は幕府のもとでの過去の通用貨幣であって、現在は通用貨幣ではないことを明記している。徳川幕

---

6)　寛文8（1668）年に亀戸銭座において、後藤縫殿助・茶屋四郎次郎ら呉服師仲間が請負って大規模に鋳造した良質の寛永通宝銅一文銭。

第7章　明治期初等教育史料にみる「貨幣」の学び　259

府が発行した貨幣であっても、通用貨幣であり続ける旧銭貨と、通用しない旧金貨があることは、教えてもらわなければ人々は知る由もない。

　通用貨幣でないとして提示された五品については、図版から以下のものと識別できる。徳川幕府のもとで製造・発行されたすべての品位の貨幣が提示されたわけではない。図版に示された文字から、額面の種類が両単位の「両、二分、一分、二朱、一朱」であったことがわかる。

　具体的には、□1「壱両」の額面が表に打刻された小判、□2四角い形状で、表面に鋳造した金座の責任者であった後藤家の家紋（桐）、裏面に後藤家の花押が打刻された万延二分金（万延元［1860］年に新規発行。明治2［1869］年まで製造。「三貨制度」下での額面は2分［1/2両]）、□3表面に「一分銀」の文字が刻され、裏面に製造機関を示す「銀座定是」の文字がある天保一分銀（天保8［1837］年に製造されたのを手始めに明治2年まで製造。「三貨制度」下での額面は1分［1/4両]）、□4表面に「一朱銀」の文字、裏面に「銀座定是」の文字が刻された嘉永一朱銀（嘉永6［1853］年に新規発行。明治2年まで製造。「三貨制度」下での額面は1朱［1/16両]）、□5四角く小さな形状で、表面に「二朱金」の文字、裏面に後藤家の花押などが刻された万延二朱金（万延元［1860］年に発行された万延二朱金は明治2年まで製造された。額面は2朱［1/8両]）である。

　なお、上記で言及した「一分銀」「一朱銀」といった呼称は、貨幣の表面に刻された文字をもとにしたもので、貨幣関係の著作や博物館の展示等でもこの呼称が使われることが多い。素材が銀であることに着目したものである。

　これに対し、『小學讀本』では素材が金であれ銀であれ、「両建て」の貨幣単位で額面が表示されるものを、「此五品の貨幣を金といふ」と定義づけている[7]。「壱両」「一分」「一朱」という貨幣単位の文字を読みながら、徳川幕府のもとでの貨幣単位を学び、新旧貨幣の交換比率に関する説明文を理解できるように工夫されている。こうした知識は、明治政府が推進する新旧貨

7)　本書第1章で述べたとおり、近年の貨幣史研究の分野では、素材ではなく「両建て」「匁建て」「文建て」といった貨幣単位に着目した考察の仕方を高木久史や鎮目雅人らが進めている。筆者も同様の視点で研究を進める立場である。

260

幣交換実務（後述）に直結する知識であった。

　では、こうした新旧貨幣の交換比率などについて、どのように教えられていたのか。『小學讀本』の明治7（1874）年8月に改正された版では、新金銀銅貨の図版を示し、その貨幣単位（「一圓」「一銭」「一厘」等）の文字を読ませたすぐ後に、「小銅銭一箇を一厘といひ、十厘を一銭といひ、百銭を一圓といふ、ゆゑに十二銭半は二朱に当り、二十五銭は一分に当り、五十銭は二分に当るなり」との説明文が付されている。大人でも理解するのが難しい内容であるが、第5章で分析した傍示堂村における年貢・租税関係帳簿の記載単位の変更ルールが、この記述に相当している。

　上記の交換比率に関する説明文の原文は、明治4（1871）年5月に公布された新貨条例[8]における以下の条項である。「新貨幣ト在来通用貨幣トノ価格ハ一円ヲ以テ一両即チ永一貫文ニ充ツヘシ。故ニ五十銭は二分即チ永五百文、十銭ハ一両ノ十分ノ一即チ永百文、一銭ハ一両之百分ノ一即チ永十文、一厘ハ一両ノ千分ノ一即チ永一文ト相当ルヘシ」。『小學讀本』においては、図版で提示した貨幣の額面・単位をもとに、この条項の内容を示そうとしたのだろう。

　「一厘は（中略）永一文」に該当する説明文は、明治7年8月の改正により、寛永通宝銅一文銭（「小銅銭」）が一厘の額面に相当する旨の内容に修正された（後述）。この改正がなされた当時、新銅貨の製造は緒についたばかりで人々が身近にみるほど普及してはいなかった。十進法の新貨幣体系における「一厘」の単位を認識するうえで、幕府鋳造の寛永通宝銅一文銭がわかりやすく身近なものであった現実を物語る一節である（後述）。

　なお、新旧貨幣の価格比について言及した新貨条例中の条項は明治6年12月の改正で削除された。一方、前掲表7-1で示したように、明治7年8月改正版の内容は明治19（1886）年の増版に至るまで変わることなく教え続けられており、『小學讀本』は、法令で削除された基本情報を子どもたちが習得できる身近な機会となっていた面がある。

　明治21（1888）年末が旧金銀貨交換期限の満了期であったことと、『小學

---

8)　明治4年5月太政官『新貨条例』国立国会図書館所蔵。

讀本』で新旧貨幣に関する学びが終わった時期がほぼ合致している。果たしてこれは単なる偶然であったのだろうか。旧金貨の交換実務などが発生している間は、新旧貨幣の交換比率や交換対象となる貨幣の識別について実用性のある知識が教えられていたと捉えることも可能である。言い換えれば、旧金貨を回収し、新円体系の貨幣制度を定着させていく政策上、実用的な新旧貨幣の知識の普及が有益だった面もあったと目される。この点については、次節で検討する。

2 『明治七年八月改正小學讀本』にみる貨幣政策上の課題

(1) 明治七年八月改正の内容

前述のとおり、『小學讀本』の初版本は、刊行からわずか約 1 年余の明治 7 (1874) 年 8 月に改正された。その狙いは翻訳の文章を見直したものといわれる。貨幣に関する項目は、もともと日本語で書き下ろされたものであったので、文章を修正するニーズは訳文よりは低かったと目される。しかし、実際には、内容面で重要な修正が施された。朝令暮改のようにみえるが、そうした修正を要した点にも当時の貨幣政策上の課題が垣間見える。

まず、貨幣に関する事柄についてどのような点が変更されたかのポイントを整理しておこう。

変更点の第一は、初版本にみられた旧銭貨が新貨幣体系でどのような位置づけにあるかを、製造中の新貨幣の種類や通用が認められた旧銭貨の種類に即して、より明確な表現に修正したことである。『小學讀本』初版本においては、「銭一文を一毛といひ、十毛を一厘といひ、十厘を一銭といひ、百銭を一圓といふ（下線部は筆者）」と記されていた箇所が、改正版では、「小銅銭一箇を一厘といひ、十厘を一銭といひ、百銭を一圓といふ（下線部は筆者）」と修正された。

前述のとおり、徳川幕府が発行した旧銭貨には、鉄銭を含むさまざまな種類があった。太政官布告では「銅一文銭 1 個＝鉄一文銭 10 個」とされていたため、初版本にいう「銭」が鉄一文銭を指すならば銭 10 個で「銭一文を一毛」と表現しても、あながち誤りではない。しかし、「銭」が銅一文銭を

指すならば、「銭一文を一厘といひ」というのが正しい。明治6年12月に鉄銭の鋳つぶしを認める扱いとした時点で、鉄銭を通用貨幣と想定した初版本の表現は法令上の扱いにそぐわなくなった面がある。

また、明治政府が製造し始めた新銅貨の額面は「1厘」が最小で、その10分の1の「毛」を額面とするものは発行されていない。そうした観点からいえば、明治7年8月に「小銅銭一箇を一厘」と改めた説明文は、旧銭貨・新銅貨の実物に直結した的確な表現であり、旧銭貨を新貨幣制度において厘単位の通用貨幣として位置づけることを明記したものである。

第二点めは、五十銭銀貨・一銭銅貨・一厘銅貨・半銭銅貨のデザイン改正（明治6年8月29日太政官布告）を反映し、図版を差し替えたことである。これらの貨幣に刻された額面や貨幣単位の文字について、読み書きを学びながら、新貨幣の額面を理解することにも資する面があったと目される。

なお、明治7年8月改正版における「小銅銭（ないし銅小銭）一箇一厘」という表現は、明治19（1886）年の版まで踏襲され、「今までも、通用するものなり」と教えられ続けている。寛永通宝銅一文銭が、明治19年頃に一厘として通用し、人々に用いられていたことが示唆される。

（2）　新旧金貨の交換と新銅貨の普及状況

なぜ、明治政府のもとで、銅を素材に含む旧銭貨が流通貨幣として必要とされたのか。この点を、新貨幣の製造枚数から確認しておこう。表7-3は明治22（1889）年までに造幣寮で製造された金銀銅貨の枚数を整理したものである。この表において、明治22年までを対象としたのは、この前年の明治21年末が旧幕府金銀貨の交換期限満了期であったことや、明治22年6月に5銭の白銅貨の発行により小額決済のための貨幣が追加された点で節目の年であったことを考慮したものである。

この表によれば、一厘銅貨は明治7（1874）年から製造されたが、明治18（1885）年以降は製造されていないことがわかる。また、明治15（1882）年から同17（1884）年にかけて製造が一時的に盛んになっているが、それ以外の年は製造されていない。小額決済に用いられる銅貨としては1銭銅貨が主に製造されたかたちとなっている。

第7章　明治期初等教育史料にみる「貨幣」の学び　*263*

表 7-3　明治期金銀銅貨製造枚数

（単位：枚　〈〉内は総枚数に占めるウエート）

年度	1871 明治4	1872 明治5	1873 明治6	1874 明治7	1875 明治8	1876 明治9	1877 明治10	1878 明治11	1879 明治12	1880 明治13
金貨　計	517 〈5.2%〉	3,152 〈20.5%〉	5,527 〈20.4%〉	845 〈1.0%〉	248 〈0.2%〉	242 〈0.2%〉	72 〈0.1%〉	92 〈0.1%〉	94 〈0.1%〉	98 〈0.1%〉
銀貨　計	9,500 〈94.8%〉	12,231 〈79.5%〉	20,375 〈74.9%〉	22,100 〈29.4%〉	28,217 〈17.4%〉	29,186 〈25.5%〉	35,701 〈30.8%〉	5,008 〈5.7%〉	3,448 〈4.0%〉	5,089 〈6.4%〉
うち10銭・ 20銭銀貨	4,090 〈40.8%〉	5,184 〈33.7%〉	10,708 〈39.4%〉	18,037 〈23.7%〉	25,815 〈15.9%〉	18,238 〈15.9%〉	27,952 〈24.1%〉	3,096 〈3.5%〉	123 〈0.1%〉	0 〈0.0%〉
銅貨　計	0 〈0.0%〉	0 〈0.0%〉	1,301 〈4.8%〉	53,299 〈70.0%〉	133,717 〈82.4%〉	85,136 〈74.3%〉	80,213 〈69.1%〉	83,324 〈94.1%〉	83,497 〈96.0%〉	73,841 〈93.5%〉
うち2銭銅貨	—	0	0	3950	20,961	34,789	29,080	19,613	18,933	43,215
1銭銅貨	0	0	1,301	25,565	59,480	31,733	24,423	37,285	40,422	19,040
1厘銅貨	0 〈0.0%〉	0 〈0.0%〉	0 〈0.0%〉	6,979 〈9.2%〉	3,719 〈2.3%〉	0 〈0.0%〉	23 〈0.0%〉	0 〈0.0%〉	1 〈0.0%〉	0 〈0.0%〉
白銅5銭貨	—	—	—	—	—	—	—	—	—	—
総製造枚数	10,017	15,383	27,204	76,244	162,175	114,536	116,009	88,424	87,021	79,029
備考 主な貨幣政策	新貨条例 政府紙幣 発行	国立銀行 条例	鉄銭鋳潰 新銅貨の 発行	旧金銀貨 通用停止 「旧金銀 貨幣価格 表」公開	旧金銀貨 幣交換期 限 延 長 （以 後、 延長）	改造紙幣 製造	神功皇后 札発行		旧金銀貨 交換期限 を追って 布達まで 延長	

年度	1881 明治14	1882 明治15	1883 明治16	1884 明治17	1885 明治18	1886 明治19	1887 明治20	1888 明治21	1889 明治22
金貨　計	160 〈0.2%〉	86 〈0.1%〉	99 〈0.1%〉	168 〈0.2%〉	130 〈0.2%〉	231 〈0.3%〉	195 〈0.2%〉	186 〈0.4%〉	353 〈0.7%〉
銀貨　計	3,295 〈3.9%〉	4,480 〈3.7%〉	3,832 〈3.0%〉	5,870 〈5.8%〉	16,463 〈28.1%〉	11,294 〈16.3%〉	22,911 〈26.3%〉	17,219 〈36.5%〉	7,925 〈0.7%〉
うち10銭・ 20銭銀貨	0 〈0.0%〉	0 〈0.0%〉	0 〈0.0%〉	0 〈0.0%〉	13,976 〈23.4%〉	1,959 〈2.8%〉	14,562 〈16.7%〉	7,590 〈16.1%〉	0 〈14.7%〉
銅貨　計	80,809 〈95.9%〉	15,694 〈96.2%〉	124,701 〈97.0%〉	95,115 〈94.0%〉	41,905 〈71.6%〉	57,728 〈83.4%〉	63,910 〈73.5%〉	29,709 〈63.1%〉	0 〈0.0%〉
うち2銭銅貨	42,579	31,388	16,677	1,064	0	0	0	0	0
1銭銅貨	17,573	34,620	52,203	56,972	20,562	22,167	28,829	16,011	0
1厘銅貨	0 〈0.0%〉	13,364 〈11.1%〉	15,756 〈12.2%〉	4,650 〈4.6%〉	0 〈0.0%〉	0 〈0.0%〉	0 〈0.0%〉	0	0
白銅5銭貨	—	—	—	—	—	—	—	—	42,019
総製造枚数	84,265	120,260	128,632	101,152	58,498	69,252	87,016	47,113	49,667
備考 主な貨幣政策	改造紙幣 一円札発 行	日本銀行 開業	国立銀行 紙幣発行 停止	天保通宝 通用期限 を設定	日本銀行 初の兌換 銀券発行	天保通宝 通用期限 延長		旧金銀貨 交換期限 満了	白銅五銭 貨の発行

（史料）　『造幣局百年史　資料編』収録「年度別・貨種別貨幣製造高」より作成。

明治 21 年末までの一厘銅貨の枚数を合計してみると約 4449 万枚で、金銀銅貨の総製造枚数の 3％にも満たない。明治 22（1889）年から白銅 5 銭貨が製造されるようになったが、1 厘単位の額を授受できる小額貨幣が新たに追加されたわけではない。「一厘」の額面を授受するには「小銅銭一箇一厘」として通用する寛永通宝銅一文銭に依存していたとみられる。

こうした状況は、明治 6 年の初版本刊行時からあったと目されるが、なぜ、明治 7 年 8 月のタイミングで『小學讀本』の記述を修正する必要があったのだろうか。青銅・真鍮・鉄といった各種の素材の旧銭貨が市中に存在している状況にあって、厘単位での通用銭貨について明確な表記に改める面があったことは先に述べたが、それとは別の事情として見逃せないのは、「旧金銀貨幣価格表」[9] が公布された時期と『小學讀本』の改正時期がほぼ合致している点である。

明治政府は、明治 7 年 9 月 5 日に旧金銀貨の通用を停止し、その交換期限を同年末までとする方針を公示した。造幣寮は「旧金銀貨幣価格表」を頒布した。「旧金銀貨幣価格表」の頒布にあたり、大蔵卿大隈重信が寄せた序文では、これを公にする目的が、旧金貨の交換・回収を進捗させることにあると述べている（後述）。旧銭貨の通用を続ける方針とは対照的に、旧金銀貨は新貨幣と交換し、通用停止に向かうことを明確に提示している。

明治政府はこの価格表を公示する前から旧金銀貨の回収を行っていた。その方法は、大口の所持者に大阪造幣寮へ輸納させるやり方であった。このように大口の所持者に持ち込ませる方法では、徳川幕府の治世下で全国に普及した旧金銀貨の回収を完遂できるものではなかった。

人々の間に広く普及していた小額の旧金銀貨の事例が、『小學讀本』に掲げられた「一分銀」「二朱銀」「一朱銀」「一朱金」である。岩橋勝による推計[10] によれば、小額貨幣が幕府金銀貨全体に占める割合は、慶応 2（1866）年の時点で約 46％であったとされる。「旧金銀貨幣価格表」における大隈重信の序文のなかで「金銀旧貨ノ猶民間ニ散布蔵匿シテ改鋳ヲ得サルモノ少ナ

9）「旧金銀貨幣価格表」明治 7 年 9 月、国立国会図書館所蔵。
10） 岩橋勝（2019）50 ページ掲載の表「幕府貨幣に占める小額貨幣比率の推移」に記載された数値による。

第7章　明治期初等教育史料にみる「貨幣」の学び　*265*

カラス」と述べられており、人々の手元に小額の旧金銀貨が多く退蔵されていると認識されていたことがわかる。

　こうした問題意識のもと、大隈重信は「一切政府ノ公納ニ換用シ或ハ通用貨幣と交換シ空シク庫中ニ蔵匿セシムルノ弊ヲ除キ去リ世ノ有用ヲ妨害スル勿ルヘシ」[11]と述べている。徳川幕府発行の小額金銀貨を、租税の公納や新旧貨幣交換によって徹底的に回収する方針のもとで、「旧金銀貨幣価格表」が公表された。もっとも、その回収は容易でなかった。明治政府は、当初、明治8（1875）年末を新旧金銀貨の交換期限と定めたが、年々、期限延長がなされ、最終的には、明治21年末が最終期限となった。

　前掲表7-1に示したとおり『小學讀本』の増版が繰り返されたのは、明治19年頃までである。明治21年以降に文部省検定を経て刊行された尋常小学校向けの教本では、旧金銀貨に関する情報が提示されなくなっている。新旧金銀貨の交換が満了したことで、旧金銀貨について教える必要がなくなったと目される。

　『小學讀本』のなかで、「一分銀」「二朱銀」「一朱銀」「一朱金」の図版を示しながら、「徳川幕府たりしときの通用金なり」と説明することで、これらが回収の対象であることを周知・普及する意味合いがあったのではないかと筆者は考える。人々が小額面の旧金銀貨を交換や公納に際して自発的に持ち込む行動をとらない限り、いくら政府が交換期限を設定しても、政策の実効性は上がらない。人々の貨幣に関する知識の普及が、旧金銀貨交換・回収の成否の決め手になっていた面がある。

　新貨幣を製造しながら、小額面の旧金銀貨の回収を図ることのコストや手間は決して小さくはなかった。それでも、明治政府はこれらを市中から回収する方針をとった。「金一両＝金一圓」を基本とする新貨条例の趣旨に沿い、円単位の新金銀貨への移行・定着を優先する政策スタンスをとっていたとみられる。この間、表7-3にみられる一厘銅貨の製造枚数の僅少さは、旧銭貨の回収を図らず、日々の小額決済は市中に豊富に残存する旧銭貨で代替するとの判断が明治7年頃までになされていたことを示唆している。

---

11)　前掲「旧金銀貨幣価格表」序文より。

（3）　新円体系において旧銅銭の流通を認めた背景

　前述のとおり、明治6年の初版以来、『小學讀本』では銅を素材に含む四種の旧銭貨について「今までも、通用するものなり」と説明する文章が掲載され続けた。

　では、そもそも、明治政府はなぜ、旧銭貨について流通を続ける扱いとしたのだろうか。

　回収した旧金銀貨からは、それに含まれる金・銀を抽出し、新金貨・新銀貨を製造する素材とした。第1章で概説したとおり、徳川幕府のもとでは改鋳が繰り返され、計数金銀貨の品位も幕末に向かうにつれて低下するなど、同じ両単位の貨幣であっても製造時期により品位が異なった。旧金銀貨がどの時期に製造されたものかを識別し、金・銀の地金がどれぐらい抽出でき、それをもとに新金貨・新銀貨が製造し得るかを数量的に把握していくことが、新貨幣の製造計画の策定・実施の基礎となった。

　大阪造幣寮での新貨幣の製造に先立ち、明治政府がまず取り組んだのは、旧幕府貨幣の成分を試験分析することであった。その際、多種にわたる旧金銀貨の識別と成分分析などを行う実務面でのノウハウを持っていたのは、幕府の治世下で金銀貨の製造管理にあたっていた旧金座人・旧銀座人であった。

　明治政府によって金座が接収されたのち、旧金座人らは大蔵省から貨幣改方に命じられ、旧幕府貨幣の試験分析の職務を遂行した。試験分析を担当した旧金座人の長野助之進らは、新貨条例の発布から約半年後に以下のような意見書を提出している[12]。旧銭貨を回収し新銅貨と引き換えることの長短について述べている。やや長いが、多くの論点を含むため引用する。論点となる箇所には傍線を付した。

---

12)　『銅貨之儀に付申上候書附』日本銀行金融研究所貨幣博物館所蔵。

第 7 章　明治期初等教育史料にみる「貨幣」の学び　267

【史料 7-1】

　　先般、新貨条例御布告有之、既ニ金銀貨御発行ニ相成、<u>旧来之金銀貨は</u>
　　<u>悉新貨ニ御改鋳之御趣意ニ付</u>、不遠して金銀は御国内一様之貨幣と相
　　成、萬民流通之便宜を得候儀ハ必然と奉存候（中略）<u>在来銅銭之義ハ、</u>
　　<u>鉛・錫・亜鉛、其他種々混合之地銅ニて、分析仕候ても、御失費のみ相</u>
　　<u>掛り、容易ニ純銅と相成兼候ニ付、新銅貨ニ改鋳難出来哉ニ奉存候</u>、乍
　　然此侭大小数種之銅鉄銭と新銅貨と取交通用致し候てハ、紛雑多端之ミ
　　ならす、九六銭・長百銭一様ならさるの弊有之、幼童婦女ニは計算煩敷
　　不便之義ニ御座候、<u>銅銭は小民日用之宝貨ニて融通不便ニ候得ハ衆人之</u>
　　<u>困苦と相成候間</u>、（中略）在来通用之銅銭不残御引換ニ相成候得ハ全一
　　様之新銅貨のみニて流通便宜を得、萬民喜望可仕候得共、引換候在来之
　　銅鉄銭を吹潰し候得は貨幣ニ通用せし値ニ比較し四分之三ハ失亡仕、実
　　価僅ニ四分一と相成候間、<u>御国内流通いたり居候銅鉄銭之高ニ対すれは</u>
　　<u>莫大之御損失ニ相成申候</u>、
　　　　（後略）

　　　　　　　　　（『銅貨之儀に付申上候書附』日本銀行金融研究所貨幣博物館所蔵）

　この意見書のなかで、長野らは旧幕府の金銀貨を回収し、金・銀を抽出し
て新貨を製造する方針については異論を挟んでいない。これに対し、旧銭貨
を回収し、新銅貨に改鋳することについてはさまざまな難点があると具申し
ている。そのポイントは以下の点である。

　第一は、幕府が鋳造した銅銭の成分を分析したところ、銅・錫・鉛などの
合金であるため、そこから純銅を抽出するにはコストが嵩み、新銅貨を製造
するには収支が見合わないと目されること。第二は、新銅貨と各種の旧銭貨
を取り混ぜて流通させることは、計算が煩瑣になる恐れがあり、江戸時代か
らの「九六銭（96 文の銭貨を束ねて、100 文としてカウントすること。第 1
章のコラム 1「銭さし」を参照されたい。）」の慣行がある限り、人々の貨幣
授受に際して不便さが伴う懸念があること。第三は、旧幕府の銭貨は人々が
最も用いる貨幣であり、その融通に不便を生じれば、人々の暮らしが苦境に

陥りかねないこと。第四は、新銅貨を大量に発行し旧幕府の銅鉄銭をすべて鋳つぶせば、銅貨幣の統一ができたとしても、国内での小額貨幣の流通量減少など大きな損失が見込まれること、である。

既存の小額貨幣の回収コストが見合わず、「回収されない銭貨」の特性を中国銭を事例に指摘してきた黒田明伸の主張[13]に相通じる状況が、徳川期の旧銭貨にもあてはまることが旧金座人の主張から窺い知れる。

旧金座人による具申の内容は、いずれも政府としては無視し得ないものであるが、その選択肢は二律背反である。新銅貨の製造コストや製造の遅れによる供給数量の不足を度外視してでも旧銭貨の回収を徹底するか、旧銭貨の流通を認めて新旧小額貨幣の混合通用扱いとするか。長野らの意見書を受けてから一カ月後、明治政府は、銅を素材に含む旧銭貨を通用させるための通用比率を、「天保通宝＝８厘」、「寛永通宝真鍮四文銭＝２厘」、「文久永宝銅四文銭＝１厘半」、「寛永通宝銅一文銭＝１厘」と定め、旧銭貨を厘単位の小額の新銅貨を補う貨幣として活用する方針を公示し、鉄銭の鋳つぶしを公認する方針を打ち出した。

18世紀半ば以降、徳川幕府は銅・真鍮・鉄といった素材の種類やその質のちがいにかかわらず、各種の銭貨を文単位で通用するものとして名目貨幣化していた面があるが、明治政府が厘・毛単位で通用させる際に示した価値では、地金としての素材価値が反映されたかたちになっている。旧金座人たちは、旧銭貨の金属素材としての質も調査していたことが反映された面もあろう。

前述のとおり、『小學讀本』のなかで「小銅銭一箇を一厘」と表現しているのは、新貨条例の条項をもとにしたものである。明治４年に新貨条例を制定するに際し、「金１円＝金１両」とするとともに、寛永通宝銅一文銭１個の通用比を１厘と設定することで、新旧貨幣の授受の煩雑さを避け、十進法に馴染むように制度設計したかに見える。

---

13)　黒田明伸（2003）101ページでは、「一度散布された零細額面通貨は、回収がきわめて難しい、あるいはそれ自体に費用がかかることになる。そのことを別の面から示すのが「銭パニック」現象である。中国史上、その唯一の硬貨である銅銭が足りなくなる銭荒（せんこう）という現象がしばしば起こった（中略）零細額面の手交貨幣を散布すると必然的に起こることなのである」と述べている。

第 7 章　明治期初等教育史料にみる「貨幣」の学び　269

図 7-4　明治 20 年の教科書に掲載された新銅貨の図版[14]

秋庭濱太郎著『教科入門』1887 年、国立教育政策研究所図書館所蔵

図 7-5　明治 19 年の教科書に掲載された旧銭の図版[15]

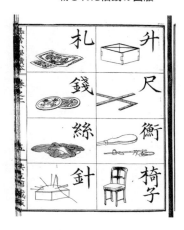

鹽津貫一郎・林正躬編　『尋常小學讀本　巻之 2』1886 年、国立教育政策研究所所蔵

　製造数量の少ない一厘銅貨に代えて、銅一文銭が広く人々に用いられ続けたことは、『小學讀本』以外の教科書の記述にも垣間見られる。たとえば、明治 20（1887）年の『教科入門』では、「一厘銅貨」「一銭銅貨」の額面と図版を示し、それを表す言葉として「ぜに」という仮名文字を学ばせている（図 7-4）。

　また、明治 19（1886）年に刊行された『尋常小学読本巻之二』では、「銭（ぜに）」という文字を表す図版として、表に「寛永通宝」という銭銘と裏に青海波の模様のある旧銭貨が刷られている（図 7-5）。当時通用した青海波が鋳つけられた旧銭貨は寛永通宝真鍮四文銭・文久永宝銅四文銭である[16]。旧金銀貨の交換期限が満了した明治 20 年頃にも、これらの旧銭貨が子どもたちの目にも触れるかたちで市中に存在していたことが窺い知れる。

---

14)　秋庭濱太郎著『教科入門』1887 年、国立教育政策研究所図書館所蔵。同館 HP 画像 900000722_normal.pdf（nier.go.jp）を令和 4 年 11 月 16 日閲覧。

15)　鹽津貫一郎・林正躬編　『尋常小學讀本　巻之 2』1886 年、国立教育政策研究所所蔵。同館 HP 画像 900081518.pdf（nier.go.jp）を令和 4 年 11 月 16 日閲覧。

16)　青海波は、「四文銭」であることを示す文様として鋳つけられていた。

270

　ところで、法令で通用が認められた銅を含む旧銭貨だけが市中で授受されていたわけではない。寛永通宝鉄銭については明治6年12月に鋳つぶしが公認されたが、それ以後も人々の間では旧鉄銭が授受され続けていた形跡が年貢関係資料などに見受けられる。たとえば、児玉郡傍示堂村の『明治九年租税皆済帳』（慶應義塾大学文学部古文書室所蔵）では以下のような記述がある。

【史料7-2】

　　一、永八百五拾六文　　　内野平次郎　印
　　　　〆鐚八貫五百六拾九文
　　　　　　四貫三百七十五文　　九月八日　　夏成受取
　　　　　　四貫百九拾四文　　　十二月十八日　　残納受取
　　　　〆八貫五百六十九文　　受取済
（『明治九年租税皆済帳』慶應義塾大学古文書室所蔵）

　この史料は、徳川幕府のもとでの年貢徴収の仕組みが残っていた時期に、傍示堂村の名主が村の人たちから負担額を集めた際の受取額を帳面に列挙したものの一部である。徴収した村人ごとに、同様の記載がなされている。永銭勘定をもって各人の賦課額を表示したうえで、「鐚」と表記される実物銭貨の授受数量が併記されている。

　上記の例では、内野平次郎に配分された賦課額は「永856文」で、それを二回に分けて納め、合計「鐚8569文」が「受取済」と記される。この史料では「永1文＝鐚10文」として計算されている。「鐚1文＝1/10厘＝1毛」として計算されているが、毛単位の額については、新銅貨は発行されておらず、寛永通宝銅一文銭（＝1厘）では授受できない。

　文久永宝銅四文銭（＝一厘五毛）が通用していたとはいえ、農村部まで広く流通していたのは寛永通宝鉄銭であった。地租改正が実施されるまでの間、租税負担の分配や納入の実務は旧来の村請制度を土台に行われていたが、「毛」単位の額の授受が生じることは不可避であった。「毛」単位の授受

第7章　明治期初等教育史料にみる「貨幣」の学び　*271*

のためには、鋳つぶしが認められた寛永通宝鉄銭をも用いることもあったと想像される。

　ちなみに、この史料で用いられている「永1文＝鐚10文」の換算率は、明治5（1872）年9月に「寛永通宝鉄銭16個で1厘に相当する」と公定した率ではなく、それ以前の明治4（1871）年12月の時点で「寛永通宝鉄銭10個で1厘」と定めた率に準拠したかたちになっている。十進法での計算・授受が前提となる新貨幣制度に適応しようとしていた人々にとって、寛永通宝鉄銭を寛永通宝銅銭の10分の1の価値で授受することのほうが便利だったのだろう。人々は、最新の法令に常に従っていたわけではなかった。

　政府の法令で鋳つぶす方針がとられた寛永通宝鉄銭や、明治政府が「流通不便通貨」に指定した文久永宝銅銭（「一厘半銭」）も、支払いに必要であれば小額端数の授受に使われ続けた。逆に、明治政府が法令で制定した新貨幣であっても、小さすぎる一厘銅貨や大きすぎる二銭銅貨については、使い勝手が悪いことを理由に製造停止の判断がなされた。発行間がない新銅貨のなかで鋳造停止の判断がなされたものがあったこと自体、旧銭貨が厘・銭単位の支払いに用いる代用貨幣として十分に機能していることを、政府が認識していたことの証左にほかならない。

　一般的にいって、西洋式の貨幣製造機械を用いた新貨幣のほうが、職人の技術による手作りの旧銭貨よりも質が均質で西洋諸国の貨幣に匹敵する優れたものというイメージがある。しかし、近代的な手法で製造された一厘銅貨・二銭銅貨に比べ、旧来の寛永通宝などのほうが授受には便利なものとして、人々にも政府にも認知されていたわけだ。

　人々にとって使い勝手がよいかどうかは、機械的な基準では捉えにくいが、大蔵省請議[17]のなかでは「現今流通ノ二銭銅貨ハ其形大ニ失シ使用不便ニ付漸次引揚ケ潰地金ニシテ売却スル」と記される。「大きさ」が貨幣の便利さの判断材料の一つとされていたようだ。流通を認められ続けた寛永通宝銅一文銭は、大きさの面でも便利なものと認識されていたのだろう。

　試みに、政府が関心を寄せた「大きさ」に着目し、①流通不便な貨幣と指

17）　五銭白銅貨制定の大蔵省請議（明治二十一年九月十三日）。日本銀行調査局編（1973b）197ページ。

272

表 7-4　小額の新貨幣および旧銭貨の大きさ

単位：cm、g〈小数点 2 位以下四捨五入〉

	五十銭銀貨（明治 6 年改）	五銭銀貨（明治 6 年）	五銭白銅貨	二銭銅貨	天保通宝百文銭（八厘銭）	一厘銅貨	寛永通宝銅一文銭（一厘銭）
制定年（和暦）	明治 6 年	明治 6 年	明治 21 年	明治 6 年	天保 6 年	明治 6 年	寛文 8 年
直径など	3.1cm	1.5cm	2.1cm	3.2cm	縦約 5cm、横 3cm 強	1.6cm	2.5cm 前後
重量	13.5g	1.4g	4.7g	14.3g	約 20.6g	0.9g	3.6～4.5g
流通不便貨幣の指定	なし	指定あり	なし	指定あり	指定あり	なし	なし
法令上の扱い	明治 39 年、大正 11 年改定。昭和 21 年に黄銅貨へ変更。	明治 13 年製造停止。	明治 30 年・大正 6 年・同 9 年デザイン改定。昭和 8 年にニッケル貨へ変更。	明治 17 年製造停止。	明治 24 年通用停止・鋳つぶし。	明治 21 年製造停止。	昭和 28 年の法令で廃貨（通用停止）。

（参考文献）　明治期の銀貨・銅貨については、日本銀行調査局編（1973b）に依拠。寛永通宝銅一文銭（文銭）については、齋藤努・高橋照彦・西川裕一（2000）の計測結果に依拠。天保通宝・文久永宝については、制定時の規定の重量等を参考にしつつ、確定的な計測結果が得られないなか、各種貨幣カタログ・図録等をもとにしたが、ばらつきあるためおおよその数値を記した。

定されて製造や通用が停止された「五銭銀貨」「二銭銅貨」「一厘銅貨」「天保通宝」と、②その不備を埋めるものとして明治 22（1889）年に発行された「五銭白銅貨」、③流通不便銅貨に指定されなかった「銭単位」の「新五十銭貨」「新一銭銅貨」、④終始流通貨幣として認められ続けた「寛永通宝」の大きさ（重量・直径）を比較し、表 7-4 に一覧とした。徳川幕府のもとで鋳造された旧銭貨については、大きさが均一でないため、概数とならざるを得ないが、おおよその比較は可能であろう。

　この表に一覧にしたとおり、明治時代の後も製造され続けた「五十銭銀貨」は直径が 3.1cm、重量が 13.5g である。これに対し、額面がその 25 分の 1 の「二銭銅貨」が「五十銭銀貨」よりも大きく、直径 3.2cm、重量が 14.3g であることには違和感がある。この間、小さすぎるとされた「五銭銀貨」は直径 1.5cm、重量はわずか 1.4g であり、紛失のリスクがありそうだ。

　この不備を補い、明治 22 年に新規発行された「五銭白銅貨」は直径 2.1cm で重量が 4.7g である。直径 2.8cm、重量 7.2g の「一銭銅貨」が流通不便扱いされなかった点も勘案すると、小額単位の貨幣としては、直径 2～3cm、重量が 10g 以内というのが、使い勝手のよい大きさとして受容されていた

ようだ。寛永通宝銅一文銭は、こうした大きさの範囲にあり、手ごろだったのだろう。

　文久永宝銅四文銭は、直径約 2.7cm、重さ約 3.8g。寛永通宝銅一文銭より小ぶりであるが、受容される範囲の大きさである。大蔵省は「1 厘半」扱いの文久永宝を「流通不便通貨」と指定していたが、実際には鋳つぶされることはなく、人々によって使われ続けた。『図録日本の貨幣 7』のなかでは、文久永宝が法定の「1 厘半」ではなく「1 厘」として通用した地域があった[18]ことを紹介している。手ごろな大きさの旧銭貨が目の前にあれば、政府が定めた換算率に従わず、十進法での計算・授受に便利な相対の率を合意して、「一厘銅貨」に代わる貨幣として授受するケースも少なくなかったのではないだろうか。

　寛永通宝銅一文銭や文久永宝銅四文銭が、長く人々の間で使われていたことの一端は、明治 34 (1901) 年に刊行された『尋常小学読本巻之七』(西沢之助篇、副島種臣・東久世通禧閲)[19]の一節からも窺い知れる。「現今、我ガ国ニテ用フル貨幣ニハ、金、銀、銅及白銅アリ (中略) 其ノ他、旧貨幣ノ今モ行ハルヽアリ、寛永通宝、文久永宝ノ如キモノ、コレナリ」といった記述が見出せる。「寛永通宝・文久永宝ノ如キモノ」という表現は、明治 29 (1896) 年末をもって通用停止とされた天保通宝も人々の間で使われていたことを、言外に示唆しているようにも読める[20]。

　明治 6 (1873) 年に初版本が刊行された『小學讀本』における貨幣に関する記述は、明治 21 (1888) 年の旧金銀貨の交換期限満了と明治 22 (1889) 年の五銭白銅貨の発行によって、その時点での流通貨幣の実情と齟齬するようになった。こうした状況に対し、以後、『小學讀本』の改正というかたちでの対応はなされなかった。折しも、教科書の検定制度が導入された時期にあたり、新たに刊行された尋常小学校読本などのなかで、「通貨」に関する項目が設けられた。

---

18)　日本銀行調査局編 (1973b) 223 ページおよび明治財政史編纂会編 (1905) 497 ページ。

19)　西沢之助篇、副島種臣・東久世通禧閲『尋常小学読本巻之七』1873 年。国立教育政策研究所図書館所蔵。

20)　天保通宝が用いられていた状況は、明治期の小説に天保通宝が言及されている点などにも表れている。

「貨幣」から「通貨」へと文言が変わった背景については、別途考察する必要があるが、明治20年以後の教科書の文面を見る限り、そこで言及される「通貨」には、金属貨幣だけでなく紙幣や為替が含まれている。明治18（1885）年5月に初の日本銀行兌換銀券が発行されたことが背景となっていると目される。前掲図7-5には「札」の名称で、横長の形態の紙幣の図版が提示されている。

　子どもたちが学ぶべき「通貨」に関する実用知識の重点も、明治20年頃に変化が生じていたようだ。そうしたなかでも、前述の『尋常小学読本巻之七』（明治34年）では、「寛永通宝」「文久永宝」の名称に言及しながら、これらが通用していることに触れている。このことからも、旧銭貨が円単位の新たな貨幣体系に組み込まれ、厘単位の授受を可能とする小額貨幣として機能する位置づけで定着していた様子が垣間見れる。

　法令での扱いでいえば、寛永通宝銅一文銭・文久永宝銅四文銭は、昭和28（1953）年7月の「小額通貨の整理及び支払金の端数計算に関する法律」の公布まで通用し続けた。戦後でも、小額貨幣が行き渡らない地域では、寛永通宝が使われていたという話を、しばしば耳にする。

　徳川期に発行・流通した旧銭貨は「厘」単位の小額部分の支払手段として長く使い続けられた。その背景の一つに、「小銅銭一箇を一厘といひ」という簡易な文言と図版をもとに、新貨条例における旧銭貨の意義を、『小學讀本』を通じて意識づけした教育普及効果もあったと考えられる。

終 章　徳川期銭貨とともに「貨幣経済を生きた人々」

　本書では、江戸地廻り経済が進展したといわれる江戸およびその周辺地域を対象に、18世紀半ば頃から明治20（1887）年頃までの間に、徳川幕府の発行銭貨が人々の間でどのように使われたかに焦点をあてながら、銭貨の流通についてさまざまな側面から事例分析した。各章では関東農村部に銭貨が浸透したことを史料や数量データをもとに実証すべく分析を行ったが、筆者が特に実証で留意したのは、「実物銭貨」が誰によってどのように授受されたかの実情把握であった。人々の日常生活に密接な事柄ほど史料の記述に残りにくい面があるが、銭貨の大きさや重さ、授受や保管での利便性、輸送の手間など、「手触り感」をなるべく具体的に把握することに努めたつもりである。なぜなら、銭貨の流通過程は、銭貨が人から人へ受け渡されたプロセスにほかならないからである。

　銭貨流通の担い手となった人々の身分や職業などの範囲が、古代・中世よりもはるかに広がったのが徳川期であった。18世紀半ば以降には、農村部へも銭貨が浸透し、都市部ではその日暮らしの人々も銭貨を手にした。身分や収入の多寡などの別なく、ありとあらゆる人々が貨幣経済に組み込まれ、銭貨との関わりなくしては暮らせなくなっていたといってよい。本書のサブタイトルを「貨幣経済を生きた人々」としたのは、この点を示すことを意図したものである。

　本書では徳川幕府の治世の終焉をもって分析を終えるのではなく、銭貨に関する記述がなされた明治の小学校教科書の出版時期を追うかたちで明治20年頃までを対象とした。明治維新期の銭貨流通に関する分析に辿り着いたところで、さまざまな人々が銭貨に関わった徳川期の経験が、明治4（1871）年に導入された円体系の貨幣制度への移行を可能とする土壌となっていた点を筆者は確信した。

各章の分析は、筆者の学位論文をもととしたため、銭貨に関する情報が記された史料の解釈や相場データの抽出・観察などに重点を置き、実証の精緻さにも留意した。しかし、それゆえに、銭貨に関わった人々の姿が本文の記述から見えにくかったやもしれない。そこで、本書の各章を振り返り、終章としてまとめるにあたっては、サブタイトルの趣旨に沿い、どのような身分や生業の人々がいかなる点で銭貨と関わりながら貨幣経済に向き合って生きていたかとの観点から、判明した事柄を整理していくこととしたい。

　第1章では、本書での実証分析の前提として、「銭（ぜに）」実物の特徴を示しながら、徳川幕府の「三貨制度」の概要、銭貨研究の歴史を振り返った。

　その冒頭で実物銭貨の形態などに言及した。古銭趣味のように思われたかもしれないが、銭貨の大きさや重量、保管や授受の利便性が、人の手を介して流通した実情を分析するうえでは極めて重要なポイントとなる。徳川幕府が寛永13（1636）年に発行した寛永通宝銅一文銭の直径は2.5cm、重量は3.75g（1匁）で中央に四角の穴が開いている。徳川期の人々は銭を複数枚束ねて、穴に縄をさし、枚数を確認することなく、100文などの束であると信用して授受した。

　小額貨幣で高額面の支払いをすると、重量が嵩むうえ、その数量を把握する手間がかかる。この点は、現代のわれわれと徳川期の人々の感覚に変わりはない。小額貨幣としての実物銭貨のメリットとデメリットを徳川期の人々は勘案しながら、両単位の小額計数銀貨などと併用したり、札遣いや帳簿信用のかたちで銭貨の授受数量の節約を工夫していた。こうした流通段階での「銭貨の使われ方」は、幕府が強制したわけではなく、日々の暮らしのなかで、実物銭貨に接する人々の創意工夫によって生じたものである。

　幕府が構築した「三貨制度」のシステムを構成する各種の貨幣は、幕末まで一様であったわけではなく、貨幣を支払いに用いる人の範囲（流通範囲）も変化した。17世紀初頭の幕府は、農民からの年貢徴収を最優先とすべく、商品流通との関わりを統制し、耕作に専念することを第一としていた。このため、農村部の人たちが銭貨を使う局面はあまりなかった。人口の約9割を占める農民らに銭貨が浸透していったのは18世紀半ば以降の徳川後期であったといわれる。本書の第2章以下の分析では、その実情を示す例とし

終 章　徳川期銭貨とともに「貨幣経済を生きた人々」　*277*

て、江戸周辺農村部の農民らが年貢を貨幣納したり、田沼期に関東河川の流域において生じた洪水により耕作ができなくなった際に復旧工事に動員されて賃銭を受け取る状況を実証分析した。

　三貨制度では「両建て」「匁建て」「文建て」の三体系の金属貨幣が併存したが、農村部の人々は金銭相場や金銀相場などの情報をもとに換算しながら、モノやサービスの価格表示に相当する額の支払いに銭貨などを授受した。こうした換算を日常的に行うだけでなく、実物貨幣が存在しない計算貨幣として「永銭勘定」も駆使していた。

　「永銭勘定（金1両＝永1000文）」は中世の渡来銭「永楽通宝」に由来する金貨単位の計算貨幣である。本書で分析した18世紀半ば以降の関東農村の事例では、毎年の年貢賦課額は永銭勘定で記されている。村では、課された年貢を貨幣で納める際し、村役人が本百姓全員に永銭勘定を用いて納入負担額の配分計算を行い、本百姓らは負担額を時価相場で換算して銭貨や計数銀貨などを名主のもとへ持ち込んだ。村の人々に複雑な換算を処理できる計算能力と相場感覚が備わっていたからこそ、年貢の貨幣納が可能となっていたといえる。

　研究史を振り返った際には、江戸時代に編纂された「銭譜」を銭貨研究の始まりとして言及した。その編纂を行った人たちの身分や立場はさまざまであった。福知山藩主の朽木昌綱、公家出身の藤原貞幹、幕臣の青木昆陽や近藤正斎（重蔵）、両替商の草間直方など、身分の垣根を越えたかたちで古銭学が盛んになった。研究成果である銭譜のなかには、朽木による『和漢古今泉貨鑑』（寛政10［1798］年）のように有力書肆・蔦屋重三郎らによって販売され、ベストセラーになったものもあった。ちなみにこうした「銭譜」の価格は銭で支払う「文建て」であった。「銭譜」を購入し読んだ人たちが広く存在し、これを手にして学ぶだけの経済的・時間的な余裕がある読者層がいたことが、古銭学ブームを支えていた。古銭学の隆盛自体が貨幣経済浸透の産物であったといってもよかろう。

　第2章では、田沼期の江戸と周辺農村の金銭相場を比較・観察した。江戸近郊武蔵国児玉郡傍示堂村（現在の埼玉県本庄市）など、江戸の中心部から100キロ圏内にある近郊の村の事例であるが、金銭相場が江戸市中のそれと

相関関係にあることが明らかとなった。江戸の周辺農村に金銭相場が形成されるだけの経済発展があり、江戸地廻り経済が進展していたことが銭相場から確認できた。河川舟運を通じて、江戸の日本橋・神田方面の青物問屋に向けて、特産品の長芋・自然薯などの輸送がなされていた。江戸市場での販売を目的とした商品作物の売却過程で、金銭相場の情報などが江戸の問屋と農民との間でやりとりされていた。河川舟運網で江戸とつながった関東農村では、売買や輸送のために銭貨が日常的に使われており、商品流通網は金銭相場の情報が伝わるルートでもあった。

　江戸地廻り経済が進展した田沼期には、銭貨が増発され、金銭相場は下落し続けた。これまでの定説では「小額貨幣不足への対応」として銭貨が増発されたものと理解されてきたが、銭安進行下でも増鋳された点を整合的に理解することが難しかった。本書の分析によって、田沼期の金銭相場の推移は一様ではなく五つの局面に分かれており、銭貨増発の狙いや背景に時期的なちがいがあることが明らかとなった。

　金銭相場が下落するなかでも幕府が銭貨の鋳造を停止せずに、鋳造・払出を行った局面の一つに、関東河川の洪水からの復旧工事の実施時期（1767〜1772年頃）が挙げられる。隅田川河口の浚い工事の事例では、普請に動員された農民や人足への労賃払いのために、銭安進行下でも江戸町奉行所の許可のもとで銭座から銭貨が投入された。こうした復旧工事は、中流域の農村部でも行われていた。商品作物の生産・売却等による収入がない間、農民らは普請の労賃で得た日銭によって命をつなぎ、生産再開を準備した。関東ローム層での耕作には金肥投入が必要であったことが知られるが、生産再開を準備するためにも、労賃として得る現金収入が必要であった。

　幕府（勘定所）の立場から見れば、商品流通の重要なインフラである河川舟運網を整備し、農業生産力を維持・回復することで、年貢収入の増加を図る意味合いがあった。幕府勘定所の法令や通達をまとめた『牧民金鑑』には、洪水で荒れた土地の「起返」によって年貢・運上金の増収を見込む考えが記されている。災害復旧のために銭貨を労賃払いのかたちで先行投入することで、経済活動を振興し、後日年貢の貨幣納のかたちで財政収入として貨幣が幕府の御蔵へ還流させるカネの流れを、田沼期の幕府関係者は認識して

いた感がある。

経済振興の効果を銭座開設に求める発想は、大名領内でも見受けられた。田沼期の水戸藩では、山村部の村名主が銭座の開設によって薪・炭の生産や輸送業が盛んになることを期待し、鋳銭願書を藩に提出していた。銭座運営が周辺地域の経済に及ぼす波及効果を山村部の村役人層が認識していたことがわかる事例である。第一次産業だけでは収入に限りがある山村の人々が、駄賃稼ぎをすることで副業的な現金収入を得ることを企図していることも、貨幣経済が村々に深く浸透していたことの一端を示している。第4章で参照した水戸藩久慈郡太田村の『御用留』には、銭座の開設により、周辺に飯屋や妓楼ができて、消費活動が活発になったという記述も見受けられた。

水戸藩が明和5（1768）年に勘定所へ提出した鋳銭願に「農民扶助」といった文言が記されている。幕府の審査・決裁を得るための理由文言ともいえるが、単なる交渉上の理屈ではなく、領内の経済振興を図る事情が背景にある点を見逃すことはできない。銭座は経済振興策として据野の広い公的な事業であった。

第3章では、田沼期に銭座運営が、幕府直轄の金座・銀座が独占的に請け負う体制へ移行したことによる銭貨鋳造・流通管理面での変化の特徴点を、日本銀行金融研究所貨幣博物館が2000年に公開した金座鋳銭定座関係史料をもとに明らかにした。銭座運営に関する一次史料に制約が強いなか、金座人が記した執務日誌類は第4章で用いた田沼期の水戸鋳銭座関係史料群とともに極めて稀少な史料群である。この時期の銭座運営体制は幕末期まで踏襲されたことから、これらの史料群の分析を通じて、徳川後期の銭座運営に関わった人たちの役割や技能などの特徴を可能な限り提示することができたと考えている。

金座人による執務日誌のなかに登場する銭座運営に関与した人たちを列挙すると以下のとおりである。銭座に常駐するようになった金座人および勘定所役人、銭貨の払出を受けるために参集した銭両替仲間、銭座から出来銭の搬送を受けて浅草御蔵に搬入した蔵役人、金座人や役人が立ち寄った浅草周辺の茶屋、銭貨を運ぶ川舟の漕ぎ手、舟から出来銭を陸揚げする人足、寛永通宝銅一文銭の素材となる銅地金の産出動向を探った御用地金問屋、彼らと

接触した鉱山の山師や藩の役人、鋳銭実務に携った職人など多岐にわたる。大量の銭貨を鋳造し、市中に払い出して流通経路に乗るまでの過程では、さまざまな身分、職業の人たちが関わっていたことがわかる。

　金座鋳銭定座制の意義は、金座人と勘定所役人が銭座に常駐し、職人らによる鋳銭実務や銭両替への払出に立ち合いながら、詳細な記録や帳簿を作成することで、実務の進捗状況を幕府が直接把握・監視できる体制に移行した点にある。鋳造益を最大化し、幕府へ上納するためには、鋳造収支を明確にする必要があった。収支の経理内容は、鋳造益金上納のかたちで幕府の財政収入に直結していた。このため、金座人らは各種の帳簿を各工程や費目別に作成し、勘定所役人に日々回覧して報告した。数量や相場に関する記載箇所には金座人・勘定所役人双方が押印するルールや雛形まで作って正確を期していた。正確な記帳を行うことで、不正や不備を牽制しようとする管理姿勢は、今日の金融実務などにも通じる面が感じられる。

　また、金座人の執務日誌からは銭両替への払出（売出）や浅草御蔵への出来銭の搬送実務に関する記事を見出すことができた。貨幣史・経済史のテキストにおいて、銭貨の流通ルートには、市中の銭貨需要に応じた払出と財政支出のルートの二つがあると教えられてきた点を、銭貨が運ばれたり、授受される実務フローとして確認することができた。

　金座人が作成した史料の記述によれば、銭座から銭両替への払出は盆・暮のような節季払いのための銭貨需要が高まる時期に行われており、季節性があることがわかった。一方、財政支出の支払準備となる銭貨は鋳造益金上納などのかたちで幕府の指示のもと浅草御蔵に納められ、支出の決定がなされるまで支払準備として保管された。いずれの場合も、銭貨が鋳造されたと同時に全量が市中へ払い出されたわけではなかった。

　貨幣経済史の研究者が金銭相場データの分析を行う際には、「鋳造量増加＝市中流通量増加」の変化が同時に起こることを暗黙の前提としている面がある。しかし、実務フローに即していえば、鋳造から一定期間を経て、市中へ銭両替への払出や財政支出がなされたタイミングで流通数量が増えたことになる。現代の日本銀行券の製造から発行までの流れと似た側面が感じられる。

終 章　徳川期銭貨とともに「貨幣経済を生きた人々」　*281*

　江戸で活動する銭両替らは市中における銭相場の形成主体であった。日々、日本橋周辺を中心に金銭相場を形成していた。幕府はかねてから両替商による書上相場の報告を受けていたが、金座鋳銭定座制の導入後は、銭座から銭貨の払出を受けるために銭両替らが参集して入札する場に金座人・勘定所役人が立ち合う体制となった。立ち合った金座人は、払出相場を日誌に記録しながら相場の動向をリアルタイムで把握しようとした。銭両替の入札姿勢に疑問を抱いた場合には、銭両替仲間から意見を聴取したり、報告書を出させるなど、直接情報収集することもあった。

　銭両替から出された回答のなかには、江戸近郊の河川流域の農村部へ大量の銭貨を運んで流通させていたことに言及することもあった。幕府は銭両替らと接触する機会を持つことで、銭貨の流通状況や相場の実勢をより具体的に把握しようとしたのだろう。また、第十代将軍徳川家治の代替りに伴う儀式に必要な銅一文銭を、勘定所は両替商を通じて市中から買上げる措置もとっていた（第2章）。市場での相場形成の担い手と幕府の貨幣政策の執行者が対話する記述には、現代の金融市場でのオペレーションを彷彿とさせるようで、目を見張るばかりであった。

　寛永通宝銅一文銭や同真鍮四文銭、天保通宝真鍮百文銭の鋳造には銅地金や錫などの素材確保が不可欠であった。田沼期には中国向けの銅貿易が優先課題とされていたため、鋳銭用の銅素材を確保することは、勘定所が所轄する経済政策（貨幣政策、鉱山政策、貿易政策など）間での調整を必要とした。

　だが、勘定所役人が政策間の調整過程のすべてを担ったわけではなかった。銅地金の調達ルートを確保するにあたって、勘定所役人や金座人に鉱山関係の知見や情報力があったわけではない。田沼期の金座鋳銭定座では、鉱山開発の現場に関わる山師や鉱山所在地の藩役人らと交流関係のある御用地金問屋の情報力を活用することで、素材を確保することができた。また、銭貨の鋳造収支を見積もったり経理するうえでは、地金問屋が得ている各種金属素材の需給動向、価格情報も参考とされていた。御用地金問屋のような民間のノウハウを活用することなくしては、幕府が意図する鋳銭実施も困難であった。

第4章では、水戸藩が幕府の特別許可を受け、金座差配のもとで寛永通宝鉄一文銭の鋳造を約10年にわたって実施した水戸鋳銭座の経営の特徴を分析した。分析対象となる史料群を作成したのは、水戸鋳銭座の座主小澤九郎兵衛であるが、彼は江戸と水戸、奥州をつなぐ交通の要衝である水戸藩久慈郡太田村の大庄屋であるとともに、河岸問屋を営み、江戸に駐在して水戸藩の米穀取引に携わる有力な在郷商人でもあった。水戸鋳銭座での鋳銭実務の枠組みなどは金座鋳銭定座制における銭座の構成に倣ったものといえる一方、江戸地廻り経済のもとで活動する在郷商人としての経営センスが組織運営に色濃く反映されている面があった。

　たとえば、商人としての経理の技能が、鋳造益を最大化するうえで活かされていた。鋳造収支見積を作成したうえで、鋳銭の進捗状況・実績と比べながら鋳銭座の経営がなされていた。また、水戸領内で鋳造量を捌ききれないことを見越して、出来銭を江戸に輸送して裁定取引を行うことを計画し実施した。江戸への出来銭の搬送は、利根川水系を利用し、河岸問屋が介在して高瀬舟を用いて行われた。「江戸地廻り経済」進展を支えた河川舟運網は、水戸から江戸への銭貨流通ルートとなっていた。河岸問屋を経営し、江戸の市場に詳しい座主小澤の立場が、江戸市場への銭貨輸送と売却を可能にしたといえる。

　江戸市場との関わりは、熟練職人や非熟練労働者の雇用を江戸を通じて行っていたことにも表れていた。雇用する人員は、鋳造工程に必要な技術とその熟練度によって区分けされ、給与体系が定められていた。熟練度の高い鋳物師などの給与は両建て、熟練職人は匁建て、水汲みなどの非熟練労働を担う日雇いは文建てで給与が定められており、熟練度に応じて給与水準にちがいがあった。鋳銭座の構成員のうち約半数が日雇いであった点は、従来の銭座研究ではわかっていなかった事実である。

　鋳物師や銭師などの熟練職人らは徒弟関係にある職人集団ごと雇用されており、工程内での労働管理は昇進の評価なども含め工程の長にあたる棟梁に任せられる間接管理の手法がとられていた。座主は、職人の世界の人間関係や慣習を重視し、労働意欲を維持することで鋳造益の最大化を図る組織経営を行っていた。この間、銭座の経営層は、製造工程に立ち合って場の管理を

終章　徳川期銭貨とともに「貨幣経済を生きた人々」　*283*

行うとともに、素材や中間生産物の数量を帳面つけするかたちで管理した。また、鋳銭座関係者のモチベーションを高めるうえでは、加給や臨時の報酬を与えるなどの措置もとられた。銭座で騒動（一揆）が生じた際には、職人らを罰するどころか、慰撫するために臨時報酬を支給することさえあった。

　水戸鋳銭座で死亡した人員を調べたところ、雇用された職人や日雇いの生国が極めて広範なことが判明した。速水融による歴史人口学の研究では、江戸時代の人々の移動状況が明らかにされてきたが、鋳銭座職人の世界でも人員のダイナミックな隔地間の移動が生じていたことが判明した。大量鋳銭を確実に実施していくには、即戦力となる熟練職人を雇用する必要があったと目され、過去に銭座が開設された石巻などや鋳物師が居住する遠隔地から雇用された者もいた。この間、日雇いについては、深川周辺の溜に居住していた無宿人・野非人らが雇用されていた。その日暮らしの人々にとって、鋳銭座の賃銭や日々の食事といった現物支給は魅力であったかもしれない。生国との地縁が薄い日雇いのなかには、遺体を引き取る縁者もないまま、鋳銭座の現地に埋葬される者が少なくなかった。

　水戸鋳銭座は、第十代将軍徳川家治の日光社参に供奉する水戸藩の財政を支援する政治的な配意により幕府から許可された。それだけに、鋳造益を水戸藩の財源とすることが最重要課題であった。その功を挙げた小澤九郎兵衛は、最終的には藩の勘定方大吟味役待遇にまで昇進した。武士の身分さえも、貨幣で得ることができる時代であったことを如実に示す事例である。

　第5章では、年貢の貨幣納が進むなかで、幕府が発行する銭貨や各種の計数金銀貨の流通状況の変化に伴い、村人らが納入に用いる貨幣の種類がどのように変化したかについて、武蔵国児玉郡傍示堂村の年貢関係史料をもとに、享保期から明治維新後の地租改正まで、約150年にわたって分析した。

　徳川吉宗の治世下の享保期の史料では、村内の本百姓全員に貨幣での賦課分担額が割り当てられており、大半の者が銭貨で名主に納めていた。18世紀前半の傍示堂村では、村内の本百姓全員に銭貨が行き渡っていたといってよい。

　田沼期入り後、明和五匁銀が発行（明和2［1765］年）されたが、傍示堂村の年貢史料には5匁相当の貨幣単位の記述はなかった。勘定吟味役川井久

敬は、五匁銀が農村部の人々にも重宝なもので銭貨の授受と節約できることも念頭に置いていた模様ながら、金遣い圏の人々には、匁建ての五匁銀は馴染みにくく受容されなかった。これに対し、明和南鐐二朱銀は発行（明和9[1772]年発行）から7年程度の年月を要したとはいえ、銭貨を用いて支払われていた部分の多くが二朱銀に代替されるようになっていた。1000文（金一分相当）を納めるとした場合、鉄一文銭ならば約3kgの重量を受け渡す必要があったところ、二朱銀ならば4つで約40gの授受で済み、端数が生じる場合も銭貨授受の数量は格段に少なくなる。こうした授受の利便性が好感され、二朱銀が受容されたと考えられる。幕府が新規発行する小額貨幣の流通は、人々がこれを受容するか否かに左右されていた面が見て取れた。

傍示堂村の名主は運送業も経営する在郷商人であり、農民のなかにはこうした業務に携わり労賃を得る者もいた。帳簿上、名主と農民らの間で、文建てでのやりとりの記載が増えており、年貢貢納だけでなく、労賃の授受や金銭貸借など、さまざまなかたちであった。債権債務関係が名主らとの間で生じるつど銭貨が授受されるのではなく、年貢関係の貢納負担も含め、帳簿上で差引計算した帳尻について実物貨幣を授受する扱いがなされたことも判明した。こうした差引計算による帳簿信用が金遣い圏の農村部の史料から確認されたのは初めてのことである。徳川後期の農村部の人々は、幕府が発行した各種の貨幣を受け身で使ったのではなく、その流通状況や決済の利便性などを主体的に捉えて工夫していた面が窺い知れた。

明治維新後、明治4（1871）年の新貨条例によって円体系の貨幣制度が敷かれたが、村内ではしばらくの間、旧幕府の貨幣単位を用いて農民からの年貢徴収がなされていたことが、名主の家に伝存した帳面から明らかとなった。地租改正がなされるまでの間、永銭勘定での年貢賦課や村内での負担配分計算が、明治維新後も行われていた。

新円体系では「円・銭・厘」の貨幣単位が設定されたが、1厘未満の貨幣は発行されなかった。しかし、年貢の負担額を村の農民の間で配分するには厘未満の「毛」といった端数処理が伴わざるを得ず、永銭勘定と旧幕府発行の「鐚」（旧銭貨）による経理が不可避であった。「金1圓＝金1両＝永1000文」「永1文＝旧寛永通宝銅一文銭1個＝新1厘銅貨1個」という換算

終章　徳川期銭貨とともに「貨幣経済を生きた人々」　*285*

レートを用いながら、新旧貨幣の移行過程での年貢貨幣納を農民らが行って
いたことが史料からわかった。新旧貨幣の換算に戸惑うことなく、計算貨幣
を駆使し、支払実務に対応できたのは、徳川期の年貢貨幣納での経験あって
のことではなかろうか。

　年貢の貢納に際して生じる端数処理のためには、明治政府が鋳つぶしを認
めた鉄銭を含む旧銭貨が広く用いられた。もし、旧銭貨が明治初年の段階で
通用停止となっていたら、村が年貢賦課額をきっちりと納めることも、政府
が財政収入を円滑に得ることもできなかったと想像される。

　第6章では、開港後の緊迫した政治情勢のもと、第十四代将軍徳川家茂の
上洛や幕長戦争、海岸防備の強化などの目的で、江戸から京・大坂などへ将
軍をはじめとする多くの人が移動・滞在するようになった時期における銭貨
流通の一端を事例分析した。

　その例として、東海道二川宿本陣の宿帳を分析した結果、上洛や進軍の時
期には、公用で宿泊する者の宿賃に関する記述件数・金額が急激に増加して
いたことがわかった。交通量が増える時期に宿帳での文建ての記述が増える
のは当然といえるが、幕末期には、その記載額を支払うことなく通過して
いったケースも多かったことも判明した。移動の緊急性があったとはいえ、
支払いに必要な銭貨などを幕府が十分に供給できない状況に至っていたこと
が窺い知れた。

　銭貨の鋳造や払出が需要を充足しきれなかった実情は、寛永通宝鉄一文銭
の鋳造を行った小菅銭座の事例からも明らかとなった。本文では言及しな
かったが、将軍の上洛・幕長戦争のための進軍がなされた時期には、銭座の
職人らは報給の増加を求める争議も起こしつつ早出・居残りを行い、割増賃
金が支給される状況下で働いた。しかし、鋳造数量は全国の需要に対応でき
たわけではなかった。銭座からの払出先は、会津藩・桑名藩や京・大坂、幕
府の重要拠点などに限られ、供給先に地域的な偏りが生じていた。銭座から
の払出を受けていない諸大名からは幕府へ鋳銭願が続々と出されたが、多く
は幕府の独占的な貨幣供給権の維持を理由に却下された。鋳銭願を却下され
た藩のなかは、銭貨の密鋳が横行し、幕府の政治的基盤の一つであった貨幣
供給権は揺らいだ。

銭貨の密鋳が可能となったのは、強固な大砲を製造するために反射炉など西洋式の鋳造技術を導入していた雄藩において、大砲の鋳屑などを活用して鋳銭を行えるだけの物理的・技術的な条件が整っていたためである。ちなみに、幕府の小菅銭座で雇用された鋳物師は、大砲製造所での鋳造も担当した川口鋳物師であった。川口鋳物師は水戸藩の鋳銭と大砲鋳造も請け負っていた。武器も軍事費も生み出せる鋳物師の労働需給は幕末期に逼迫した。

　もともと、安政6（1859）年に小菅銭座が開設され、鉄一文銭の鋳造を開始した狙いは、開港後に生じた海外への銅一文銭流出を防止する引替元とすることにあった。回収された銅一文銭は、将軍徳川家茂の上洛（文久3［1863］年）時に文久永宝銅四文銭に鋳直されたほか、攘夷行動として行われた下関での四カ国艦隊砲撃（元治元［1864］年）に対する賠償金の支払いに用いられた。小菅銭座の職人らは、鉄一文銭の鋳造を一時停止して、銅一文銭の形状を一つひとつ調べ、賠償金として渡すことができる地金価値のある良質なものの選別作業に取り組んだ。

　開港に伴う海外との軍事的な緊張は、こうした実務のために鋳銭を一時停止せざるを得ない事態も惹起した。さまざまな事情でしばしば鋳造が休止した小菅銭座は、武器鋳造用に素材の岩鉄を大砲鋳造所に渡すに至って鋳造を停止した。幕府の銭貨鋳造権能は、大政奉還と武力討伐によって幕府が政治的に倒れる数年前から、すでに崩れていたといってもよい。

　第7章では、徳川幕府が倒れた後の明治維新期の人々と旧銭貨との関わりについて、学制発布（明治5［1872］年）後に文部省が刊行した『小學讀本』に掲載された新旧貨幣に関する項目をもとに考察した。『小學讀本』は、アメリカの *The first reader of the school and family series* を手本にしており、これに倣って貨幣に関する項目が設けられた。

　新旧貨幣の図版を用いて、新貨条例で定められた円単位の貨幣制度のもとでの新旧貨幣の扱いが子どもたちに教えられた。その冒頭で掲げられていたのが、徳川期の銅銭各種で、その図版に基づいて寛永通宝銅一文銭が新銅貨一厘として流通することが教えられた。これに対し、両建ての旧金貨については、流通貨幣でないことと新旧交換がなされる際の比率も教えられた。幕府発行の旧金貨や旧銭貨が子どもたちの目に触れるかたちで市中に数多く存

終 章　徳川期銭貨とともに「貨幣経済を生きた人々」　*287*

在している現状を前提に、どの旧貨幣が支払いに用いることができて、どの
旧貨幣は交換対象であるかを、図版を使いながら小学生でも識別できるよう
に説明されている。

　もっとも、交換比率など、説明文の意味を小学生が学び取るにはかなり難
しい内容が含まれており、家庭内での教育にあたる親たちへも新旧貨幣の知
識を普及、啓蒙する意図があったと考えられる。『小學讀本』は増版を重ね
た国語教本のベストセラーであったが、明治 19（1886）年の増版まで同じ
内容が教えられ続けており、最終版が教育現場で用いられた終期は旧金貨の
交換期限満了（明治 21［1888］年）とほぼ同時であった。

　銭座が明治政府によって接収されたのち、職を失った旧金座人たちは大蔵
省に一時的に雇用され、旧金銀銭貨の成分分析を担った。日本銀行金融研究
所貨幣博物館が公開した史料には、旧金座人が銅貨製造用の銅を抽出するが
ために旧銭貨を回収するコストなどのデメリットを記した意見書が含まれて
いた。この意見書が直接の判断材料となったとは限らないが、明治政府は銅
を素材に含む旧銭貨を流通させ続ける意思決定を行った。新銅貨の製造がは
かばかしくないなかで、市中に多く存在する旧銭貨の活用が有効で、人々に
とっての利便性が高いことを、明治政府関係者は認識していた。

　第 7 章で、寛永通宝の大きさなどに言及した（表 7-4）が、明治維新後に
製造された銅貨のなかには、大きさなどの面で不便なものもあった。明治政
府は、新たに製造・発行した銅貨であっても不便なものは途中で製造停止と
した。寛永通宝や文久永宝が厘単位の支払手段として便利なことを認識して
いたためである。明治政府の役人たちも、制度論だけで貨幣政策の判断をし
ていたわけではなく、人々がどのような小額貨幣を便利なものとして受容
し、支払いに用いているかを判断材料の一つとしていた。

　このように年代を追ってみてみると、明治政府が円体系の貨幣制度のなか
に旧銭貨を厘単位の貨幣として組み込んだ理由は、徳川幕府のもとで広く銭
貨が流通し、人々がこれを使いこなしていた状況にあったといえる。

　以上のように本書の各章の分析から判明した事柄を整理したが、未解明な
点や事例分析を重ねるべき点に気づくことも少なくなかった。今後の研究課

題と展望に触れることで本書の考察を終えることとしたい。

　本書の分析対象との関係でいえることは、江戸地廻り経済が進展した地域のなかで時系列を追うことができた武蔵国児玉郡傍示堂村の史料群は一つの事例であり、金銭相場や貨幣の使われ方に関する同様の分析を、江戸からの距離が異なる村や大名領の事例も検討することが必要と考えられる。銭貨の浸透した時期や需要動向については、江戸からの地理的なちがいや経済活動の進展状況のちがいが反映されている可能性がある。江戸の金銭相場との相関関係の有無を把握することで、江戸地廻り経済が進展した地域の地理的条件や範囲がわかるかもしれない。

　また、実証分析の年代の幅を広げて考察することも必要であろう。本書の分析を継続すればデータを得られる見込みがあるものとしては、第2章で分析した関東農村の金銭相場の抽出作業を幕末期まで行うことが挙げられる。筆者は問題意識を持っていたが、さらに深掘りするためにはもう少し時間が必要だと考える。

　文献史料の対象年代を広げることが必要なもう一つのテーマは、明治維新後の「徳川期銭貨の終焉期」の実態把握である。たとえば、第7章で分析した『小學讀本』が明治19年を最後に増版されなくなった後、これに続く学校教科書のなかで旧銭貨がどのように扱われていくか、いつ頃から言及がなくなるのかを年代を広げて考えることもできよう。明治6（1873）年に『小學讀本』初版が出版された当時、日本銀行は開業していなかった。明治15（1882）年の日本銀行開業後、日本銀行券や為替などの利用が普及していくなかで、旧銭貨の使用状況に何らかの変化があった可能性が想像される。

　寛永通宝や天保通宝などの大量製造を担った人たちが、明治維新後の産業・金融の近代化の流れのなかで、どのように経済活動に関わり、生きていったかについても、未解明な点が多い。幕末期に銭両替として身を起こした安田善次郎が安田財閥を築いたことや、幕末の水戸藩鋳銭を担った請負人が川崎銀行を立ち上げていったこと、小菅銭座などに雇用された川口鋳物師が明治初に設立された女子学習院の鉄門扉などを製造したり、鋳物工場の街を作っていった事例が知られるが、名もない多くの銭座関係者が、明治期以降をいかに生きたか、彼らのノウハウや技術が近代産業や戦時体制下での軍

終 章　徳川期銭貨とともに「貨幣経済を生きた人々」　*289*

事面での需要に対応していったのか否かなど、事例を把握することで、「徳川期銭貨」の意義をさらに検討できよう。

　徳川幕府のもとで発行の狙いを再検討する論点に気づくこともあった。コラムに記した事柄のなかには、今後、検討の余地がある点への提言や筆者の仮説を述べたものがある。その一つは、天保通宝発行の狙い（コラム 5）について、小額決済手段という観点からの再検討である。従来の研究では、100 文という額面の高さゆえに、鋳造益の獲得を目指したものと意義づけられてきたが、両建ての小額計数金銀貨の発行と関連づけながら再検討することも可能と考えている。

　天保通宝発行（天保 6［1835］年）から 7 年後に、公定金銭相場が金 1 両につき 4000 文から 6500 文へ改訂された。なぜこの時期に公定金銭相場が改訂されたのか。幕府の銭貨政策判断や、御蔵からの財政支出の払出などの場面で、改定後の公定金銭相場が機能したのか。本書において分析を行う過程で、さまざまな疑問点が浮かんできたが、実証まで踏み込むことはできなかった。今後も考察を続けたい。

　また、「永銭勘定」が計算貨幣として人々の間で広く用いられていた事例を本書では取り上げたが、明治維新後、いつ頃まで「永銭勘定」が用いられていたか、その実情把握とかかる計算貨幣の機能の意義も検討を深める余地がある。新貨条例の条項にも記述があるように、新旧貨幣の橋渡しに寄与した「永銭勘定」であるが、市中の人々の間でいつ頃まで使われたのか。その機能度を知ることが、円体系の貨幣への移行・定着を知る手がかりになると考えられる。

　本書の分析で繰り返し主張してきたが、農村部を含む多くの人たちにまで流通した徳川期の銭貨は、政治的な体制や制度の変化があったからといって、物理的に突然消えてなくなるわけではなかった。徳川幕府の終焉後も、実物銭貨は人々のそばに残り、厘単位の端数を扱う支払手段としての機能を明治政府は認め、流通させ続けた。

　寛永通宝および文久永宝が法令によって通用停止となったのは、昭和 28（1953）年制定の「小額通貨の整理及び支払金の端数計算に関する法律」による。第二次世界大戦が終結し、日本が IMF に加盟するような年代に至る

まで、なぜ徳川期銭貨の流通が認められ続けたのか。端数処理に資する「小銭」であったゆえに、小額決済を担う一種の代用貨幣として、徳川期の銭貨が機能する局面が皆無にはならなかったことが想像される。

徳川期銭貨の機能に着目しながら、時代・地域や使われ方についての分析視野を広げて実証を積み重ねることで、「徳川期銭貨流通」の経験が、近現代の経済活動や私たちの日々の暮らしに残した影響とその意義を明確にしていくことができると考える。

あ と が き

　本書は、まえがきでも述べたとおり、2022 年度に慶應義塾大学大学院文学研究科に提出した博士論文『徳川期銭貨の研究―田沼期以降の鋳造銭貨を中心に―』を加筆・修正したものである。

　筆者が徳川期の銭貨に興味を持つようになったきっかけは、日本銀行に勤務していた当時、30 代半ばを過ぎた平成 7（1995）年に金融研究所貨幣博物館に配属となったことにある。昭和 20（1945）年に渋澤敬三総裁の英断のもと、日本銀行が寄贈を受けた「銭幣館コレクション」に含まれる未整理状態の貨幣関係古文書を整理・公開する作業に従事することが筆者に与えられた職務であった。これは、貨幣博物館開館 10 周年を節目とする新たな取組みの一環であった。

　本書の分析で依拠した多くの古文書やカバーに使用させていただいた錦絵などは、平成 12（2000）年頃から貨幣博物館が公開したものである。組織的な史料公開が進むなかで、幸いにも貨幣史研究という分野に出会うことができた。とはいえ、配属当初は、古文書を一文字も読めない自分に何ができるのかと思いながらも、金融研究所長の黒田巌氏をはじめ、直属の上司であった大久保隆氏（元、同志社大学）から貨幣博物館の存在意義や銭幣館古文書を保存・公開し研究につなげることへの熱い思いを伺い、その熱意に引っ張られながら職務に就いた。

　銭幣館から寄贈を受けた際の容器や封筒に入れられた状態のまま、散逸させることなく古文書を大切に保管し続けてきた大先達の岡本正豊氏から、長年のご苦労や貨幣博物館開館までにお世話になった諸先生とのご縁について、オーラルヒストリーのように話を聴くことから始めた。どこから手をつけてよいかわからないなかで、開館当時に尽力してくださった諸先生方のもとを上司や部署の仲間と行脚し、銭幣館コレクションの活用・公開・研究への思いを伺うとともに、改めてご協力・ご指導をいただきたいとお願いに行

脚することが1年ほど続いた。

　その当時、金融研究所内には、理論経済の側面から貨幣史の分析に着手した鹿野嘉昭氏（現、同志社大学）がおられた。翁邦雄氏（現、大妻女子大学）や高橋亘氏（現、大阪経済大学）、白塚重典氏（現、慶應義塾大学）のような金融政策・中央銀行研究のフロントランナーともいえる研究者の方々も経済研究部門におられた。日々刻々と金融市場の状況が変わることに対応した現代を対象とする経済研究と異なり、歴史研究はじっくりと史料やデータを丹念に分析するものであるが、その意義をむしろ理解して応援してくださる雰囲気があった。

　少し後に配属になってこられた同世代の鎮目雅人氏（現、早稲田大学）とは職場の座席も近く、ブレーンストーミングしてもらいながら貨幣史研究の夢を語り合っていた。今もそれぞれの夢を追い続ける同志であると勝手ながら思っている。

　金融研究所における「貨幣学事始め」ともいえる時期に、筆者は古文書と格闘する日々を過ごし始めた。なかなかくずし字が読めるようにならず、職務を果たせるのか、成果が出せるのかどうか定かでないことに不安もあった。金融研究所の法律部門の研究の指導にいらしていた塩野宏先生（東京大学名誉教授）が、昔のゼミ生が慣れぬ研究分野に飛び込んでいったと耳にして、「地味にみえる研究ほど、やりがいがある」と声をかけてくださったときには、恩師の励ましが身に染みてうれしかった。また、少し離れたところから応援してくださっていた当時の白川方明理事や篠塚英子審議委員のような方々が、「研究は進んでいますか」と折節に気にかけてくださったことが、地道な研究を続ける心の支えになっていた。

　ただ、こうして謝辞を記しながら思い返してみると、この後にお名前を挙げる諸先生を含め、いろいろな方々に励まし続けられてきたわけだが、それは渋澤敬三総裁が寄贈を受けることで戦火から守った「銭幣館古文書」を後世に伝え、研究に役立てるために「史料の番人」がくじけないようにという思いであったのだと感じる。真っ先にお礼を言わなければならない相手は、貴重な出会いの機会を与えてくれた「銭幣館古文書」なのかもしれない。

　「銭幣館古文書」が出会わせてくれた方々には、貨幣・経済史に向き合っ

あとがき　293

てこられた一流の先生方が多くおられた。「銭幣館古文書」の整理・公開に着手するに際し、貨幣博物館の開館以前からの史料と研究者と関わり、今後の史料の活用や研究のあり方について諸先生方から伺う話は、「目から鱗」の連続であった。

　最初にお話を伺ったのは、国立歴史民俗博物館の岡田茂弘先生（考古学）、慶應義塾大学経済学部の速水融先生（日本経済史）、慶應義塾大学文学部の田代和生先生（日朝交流史）、東京大学経済学部の石井寛治先生（日本経済史）など、その道の第一人者の先生方ばかりであった。どの先生も未整理資料の公開が研究者を育てることの意義を熱く語ってくださり、「銭幣館コレクション」という超一流の資料に直に接することができる立ち位置は、アカデミックの世界で育った専門家でもなかなか得られない立場であると諭してくださった。この先生方は、貨幣博物館運営を指導くださる諮問委員を引き受けてくださるかたちで、職場のご縁でお目にかかる機会をその後も得たが、筆者が少しずつ古文書や貨幣史について学び始めた歩みを長く見守ってくださった。大変ありがたいことと感謝している。

　岡田先生には、実物銭貨の調査と銭譜編纂というかたちで、江戸時代から盛んになっていた古銭学（numismatics）という研究分野があることや、実物に即した研究と古文書などの文献史料の研究をつなげていくことの大切さを教えていただいた。本書第1章で研究史に触れた際、江戸時代以降編纂されてきた「銭譜」について言及したのは、岡田先生の話をきっかけに、「銭譜」に興味を持ち、実物銭貨と見比べた経験によるものである。素人ゆえに、諸先生が「面白い」「意義がある」と指摘されることは、なんでも見てみよう、学んでみよう、勧められた人には会って話を聞いてみようというスタンスで過ごし続けてきた。

　岡田先生のもとで、中近世の銭貨の組成を鉛同位体分析という手法で研究する研究者に斎藤努先生がおられた。学部は異なるが同じ大学の同期であったことを知り、銭貨が身近に感じられた。文科系の筆者には、理科系の分析内容を理解しきることはできなかったが、その分析結果をいつか古文書から検証したり、補足できたらよいと思いながら銭貨関係史料を読むようになった。本書第3章で、会津産の銅や鉛を銭貨の素材としたことを記す金座人の

史料に言及したが、斎藤先生の論文での分析結果を知ってから20年以上経ってから、成分分析とつながる記述を見つけ出せた。理化学分析結果を専門外だからと見過ごしていたら、古文書の小さな一節の意味に気づくことはなかった。分野を超えた研究の面白さを教えてくれた同期に感謝している。

石井寛治先生は、日本経済史・金融史研究の第一人者で、先生が書かれた経済史のテキストをまず買って読むことで、少しでも経済史の知識を学ばなければと思って仰ぎ見ていた。そのような先生が、金融研究所の幹部に会われるたびに、「研究を進める必要がある」といつも訴えておられた。事務スタッフとしてそういう話題のメモ取りなどしながら、「自分ももっと研究しなければ」と思うばかりであった。古文書が少し読めるようになって、社会経済史学会大会に研究骨子を発表した際には、石井先生は背中をピンと伸ばし、レジュメにメモをとりながら、挙手して質問してくださった。ありがたくてならなかった。

慶應義塾大学とのご縁は、言葉に尽くしがたい。本書の中に収録した論考の作成に必要な古文書解読技能習得から、調査分析の過程、学位取得、そして慶應義塾大学出版会から刊行していただくご縁を得るまでの29年そのものといってよい。

慶應義塾大学で学ぶことになったご縁は、黒田巌金融研究所長のもとで、藩札などの知識がない所員のために速水融先生がセミナーをしてくださった際に、田代和生先生をご紹介いただいたことにある。田代先生は「人参代往古銀」という江戸時代の日朝貿易で用いられた特鋳銀研究の第一人者であり、その研究で学位を取得された若い頃から「銭幣館コレクション」に含まれる人参代往古銀を大切に思ってこられた。「銭幣館古文書」の目録化作業を引き受けてくださったのも、ご自身の研究の出発点となった銀貨への恩返しの思いからではなかったかと拝察している。

古文書に向き合い、研究を進めることについて厳しい先生であったが、女性がいかに子育てしながら生きがいのあることをやり遂げるかという点に熱い思いをお持ちであった。娘を出産して職場復帰したばかりの筆者に、古文書を活用した研究の道を選んではどうかと、ご自身の経験も踏まえて親身に相談にのってくださった。

あとがき　*295*

　職場では審議委員の篠塚英子先生（お茶の水女子大学名誉教授）が同じような姿勢で、女性として生き方について親身に話をしてくださっていた。女性がいかに仕事と子育てを両立させ、自己実現していくか。ロールモデルを見出すことがたやすくはなかった時期に、研究テーマを持って過ごすことができる一つの生き方を教えていただいたように思えた。

　古文書をまったく読めない筆者が田代演習において、テキストとして学ばせていただいたのは、野村兼太郎先生（1896〜1960年）が経済史関係史料として収集され慶應義塾大学に寄贈された関東農村文書などであった。コラム2で触れたとおり、野村兼太郎先生の代から、速水先生（1929〜2019年）や田代先生が、学生・院生に整理作業を通じて大学教育に活用してこられた史料群である。三田での演習に参加し始めた頃に修士・博士課程に属していた年下の同級生たちは、銭幣館古文書の整理に協力してくださった田原昇氏（現、江戸東京博物館）や水戸鋳銭座史料群の翻刻に力を貸してくださった倉持隆氏（現、慶應義塾図書館貴重書室）、研究発表の内容に鋭いコメントをくださった磯田道史氏（現、国際日本文化研究センター）や原淳一郎氏（現、山形県立米沢女子短期大学）のような、意気盛んな仲間ばかりであった。問題意識旺盛な仲間のなかにいた刺激が、筆者に、年齢にかかわらず、向上心を持ち続けるように思わせてくださったものと、切磋琢磨した日々を懐かしく思い出すこともある。

　野村兼太郎先生の時代から、慶應義塾大学では経済史研究が盛んで、研究棟を歩けば、田代先生をはじめ、貨幣史・経済史研究を専門とする先生がおられ、お仲間の先生方が学会や科研の研究集会などで立ち寄られることも多かった。そのお一人が、出土銭貨研究の第一人者で、日本銀行金融研究所が会場となった「貨幣史研究会東日本部会」の座長をされた考古学の鈴木公雄先生（1938〜2004年）であった。田代先生の研究室の隣の部屋から、鈴木先生が立ち寄られることもあった。近世考古学の話題として、出土した犬の墓の碑銘や古文書の解読について田代先生に相談されるようなこともあったとのことで、分野横断的な研究の面白さを話してくださったりした。それは、貨幣史研究会でもさまざまな分野の研究者が学際的に集い、1990年代から百花繚乱のように古代・中世・近世初頭の銭貨研究が盛んになった雰囲

気にも表れていた。この点は第1章で研究史に関連して言及した。自分もその流れのなかに身を置いてみたいと、徳川後期の東日本における銭貨流通にテーマを絞っていくようになった。

　残念ながら、成果を見ていただく機会を得ることなく鈴木先生は亡くなられたが、諸先生が研究活動を継続している「貨幣史研究会西日本部会」に参加させていただいてきた。初代座長の岩橋勝先生（松山大学）には徳川期の貨幣研究の第一人者として本当にいろいろ教えていただいた。

　本書第2章で関東農村と江戸の金銭相場の比較を考察したが、社会経済史学会大会でその骨子を口頭発表した際に、「なぜ、関東を研究の対象とするのか」との質問を岩橋先生から頂戴し、筆者はその場で答えることができなかった。以後、慶應義塾大学文学部古文書室が所蔵する関東農村史料をさらに調べながら何年か考えた。筆者なりの答えを出してみたのが、博士論文であり、本書である。

　また、徳川前期を中心に、寛永通宝銅一文銭の発行開始の経緯を交通政策と関連づけて分析し、儀礼的な銭貨の用途も指摘してこられた安国良一先生（住友史料館）の研究成果を追いかけるように、筆者は徳川後期の東日本の銭貨を例に検証作業を行った。先行研究あっての自らの研究であることを感じている。加えて、鈴木先生亡き後、出土銭貨研究を受け継がれた櫻木晋一先生（朝日大学）は慶應義塾大学出身ということもあって、学会や科研の研究会の場でご一緒させていただくことも多く、実物銭貨と関連づける研究を進めるように励まし続けてくださった。

　科研メンバーの加藤慶一郎先生（大阪商科大学）、高木久史先生（大阪経済大学）、古賀康士先生（同志社大学）、千枝大志先生（同朋大学）には、忌憚ない議論をしていただいた。高木久史先生の著作（『撰銭とビタ一文の戦国史』『通貨の日本史』）にみられる貨幣の機能に即した史料分析や三貨制度を貨幣単位から捉える定義づけなどには賛同するところが多い。

　高槻泰郎先生（神戸大学）は学会発表などの際に鋭いコメントをくださっていたが、早稲田大学の鎮目雅人教授が主催するグローバル経済史研究部会の場で、第7章に収録した明治初頭教育史料をもとに新旧貨幣移行期について発表した際には、新しい視点での分析を支持してくださった。博士論文の

あとがき　*297*

分析対象時期を明治20年頃まで広げる決心をさせてくださった面がある。

　このように、いろいろな先生方の胸を借りて、真正面から議論をしていただけたことのおかげで、博士論文をまとめる目途を立てることができた。

　学位取得については、主査を引き受けてくださった井奥成彦先生（慶應義塾大学）、副査の鎮目雅人先生（早稲田大学）・前田廉孝先生（慶應義塾大学）には、丹念に審査をいただき感謝以外の言葉がみつからない。特に、井奥先生は、日本銀行退職後の筆者に、野村兼太郎コレクションを研究利用することを積極的に勧めてくださった。2019年1月に慶應義塾大学文学部古文書室が主催した展示会「江戸時代の貨幣と人々の暮らし」では、先生の監修のもとで展示企画を担当させていただいた。これが、関東農村史料をもとに江戸地廻り経済における銭貨などの利用実態を調べる第5章における分析の糸口をつかむきっかけとなった。

　この展示会を見学にこられたお客様から学ぶことも多かった。展示会で出品した史料のなかの年貢「差引帳」に見入って、「これを本気で調べたら論文になる」との感想をくださった歴史研究者がおられた。展示会での一期一会の出会いともいえるが、その一言に大きく触発された。展示会が終わると史料を撤収し、それで終わりということが多いが、「差引帳」を調べてみようと調査を続けたところ、帳簿信用によって銭貨の節約を図っていた事例を発見することができた。この分析内容は岩橋勝先生編著の『貨幣の統合と多様性のダイナミズム』（2021年、晃洋書房）に掲載していただけ、本書第5章にも収録した。古文書室の研究員としての活動では、室長の小山幸伸先生はじめ、上野大輔先生、重田麻紀氏に今も大変お世話になっている。史料価値の高い古文書にアクセスできることの恩恵を受けてきたが、閲覧・展示した史料をもとに本書を世に出すことが慶應義塾大学古文書室に携わってこられた歴代の方々への恩返しになればと思っている。

　本書を編集・刊行するにあたり、読んでもらえる本にしていくにはどうしたらよいかといったイロハから教えていただいている慶應義塾大学出版会の増山修氏に深く感謝したい。同氏が慶應義塾大学経済学部で翁百合氏と同学年であった縁で、日本銀行に勤める女性総合職たちの生きざまに関心を持ってくださったのが40年近く前のことであった。2019年5月の日本金融学会

全国大会歴史部会で「田沼期の銭貨政策」について研究発表した際には、会場の学習院大学まで発表を聞きに来てくださった。同世代の増山氏に導いてもらえるのは幸運なこととありがたく思っている。

なお、本書の出版にあたり、慶應義塾学術出版基金による支援（2023年度前期）を受けている。ここに記して感謝申し上げる。

このように、さまざまな方々にお世話になって、ここまで漕ぎ着けたわけだが、最後に、私事ながら、長年の格闘を最も身近で応援し続けてくれた家族のことに触れたい。

筆者の貨幣史・古文書研究歴は、娘・雅子の年齢と重なる。それは、産休明けの職場復帰先が金融研究所貨幣博物館であったためである。6歳上の息子・英志と乳飲み子の娘を抱えての職場復帰、初めて接した古文書や貨幣史との出会い、慶應義塾大学文学部での学び始めが一時期に重なって、生活のリズムもずいぶん変わった。娘をおんぶしながら夜中に大学の演習への参加準備をすることも毎週のこととなった。休日には小学生だった息子を連れて水戸にフィールドワークに出かけたこともあった。子どもたちは、母親が日本銀行員であるというイメージを持っていなかったかもしれない。いつしか、家族旅行では、その地の郷土資料館に立ち寄ることが定番となり、錦絵や古文書を見て歩くことに家族みなが付き合ってくれた。研究に本格的に取り組むようになって、手が回らなくなるときには、主人の両親のもとで高校帰りの息子が夕食を食べさせてもらい、職場帰りに迎えに行って一緒に帰ることもあった。家事の合間に食卓テーブルで古文書のコピーを読んでいたり、パソコンに入力している姿を家族は今日まで見守り続けてくれた。

徳川期の銭貨が使われたところが、街道の宿場であったり、河川の洪水があって復旧工事がなされた場所であったりすることがわかると、その現場の道や川、地形が見たくなるのは研究者の性分である。夫の藤井直樹は大学の同期であったので、友達のような気分で、休日のドライブで街道や川や宿場のあたりの景色を一緒に見に行ってくれた。「ヒトやモノが動けばカネが動く」などと言って、現代の景色を見ながら江戸時代に旅している私に呆れながらも、古文書に登場する人たちがその場所で何をしていたかの話を聞いてくれた。

あとがき　*299*

　そして、こうした家族の生活がまがりなりにも回っていたのは、育児や家事を支え、手伝ってくれていた母・奥山京子の存在のおかげであった。出産しても自己実現を果たしてほしいと思うのは、母の世代の女性の夢であったのかもしれないが、研究の歩みが遅く、焦り気味になったときに、いつも「継続は力」と励まし続けてくれた。高齢の母が生きている間に博士論文を見せてあげたいという思いは何とか叶った。製本した博士論文と学位記を手にして、拝むようにうれし涙を流してくれた。出版には間に合わなかったが、この本を墓前に見せにいけば、「よくがんばったね」と喜んでもらえないだろうかと思う。

　そして、これまでお世話になったすべての方々への感謝状として、この本を捧げることとしたい。

　　令和6年8月　酷暑のなか、自宅の食卓テーブルにて

　　　　　　　　　　　　　　　　　　　　　　　　　藤井　典子

初 出 一 覧

　本書を構成する各章のうち、下記の章については、ベースになった既発表の研究論文をもとに大幅な加筆・修正・統合を施し、書物として一貫性のある内容になるよう再構築している。

第 4 章
「明和期水戸鋳銭の組織と労働工程を中心に—」『社会経済史学』第 72 巻 2 号、社会経済史学会、2006 年

「明和期水戸鋳銭座における「吹方職人」の雇用事情」『史学』第 72 巻 3・4 号、三田史学会、2003 年（査読付）

第 5 章
「年貢貢納にみる貨幣の使われ方—享保期から明治維新期までの武蔵国児玉郡傍示堂村を事例に—」、岩橋勝編著『貨幣の統合と多様性のダイナミズム』第 10 章、晃洋書房、2021 年

第 6 章
「幕末期の貨幣供給：万延二分金と銭貨を中心に」『金融研究』第 35 巻 2 号、日本銀行金融研究所、2016 年（査読付）

参 考 文 献（五十音順）

飯島千秋『江戸幕府財政の研究』吉川弘文館、2004 年
井奥成彦『19 世紀日本の商品生産と流通』日本経済評論社、2006 年
——「田沼時代から松方財政まで」浜野潔・井奥成彦・中村宗悦・岸田真・永江雅和・牛島利
　　明『日本経済史　1600—2015　歴史に読む現代』所収、慶應義塾大学出版会、2017 年
池享編『銭貨―前近代日本の貨幣と国家―』青木書店、2001 年
石井寛治『大系日本の歴史 12―開国と維新―』小学館、1996 年
——『近代日本とイギリス資本―ジャーディンマジソン商会を中心に―』東京大学出版会、
　　1984 年
——・林玲子編『白木屋文書　問屋株帳』ゆほわ書房、1998 年
石井孝『幕末開港期経済史研究』有隣堂、1987 年
石巻市教育委員会編『鋳銭場関係資料「金局公用誌」二の下』、1983 年
——『鋳銭場関係資料「金局公用誌」三』、1985 年
伊藤好一『江戸地廻り経済の展開』柏書房、1966 年
井上素子「近代教育錦絵の図様および粉本に関する考察―明治初期輸入翻訳書を手掛かりに―」
　　『浮世絵芸術』第 166 号、2014 年
岩橋勝「徳川時代の貨幣数量―佐藤忠三郎作成貨幣有高表の検討―」梅村又次・新保博・西川俊
　　作・速水融編『数量経済史論集 I：日本経済の発展』所収、日本経済新聞社、1976 年
——「徳川後期の「銭遣い」について」『三田学会雑誌』第 73 巻 3 号、慶應義塾大学経済学会、
　　1980 年
——「小額貨幣と経済発展：問題提起（〈第五十九回大会特集号〉徳川期貨幣の経済史：小額貨
　　幣を中心として）」『社会経済史学』第 57 巻 2 号、社会経済史学会、1991 年
——「江戸期貨幣制度のダイナミズム」『金融研究』第 15 巻 1 号、日本銀行金融研究所、1996
　　年
——「近世の貨幣・信用」桜井英治・中西聡編『新体系日本史 12　流通経済史』所収、山川出
　　版社、2002 年
——「近世銭匁遣い成立の要因―津軽地方を事例として―」『松山大学論集』第 22 巻 4 号、
　　2010 年
——「出雲松江藩の銭遣い」『松山大学論集』第 24 巻 4 号、2012 年
——「近世貨幣経済のダイナミズム―熊本藩領を事例として―」『社会経済史学』第 77 巻 4 号、
　　2012 年
——『ビジュアル　日本のお金の歴史　江戸時代』ゆまに書房、2017 年
——『近世貨幣と経済発展』名古屋大学出版会、2019 年
——編『貨幣の統合と多様性のダイナミズム』晃洋書房、2021 年
梅村又次「幕末の経済発展」近代日本研究会編『幕末・維新の日本』所収、山川出版社、1981 年
浦長瀬隆『中近世日本貨幣流通史―取引手段の変化と要因―』勁草書房、2001 年
大石慎三郎「宝暦・天明期の幕政」『岩波講座　日本歴史 11　近世 3』所収、岩波書店、1976 年
大石学『江戸の教育力　近代日本の知的基盤』東京学芸大学出版会、2007 年
大口勇次郎「文久期の幕府財政」近代日本研究会編『幕末・維新の日本』所収、山川出版社、
　　1981 年
——「幕府の財政」新保博・斎藤修編『日本経済史 2　近代成長の胎動』所収、岩波書店、1989

年

大久保隆・鹿野嘉昭「貨幣学（Numismatics）の歴史と今後の発展可能性」『金融研究』第 15 巻 1
　　号、日本銀行金融研究所、1996 年

大蔵省御雇吉田賢輔編述・本庄栄治郎校訂『大日本貨幣史第三巻』朝陽会、1937 年

大蔵省造幣局『造幣局百年史　資料編』1974 年

大蔵省編・本庄栄治郎編『大日本貨幣史』一〜八巻、大日本貨幣史刊行会、1969 年

大倉健彦「洋銀流入と幕府財政」神木哲男・松浦昭編著『近代移行期における経済発展』所収、
　　同文館、1987 年

大阪歴史博物館『特別展　よみがえる銅—南蛮吹と住友銅吹所』、2003 年

大塚英樹「江戸時代における改鋳の歴史とその評価」『金融研究』第 18 巻 4 号、1999 年

荻慎一郎『近世鉱山史の研究』思文閣出版、1996 年

小野武雄『江戸物価事典』展望社、1979 年

尾高煌之助『新版職人の世界・工場の世界』NTT 出版、2000 年

小葉田淳『日本の貨幣』至文堂、1958 年

賀川隆行『近世大名金融史の研究』吉川弘文館、1996 年

―――「文久・慶応期の御為替三井組」『江戸幕府御用金の研究』所収、法政大学出版局、2002
　　年

加藤慶一郎『近世後期経済発展の構造：米穀・金融市場の展開』清文堂、2001 年

―――「近世の旅と貨幣—文化・文政期の東海道を中心に—」『奈良県立大学研究季報』第 17 巻
　　3・4 合併号、奈良県立大学、2007 年

―――・鎮目雅人「幕末維新期の商品流通と貨幣の使用実態について—東讃岐の事例から—」『社
　　会経済史学』第 79 巻 4 号、社会経済史学会、2014 年

鎌田道隆『伊勢参り　江戸庶民の旅と信心』中央公論新社、2013 年

神木哲男「中世末近世初頭における貨幣問題—中世的貨幣体系から近世的貨幣体系へ—」『社会経
　　済史学』第 57 巻 2 号、1991 年

唐澤富太郎『図説　近代百年の教育』国土社、1968 年

川戸貴史『戦国期の貨幣と経済』吉川弘文館、2008 年

神立孝一『近世村落の経済構造』吉川弘文館、2003 年

鬼頭宏『文明としての江戸システム』講談社、2002 年

木村智「近世銭座の歴史　その五」『月刊ボナンザ』第 14 巻 9 号、現代評論社、1978 年

久留島浩「支配を支える人々」久留島浩編『近世身分的周縁　支配を支える人々』所収、吉川弘
　　文館、2000 年

黒田明伸「清代銀銭二貨制の構造とその崩壊」『社会経済史学』第 57 巻 2 号、社会経済史学会、
　　1991 年

―――『貨幣システムの世界史—〈非対称性〉をよむ』岩波書店、2003 年

郡司勇夫『日本貨幣図鑑』東洋経済新報社、1981 年

慶應義塾大学文学部古文書室・慶應義塾大学アートセンター編『「江戸時代の貨幣と人々の暮ら
　　し」展示図録』2019 年

古賀康士「備中地域における銭流通」『岡山地方史研究』99、2002 年

―――「近世瀬戸内海島嶼部の貨幣と地域社会—塩飽諸島を事例として—」岩橋勝編『貨幣の統
　　合と多様性のダイナミズム』所収、晃洋書房、2021 年

児玉幸多編『近世交通史資料九　幕府法令下』吉川弘文館、1978 年

小林延人『明治維新期の貨幣経済』東京大学出版会、2015 年

斎藤修『賃金と労働と生活水準』岩波書店、1988 年

―――「十九世紀へ」新保博・斎藤修編『日本経済史 2　近代成長の胎動』所収、岩波書店、1989
　　年

―――「徳川後期 "インフレ的成長論" の再検討」『三田学会雑誌』第 73 巻 3 号、慶應義塾大学
　　経済学会、1980 年

齋藤努、高橋照彦、西川裕一「近世銭貨に関する理化学的研究―寛永通寳と長崎貿易銭の鉛同位体比分析―」『IMES Discussion Paper No.2000-J-1』2000 年

桜井信哉「近世貨幣の動揺」『金融研究』第 17 巻 3 号、日本銀行金融研究所、1998 年

櫻木晋一『貨幣考古学序説』慶應義塾大学出版会、2009 年

笹本正治『真継家と近世鋳物師』思文閣出版、1996 年

滋賀県栗東自治区編『鋳物師の郷・辻の歴史』1996 年

鹿野嘉昭「銭匁勘定と銭遣い：江戸期銭制の特色を再検討する」『経済学論叢』第 61 巻 1 号、同志社大学経済学会、2009 年

―――『藩札の経済学』東洋経済新報社、2011 年

―――「トーマス・J・サージェント／F・R・ベルデ『少額貨幣にかかわる大問題』」『経済研究』第 55 巻 1 号、一橋大学経済研究所、2004 年

―――「江戸中期からの金銭相場の動きをどのように理解するか」岩橋勝編『貨幣の統合と多様性のダイナミズム』所収、晃洋書房、2021 年

静岡県『静岡県史　通史編 3　近世一』静岡県、1997 年

鎮目雅人「江戸期日本の決済システム：貨幣、信用、商人、両替商の機能を中心に」『国民経済雑誌』第 197 巻 5 号、神戸大学経済経営学会、2008 年

―――編『信用貨幣の生成と展開　近世～現代の歴史的実証』慶應義塾大学出版会、2020 年

島崎隆夫「武蔵国児玉郡傍示堂村―名主内野家の経営を中心として―」『三田學會雑誌』第 46 巻 2 号、慶應義塾経済学会、1953 年

島田竜登「銅からみた近世アジア間貿易とイギリス産業革命」水島司編『グローバル・ヒストリーの挑戦』、山川出版社、2008 年

白川部達夫『江戸地廻り経済と地域市場』吉川弘文館、2001 年

新保博『近世の物価と経済発展　前工業社会への数量的接近』東洋経済新報社、1978 年

―――「江戸後期の貨幣と物価に関する断章」『三田学会雑誌』第 73 巻 3 号、慶應義塾大学経済学会、1980 年

―――「幕末期における江戸の物価水準―大阪との比較において―」『国民経済雑誌』第 145 巻 5 号、神戸大学経済経営学会、1982 年

―――『寛政のビジネス・エリート大坂商人・草間直方にみる江戸時代人の経営感覚』PHP 研究所、1985 年

―――・斎藤修編『日本経済史 2　近代成長の胎動』岩波書店、1989 年

杉山伸也『日本経済史　近世―現代』岩波書店、2013 年

鈴木公雄「出土銭貨からみた中・近世移行期の銭貨動態」『金融研究』第 17 巻 3 号、日本銀行金融研究所、1998 年

―――『出土銭貨の研究』東京大学出版会、1999 年

―――「近世・近現代考古学とは何か」鈴木公雄ゼミナール編『近世・近現代考古学入門 「新しい時代の考古学」の方法と実践』所収、慶應義塾大学出版会、2007 年

―――編『貨幣の地域史―中世から近世へ―』岩波書店、2007 年

鈴木浩三『江戸の経済システム』日本経済新聞社、1995 年

―――『地図で読み解く　江戸・東京の地形と経済のしくみ』日本実業出版社、2019 年

鈴木俊三郎「金座考」『日本貨幣史』別編、財政経済学会、1923 年

妹尾守雄「わが国紙幣制度の源流について―とくに伊勢国山田羽書三百年の歩み―」日本銀行調査局『調査月報』1980 年 2 月号

瀬谷武彦「水戸藩における郷士制度の研究」『茨城大学文理学部紀要』第 1 号、1951 年

高木久史『通貨の日本史　無文銀銭、富本銭から電子マネーまで』中央公論新社、2016 年

―――『撰銭とビタ一文の戦国史』平凡社、2018 年

―――「16 世紀日本における貨幣の発行と流通―銭から三貨への移行を中心に」鎮目雅人編『信用貨幣の生成と展開　近世～現代の歴史的実証』第 1 章、慶應義塾大学出版会、2020 年

―――「日本貨幣史叙述の枠組みと『大日本貨幣史』」『経済史研究』第 25 巻、大阪経済大学日本

経済史研究所、2022 年

高橋敏『江戸の教育力』ちくま新書、2007 年

滝沢武雄『日本の貨幣の歴史』吉川弘文館、1996 年

―――・西脇康編『日本史小百科　貨幣』東京堂出版、1999 年

武井博明『近世製鉄史論』三一書房、1972 年

武田晴人「『両』制度の崩壊―幕末の金流出―」『貨幣の歴史学』日本銀行情報サービス局、2011 年

田代和生・松田隆之・田原昇・藤井典子「銭幣館古文書の伝存と構造」『日本銀行所蔵銭幣館古文書目録』解題、日本銀行金融研究所、2000 年

―――「文学部古文書室の概要」『史学』第 81 巻 1・2 号、2012 年

田畑勉「河川運輸による江戸地廻り経済の展開―享保・明和期を分析の対象として―」『史宛』第 26 巻 1 号、立教大学史学会、1965 年

田谷博吉『近世銀座の研究』吉川弘文館、1963 年

―――『近世銀座の研究』吉川弘文館、1985 年（初版、1963 年）

―――「江戸時代貨幣表の再検討」『社会経済史学』第 39 巻 3 号、社会経済史学会、1973 年

千枝大志『中近世伊勢神宮地域の貨幣と商業組織』岩田書院、2011 年

塚本豊次郎編『日本貨幣史』財政経済学会、1923 年

東京都世田谷区教育委員会『伊勢道中史料』1984 年

東京都編『東京市史稿　産業篇第二十五』1986 年

豊橋市二川宿本陣資料館編『二川宿本陣宿帳 I』2007 年

―――『二川宿本陣宿帳 II』2009 年

中井信彦『転換期幕藩制の研究』塙書房、1971 年

中川すがね『大坂両替商の金融と社会』清文堂、2003 年

中川弘泰『近世鋳物師社会の構造』近藤出版社、1986 年

中島圭一編『日本の中世貨幣と東アジア』勉誠出版、2022 年

永積洋子編『唐船輸出入品数量一覧』創文社、1987 年

西川裕一「江戸期秤量銀貨の使用状況―重量ならびに小極印からみた若干の考察―」IMES Discussion Paper Series 2000-J-24、2000 年

西脇康編『対読吾職秘鑑―小判師坂倉九郎次の秘録―』書信館出版社、2001 年

―――『絵解き　金座銀座絵巻―金吹方之図・幕府銀座之図―』書信館出版社、2003 年

日本銀行金融研究所貨幣博物館『貨幣博物館常設展示図録』日本銀行金融研究所貨幣博物館、2017 年

日本銀行金融研究所編『日本銀行所蔵銭幣館古文書目録』日本銀行金融研究所、2000 年

日本銀行調査局『図録日本の貨幣 3　近世幣制の展開』東洋経済新報社、1974 年

―――『図録日本の貨幣 4　近世幣制の動揺』東洋経済新報社、1973 年 a

―――『図録日本の貨幣 7　近代幣制の成立』東洋経済新報社、1973 年 b

野村兼太郎編『村明細帳の研究』有斐閣、1978 年

林玲子『日本の近世　第 5 巻　商人の活動』中央公論社、1992 年

―――『江戸と上方　人・モノ・カネ・情報』吉川弘文館、2000 年 a

―――『近世の市場構造と流通』吉川弘文館、2000 年 b

―――『関東の醤油と織物　18〜19 世紀を中心として』吉川弘文館、2003 年

―――・天野雅敏編『東と西の醤油史』吉川弘文館、1999 年

葉山禎作「タタラ製鉄業の発展」『日本の近世 4　生産の技術』中央公論社、1992 年

速水融『歴史人口学で見た日本』文春新書、2001 年

原淳一郎『江戸の寺社めぐり―鎌倉・江ノ島・お伊勢さん―』吉川弘文館、2011 年

樋口知子「京都・大坂三井両替店等勤仕者等談話要領―幕末・維新期の三井両替店―」『三井文庫論叢』28 号、1994 年

フォーゲル、R. W.、S. L.・エンガマン（田口芳弘ほか訳）『苦難のとき』創文社、1971 年

参 考 文 献　*307*

深井雅海「宝暦天明から寛政」『岩波講座　日本歴史　第 13 巻』所収、岩波書店、2015 年

府川源一郎『明治初等国語教科書と子ども読み物に関する研究　リテラシー形成メディアの教育文化史』ひつじ書房、2014 年

福田真人「明治前期における銭貨流通と銭貨政策」『歴史と経済』第 63 巻 1 号、政治経済学・経済史学会、2020 年

藤井譲治「近世貨幣論」『岩波講座日本歴史　第 11 巻　近世 2』所収、岩波書店、2014 年

藤井典子「明和期水戸鋳銭座における『吹方職人』の雇用事情」『史学』第 72 巻 3・4 号、三田史学会、2003 年

―――「明和期水戸鋳銭―組織と労働工程を中心に―」『社会経済史学』第 72 巻 2 号、社会経済史学会、2006 年

―――「幕府による山田羽書の製造管理」『金融研究』第 31 巻 2 号、日本銀行金融研究所、2012 年

―――「幕末期の貨幣供給：万延二分金と銭貨を中心に」『金融研究』第 35 巻 2 号、日本銀行金融研究所、2016 年

―――「年貢貢納にみる貨幣の使われ方―享保期から明治維新期までの武蔵国児玉郡傍示堂村を事例に―」岩橋勝編著『貨幣の統合と多様性のダイナミズム』第十章、晃洋書房、2021 年

藤田覚『田沼時代』吉川弘文館、2012 年

―――『日本近世の歴史 4　田沼時代』吉川弘文館、2012 年

藤本隆士「徳川期における小額貨幣―銭貨と藩札を中心に―」『社会経済史学』第 57 巻 2 号、社会経済史学会、1991 年

―――『近世匁銭の研究』吉川弘文館、2014 年

本多博之『戦国職豊期の貨幣と石高制』吉川弘文館、2006 年

舞阪町史研究会『舞阪町史　史料編』開明堂、1970 年

松崎欣一「江戸南傳馬町名主吉沢氏の失踪をめぐって：十八世紀後半における江戸傳馬町の傳馬役運営」『史学』第 44 巻 2 号、1972 年

三上隆三「徳川期小額金銀貨」『社会経済史学』第 57 巻 2 号、社会経済史学会、1991 年

―――『円の誕生―近代貨幣制度の成立―』増補版、東洋経済新報社、1989 年

三田村佳子『川口鋳物の技術と伝承』聖学院出版会、1998 年

三井高維編『新稿両替年代記関鍵』岩波書店、1933 年

三井文庫『三井事業史　本篇第一巻』三井文庫、1980 年

―――『近世後期における主要物価の動態』東京大学出版会、1989 年

水戸市史編さん委員会編『水戸市史　中巻（二）』水戸市、1969 年

南和男『江戸の社会構造』塙書房、1969 年

宮本又郎「江戸時代物価史：ファインディングスと問題点（1）」『大阪大学経済学』第 32 巻 2・3 号、大阪大学経済学会、1983 年

―――「徳川時代の市場と貨幣」社会経済史学会編『社会経済史学の課題と展望』所収、社会経済史学会、1992 年

三好信浩『増補　日本商業教育成立史の研究』風間書房、2012 年

村内政雄『由緒鋳物師人名録』『東京国立博物館紀要』7 号、東京国立博物館、1971 年

明治財政史編纂会編『明治財政史　第 11 巻　通貨』丸善、1905 年

望月久貴『明治初等教育の研究』渓水社、2007 年

森田武「幕末期における幕府の財政・経済政策と幕藩関係」『歴史学研究』430 号、歴史学研究会、1976 年

森本芳樹「小額貨幣の経済史―西欧中世前期におけるデナトリウス貨の場合―」『社会経済史学』第 57 巻 2 号、社会経済史学会、1991 年

安国良一「貨幣史における近世―銭貨を中心に―」永井久美男編『近世の出土銭 I』所収、兵庫埋蔵銭調査会、1997 年

―――「近世の銭―政治社会史の視点」歴史科学協議会、『歴史を読む』東京大学出版会、2004 年

─── 「貨幣の地域性と近世的統合」鈴木公雄編『貨幣の地域史　中世から近世へ』所収、岩波書店、2007 年

─── 『日本近世貨幣史の研究』思文閣出版、2016 年

山口和雄「江戸時代における金銀貨の在高───『旧新金銀貨幣鋳造高並流通年度取調書』の分析」『経済学論集』第 28 号 4 号、1963 年

─── 『貨幣の語る日本の歴史』そしえて、1979 年

山崎隆三『近世物価史研究』塙書房、1983 年

山室恭子『江戸の小判ゲーム』講談社現代新書、2013 年

山本有造『両から円へ：幕末・明治前期貨幣問題研究』ミネルヴァ書房、1994 年

由井常彦「日本銀行と安田善次郎（2）─安田屋文書による創業期の研究」『三井論叢』39 号、2005 年

横田冬彦「鋳物師─辻鋳物師と真継家─」塚田孝編『シリーズ　近世の身分的周縁 3　職人・親方・仲間』所収、吉川弘文館、2000 年

吉田伸之『成熟する江戸』講談社、2002 年

吉原健一郎『江戸の銭と庶民の暮らし』同成社、2003 年

栗東歴史民俗博物館展示図録『近江の鋳物師』栗東歴史民俗博物館、2000 年

歴史学研究会編『越境する貨幣』青木書店、1999 年、2007 年

渡辺和敏『東海道交通施設と幕藩制社会』岩田書院、2005 年

渡辺尚志『百姓たちの江戸時代』筑摩書房、2009 年

─── 『生産・流通・消費の近世史』勉誠出版、2016 年

Sargent, Thomas J. and Francois R. Verde, *The Big Problem of Small Change*, Princeton University Press, 2002.

参照史料一覧

① **古文書　所蔵機関別**（機関名称の五十音順、史料名は本書での初
出順）

茨城大学付属図書館

『水戸下市御用留』

小澤裕

「（御買穀御用ニ付請書）」、「（二万両之証文ニ付書状）」、「（金主につき交渉書
簡）」、『鋳銭座過去帳』、「（鋳銭座一揆につき小澤九郎兵衛書簡）」、「（湖中書簡）」

慶應義塾大学図書館

『慶長十一年　御屋形作日記』

慶應義塾大学文学部古文書室

「差上申済口証文之事（長芋一件）」、「松平陸奥守様御手伝耕地開堤御普請皆出来
連判状」

（【図1-1】作成のため参照した武蔵国児玉郡傍示堂村史料27点）
「武州児玉郡傍示堂村辰御年貢割付之事」、「午ノ傍示堂村年貢可納割附之事」、
「當午年可納割付之事」、「當酉ノ御年貢可納割付之事」、「當巳ノ田畑御年貢可納
割附」、「亥ノ御年貢納目録」、「寳暦五年亥ノ田畑御年貢上納目録」、「寳暦七年丑
ノ傍示堂村田畑御年貢上納目録」、「宝暦八年寅田畑御年貢上納目録」、「宝暦十一
年巳ノ田畑御年貢上納目録」）、「（御年貢上納目録）」、「明和三年戌ノ傍示堂村田
畑御年貢上納目録」、「當子田畑御年貢納目録之事」、「明和四年亥ノ傍示堂村田畑
御年貢上納目録」、「明和七年寅ノ傍示堂村田畑御年貢目録」、「安永弐年巳ノ田畑
御年貢上納目録」、「安永五年申ノ傍示堂村田畑御年貢上納目録」、「安永八年亥ノ
田畑御年貢上納目録」、「安永九年子ノ田畑御年貢上納目録」、「天明三年卯傍示堂

村田畑御年貢上納目録」、「天明五年巳傍示堂村御年貢上納目録」、「寛政弐年戊ノ
傍示堂村御年貢上納目録」、「寛政六年寅ノ傍示堂村御年貢上納目録」、「覚（宝暦
二年年貢皆済証文)」「覚（明和四年年貢皆済証文)」、「覚（年貢請取証文)」

（【図2-1】作成のため参照した武蔵国安足郡染谷村史料144点）
「辰歳定免御年貢可納割付之事」（元文元年）から「亥御年貢可納割附之事」（寛
政3年）ほか92点（タイトル記述略）、「子御年貢皆済目録」（延享2年）から
「亥御年貢皆済目録」（寛政4年）ほか41点（タイトル記述略）、「請取之事（年
貢金并荏代請取に付)」（宝暦7年、宝暦9年、宝暦10年、宝暦11年、宝暦12
年、宝暦13年、明和元年）

（【図2-1】作成のため参照した武蔵国多摩郡青柳村史料24点）
「寅御年貢夏成取立帳」、「卯畑方御年貢勘定帳」、「辰ノ畑方御年貢勘定帳」、「巳
ノ畑方勘定帳」、「未ノ皆済勘定帳」、「夘ノ秋成御年貢取立帳」、「辰御年貢皆済元
永帳」、「巳夏成御年貢取立帳」、「皆済取立帳」、「皆済惣永取立帳」、「皆済惣永勘
定取立帳」、「夏成御年貢取立帳」、「皆済永方勘定取立帳」、「夏成御年貢永方取立
帳」、「秋成永割勘定取立帳」、「夏成御年貢永方取立帳」、「卯皆済元永勘定帳」、
「皆済御年貢永方勘定取立帳」、「皆済永割勘定取立帳」、「皆済元永勘定取立帳」、
「夏成御年貢永割勘定帳」、「秋成御年貢取立帳」、「皆済永方勘定取立帳」、「漆御
年貢田方小物成リ勘定帳」

（【図2-1】作成のため参照した武蔵国多摩郡沢井村史料17点）
「亥漆御年貢并田方小物成勘定帳」、「子漆御年貢并田方小物成勘定帳」、「子御年
貢勘定帳」、「丑御年貢勘定帳」、「丑漆御年貢并田方小物成勘定帳」、「寅御年貢勘
定帳」、「寅漆御年貢并田方小物成勘定帳」、「卯御年貢取立小前庭帳」、「卯御年貢
勘定帳」、「卯漆御年貢并田方小物成勘定帳」、「辰御年貢勘定帳」、「漆御年貢并田
方小物成勘定帳」（宝暦10年・安永2年・安永8年・天明3年）、「亥御年貢勘定
帳」、「卯御年貢勘定帳」
「縣様国役掛り割合」、『安永九年子ノ十二月吉日両方年貢請取差引覚』、
『天明六年午ノ両御年貢差引帳』、『安政六年両御方御年貢請取帳』、『明治八年
十二月乙亥租税皆済取立帳』、『明治九年租税皆済取立帳』

国立公文書館

「日光社参之儀ニ付留書」、「金吹方之図」、『太田家記』、
『明和五年　御勝手方御触留』
『御勝手帳第八冊』（「銭払底ニ付銅鉄銭ノ内弐万両差登之儀書付」）
『御勝手帳第十冊』（「南部美濃守領内大小銭取交鋳立願」）
『御勝手帳第十二冊』（「水戸殿唐銅五拾文・銅百文・鉄四文銭吹一件」）
『御勝手帳第十四冊』（「松平陸奥守於領内砂鉄鋳銭願」）
『御勝手帳第十六冊』（「大坂御金蔵御除金差下申渡」）
『御勝手帳第十八冊』（「於京地銭貨鋳造之儀京都町奉行上申書」）
『御勝手帳第十九冊』（「南部美濃守鋳銭願」、「松平肥後守御手当金至急取替方
願」、「肥後守拝借金願」）
『御勝手帳第二十三冊』（「京地御城中御破損方諸式本途直段割増願」、「宇治御茶
師御茶道具職人共御直段増願」）
『御勝手帳第二十冊』（「鉄一文銭吹立差止伺」）
『御勝手帳第二十一冊』（「加賀中納言・松平肥後守・南部美濃守銅鉄銭吹立願」）

国立国会図書館

『御用留便覧』、『吾職秘鑑』、『真鋳（ママ）銭吹方一件』、「野非人片付之儀ニ付
申上候書付」（『寛保撰要類集二十七ノ中』）

日本銀行金融研究所貨幣博物館

『銑鋳銭仕用一巻』、「年中吹詰ニ付願書」、「鋳銭座仕法取極証文」、「入用金等調
達につき請書」、『永野家文書十一　鋳銭御用書留一』、「（明和四年）水戸鋳銭吹
立願書草案」、「水戸銭売場会所開設願書」、「砂鉄鋳銭座開設につき願書」、『永野
家文書十五　小菅銭座関係』、『永野家記録　小菅銭座日記写』、「金座絵巻上」、
「（明和期水戸鋳銭惣出来高書上）」、「砂鉄鋳銭座取替証文（鋳銭座金主・願主取
替証文）」、「相渡申証文之事（鋳銭座金主御相談人への謝礼に付証文）」、「相渡申
一札之事（金子渡方期限ニ付証文）」、「相渡申一札之事（鋳銭座入用金借用ニ付
証文）」、「預り申金子之事（鋳銭座入用金借用証）」、「乍恐以書付奉御訴候事」、
『砂鉄鋳銭座取替証文之事』、「乍恐以書付奉御訴候事」、『鋳銭方伝達覚書』、「乍
恐申証文之事」、「鋳銭仕法につき口上書」、「口上書」、「（郷士並被仰付候書付）」、

「(小澤九郎兵衛勤方に付書付)」、「(御目見格及五十人扶持仰出候書付)」、「乍恐以書付奉願候事」、「(日光豫山物入手当鋳銭増吹候につき書付)」、「鋳銭につき勤方出精致候様書付」、『鋳銭諸道具之覚』、『水戸鋳銭座絵図面』、『金座并鋳銭座江懸ケ合候一巻』、「仙台鋳銭引請人三浦屋惣右衛門へ相渡候書付之写」、「(九郎兵衛帰着二付留守中御礼状)」、『永野家文書七　鋳銭書留其一』、『永野家文書八　鋳銭書留其二』、『永野家文書九　鋳銭書留其三』、『永野家文書十　鋳銭書留其四』、『金座諸入用書上』、『百文銭および文久銭に付書上』、「百文銭鋳造高書上」、「将軍上洛拝領銀被下」、『銅貨之儀に付申上候書附』

常陸太田市教育委員会

『明和五年　御触留』

三井文庫

『宝暦十年御用日記留』、『明和二年御用日記』、『安永二年御用日記』、「旧新金銀貨鋳造高并流通年度取調」、『再上洛御用留』、『御守護職御役屋舗　御普請請払御用留』、『前御上洛御用留』、『元治元甲子年三月　御上洛御旅宿　諸払帳』

早稲田大学図書館

『文久銭吹方一件并銅小銭方ニ付明和鋳銭一件共撮要』

② 　公刊史料（翻刻文・図版）（本書での参照順）

近世史料研究会編『江戸町触集成第四巻　自享保五年至元文二年』塙書房、1996年（触書番号：六三八二、六三九一、六三九四、六四〇六、六四二一、六四二二、六四二三、六四四六、六四四八、六四六〇）

近世史料研究会編『江戸町触集成第五巻　自元文三年至宝暦五年』塙書房、1996年（触書番号：六四八三、六五一三、六五四九、六六三〇、六六四五、六七五八、六九一六、六九三三、六九三六、七一五二、七一五三）

近世史料研究会編『江戸町触集成第六巻　自宝暦六年至明和三年』塙書房、1996年（触書番号：七二〇七、七八一七、七八二六）

近世史料研究会編『江戸町触集成第七巻　自明和四年至安永七年』塙書房、1997年（触書番号：八一六〇、八二〇〇、八二二九、八二三一、八二三二、

参照史料一覧　*313*

八二三五、八二九八、八三九八、八四六二、八四六三）

近世史料研究会編『江戸町触集成第七巻　自安永八年至天明九年』塙書房、1997
　　年（触書番号：八七〇〇、八八六〇、八九二六、九二三〇、九四〇〇、
　　九四〇五、九四九七）

近世史料研究会編『江戸町触集成第九巻　自寛政二年至寛政六年』塙書房、1998
　　年（触書番号：九六七八、九六八〇、九六八八）

東京都編纂『東京市史稿　産業篇第二十二』

　　（参照史料：「朝鮮鋳銭用銅支給事蹟（御触書天明集成）」、「諸国へ銭自由流通令
　　事蹟（俊明院殿御實紀・明和撰要集拾、廻船問屋式法帳壱）」、「米銭相場月番町
　　奉行書上事蹟（明和撰要集二十五）」）

東京都編纂『東京市史稿　産業篇第二十三』

　　（参照史料：「町奉行米相場値段書上事蹟（明和撰要集九）」、「年貢金歩判納奨励
　　事蹟（刑銭須知九）」、「銅銭真鍮銭買上其他申渡事蹟（明和撰要集十）」、「三傳馬
　　町両鋳銭座直買許可事蹟（御伝馬方旧記十三）」、「伝馬助成金及浚渫填築」）

東京都編纂『東京市史稿　産業篇第二十四』

　　（参照史料：「仙台水戸銭江戸廻皆無申渡事蹟（明和撰要集十）」、「水戸仙台鋳銭
　　中止事蹟（明和撰要集十、御触書天明集成四十四）」、「銭相場下直ニ付吹高減少
　　通達事蹟（明和撰要集十）」、「江戸伏見鋳銭鋳造停止事蹟（明和撰要集十、俊明
　　院殿御實紀、御触書天明集成四十四）」、「諸色値段引下方町触事蹟（明和撰要集
　　十）」）

東京都編纂『東京市史稿　産業篇第二十五』

　　（参照史料：「鉄銭払下事蹟（明和撰要集十）」「上州糸絹払代弐朱判差加」）

東京都編纂『東京市史稿　産業篇第二十六』

　　（参照史料：「切金疵金通用令事蹟（正宝録續、明和撰要集）」）

東京都編纂『東京市史稿　産業篇第二十八』

　　（参照史料：「諸色値段引下令事蹟（正宝録、干鰯問屋記録）」、「物価引下再令
　　（正宝録續、安永撰要類集七）」）

東京都編纂『東京市史稿　産業篇第二十八』

　　（参照史料：「十組問屋仲間銭相場ニ付願書提出事蹟（銀相場高直銭相場下直ニ付
　　十組問屋願書写）」）

野村兼太郎編『村明細帳の研究』有斐閣、1978 年

　　（参照史料：武蔵国児玉郡傍示堂村「被仰渡箇條書上帳」、武蔵国足立郡染谷村

314

「村差出帳」)

児玉幸多編『近世交通史料集三　御伝馬旧記』吉川弘文館、1969 年

　　(参照史料：「琉球人帰国之節助人足賃銀請取書ニ付助人足賃銭御証文高を以御渡
　　被下置候事」〈『御伝馬旧記十一』〉、「亀戸鋳銭座・銀座鋳銭座より御払之節、直
　　買請願一件」〈『御伝馬旧記十三』〉)

茨城県『茨城県近世史料Ⅳ』(参照史料：『加藤寛斎随筆』)

茨城県境町編『下総境の生活史　史料編　近世Ⅲ河岸問屋の大福帳』

　　(参照史料：『大福帳（明和六～七年)』)

石井寛治・林玲子編『白木屋文書　問屋株帳』るほあ書房、1998 年

西脇康編『絵解き　金座銀座絵巻―金吹方之図・幕府銀座之図』、書信館出版社、
　　2003 年（参照史料：「金吹方之図」)

豊橋市二川宿本陣資料館『二川宿本陣宿帳Ⅰ』2007 年

豊橋市二川宿本陣資料館『二川宿本陣宿帳Ⅱ』2009 年

豊橋市二川宿本陣資料館『二川宿本陣宿帳Ⅲ』2011 年

舞阪町史研究会、『舞阪町史　史料編一』(参照史料：「人馬継立覚」)

石巻市教育委員会編『鋳銭場関係資料「金局公用誌」二の下』1984 年

　　(参照史料：「安政三丙辰年正月　別記書抜七」、「安政五戌午年正月別記書抜
　　九」「安政六己未正月　別記書抜十」)

石巻市教育委員会『鋳銭場関係資料「金局公用誌」三』、1985 年

　　(参照史料：「大坂表百文銭吹方一件書留之内書抜」、「慶応乙丑秋八月至十二月
　　浪華鋳銭御用出役日記」)

大蔵省御雇吉田賢輔編述・本庄栄治郎校訂『大日本貨幣史第三巻』、朝陽会、1937
　　年、収録「鋳銭之図」

③　版本・刷り物・錦絵など　(所蔵機関別)

慶應義塾大学図書館

　Willson, Marcius, *The first reader of the school and family series* / by Marcius
　Willson, Tokyo : Bookselling Company, 1880

国立教育政策研究所図書館

　文部省編纂『小學讀本巻一』1873 年

参照史料一覧　*315*

田中竹次郎編『小学初等科日用事項』

秋庭濱太郎編『教科入門』1887 年

鹽津貫一郎、林正躬編『尋常小学読本巻之二』1887 年

佐澤太郎編纂『尋常小學讀本巻四之上』　1887 年

西沢之助篇、副島種臣・東久世通禧閲『尋常小学読本巻之七』1901 年

国立国会図書館

荒井清兵衛顕道『牧民金鑑』1853 年

近藤守重『銭録』(『近藤正斎全集巻三』、国書刊行会、1899 年に収録)

草間直方『三貨図彙』(白東社、1932 年刊行本に収録)

造幣寮編「旧金銀貨幣価格表」1875 年

師範学校編纂『小學讀本巻一　仮名付』1875 年

日本銀行金融研究所（貨幣博物館）

圓々堂（甲賀宜政）復刻『鋳銭図解（銭座絵巻）』

近藤守重　『金銀図録』

「(文部省発行教育錦絵　新貨幣と両替屋)」

早稲田大学図書館

師範学校編纂『小學讀本巻一』1874 年

師範学校編纂『小學讀本巻一』1886 年

又玄斎可南著、歌川広重絵『商売往来絵字引』

索　引

ア　行

会津の銅山　79
会津藩　120, 122, 244, 285
青木昆陽　35, 277
青ざし　81
銅屋太兵衛　120, 121, 135, 136, 159
浅草御蔵　10, 70, 77, 79, 83, 111, 119,
　　235, 279
朝田屋安兵衛　121
浅間山　78
足尾銅山　79
アナール学派　43
新井白石　21, 35
荒川　72
安政一分金　212, 232
安政一分銀　212, 232
安政小判　212
安政二朱銀　204
安政二分金　212
飯島千秋　44, 206, 222, 229
井奥成彦　88
石谷清昌　85
石巻　53, 147, 283
───鋳銭座　158
伊勢参り　43
鋳銭座　128, 132, 148, 151
───過去帳　149, 159, 164, 165, 168
板倉勝静　5
一分金　17, 18, 21, 24, 60, 212
一分銀　212
一文銭　2
一厘銅貨　262, 264, 265, 269, 271-273
鋳物師　139, 142, 143, 167, 246, 282,
　　283, 286
岩橋勝　11, 16, 19, 20, 22, 24, 25, 39,
　　42, 43, 45, 47, 52, 62, 71, 78, 174,
　　189, 203, 207, 209, 264

インフレーション　202, 205, 207, 211,
　　215
ウィルソンリーダー（The first reader
　　of the school and family series）
　　251, 254, 256, 257
永　178
永銭勘定　62, 175, 179-181, 196, 199,
　　270, 277, 284, 289
永楽銭　116
永楽通宝　4, 13, 116, 179, 277
江戸　69, 73, 85, 87, 108, 111, 114, 123,
　　129, 132, 137, 159, 164, 201, 209,
　　217, 218, 275
───御金蔵　221, 222, 232
───地廻り経済　43, 44, 51, 52, 53,
　　55, 67, 71, 94, 129, 174, 175, 275,
　　278, 282, 288
───町奉行所　58, 89, 108, 278
延喜通宝　4
円・銭・厘　196, 197, 251, 284
円体系　192, 249, 250, 261, 266, 275,
　　284, 287, 289
円建て　197
大隈重信　264, 265
大蔵省　210, 249, 252, 266, 273, 287
大倉健彦　217
大坂　207
───御金蔵　217, 221-224, 227, 235
───造幣寮　250, 253, 264, 266
───銅座　79, 118, 121-123, 125
太田村　53, 67, 86, 92, 94, 127, 128,
　　134
大伝馬町　82, 83
小笠原長行　5
荻原重秀　4, 22
御蔵　44, 54, 84, 97, 114, 278
尾高煌之助　155
御手伝普請　73, 75
小名木川銭座　168

カ 行

開元通宝　4
開港　21, 25, 34, 114, 192, 193, 201,
　　202, 204, 207, 208, 216, 235, 240,
　　247, 285, 286
改鋳　22
嘉永一朱銀　193, 204, 232, 259
賀川隆行　211, 221, 223
額貨幣　232
河岸　72
──問屋　44, 94, 127, 128, 282
　──小松原家　86
河川舟運　278
価値尺度　19, 201, 211
加藤慶一郎　26, 47, 48, 197
金遣い　31, 174, 284
貨幣在高　206, 210, 214, 215, 218
貨幣司　3, 193, 195
貨幣史研究会　47, 48
貨幣（の）単位　18, 19, 174, 175, 178,
　　181, 184, 193, 195, 196, 211, 212,
　　231, 256, 258
貨幣鋳造益　21
貨幣博物館　47
釜屋　165, 167, 171, 246
亀戸銭座　59, 70, 73, 76, 79, 80, 83, 88,
　　97, 104, 110, 111, 114, 117, 118,
　　120, 125, 136, 138, 166, 167, 180
川井久敬　23, 284
川口鋳物師　247, 248, 286, 288
寛永銭譜　34, 35, 39
寛永通宝　2, 3, 6, 13, 16, 46, 187, 188,
　　234, 271, 287, 289
──真鍮四文銭　6, 14, 23, 31, 34,
　　38, 75, 77, 80, 124, 183, 188, 204,
　　205, 212, 258, 269, 281
──精鉄四文銭　14, 23, 194, 195,
　　204, 210, 212, 257
──鉄一文銭　14, 22, 23, 34, 48, 58,
　　69, 70, 75, 79, 80, 84, 99, 111, 114,
　　117, 128, 188, 190, 195, 201, 203,

205, 210, 212, 234, 237, 257, 282,
　　285
──銅一文銭　6, 23, 14, 18, 22, 34,
　　36, 38, 48, 52, 75, 79, 80-82, 84, 97,
　　117, 138, 182, 190, 203, 205, 219,
　　240, 245, 258, 260, 262, 264, 270,
　　273, 274, 276, 279, 281, 286
勘定所　38, 43, 73, 79, 81, 85, 89, 97,
　　102, 107, 108, 110, 118, 125, 229,
　　237-239, 243, 278, 279-281
勘定奉行　85, 94
岩鉄　247, 286
関東農村　277
寛平大宝　4
鬼頭宏　152
旧金銀貨幣価格　265
──表　264
教育錦絵　252
京都守護職　224, 226, 236
京都所司代　236
京都町奉行　229
金銀在高　202
金銀相場　101
金銀改鋳　101
金銀図録　37, 251
金座　17, 18, 89, 97, 101-103, 127, 128,
　　136, 156, 164, 180, 190, 234, 240,
　　243, 282
──絵巻　107, 108
──人　34, 36, 79, 97-99, 101, 106,
　　109, 110, 119-121, 125, 128, 133,
　　157, 204, 212, 235, 249, 266, 268,
　　279-281, 287
──鋳銭定座　88, 89, 98, 108, 114,
　　117, 128, 279-281
──制　109
金銭相場　15, 22, 43, 51, 56, 58, 60, 62,
　　64, 69, 70, 72, 75-77, 85, 89, 90,
　　114, 116, 132, 137, 183, 186, 204,
　　277
銀座　17, 18, 204
銀遣い　31, 174
──圏　227
銀目廃止　211

草御蔵　280
草間直方　12, 18, 35, 277
楠後文蔵　135, 136, 170
朽木昌綱　2, 34, 277
九六銭　10
黒田明伸　45, 48, 268
桑名藩　285
郡司勇夫　40
慶應義塾大学文学部古文書室　62, 63,
　　68, 173, 178, 181, 182, 187, 192,
　　200
経済振興　91, 94, 279
計算貨幣　20, 179, 277, 285, 289
計算尺度　33
計数貨幣　12
計数銀貨　22, 24, 31, 45, 173, 174, 178,
　　188-191, 201, 215, 257, 276, 277
計数金銀貨　24
慶長丁銀　21
決済手段　23
乾元大宝　8
元文改鋳　21, 22
元文金銀改鋳　55
元禄の金銀改鋳　21
高額貨幣　16
甲賀宜政　36
公定金銭相場　17, 51, 52, 54, 55, 59,
　　69, 75, 77, 78, 81, 89, 202, 289
洪武通宝　4
小澤（九郎兵衛）　87, 93, 94, 127, 128,
　　133, 137, 138, 146, 152, 154, 157,
　　159, 282, 283
小菅銭座　36, 99, 109-112, 114, 117,
　　201, 203, 204, 207, 234, 235, 237,
　　245, 247, 285
五銭白銅貨　272, 273
古代銭　34
小伝馬町　82
後藤庄三郎　12, 101-103
後藤包　224
小葉田淳　98
小林延人　49, 197
小判　16-18, 21, 98, 174, 191, 202, 217,
　　259

御用地金問屋　97, 117, 119, 121, 122,
　　125, 159, 279, 281
近藤正斎（重蔵）　34, 37, 277, 251

サ 行

サージェント. T.　48
在郷商人　44, 62, 94, 127, 128, 137,
　　282, 284
斎藤修　42, 209
割符（さいふ）　9
櫻木晋一　45, 46
差引計算　185, 189, 284
三貨図彙　12, 18, 35, 39
三貨制度　1, 2, 12, 17, 20, 25, 52, 98,
　　173, 174, 178, 180, 202, 205, 211,
　　257, 276
三伝馬町　82, 89
地金問屋　136
鹿野嘉昭　26, 32, 47, 48
私札　1, 19, 26
鎮目雅人　18, 26, 49, 197
私鋳銭　11
支払手段　19, 287
渋澤敬三　40
下関　286
───四カ国艦隊砲撃　246
四文銭　2
社会経済史学会　45
修好通商条約　241
熟練職人　127, 155, 156, 282, 283
熟練労働　141
十進法　18, 192, 256, 258, 271
出土銭貨　45, 46
小額貨幣　16, 25, 45, 74, 173, 175, 178,
　　188, 190, 191, 196, 204, 250, 264,
　　268, 274, 276, 278, 284, 287
───需要　61
小額通貨の整理及支払金の端数計算に
　　関する法律　274, 289
小學讀本　249-252, 254-257, 259, 261,
　　265, 266, 268, 273, 286-288
正徳改鋳　21, 22

常平通宝　118

上洛　13, 14, 111, 206, 216, 221-224, 226-228, 232, 241, 242, 246, 285, 286

承和昌宝　4

書上相場　58, 117, 281

白川部達夫　44

白鑞　119

新貨条例　38, 181, 193, 195-197, 199, 249, 250, 258, 260, 265, 268, 284, 289

新旧貨幣交換　259, 265

真鍮銭　2

新保博　23, 41, 52, 53, 207, 211

信用貨幣　1, 19, 26, 202

鈴木公雄　9, 13, 46

隅田川　76, 90, 235, 278

図録日本の貨幣　26, 28, 37, 39, 40, 45, 98, 207, 235, 273

関岡五郎兵衛　135, 136, 159

銭座　17, 18, 33, 36, 52, 55, 80, 89, 97, 108, 180, 190, 201, 206, 279

───運営　97, 98

銭さし　9, 10, 11

銭札　26, 31

銭遣い　19, 48

───経済圏　42

銭両替　58, 73, 97, 105, 108, 110-112, 114, 117, 180, 236, 238, 240, 241, 279-281, 288

銭貨（の）節約　24, 77, 174, 189

仙台藩　75

銭道　139, 144

銭譜　1, 33, 37, 277

銭幣館　36, 39

───古文書目録　36

───コレクション　35, 36, 39, 40

銭匁勘定　20, 33, 48

銭録　34, 37, 39

造幣寮　262, 264

増歩通用　205, 212

タ　行

大政奉還　193, 221, 286

第二次長州征討　222-224, 232

大日本貨幣史　18, 34, 35, 37, 38, 106, 138, 251

大砲　143, 286

───鋳造　246, 247, 286

───場　247

高木久史　8, 10, 13, 18, 179, 203

田代和生　68, 69

駄賃　15, 92

田中啓文　35, 39, 40

田中義廉　251

田沼期　14, 16-18, 23, 25, 31, 42, 43, 45, 46, 48, 51, 52, 58, 61, 69, 74, 78, 87, 90, 95, 111, 114, 125, 127-129, 171, 183, 186-188, 190, 204, 205, 246, 258, 277, 279, 281, 283

田谷博吉　40, 78, 98

地租改正　173, 174, 181, 193, 199, 200, 270, 283, 284

鋳銭　93

───定座　97, 98, 101, 106, 120, 156

───図解　36, 129, 138, 246

───願　85, 91, 229, 236, 239, 279, 285

鋳造益　78, 102

鋳造工程　36

鋳造収支　89, 90, 103, 127, 205, 238, 243, 280, 282

丁銀　16, 17, 18, 98, 174

帳簿信用　276, 284

辻鋳物師　246

土屋喬雄　37, 39, 40

つり銭（釣り銭）　30, 185, 188, 190, 203

鉄一文　112, 138, 234

鉄銭　2

デフレーション　101

出目　21

天正大判　12

索　引　*321*

天保一分銀　　191, 205, 212, 259
天保小判　　212
天保通宝　　2, 4, 6, 14, 23, 138, 190, 193,
　　　195, 197, 202-204, 206, 210, 212,
　　　232, 258, 272, 281, 289
天保の金銀改鋳　　23
東海道　　201, 206, 211, 229, 233, 234,
　　　242, 243, 246, 285
銅（の）地金　　97, 124, 279, 281
───調　　125
銅四文銭　　7, 219
徳川家斉　　4, 178
徳川家治　　14, 15, 80, 81, 103, 127, 281,
　　　283
徳川家光　　4, 13, 14
徳川家茂　　5, 13, 14, 15, 219-224, 232,
　　　234, 286
徳川家康　　13, 81
徳川家慶　　14
徳川綱吉　　4, 21, 31
徳川秀忠　　14
徳川慶喜　　232
徳川吉宗　　14, 31, 55, 178, 283
利根川　　93, 124, 128, 282
豊臣秀吉　　12
渡来銭　　8, 9, 11, 179

ナ　行

中井信彦　　23, 24, 52
永積洋子　　119
永野貞信　　109
長野助之進　　266
永野政之助　　99
那珂湊　　53
鉛　　124
難波（の）銭座　　224, 235, 244
荷為替　　93
西の銀遣い　　19, 42, 211
二朱銀　　60, 78, 183, 186, 188
日米修好通商条約　　203
日光社参　　13, 14, 15, 51, 77, 83, 84, 87,
　　　111, 117, 127, 130, 155, 156, 167,

　　　170, 283
二分金　　216, 223, 226, 234, 244
日本銀行金融研究所　　46
───貨幣博物館　　6, 7, 11, 24, 27, 36,
　　　70, 85, 97, 99, 107, 110, 127, 128,
　　　180, 201, 206, 249, 253, 279
日本銀行兌換銀券　　274
日本橋　　17, 63, 116, 281
年貢　　173, 174, 175, 181, 189, 192, 195,
　　　199, 204, 277
───（の）貨幣納　　61, 283, 285
野非人　　93, 148, 283
野村兼太郎　　68

ハ　行

賠償金　　245, 286
幕長戦争　　111, 285
林玲子　　44
速水融　　283
藩札　　1, 19, 26, 32, 197, 202, 209
反射炉　　247, 248, 286
東の金遣い　　19, 42, 211
疋　　231, 232
非熟練労働（者）　　93, 127, 141, 282
ビタ（鐚、びた）　　12, 13, 14, 15, 17,
　　　28, 34, 116, 178, 179, 181, 196, 199,
　　　251, 270, 284
一橋慶喜　　216
百文銭　　2, 14, 23, 190, 193, 204, 212,
　　　244, 281
日雇（い）　　141, 145, 282
秤量銀貨　　18, 19, 22, 32, 116, 215, 225,
　　　232, 257
鞴（吹子）　　140, 246
深川　　164, 165, 167, 283
藤井讓治　　15
藤井讓二　　54
藤田覚　　88
藤本隆二　　11
藤原貞幹　　34, 35, 277
二川宿本陣　　229, 230, 233, 285
文久永宝（銅四文銭）　　2, 7, 14, 23, 38,

204-206, 210, 212, 235, 258, 269,
270, 273, 274, 286, 287, 289
文政一朱金　24, 187, 189, 193
文政改鋳　21
文政南鐐一朱銀　24, 187, 191, 193
文政南鐐二朱銀　24, 188, 189, 191,
193
文政二分金　187
文銭　258
ベルデ．F．　48
宝永通宝　4
傍示堂村　62, 63, 67, 69, 78, 173, 178,
196, 197, 200, 204, 250, 270, 277,
283, 288
梵鐘　143

マ　行

松代藩　120, 122
松平定信　188
松平春嶽　5
松平容保　216, 224
松平武元　85
豆板銀　16, 18, 21, 28, 187
万延一分金　232
万延改鋳　21, 202, 204, 207, 208, 215,
216, 222
万延小判　193, 212
万延一分金　207, 232
万延二朱金　195, 204, 232, 259
万延二分金　18, 21, 193, 195, 202, 208,
210, 212, 259
万年通宝　4
三井組　221, 224, 244
三井高維　42
密鋳　220, 236, 237, 246, 248, 285, 286
水戸鋳銭座　10, 85, 93, 127-129, 137,
138, 142, 151, 161, 171, 282, 283
水戸藩　75, 85, 86, 90, 91, 136, 156,
279, 282
南伝馬町　82
耳白銭　22, 245
宮本又郎　208

無宿人　92, 283
村請制（度）　62, 173, 199
明治維新　195, 201, 250, 284, 286
名目貨幣化　18, 20, 21, 23, 25, 59, 195,
205, 268
明和五匁銀　23, 24, 60, 183, 187, 283
明和南鐐二朱銀　18, 20, 23-25, 32, 45,
60, 77, 173, 178, 284
文建て　1, 18, 19, 28, 44, 62, 116, 142,
174, 182, 183, 186, 188, 191, 192,
196, 205, 227, 277, 282-285
匁建て　1, 18, 19, 28, 142, 174, 180,
207, 211, 212, 218, 257, 277, 282

ヤ　行

安国良一　15, 47, 48, 80, 118, 234
安田善次郎　115, 288
宿賃　15
山口和雄　202, 210
山師　122, 125, 280
山田羽書　27, 28, 29
山本有造　48, 197
結城豊太郎　39
洋銀　217, 245
吉田賢輔　108, 251
吉原健一郎　53, 80, 117
四進法　18, 190, 192

ラ　行

両替商　17, 58, 281
両替年代記　42, 55, 63, 132, 214
両建て　1, 18, 19, 45, 62, 142, 174, 179,
180, 191, 192, 207, 211, 212, 217,
218, 226, 227, 257, 259, 277, 282,
286, 289
両・分・朱　195
厘単位　249, 262, 264, 274, 287, 289
労賃　204, 211, 227, 245, 278, 284

ワ　行

和漢古今泉貨鑑　2, 34, 277
渡辺尚志　44
和同開珎　8

ABC

The first reader of the school and
family series　251, 254, 257,
286

【著者略歴】
藤井典子（ふじい・のりこ）
慶應義塾大学文学部古文書室研究員、早稲田大学教育・総合科学学術院非常勤講師、早稲田大学政治経済学術院・現代政治経済研究所特別研究所員、聖心女子大学非常勤講師

1959年生まれ。83年、東京大学法学部卒業、日本銀行入行。調査統計局、広島支店、業務局などを経て金融研究所貨幣博物館およびアーカイブ勤務（1995年7月〜2018年3月）。同行在職中に慶應義塾大学文学部、同大学大学院文学研究科および同大学大学院経済学研究科において日本史演習・日本経済史演習等を科目履修。博士（史学、慶應義塾大学、2022年度）。2018年4月〜2024年3月慶應義塾大学文学部非常勤講師などを経て現在に至る。

徳川期の銭貨流通
──貨幣経済を生きた人々

2024年10月25日　初版第1刷発行

著　者─────藤井典子
発行者─────大野友寛
発行所─────慶應義塾大学出版会株式会社
　　　　　　　〒108-8346　東京都港区三田2-19-30
　　　　　　　TEL　〔編集部〕03-3451-0931
　　　　　　　　　　〔営業部〕03-3451-3584〈ご注文〉
　　　　　　　　　　〔　〃　〕03-3451-6926
　　　　　　　FAX　〔営業部〕03-3451-3122
　　　　　　　振替　00190-8-155497
　　　　　　　https://www.keio-up.co.jp/
装　丁─────渡辺弘之
印刷・製本──藤原印刷株式会社
カバー印刷──株式会社太平印刷社

©2024　Noriko Fujii
Printed in Japan　ISBN978-4-7664-2994-7

信用貨幣の生成と展開 鎮目雅人編	A5判・472ページ・7150円
現代日本の消費分析 宇南山卓著	A5判・532ページ・7480円
現代金融と日本経済 中妻照雄・白塚重典編	A5判・240ページ・4400円
金融政策——理論と実践 白塚重典著	A5判・316ページ・2970円
金融政策の大転換 田中隆之著	A5判・336ページ・5940円
正規の世界・非正規の世界 神林龍著	A5判・456ページ・5280円
日本のキャリア形成と労使関係 梅崎修著	A5判・400ページ・6600円
多様化する日本人の働き方 阿部正浩・山本勲編	A5判・280ページ・4620円
コロナ禍における個人と企業の変容 樋口美雄／労働政策研究・研修機構編	A5判・384ページ・4950円
検証・コロナ期日本の働き方 樋口美雄／労働政策研究・研修機構編	A5判・368ページ・5280円

（価格は消費税10％の税込み価格）